Entre a luxúria e o pudor

A história do sexo no Brasil

Paulo Sérgio do Carmo

Entre a luxúria e o pudor

A história do sexo no Brasil

OCTAVO

São Paulo 2011

Entre a luxúria e o pudor: a história do sexo no Brasil

Capa
Casa de Ideias / Daniel Rampazzo

Imagem da capa
Juliana Scorza, acrílico sobre tela, 2011

Preparação
Rosana de Angelo

Revisão
Tarcila Lucena
Rosangela Anzzelotti

Projeto gráfico e editoração eletrônica
Ida Gouveia / Oficina das Letras

Grafia atualizada conforme o Novo Acordo Ortográfico da Língua Portuguesa

Dados Internacionais de Catalogação na Publicação (CIP)
Câmara Brasileira do Livro, SP, Brasil

Carmo, Paulo Sérgio do

Entre a luxúria e o pudor : a história do sexo no Brasil / Paulo Sérgio do Carmo. -- São Paulo : Octavo, 2011.

Bibliografia
ISBN 978-85-63739-07-0

1. Brasil - História social 2. Comportamento sexual - Brasil - História 3. Sexo - História 4. Sexualidade - História 5. Vida sexual - Brasil - História I. Título.

11-09857 CDD-306.70981

Índices para catálogo sistemático: 1. Brasil : Sexualidade : Sociologia : História 306.70981 – 2. Brasil : Vida sexual : Sociologia : História 306.70981

[2011]

Editora Octavo Ltda.
Rua dos Franceses, 117
01329-010 São Paulo SP
Telefone (11) 3262 3996
www.octavo.com.br

Sumário

Introdução

A sexualidade é parte da história das grandes civilizações. Nesse sentido, somos herdeiros de um passado que ignoramos. Nosso comportamento sexual não se assemelha ao de outras nações. Ainda que inúmeros livros tenham sido escritos sobre o assunto e tantas matérias inundem jornais, revistas, TV e, principalmente, a internet, há ainda lacunas na historiografia brasileira sobre o assunto. Reunir o material disperso e apresentar cronologicamente os acontecimentos é o que se pretende neste estudo.

Nudez, poligamia e outros pecados chocaram os primeiros navegantes que aqui aportaram. A prática do sexo supostamente sem culpa e a facilidade com que as índias se entregavam aos brancos predispunham o europeu a se sentir totalmente livre para satisfazer suas vontades sexuais. Em contrapartida, as noções tradicionais de moral e decência que os europeus traziam consigo eram difíceis de ser assimiladas pelos nativos.

Ao longo dos três séculos de escravidão, os corpos das escravas da senzala se entrelaçaram aos dos senhores da casa-grande e, em menor escala, até aos dos mais humildes dos colonos. O sexo uniu o que estava separado pela "raça", resultando na maior mistura étnica do mundo, que nos caracteriza. Para o senhor, todas as relações sexuais eram possíveis, e escravos e agregados não tinham condições de apor resistência aos seus desejos e vontades. A licenciosidade sexual dos patriarcas deu origem a numerosos filhos ilegítimos, os mulatos, que compuseram a camada social e étnica típica da Colônia brasileira. No universo da família, a esposa branca era humilhada pela traição explícita do marido; e, enquanto as filhas eram mantidas sob rigorosa vigilância familiar, os meninos podiam se afundar no "atoleiro de carne" da iniciação sexual com as negras.

Diante disso, a Igreja resolveu devassar e escancarar a vida íntima dos colonos mediante as visitações dos funcionários enviados pelo Santo Ofício e, também, pelas devassas eclesiásticas. Considerava-se que, em uma terra abandonada, grassavam todos os tipos de pecados, que exigiam julgamentos e punições.

Onde a pobreza imperava, a prostituição se fazia presente. As índias foram transformadas nas primeiras prostitutas; em seguida, foram as negras, induzidas por senhores e senhoras ou agindo por conta própria para complementar o sustento. O meretrício tornou-se o retrato do período de formação do país: em qualquer vila ou beira de estrada – desde as grandes aglomerações até os pequenos e insignificantes arraiais – da região aurífera mineira, onde mais se disseminou, até a Recife dos holandeses, lá estavam as mulheres vendendo seus corpos. Como decorrência da vida desregrada, disseminou-se o flagelo das doenças venéreas, dentre as quais a mais letal foi a sífilis.

Não era só pela luxúria, porém, que se pautava a vida na Colônia. O pudor estava também entranhado em grande parte da população. Vigiada pela Igreja, a sexualidade era mais voltada para a procriação do que para o prazer. Casamentos forçados levavam a um comportamento de submissão e dependência da mulher, que sofria com maus-tratos.

Mesmo assim, e com a reprimenda da Igreja Católica, o concubinato foi, de longe, um dos delitos mais cometidos no Brasil. Eram poucos os casamentos no religioso, que ocorriam, sobretudo, nas famílias mais abastadas. Entre os homens, era comum o adultério, e, facilitada pela intensa movimentação de colonos, também o era a prática da bigamia. As ligações transitórias ou mancebias resultaram no enorme contingente de filhos ilegítimos, chamados de "filhos do pecado", depois relegados à roda dos expostos, local de abrigo para essas crianças abandonadas.

Era marcante a presença de religiosos no país. Os padres também caíam em tentação de todo tipo, como comprovam os casos de mulheres seduzidas na intimidade do confessionário, clérigos amancebados e a geração de filhos ilegítimos.

País de vasto território, povo disperso e errante, pouca coisa mudou nos trezentos anos de Colônia. Só com a chegada da Família Real, no início do século XIX, é que surgiram no Brasil ares metropolitanos. A abertura dos portos, a vinda de imigrantes de todas as nacionalidades e o crescimento das cidades – Rio de Janeiro, Salvador, São Paulo e outras – propiciavam o aumento de locais de diversões como cabarés, bordéis e teatros. Novos hábitos foram introduzidos nos aglomerados urbanos, à semelhança do que ocorria em Paris, a que imitávamos. A corte amorosa após a missa, nos passeios públicos e nos bailes era característica das cidades.

A prática da pederastia em alguns locais públicos começou a aparecer discretamente na capital; também o despertar lésbico, em menor escala, fez suas primeiras aparições urbanas. Religiosos, juristas e conservadores moralistas aliaram-se aos médicos, preocupados com o perigo das doenças venéreas.

Mas ao final do século XIX ocorreram pequenas mudanças. Isso se deu sobretudo na chamada belle époque brasileira, iniciada tardiamente no final do século XIX e que perdurou até os primeiros anos do século seguinte, com as grandes obras que marcaram a capital federal, uma vitrine que servia de modelo para os demais estados do país. Cultivava-se cada vez mais o amor romântico, redefinindo-se o papel do casamento, agora menos ligado aos interesses familiares; a castidade e o pudor feminino, porém, continuaram a ter valor inquestionável, assegurado por nossa religiosidade católica. Mesmo assim, mantinha-se o tratamento diferenciado para os gêneros: o recato para as moças de família e a tolerância do bordel para os rapazes.

Durante as três primeiras décadas do século XX, especialistas em medicina legal produziram grande quantidade de estudos sobre a morfologia do hímen, demonstrando preocupação com essa peça anatômica ligada à virgindade feminina e à defesa da honra sexual. Era dada enorme atenção aos crimes de defloramento, uma vez que a perda de virgindade era um caminho sem volta. Os rapazes testavam a fidelidade das moças com referência à virgindade e, quando conseguiam a "prenda desejada", abandonavam-nas.

Os vestígios da organização familiar patriarcal, moldada no meio rural e na sociedade escravocrata, marcaram profundamente a família brasileira até as primeiras décadas do século XX. As questões sociais e morais relativas à honra mereciam cuidados especiais dos pensadores reformistas e conservadores, preocupados com o perigo da "devassidão social". A crescente participação feminina no mercado de trabalho e a emergência de comportamentos urbanos (passeios, bailes, cinemas, revistas) compatíveis com a industrialização em marcha contribuíram para a formação de novos hábitos ao expor as mulheres a novos contatos sociais.

Com o fim da escravidão, os senhores já não tinham as negras ao seu bel-prazer. No final do século XIX, as prostitutas estrangeiras vieram no rastro da grande imigração, e o mercado de sexo expandiu-se em todas as capitais. Entrando no século XX, houve um "branqueamento" da prostituição com a chegada de mulheres francesas, alemãs, italianas, russas e, principalmente, polacas (estas, sobretudo, provenientes do tráfico) aos bordéis, tornando-se a europeia o padrão de beleza. As francesas deixaram sua marca na literatura e na lembrança de memorialistas muito mais do que as nativas. Implementavam "civilidade", ensinando o fazendeiro rude a se comportar e a ter noções de higiene. Todas sonhavam "enriquecer" na América, mas, no final, tornavam-se reféns de cafetões e de integrantes de organizações criminosas que as exploravam até o limite do suportável.

Diante do fenômeno social das "mulheres públicas", o discurso médico constituiu a matriz das interpretações científicas sobre a sexualidade ao buscar explicar o que levava a mulher à prostituição e como recuperá-la. Para os juristas, sendo impossível erradicar a prostituição, ela deveria ser sanitariamente controlada e supervisionada. Coube ao Poder Público o controle: por meio de força policial, impôs-se o confinamento das meretrizes em determinados guetos da periferia urbana, formando assim "zonas" do comércio do prazer. A medida foi empregada como forma de disciplinar o prazer e resguardar a saúde da família, já que, com o perigo das doenças venéreas que podiam ser disseminadas para o lar, a saúde pública tornou-se questão fundamental.

Uma das áreas da sexualidade humana mais marcada por preconceitos é, sem dúvida, a homossexualidade. Embora ocorresse discretamente em todo o período histórico colonial, foi com o crescimento urbano que a prática tornou-se mais visível, chegando com mais vigor até os tempos atuais. A partir da metade do século XIX, as teses médicas expressavam preocupação com o crescimento do homoerotismo e, nas primeiras décadas do século XX, os homens de ciência dissecaram o corpo dos homossexuais em busca das causas que originavam essa "anomalia".

Também o amor lésbico, já documentado nas visitações do Santo Ofício, ganhou, ao longo dos séculos, diferentes olhares. Em termos históricos, pouco se sabe sobre o universo homossexual feminino no Brasil. A partir da década de 1960, essa forma de orientação sexual ganhou maior visibilidade. Foi nesse período que o país sentiu os primeiros abalos da revolução sexual que percorreu o Ocidente.

A sociedade brasileira sofreu profundas transformações a partir da década de 1960. Com o surto de urbanização, as mulheres cada vez mais saíram para trabalhar fora, aumentou a migração do campo para a cidade, e os espaços de sociabilidade, como as escolas, multiplicaram-se. Ainda que o sexo livre, sem preconceito e supostamente sem culpa, já fosse cultuado por uma minoria privilegiada, foi nessa época que a sexualidade finalmente foi deixando de ser um tabu. A revolução contracultural desses anos provocou impactos e trouxe a descoberta do corpo e, com ela, a prática sexual menos reprimida. Excessos no Carnaval, topless, pílula anticoncepcional, pornografia, drive-ins, motéis, adultério, prostituição infantil, turismo sexual, visitas íntimas nas prisões – todos esses temas geraram acalorados debates nas décadas seguintes.

País de clima quente, paraíso tropical, Carnaval. As imagens alegres que expressam licenciosidade, sensualidade e extroversão correspondem à realidade ou trata-se de um mito fabricado? Não se pode compreender a história de nosso país ignorando a história de nossa vida sexual. Não se propõe aqui uma reflexão sobre o Brasil em termos de minuciosas abstrações filosóficas ou psicanalíticas sobre a sexualidade. Busca-se tratar do sexo em termos históricos, em sua concretude, valendo-se daqueles que vivenciaram, presenciaram ou estudaram o tema. Luxúria e pudor conviveram juntos em nossa trajetória histórica.

1

O índio e o ambiente de quase "intoxicação sexual"

"O ambiente em que começou a vida brasileira foi de quase intoxicação sexual." A afirmação de Gilberto Freyre, em *Casa-grande e senzala*, causou impacto e gerou intermináveis polêmicas, sobretudo pela ousadia da obra ao esmiuçar a vida íntima na Colônia. Lançado em 1933 e traduzido para dezenas de línguas, o livro empregava uma linguagem crua e revolucionária para a historiografia da época. O sociólogo Antonio Candido ressaltou a força e o impacto libertador do livro "cujo espanto estava na clareza da escrita" e na "sua franqueza no tratamento da vida sexual do patriarcalismo", o que soava inusitado à época.

Freyre também afirmou que "O europeu saltava em terra escorregando em índia nua; os próprios padres da Companhia precisavam descer com cuidado, senão atolavam o pé em carne". Segundo o autor, muitos clérigos se deixaram contaminar pela "devassidão". E os dados brotam a cada linha da obra: "As mulheres eram as primeiras a se entregar aos brancos, as mais ardentes indo esfregar-se nas pernas desses que supunham deuses. Davam-se ao europeu por um pente ou um caco de espelho".

Mas não foi Freyre quem difundiu a cena de luxúria e licenciosidade no território recém-descoberto. Ela já existia pelo menos desde o século XVII. Dizia-se na Europa que era outra a ideia de pecado na América, onde aflorava todo tipo de perversões sexuais: sodomia, incesto, bestialidade, poligamia – com portugueses e outros europeus correndo atrás de alegres índias. O historiador oficial de Maurício de Nassau, Gaspar Barléu (1584-1648), mencionou que no Velho Continente, no século XVII, corria o dito popular: "Não existe pecado ao sul do Equador". A frase expressa o desconcerto europeu diante de um novo mundo onde não vigoravam os mesmos padrões morais conhecidos do Velho Continente.

Sem dúvida, nos primórdios da Bahia no século XVI, o estímulo sexual para os portugueses era grande: as nativas circulavam nuas pela cidade. Eles se renderam à sedução dos trópicos. Nada impressionou tanto os primeiros europeus (subjugados pelo frio e pela noção de pecado) quanto a nudez dos nativos tão à vontade com seus corpos.

> O Brasil, junto com aquela espécie de prolongamento ao norte, que é o Caribe, configurava um caso único. Na América do Norte os índios se vestiam, em certas regiões por causa das baixas temperaturas, em outras por imposição de civilizações já seduzidas pela propriedade que têm as roupas de definir diferenças e hierarquia entre as pessoas. Idem nos Andes e idem na Patagônia. O Brasil estava gloriosamente só, em sua nudez (Roberto Pompeu de Toledo, "A nudez que solapa e desorganiza", p. 150).

A carta de Caminha

A história das terras novas – mais tarde conhecidas como Brasil – começou na Carta de Pero Vaz de Caminha, na qual o escrivão, a bordo da caravela de Pedro Álvares Cabral, descreveu as índias nuas: "Andavam entre eles três ou quatro moças, bem novinhas e gentis, com cabelos muito pretos e compridos nas costas; e suas vergonhas [...] tão altas e cerradinhas, tão limpas das cabeleiras". Nem escondeu que todos não viam senão as maravilhas, que "nós muito bem olhávamos", como confessou.

Nesse primeiro registro documental, o navegante mostrou-se alegremente impressionado, retornando inúmeras vezes ao assunto da nudez. Na primeira vez que viu os índios, Caminha escreveu: "acudiram pela praia [...] vinte homens pardos, todos nus, sem nenhuma cobertura". Quando desembarcou em direção à praia, viu "obra de duzentos homens, todos nus, e com arcos e setas nas mãos, e quatro ou cinco mulheres moças, assim nuas". Registrou que os índios dormiam "sem ter nenhuma maneira de cobrir suas vergonhas".

Repetida e reafirmada, a nudez foi entendida por Caminha com certa naturalidade, e ele a relacionou a uma inocência paradisíaca: os índios pareciam dar pouca atenção a sua genitália. Além disso, o escrivão observou com alívio que, nas "vergonhas" dos que foram convidados a dormir a bordo do navio, não havia cicatriz que evidenciasse o costume judeu da circuncisão, e com isso se alegrou, pois "todos eram assim como nós", acreditando que os índios fossem cristãos, como os portugueses, o que evidentemente não passava de ilusão.

Na sequência de sua carta, Caminha anotou que o menino no colo de uma índia estava atado com um pano e "não lhe apareciam senão as perninhas. Mas as pernas da mãe e o resto não traziam nenhum pano". Reparou em outra índia que assistia à missa "e a quem deram um pano com que se cobrisse"; ingenuamente "ao se assentar, não fazia grande memória de o estender bem, para se cobrir".

O espanto dos jesuítas diante da nudez

O jesuíta Simão de Vasconcelos (1597-1671) acreditava que os nativos da América fossem oriundos de Atlanta, uma alta e nobre civilização. De acordo com essa hipótese, os índios teriam sofrido na América alterações na pele, na linguagem e nos costumes. O canibalismo, a pele escura, a nudez e as práticas julgadas "demoníacas" representariam a segunda queda. Além disso, a nova terra teria acentuado os desvios advindos do pecado original (a primeira queda), e o único caminho capaz de reverter o processo degenerativo seria converter os nativos ao cristianismo.

Outras hipóteses, porém, surgiram. Para o missionário Fernão Cardim (1540-1625), a exemplo de Pero Vaz de Caminha, a nudez seria uma prova do "estado de inocência, honestidade e modéstia" que todos os nativos guardavam, além de considerá-los "pouco endemoniados" e pacíficos.

A polarização ideológica dos missionários pode também ser interpretada de maneira mais simples, como observou o historiador Baeta Neves: ou os índios seriam inocentes que pecavam por ignorância da verdade cristã, ou teriam feito uma opção consciente pelo pecado, rejeitando Deus em favor do demônio.

Religiosos ou leigos, todos acentuavam o fato de os índios andarem nus, ainda que muitos considerassem o costume com naturalidade. O horror que os jesuítas manifestavam ante a nudez, principalmente das partes genitais, parece mesmo ter antecipado todo o rigor de uma época de reformas - obcecada pelo pudor na ocultação dos corpos a ponto de algumas irmandades, na Europa, por aversão à nudez, chegarem até a proibir os religiosos de se banharem, salvo por recomendadas razões de ordem médica.

Em sua primeira carta, padre Manuel da Nóbrega (1517-1570) tentou formalizar uma medida que consistia antes de tudo em vestir os índios. Assim, solicitou ao padre Simão que providenciasse algumas peças de roupas para cobrir "estes novos convertidos" em respeito aos valores cristãos, pois "vêm todos a esta cidade à missa aos domingos e festas", manifestando devoção, e principalmente com relação às mulheres, "não parece honesto entrarem nuas entre os cristãos na igreja".

Posicionando-se de maneira oposta, o calvinista francês Jean de Léry (1534-1611), que esteve na expedição francesa no Rio de Janeiro em 1556, sugeriu que, nos povos civilizados, a proibição da nudez estimulava o erotismo, pois, segundo ele, as roupas, adereços e penteados das mulheres europeias eram mais provocativos que a nudez das nativas.

Consolidou-se, porém, a insistência na ideia de vestir os índios. Nóbrega chegou a convencer o governador-geral do Brasil, Mem de Sá, a escrever ao rei, em 1560, pedindo que providenciasse roupas para os nativos. Foram várias as passagens em que o jesuíta expressou seu desagrado com a nudez incompatível com a devoção, e, em algumas, com humor:

> Parece-nos que não podemos deixar de dar a roupa que trouxemos a estes que querem ser cristãos, repartindo-lha até ficarmos todos iguais com eles, ao menos para não escandalizar aos meus irmãos de Coimbra, se souberem que por falta de algumas ceroulas deixa uma alma de ser cristã e conhecer a seu Criador e Senhor (Manuel da Nóbrega, *Cartas do Brasil*, p. 96).

O certo é que os jesuítas trouxeram consigo o puritanismo e uma atitude de incompreensão diante da nudez, pois consideravam-na indecente. O padre Simão Rodrigues, por exemplo, apontava as variadas razões pelas quais os padres que viriam ficariam escandalizados: a ofensa a Deus, principalmente ao assistirem à missa com as vergonhas à mostra, bem como a excitação que as mulheres nuas causavam nos cristãos.

Em carta endereçada ao padre Simão, Nóbrega afirmou que os índios se regiam "por inclinações e apetites sexuais". Assinalou que a missão de converter os nativos não seria tão fácil e relatou a fuga de dois futuros padres (órfãos enviados de Portugal) que estavam "tentados pelo espírito de fornicação".

O padre José de Anchieta (1534-1597), por sua vez, queixou-se da falta de pudor dos índios que pronunciavam "sem nenhum vexame as palavras que significam os órgãos secretos de um e outro sexo, a coabitação e outras da mesma natureza". Referiu-se também a uma taturana peluda (mencionada por Soares de Souza) colocada no pênis, "que se excita em veemente e ardente luxúria e incha".

Ao comentar os casamentos indígenas, Anchieta constatou, de um lado, a relação respeitosa nas uniões entre tios e sobrinhas, e, de outro, a ausência de prostituição, explicada pela liberdade do intercurso sexual entre os moços. Quando aumentava o desejo carnal, eles tomavam qualquer mulher que encontravam naquele momento, podendo ser "velha ou moça, ainda que não seja muito a seu gosto", pois eles tinham "quase por certo que terão depois outras".

Diante do comportamento considerado selvagem e anômalo, Gabriel Soares de Sousa (1540-1591), que chegou aqui em 1569 e mais tarde tornou-se senhor de engenho, descreveu os índios como pervertidos sexuais que, sem preocupações com os valores cristãos, não tinham moral: "São os tupinambás tão luxuriosos que não há pecado de luxúria que não cometam", chegando em alguns casos a não respeitar as irmãs e tias, dormindo com elas pelos matos. Quanto a outros pecados ele detalhou:

> Como os pais e as mães veem os filhos com meneios para conhecer mulher, eles lhas buscam, e os ensinam como a saberão servir: as fêmeas muito meninas esperam o macho, mormente as que vivem entre os portugueses. Os machos destes tupinambás não são ciosos; e ainda que achem outrem com as mulheres, não matam ninguém por isso, e quando muito espancam a mulher pelo caso. E as que querem bem aos maridos, pelos contentarem, buscam-lhe moças com que eles se desenfadem, as quais lhes levam à rede onde dormem, onde lhes pedem muito que se queiram deitar com os maridos, e as peitam para isso; coisa que não faz nenhuma nação de gente, senão estes bárbaros (Gabriel Soares de Sousa, *Tratado descritivo do Brasil em 1587*, p. 308).

Anchieta afirmava que os índios realizavam casamentos, mas enquanto uns tinham uma só mulher, outros, que assumiam posição elevada na tribo como valentes guerreiros, chegavam a ter de dez a vinte mulheres. Havia, porém, uma razão cultural na conduta dos índios, não compreendida pelos missionários, pois a maioria dos nativos tinha somente uma mulher, sendo a poligamia bastante difundida apenas entre os grandes guerreiros e caciques. Para estes, isso era símbolo de prestígio. Cada esposa, por sua vez, possuía um espaço exclusivo na cabana: "E o que é mais admirável: vivem todas em boa paz". Gabriel Soares afirmou que quando o marido queria manter relações com uma de suas mulheres, lançava-se com ela na rede e sempre havia, nas demais, "ciúmes, mormente a primeira; porque pela maior parte são mais velhas que as outras".

Entre os nativos era costume, quando o esposo se fartava da companheira, presentear outro homem com sua mulher. Ao referir-se à tentativa de conversão de chefes, Nóbrega disse: "porque é costume até agora entre eles não fazerem caso de adultério, tomarem uma mulher e deixarem outra, como bem lhes parece e nunca tomando alguma firme". O jesuíta, em sua primeira carta, ficou também bastante preocupado com a poligamia dos colonos portugueses, pois relatou haver casos de "sete e dez anos que se não confessam e parece-me que põem a felicidade em ter muitas mulheres". O padre José de Anchieta observou que as índias "não sabem negar-se a ninguém, mas até elas mesmas cometem e importunam os homens, jogando-se nas redes, porque têm por honra dormir com os cristãos".

A falta de pudor na exibição do corpo, mais a licenciosidade e o apego à vida considerada promíscua pelos colonizadores, tudo isso parecia comprovar, aos olhos dos primeiros cronistas, a submissão que nossos índios prestavam ao demônio. O missionário Fernão Cardim, que chegara a ver inocência na nudez dos aborígenes, comparou o interior das ocas a um labirinto infernal, onde o fogo, aceso dia e noite, verão e inverno, era a única roupa de que eles se utilizavam. O que mais o perturbou, no entanto, foi a promiscuidade em que viviam cem ou duzentos nativos reunidos num só lugar, "sem repartimento algum ou divisão", cada casal em seu rancho e "todos à vista uns dos outros", fazendo o que lhes conviesse.

O próprio Anchieta deu-se conta de que era difícil o europeu resistir aos apelos da carne em terras tropicais. Numa carta, relatou que não era coisa fácil recusar as mulheres que os índios insistiam que ele tomasse em casamento. Os tupinambás se admiravam de que pudessem existir homens capazes de viver sem mulheres, conforme fato ocorrido no Maranhão:

> Trouxeram quatro colchões e quatro raparigas, e ofereceram aos padres, que rindo-se aceitaram aqueles e recusaram estas com palavras de agradecimento.
> Admirados com tal procedimento, diziam uns aos outros: O que é isto? Estes profetas não são homens como nós? Por que não aceitam estas raparigas, sendo impossível o passar um homem sem elas? Por que nos fazem tal ofensa? (Yves d'Evreux, *Viagens ao norte do Brasil*, p. 376).

Um vício da terra: a "promiscuidade"

Vejamos como se constituíam as relações amorosas entre os tupinambás. Desejando se unir, os homens se dirigiam a uma mulher, "solteira", e perguntavam sobre seu desejo de se casar. Se o interesse fosse mútuo, pediam a permissão do pai ou do parente mais próximo. Obtida a autorização dos parentes, o casal considerava-se casado. Não havia cerimônias, nem promessa recíproca de que tal relação seria para toda a vida. O homem poderia expulsar a mulher e vice-versa. Se ficassem enfadados do convívio, a união poderia ser desfeita. Ambos estariam livres, então, para procurar outros parceiros, sem maiores constrangimentos.

Nóbrega observou nunca ter visto ou ouvido que "com o sentimento de adultério algum índio matasse alguma de suas mulheres; quando muito espancam o adúltero". Comentou que os índios não sabiam com qual mulher tinham o verdadeiro "âmbito marital" e nem viam a importância disso. Mas há quem diga que o adultério feminino causava grande indignação na comunidade indígena. A mulher adúltera corria o risco de ser repudiada pelo homem enganado, podendo ele expulsá-la, ou ainda, em casos extremos, matá-la, de acordo com o regulamento tribal. Quando as mulheres engravidavam em uma relação extraconjugal, a criança era enterrada viva, e a mulher faltosa trucidada ou abandonada nas mãos dos rapazes.

Mesmo com a punição contra a mulher adúltera, no entanto, os relatos dão mostra da liberdade sexual existente antes do casamento. As moças podiam manter relações com rapazes e com aventureiros europeus sem que isso significasse a sua desonra. Segundo o franciscano francês André Thevet (1502-1590), "é muito raro entre eles que uma jovem se case virgem". O calvinista Jean de Léry chegou a relatar que os pais não se importavam em prostituir as filhas. Anteriormente à sua chegada ao Rio de Janeiro, soube que alguns estrangeiros tinham abusado das índias em muitas aldeias. Nem por isso essas moças foram difamadas. Casaram-se posteriormente sem nenhum constrangimento ou temor de represálias por parte do esposo. Mas os "desvios" sexuais eram refreados após o casamento, e os maridos, movidos pelo ciúme, vigiavam de perto suas mulheres.

Para o missionário Yves d'Evreux (1577-1640), o comportamento das "velhas" após os quarenta anos mostrava "falta de pudor". Ele anotou: "Nem me atrevo a dizer o que elas são, o que vi e observei". Ao longo de suas descrições, o religioso francês persistiu destacando a fraqueza moral das mulheres ao comparar os perfis masculino e feminino segundo as faixas etárias. Na puberdade, quando aflorava a sexualidade, as moças se deixavam arrastar pela libido, tentadas pelo diabo, enquanto os rapazes ajudavam a família, caçando e pescando, sem demonstrar tentações libidinosas.

As meninas tupinambás atingiam a idade adulta depois da primeira menstruação. Assim como os homens, as mulheres andavam nuas e retiravam todos os pelos que cresciam na pele, inclusive cílios e sobrancelhas. A nudez, a sexualidade e a beleza física das índias provocavam a libido de alguns religiosos, havendo aqueles que se autoflagelavam como forma de recalcar os impulsos pecaminosos. Os corpos nus das índias eram uma tentação contra o voto de castidade. O padre Antônio da Rocha, por exemplo, confessou que, desde que chegara ao Espírito Santo, não passava uma hora sem sentir "estímulos gravíssimos".

Na visão sexista dos religiosos e cronistas da época, a degeneração ocorria mais no sexo feminino, e principalmente nas velhas. Nesse sentido, é importante lembrar a predominância do olhar masculino na tradição cristã. A Bíblia já havia retratado a mulher como fraca e tentadora no mito do Éden, atribuindo-se a Eva as tentações da carne e as perversões sexuais.

Substituir noções tradicionais de moral e de decência era muito difícil para os índios, o que pode explicar a tendência, em muitos dos nativos de tribos acostumadas à nudez, de só se despirem da roupa europeia quando ela já estava prestes a desfiar de podre ou suja. Entretanto, o asseio corporal e até sua moral sexual eram às vezes superiores aos do pudor cristão coberto de pesadas vestes.

Para o capuchinho francês Claude d'Abbeville, que esteve no Maranhão em 1612, as moças comportavam-se com naturalidade, tornando sua nudez discreta, sem os movimentos sensuais e invenções das mulheres europeias. Léry relatou que as índias relutavam em vestir roupas, alegando o incômodo de retirá-las na hora dos banhos, que chegavam a doze em um único dia.

Nos primeiros tempos, foram frustradas as frequentes tentativas de manter as indígenas vestidas à europeia. Quando obrigadas pelos catequizadores a se cobrir durante o dia, às primeiras sombras da noite despiam saias e camisas e se deleitavam em andar nuas, muito à vontade, e em mergulhar nas águas dos rios e praias. Os jesuítas condenavam o descuido com que os senhores vestiam as índias, que vagavam seminuas pelas vilas. Algumas senhoras paulistas, por sua vez, apontavam em seus testamentos, entre suas boas ações, o cuidado em manter as índias de sua casa sempre trajadas, mesmo que fosse com panos rústicos confeccionados por elas mesmas.

A desnorteadora homossexualidade

Falar em homossexualidade entre os índios é um assunto um tanto delicado, por tratar-se de algo que não tinha o mesmo significado cultural que se conhece na sociedade contemporânea. O "nefando pecado da sodomia", como era chamada, causou escândalo aos viajantes e jesuítas que chegavam ao Brasil. Ficaram espantados ao encontrar alguns índios praticantes da homossexualidade e também algumas mulheres indígenas que se entregavam umas às outras em relações homoeróticas.

No século XVI, Gabriel Soares de Sousa, horrorizado, chegou a dedicar um dos capítulos de seu relato para tratar "da luxúria destes bárbaros". Não havia pecado da carne que os tupinambás não cometessem: incesto, poligamia, homossexualidade e outros mais. Todos falavam abertamente das "sujidades" que cometiam "a cada hora". E, tratando do que quase ninguém ousava falar, ou seja, da homossexualidade, comentou serem os nativos "muito afeiçoados ao pecado nefando", do qual não se envergonhavam, e o que "servia de macho" se vangloriava disso, tomando essa "bestialidade por proeza". O mais espantoso ainda era que alguns índios efeminados chegavam a armar tendas e se faziam de "mulheres públicas". Algumas índias se "casavam" entre si e adquiriam "toda espécie de parentesco adotivo e de obrigações assumidas pelos homens em seus casamentos". O sociólogo Florestan Fernandes afirmou que a homossexualidade tinha o consentimento social entre os tupinambás, embora o "papel passivo" exercido por homens fosse sujeito a insultos.

Entre os tupinambás, a relação homoerótica não era motivo de recriminação propriamente dita, embora certos efeminados (tiviras ou tibiras) da cultura nativa fossem sujeitos a certo desprezo, menos por suas preferências sexuais do que por lhes faltarem aptidões guerreiras; outros, porém, eram bastante respeitados, a exemplo dos pajés.

A magia e a arte, quando não desenvolvidas pela mulher, eram assumidas pelo homem efeminado. O tivira preferia a vida doméstica e regular feminina à vida nômade e guerreira de homem másculo. A verdade é que, entre as várias tribos da América, esses indivíduos efeminados possuíam uma "aura" à qual também se creditavam poderes e funções místicos de curandeiros, pajés, conselheiros. Fica claro que entre os nativos se praticava normalmente a homossexualidade, sem ser por escassez de mulher.

Varnhagen, historiador oficial do Segundo Império, deplorava a prática que destacava entre os "vícios que não tinham fim" dos índios tupis brasileiros.

> Era sobretudo lamentável paixão com que se davam ao pecaminoso atentado que o Senhor condenou em Sodoma, vício que, além de aviltador para o homem, tanto contribuía a que a população, em vez de aumentar-se, diminuísse cada vez mais. Havia, em algumas cabildas, concubinos públicos protegidos pela comunidade (Francisco Adolfo de Varnhagen, *História geral do Brasil*, p. 29).

O jesuíta Pero Correia insinuou, aliás, que também algumas mulheres afeiçoavam-se à homossexualidade, guerreando como homens, casando-se com mulheres e ficando mesmo ofendidas se não as tratassem como machos. Algumas delas passavam a imitar os homens, exercendo os mesmos ofícios dos guerreiros: "Trazem os cabelos cortados da mesma maneira que os machos, e vão à guerra com seus arcos e flechas". Cada fêmea guerreira possuía uma mulher para servi-la, "com que diz que é casada, e assim se comunicam e conversam como marido e mulher".

O antropólogo Luiz Mott encontrou nas *Denunciações da Bahia* a ocorrência, em 1592, da primeira referência de divisão explícita de papéis sexuais numa relação estável de homossexualidade: tratava-se de dois índios escravos, moradores na ilha da Maré, na Bahia. Segundo aqueles que os acusavam, "era público e notório que Joane, além de fazer o pecado nefando com outros muitos, usando de fêmea, ora particularmente está com o índio Constantino, amancebado como se foram homem com mulher, servindo o dito índio Joane de mulher e o dito Constantino de homem".

Olhar estrangeiro de reprovação

O que os cristãos dos primeiros tempos viam, ou deduziam, era a nudez e a promiscuidade convivendo com o que consideravam o mais absoluto desregramento nas relações sexuais. Escrevendo a Lorenzo de Médici, Américo Vespúcio (1454-1512) afirmou que os tupinambás tinham tantas mulheres quantas queriam, o filho se unindo com a mãe, "o irmão com a irmã, o primo com a prima, e o encontrado com a que encontra". Nas terras de além-mar, a heresia nos costumes era compreendida como sinal de barbarismo e da presença do diabo. Frei Vicente do Salvador (1564-1636), que bem conhecia o trópico, pregou que o demônio, ao perder o controle sobre os homens com o advento do cristianismo, deslocara-se para as Américas, onde ali erguera o seu reino.

Para os religiosos, o "excesso de liberdades" e a "falta de lei" moral do nativo ofendiam a Deus. Poligamia, incesto e fornicação em todos os níveis foi o que também reprovou com horror o jesuíta Jerônimo Rodrigues (1551-1631) ao conhecer os costumes dos carijós em 1602. Afirmou que: "no vício da carne são sujíssimos", e o que o deixava mais espantado era "haver índia que tem dois maridos". A liberdade que o homem dava às mulheres fazia com que elas andassem "por onde e com quem elas quisessem".

As normas da cristandade simplesmente transplantadas para a terra a ser colonizada encontraram enormes barreiras face à conduta poligâmica do gentio, para o qual a união de um casal não implicava fidelidade nem perpetuidade. Anchieta lamentava não ser possível saber com qual esposa os indígenas se juntavam com intenção marital, "porque para com todas tiveram o mesmo ânimo". A questão da prioridade não tinha relevância alguma para o natural da terra; essa era uma necessidade da moral cristã. Poderiam tomar inicialmente "alguma velha" somente para esta lhes fazer "de comer", mas depois juntavam-se a outras, e muitas vezes queriam mais a segunda, a terceira, a quarta e ainda a última, "por serem ou mais moças ou mais fecundas, ou filhas de principais".

Os sacerdotes preocupavam-se sobremaneira com as indígenas. No convívio constante com os brancos, elas logo eram corrompidas, envolvendo-se em situações delicadas como a de carregar uma prole para criar. Lembre-se que, com a intenção de povoar a Colônia, Portugal utilizou-se sistematicamente do degredo, importante mecanismo colonizador. Degredados, cristãos-novos, extratores de madeira de tinta por aqui ficavam e logo se envolviam com as indígenas. Eles acabavam muitas vezes tomando gosto pela vida desregrada, entrelaçados com índias pelos matos à sombra das árvores.

No princípio foram poucos os colonos que desembarcaram em terra brasileira trazendo suas mulheres e filhos, e raros os donatários que vieram acompanhados de suas famílias. O concubinato com índias era prática corriqueira não só entre os solteiros, mas também entre os casados que tinham deixado suas esposas em Portugal. O intercurso sexual desregrado com índias foi, sem dúvida, o responsável por uma prole numerosa de mestiços, principalmente na primeira metade do século XVI.

A luxúria dos colonizadores, soltos sem família no meio das índias nuas, servia também a poderosas razões de Estado, que ansiava pelo rápido povoamento mameluco da nova terra. Na capitania de São Vicente, escreveu o irmão Pero Correia ao padre Simão Rodrigues em 10 de março de 1553:

> Era costume antigo nesta terra os homens casados que tinham vinte e mais escravas e índias tê-las a todas por mulheres, e eram e são os casados com mamelucas, que são as filhas dos cristãos e índias. E tinham eles posto tal costume em suas casas, que as próprias mulheres com que são recebidas à porta da igreja lhes levavam as concubinas

> à cama, aquelas de quem eles mais tinham vontade, e se as mulheres os recusassem, moíam-nas a paus (Citado por Serafim Leite de Farias, *Cartas dos primeiros jesuítas do Brasil*, p. 438).

Mesmo que a Igreja erguesse barreiras de ordem moral e religiosa para as uniões ilícitas, o Estado concordava com o princípio de que uma nação rica devia ser abundantemente povoada, incentivando a multiplicação dos casamentos em todos os estratos sociais. O intelectual paulista Paulo Prado encontrou no historiador Francisco Adolfo de Varnhagen a insinuação de que a mulher gentia, "mais sensual que o homem como em todos os povos primitivos [...] em seus amores dava preferência ao europeu, talvez por considerações priápicas". Estudos antropológicos constataram que os homens de certas culturas primitivas precisavam de festas excitantes para provocar o desejo sexual. Outro historiador, Capistrano de Abreu, sugeriu, porém, que a preferência da índia pelo europeu teria sido por motivo mais social que sexual: "da parte das índias a mestiçagem se explica pela ambição de terem filhos pertencentes à raça superior, pois segundo as ideias entre eles correntes só valia o parentesco pelo lado paterno".

O fato é que as mulheres, aparentemente, demonstravam fascínio maior pelos europeus e seus "presentes" ofertados. Segundo d'Evreux, os padres chegavam a alertar os franceses quanto à propensão das índias a trocar produtos europeus por carinhos e sexo: "não vos deixeis prender pelos afagos das filhas dos vossos hóspedes, ou de outras, pois não vos faltarão carícias se souberem que tendes mercadorias".

Escrevendo em 1553, Nóbrega viu no célebre bandeirante João Ramalho o exemplo perfeito de como agiam os colonizadores no Brasil: sua vida corria à moda dos aborígenes, rodeados de mulheres que lhes davam uma prole enorme, e cujos filhos logo que atingiam a puberdade seguiam o exemplo do pai, unindo-se a várias índias sem se preocupar se eram irmãs ou parentes.

Os intensos cruzamentos entre a mulher índia e o europeu resultavam em enorme contingente de bastardos. Estudando com profundidade as ligações sexuais, o historiador Alcântara Machado ilustrou sua obra *Vida e morte do bandeirante* com exemplos expressivos. Citou o próspero colono Antônio Pedroso de Barros, possuidor de seiscentos índios, que já não se lembrava de quantos filhos tivera em suas relações com a mulher indígena: "... ficaram alguns bastardos... não sei a verdade de quantos são meus... será conforme as mães disserem".

Muitos colonos acreditavam que copular uma ou duas vezes com índias não era pecado tão grave, nem os condenaria ao inferno. Justificavam que só copulavam com índias, pois elas eram mulheres de má vida, passíveis de ser seduzidas por qualquer objeto de valor. O pecado seria grave se ocorresse com virgens brancas ou com mulheres casadas.

Casar-se com índias, a quem tratavam com desprezo, era uma ideia jamais acalentada pela maioria dos lusitanos chegados ao Brasil no século XVI e nos seguintes. Em geral, essas relações amorosas eram passageiras, e a mulher logo abandonada. A prostituição, então, foi o caminho natural seguido por muitas. Como não podia deixar de acontecer, muitos abusos eram cometidos em relacionamentos dessa natureza. O padre Simão de Vasconcelos mencionou Pascoal Barrufo, um abastado colono que vivia em Bertioga, que ficara famoso pelos hábitos licenciosos e atos imorais. Seus convidados eram servidos por escravas nuas, e ele possuía nada menos de 150 mulheres para animar suas orgias.

Segundo o padre Antonio Pires, em 1551, os colonos que viviam amancebados chegaram a temer os jesuítas por achar que eles teriam poder para castigá-los. Depois, acostumados à incômoda presença dos missionários, esquivavam-se do pecado utilizando os mais diversos argumentos para defender a mancebia. Certos de que a escravização das índias dava-lhes direito à exploração sexual, diziam que ao se casarem com elas podiam perder a posse ao torná-las livres da condição de escravas. Não faltavam, no entanto, concubinatos e índias "de porta a dentro".

Como exemplos de desregramento, o historiador Ronaldo Vainfas mencionou as investidas amorosas e sexuais do fidalgo Fernão Cabral. Mesmo desprezando índias, buscava-as no mato, à beira do rio ou onde quer que fosse, para depois alardear suas proezas sexuais viris. No caso desse senhor de engenho, nenhuma mulher, índia ou branca, solteira ou casada, virgem ou já "levada da honra", podia sentir-se a salvo de suas investidas. Fernão Cabral afirmava em tom de deboche que tanto fazia "dormir carnalmente" com comadre ou com qualquer mulher; que o mais eram medos tolos e "que com uma bochecha d'água se lavava tudo". Mas as índias eram a figura mais frágil, que permitiam o abuso sexual sem constrangimento.

Era costume recorrente entre os bandeirantes paulistas se apossar das índias quando destruíam uma aldeia ou até mesmo quando atacavam reduções jesuíticas. A condenação dessa prática encontra-se nos relatos do padre Montoya, catequizador dos povos guaranis que se estendiam do Paraguai ao Paraná. Em uma das bandeiras integrada por Antônio Raposo Tavares (1598-1658) e outros, assim o missionário denunciou o ato de violação ocorrido em 1636:

> Às mulheres deste povo e de outros destruídos, quando de boa aparência, fossem elas casadas, solteiras ou pagãs, encerrava-as o dono consigo num aposento, passando com elas as noites como o faz um bode num curral de cabras (Antônio Ruiz de Montoya, *Conquista espiritual*, p. 278).

Não era apenas a carência quase total de mulheres brancas que atraía os portugueses para as nativas da terra. Freyre acrescentou a isso a natural propensão dos lusitanos ao convívio com etnias dos lugares para onde eram levados devido à expansão marítima, como à Ásia e à África.

Ao longo desses primeiros séculos de colonização, constituiu-se, por parte dos europeus, a imagem de sensualidade e inclinação para o prazer das mulheres nativas das Colônias. Freyre afirmou que a indígena morena de olhos pretos muito se assemelhava à figura da moura, e seu corpo nu agradava ao gosto português. Menos arisca que as mouras, "por qualquer bugiganga ou caco de espelho estavam se entregando, de pernas abertas, aos caraíbas gulosos de mulher". Ainda para o franciscano francês Thevet, o contato com as índias era facilitado pelos próprios pais, que ofereciam as filhas "a troco de qualquer ninharia".

Curioso e revelador foi o registro processual da condenação de Pedro de Braga, nascido em Belém do Pará, um homem rude, "morador do sertão", sem domicílio fixo, que capturava índios para escravizá-los. Nas tribos por onde passava, recebia como esposas as filhas de chefes indígenas.

Dessas uniões resultavam filhos que os pais, ditos cristãos, pouco se esforçavam por educar ou criar à moda europeia ou à sombra da Igreja.

Ao contrário do relato dos colonizadores, o ato sexual entre os nossos indígenas não se realizava tão à vontade e sem restrições como muitos davam a entender; nem era a vida entre eles a devassidão sem fim observada pelos primeiros viajantes e missionários. A imagem desregrada da Colônia, descrita pelos viajantes e missionários dos primeiros séculos e reproduzida por alguns, tem sido questionada por pesquisadores contemporâneos como Ronaldo Vainfas. Onde muitos viram apenas caos e descompromisso, outros encontraram regras e formas de culpabilização. Segundo Vainfas: "À fornicação tropical não faltaram, pois, normas bem rígidas". Ainda que sexualmente intensa a vida na Colônia, "os valores da família, mescla da cultura popular e do discurso oficial se fizeram presentes".

É verdade, também, que os viajantes, inquisidores e colonizadores que desvendaram o país desde o século XVI, além do olhar masculino, traziam toda a bagagem de preconceitos culturais da Europa renascentista. O etnocentrismo em considerar a cultura europeia superior, bem como a primazia dos valores do cristianismo, levavam-nos a codificar as práticas sexuais dos nativos, transformando índias nuas em "ninfomaníacas" e "devassas", segundo as classificações das "perversões sexuais". Tal interpretação ganhou ares de verdade devido às poucas fontes documentais em que se basearam os historiadores. Entretanto, novos estudos antropológicos têm questionado essas imagens veiculadas pela documentação, mostrando que tais culturas eram muito mais complexas do que se imaginava.

Na verdade, o pecado no Brasil Colônia não corria tão solto como faziam crer os registros. Mesmo mais tarde, em um Brasil já um tanto regrado, os jesuítas se mantinham alertas contra os excessos; e não os dos primeiros tempos, de solta libertinagem, sem batinas de jesuítas para barrarem os desejos. Como assinalou Vainfas, se pecavam, "não o faziam sem crises de consciência, portadores do sentimento de culpa que a Igreja insistia em difundir entre a massa de fiéis".

O relacionamento sexual entre o conquistador europeu e a mulher índia foi também perturbado por doenças venéreas de fácil contágio, como a sífilis, que depois se disseminou em circunstâncias sempre desfavoráveis à mulher. Mais infectados de sífilis deviam estar os portugueses, povo ainda mais nômade e miscigenador que os franceses. O chamado "mal que assolou o Velho Mundo" nessa época "propagou-se no Oriente, tendo sido para lá levado pelos portugueses", afirmou Freyre.

Enfim, os valores, costumes e hábitos vigentes em diferentes sociedades podem ser relativizados ao levarmos em consideração o pensamento do filósofo francês Michel de Montaigne, em seus *Ensaios*, ao se referir aos povos da América: "Não vejo nada de bárbaro ou selvagem no que dizem daqueles povos; e, na verdade, cada qual considera bárbaro o que não se pratica em sua terra".

2

A luxúria colonial escravista

No início da exploração da América portuguesa, os degredados representavam um contingente importante na formação populacional do país. Não se pode, entretanto, estender esse fenômeno para todo o período colonial, pois no final do século XVI, e sobretudo a partir do século XVII, todo um contingente de portugueses, escravos, indígenas e mestiços veio aumentar a população do Brasil. O desembarque de degredados nas primeiras expedições contribuiu para criar a imagem ainda hoje tão difundida de uma colonização empreendida por criminosos e vagabundos nas terras brasileiras.

Lembre-se, também, que o degredo não implicava apenas a ralé. O deportado não era necessariamente um criminoso, como hoje se pensa. As causas de degredo eram múltiplas, pois alguns erros praticados mesmo por gente de boa reputação poderiam receber essa punição; pequenos criminosos, jogadores de cartas, videntes, falsificadores e prostitutas eram deportados para o Brasil, "o inferno atlântico". Pelos padrões atuais, o banimento, portanto, não comportava necessariamente um ato criminoso. Sofreram pena de degredo na Índia os poetas Camões e Bocage, assim como Dante Alighieri foi banido de Florença. Hoje eles seriam considerados exilados por sua dissidência em relação ao Estado. Degredado, palavra que então se grafava *degradado*, derivava de degradar, baixar de grau.

A formação de um povo

A obra de Gilberto Freyre, *Casa-grande e senzala,* consolidou e difundiu a crença de um excesso sexual durante a Colônia cujos reflexos vigoram ainda em nossos dias. Pioneiro ao discorrer sobre a vida íntima da sociedade brasileira, Freyre fundamentava sua narrativa nos relatos dos jesuítas e viajantes do Brasil Colônia, com suas imagens sobre a animalidade e a luxúria dos nativos.

Muitos viajantes apontaram essa sensualidade sem limites e a associaram ao calor tropical: os azuis e verdes intensos da natureza, o embalo da rede, o ruído do vento nos coqueirais, a areia morna das praias. Por mais convincentes que pareçam, porém, essas formulações cativantes dos relatos precisam ser desbastadas de suas conotações equivocadas.

Com relação à questão do povoamento, procurou-se atenuar aquilo que se considerava a inclinação nativa aos maus costumes. Assim, órfãos vinham de Portugal para se integrar e servir de modelo aos pequenos índios tupiniquins. Além disso, o padre Manuel da Nóbrega tentou convencer o rei da importância de virem da metrópole algumas mulheres, a fim de se casarem e formarem no Brasil "boas famílias". Escreveu que "é necessário que venham muitas mulheres órfãs e de toda qualidade, até meretrizes, porque há aqui várias qualidades de homens; e os bons e os ricos casarão com as órfãs". Quanto às meretrizes, no entender de Nóbrega, tampouco encontrariam dificuldades para se casar.

No que se refere à política de povoamento implementada nas primeiras décadas da colonização, sobressaem-se duas visões opostas. Do ponto de vista da Coroa portuguesa, interessava a chegada de mais homens, tanto para a defesa do território quanto para o desempenho dos cargos públicos. Já para os jesuítas, contrariados com a miscigenação que contribuía para afastar os índios da sua tutela, o importante era que viessem mulheres, mesmo que fossem de má fama. Assim se pode entender que, para Nóbrega, tudo era preferível ao amancebamento do português com índias.

A ocupação das regiões anexadas aos domínios portugueses nas décadas posteriores ao descobrimento foi levada adiante apenas por homens, e não por famílias vindas da metrópole, como em outras povoações da América. Como bem perceberam os jesuítas, muitos casados que estavam no Brasil continuavam amancebados, mesmo mantendo suas esposas junto deles; portanto, a desculpa da falta de mulheres brancas para justificar o concubinato com mestiças não era a verdadeira razão para o comportamento tido como "desregrado".

Devido à carência de famílias brancas na Colônia, posteriormente existiu uma política quase oficial da Coroa para a fixação de mulheres brancas no território, a fim de preencher uma lacuna vital para o processo de colonização. Uma das medidas para isso era importar órfãs de Portugal, oferecer-lhes dotes em terras e escravos. Para incentivar casamentos, ofereciam cargos públicos como prêmios. Quanto aos cargos na magistratura e na administração da Colônia, a Coroa dava prioridade à nomeação de homens casados. "Não se despovoe o Brasil por falta de mulheres", escrevia, em 1722, d. Lourenço de Almeida, que buscava proibir conventos e dificultar a volta de mulheres a Portugal, evitando, assim, o desvio da força reprodutora na Colônia.

Sexualidade escravista

Freyre constatou a existência de uma sociedade na qual os valores patriarcais eram dominantes, embora não os únicos. A caracterização clássica da família patriarcal brasileira de raízes coloniais feita pelo sociólogo pernambucano era a de uma família poligâmica, cujo chefe, geralmente um homem branco, detinha um poder quase absoluto sobre os que viviam ao seu redor, desde sua mulher e filhos até os escravos. Para o senhor, todas as relações sexuais eram permitidas; escravos e agregados não tinham condições de opor resistência aos seus desejos e vontades. Essa licenciosidade sexual dos patriarcas deu origem a numerosos filhos ilegítimos, quase sempre mulatos, que compuseram a camada social e racial típica da sociedade colonial brasileira.

Entretanto, o costume de amancebar-se com as próprias negras não era privilégio apenas dos grandes senhores. Homens simples também o faziam, como o humilde pintor Jacinto Ribeiro, que vivia "de portas adentro" com a escrava Leonor, ou o ferrador João Teixeira de Carvalho, amancebado com duas mulatas em sua casa, uma cativa de sua propriedade e outra forra, ou seja, liberta.

Os jesuítas italianos Jorge Benci (1650-1708) e André J. Antonil (1649-1716) foram alguns dos que condenavam os senhores por assediarem as escravas, humilhando as legítimas esposas, presenteando as amantes e até mesmo concedendo-lhes liberdade em troca de favores sexuais. Na Bahia do século XVIII, um rico proprietário de cativos tratava com tanto zelo a sua escrava concubina que a presenteou em testamento não apenas com a liberdade, mas também com a propriedade da casa e de três escravos, "com a condição de que ela permanecesse solteira".

Também as mulheres brancas eram vistas como "uma serva do homem e boneca de carne do marido", como apontou Gilberto Freyre ao estudar o cotidiano em *Sobrados e Mucambos*. Entretanto, não se deve esquecer que, muitas vezes, por ciúme ou inveja sexual, aflorava o sadismo da grande sinhá sobre os escravos, principalmente sobre as mulatas. Como nos lembram os cronistas viajantes e Freyre, há muitos indícios, na tradição oral e no folclore, de que as grandes sinhás podiam ser piores que os senhores no tratamento dos escravos e, principalmente, das negras, a quem com frequência mutilavam por mera "inveja dos rijos peitos e belos dentes". Dentre outras atrocidades praticadas no corpo das negras por senhoras ciumentas sobram exemplos, na literatura da época, das mutilações, extirpações, deformações. O ciúme voltava-se, não por acaso, às regiões corporais comumente relacionadas ao poder de sedução: nádegas, dentes, orelhas, faces, etc. Goulart referiu-se ao

> caso daquela mulher que, tendo o esposo elogiado os olhos de uma sua escrava, mandou arrancá-los à ponta de uma faca para, ao jantar, oferecê-los ao marido, em uma bandeja de prata, dizendo com o mais cândido sorriso nos lábios: "como elogiaste-os, mandei arrancá-los para presentear-te" (José Alípio Goulart, *Da palmatória ao patíbulo*, p. 52).

Freyre mencionou casos de mulheres que quebravam "a salto de botina dentaduras de escravas; ou mandavam-lhes cortar os peitos, arrancar as unhas, queimar a cara ou as orelhas". O viajante francês Charles Expilly relatou ter conhecido no Brasil uma mulata a quem sua senhora havia cortado duas falanges da mão.

Ao recuperar registros de revoltas e quilombos, a historiografia mais recente vem desfazendo, no entanto, o mito do "escravo dócil e passivo". No rol da violência entre casais, contavam-se histórias de escravos que matavam senhores ou homens livres da vizinhança por sentirem a ofensa "que estes lhes faziam andando amancebados com suas mulheres". Não faltavam agressões por ciúme de cativos, uma vez que havia menos mulheres nas fazendas e nos quilombos. Não era um mundo tranquilo esse em que viviam nossos antepassados de origem africana. A crueldade do sistema escravista separava famílias, filhos, amigos e amantes, esposa e marido.

Consolidou-se a ideia de que, no Brasil colonial, o homem cometia adultério principalmente com suas escravas. Muitas vezes, porém, não era esse tipo de "pecado" que levava as esposas à separação, e sim a humilhação de uma traição explícita. Em alguns casos, a escrava da casa era apontada como responsável pela situação de conflito entre o casal, como, por exemplo, na ação de divórcio, de 1751, que uma ilustre senhora da cidade de São Paulo, Francisca Pires de Camargo, moveu contra o marido:

> [...] que há seis para sete anos que anda concubinado com uma sua escrava por nome Quitéria com tanto escândalo que quando vem do sítio para esta cidade a traz sempre nas ancas do seu cavalo e o mesmo faz quando se recolhe para o sítio e nisto não há dúvida (Citado por Maria Beatriz Nizza da Silva, *Sistema de casamento no Brasil colonial*, p. 234).

As relações ilícitas de homens casados com suas próprias cativas transparecem nas queixas de esposas paulistas que, por esse motivo, pediam o divórcio no tribunal eclesiástico. Na mesma ação de divórcio citada acima, a autora denunciou o marido por expulsá-la de casa e mandá-la para a residência do pai, com a intenção de poder ficar mais à vontade com a escrava sua concubina, dizendo a todos que quisessem ouvir que a referida cativa era "a sua mulher verdadeira". Uma outra mulher queixava-se de que o marido reservava todos "os seus mimos e agrados" para a escrava Joana, correndo-lhe "a mão pela cabeça".

Há, também, informações sobre relações incestuosas entre senhores e escravas. Na capitania de São Paulo, denunciou-se Domingos Affonso Gaya, indivíduo que manteve relações com três gerações de escravas suas: com Rebeca, da qual teve uma filha, Lauriana, com quem se amancebou, gerando Maria, que por sua vez se tornou sua amante. Esse último incesto, praticado com a filha-neta, provocou a denúncia do réu durante a devassa, ou seja, a visita fiscalizadora de membros da Igreja realizada na Ilha de São Sebastião, conforme pesquisa da historiadora Alzira Campos.

A grande maioria dos viajantes, tanto aqueles contemporâneos da escravidão quanto os que posteriormente pesquisaram o período, referiu-se às senhoras brancas, devido à ociosidade, como gordas, lustrosas e flácidas. Quanto às escravas negras e mulatas (quando jovens), eram descritas como mulheres de belas coxas, bons dentes, peitos salientes, flexíveis. Dessa forma, o senhor compensava a suposta frigidez das sinhás mantendo relações sexuais e afetivas com as escravas mais próximas.

O engenheiro francês conhecido apenas como Delabat, ao passar pelo Rio de Janeiro em expedição de 1701, assim descreveu o modo de vida local:

> Entre os negros, negras e mulatas há alguns alforriados, pois é costume entre os portugueses deixar suas mulheres brancas, ainda que sejam muito belas, para deitarem-se com as negras e mulatas. Há, a seus olhos, duas vantagens nisso. Em primeiro lugar, dizem, a mudança de carne renova o apetite; em segundo, todas as crianças provenientes de tal relação fazem crescer o plantel de escravos da família.
>
> Essa prostituição frequentemente leva os homens, quando à beira da morte, a libertar as escravas que lhes serviram de concubina durante a vida – por vezes, libertam todos os seus escravos, mas isso é mais raro (Citado por Jean Marcel C. França e Ronaldo Raminelli, *Andanças pelo Brasil colonial*, p. 101).

Freyre atribuiu a preferência sexual do português pela mulher de pele mais escura à convivência de oito séculos com a cultura árabe. Essa assimilação teria permitido ao lusitano a fusão racial de que os outros colonizadores europeus não foram capazes. O interesse posterior por mulheres louras, limitado, aliás, às classes altas, teria sido antes resultante de influências exteriores do que de genuíno gosto nacional. Aliás, segundo Freyre, o nosso lirismo revela tendência à glorificação da mulata, da cabocla, da morena celebrada pela beleza dos seus olhos, pela brancura de seus dentes, por sua sensualidade, pelos dengues, muito mais do que ao elogio das "virgens pálidas" e das "louras donzelas". O ditado popular "Branca para casar, mulata para foder, negra para trabalhar" dá a medida da moralidade perversa e da exploração sexual.

Gilberto Freyre relatou casos não só de preferência pela negra, mas de exclusivismo: "homens brancos que só gozam com negra". Segundo ele, um rapaz de ilustre família rural de Pernambuco recusou-se terminantemente a se unir a primas ou a outras moças brancas de famílias igualmente importantes, como queriam os pais, pois só lhe serviam "molecas", ou seja, negras.

Freyre referiu-se também a Raoul Dunlop, que apontou o caso de um jovem de conhecida família escravocrata do Sul que: "para excitar-se diante da noiva branca precisou, nas primeiras noites de casado, de levar para a alcova a camisa úmida de suor, impregnada de budum, da escrava negra sua amante". O viajante francês Charles Expilly referiu-se à superioridade da mulher negra destacando a beleza de suas formas físicas e as exalações de seu corpo, fazendo com que alguns senhores se deixassem fascinar pela sensualidade da Vênus de Ébano. Foi o que aconteceu com ele próprio: proclamava, por experiência própria, que "aquele que sentiu duas vezes o cheiro acre, mas embriagador, da catinga de uma negra, achará desde então muito desenxabido o cheiro que exala a pele de mulher branca".

O historiador José Alípio Goulart destacou alguns versos populares da época, que expressam claramente a associação da escrava à função de objeto sexual:

> Preta bonita é veneno
> Mata tudo que é vivente
> Embriaga a criatura
> Tira a vergonha da gente.
>
> Um laço de fita verde
> Com três dedos de largura
> Na cintura da mulata,
> Mata qualquer criatura.
>
> Mulata é doce de coco
> Não se come sem canela
> Camarada de bom gosto
> Não pode passar sem ela.

Atribuindo a sensualidade da mulher escrava como responsável pelo desvio de conduta do homem, Luís dos Santos Vilhena, professor de grego em Salvador no século XVIII, observava: "As negras e mulatas viviam na prática de todos os vícios. Desde crianças, começavam a corromper os senhores, moços e meninos, dando-lhes as primeiras lições de libertinagem". O comerciante francês Le Gentil de la Barbinais também se referiu, em 1717, à preferência dos brancos pelas mulatas e negras, citando casos de desprezo de belas mulheres brancas em favor de negras que não mereceriam as atenções "do mais feio negro de toda a Guiné".

Numa sociedade em que a escravidão se encontrava entranhada nas relações sociais, as escravas eram vistas como mulheres sem honra e com as quais um homem branco podia copular sem levar em consideração as normas comportamentais que regiam as relações entre os sexos.

Ainda perduram entre nós as noções preconcebidas que atribuem à mulata, ou até à raça negra: um erotismo e uma sensualidade inatos. Freyre tentou desfazer essas concepções. Argumentava que é absurdo responsabilizar a negra pela devassidão sexual, devendo o foco voltar-se para o sistema social e econômico da escravidão. As escravas não usufruíam dos cuidados normalmente concedidos à mulher branca, nem podiam recorrer à lei em caso de estupros ou demais abusos sexuais. "Não há escravidão sem depravação sexual. É da essência mesma do regime", disse ele.

Percorrendo-se todo o período escravista, encontram-se variadas cenas de promiscuidade sexual, uniões instáveis, filhos crescendo sem a presença paterna. Segundo Freyre, "essa animalidade dos negros, essa falta de freio ao instinto, essa desbragada prostituição dentro de casa, animavam-na os senhores brancos". E concluiu: "o negro foi patogênico, mas a serviço do branco".

Quando Freyre mirou a desregrada vida sexual que dominava a sociedade brasileira do tempo da escravidão, interpretou-a como parte das relações entre senhores e escravos. Assim, se havia promiscuidade, esta não era obra dos originários da África, mas do colonizador, uma vez que eram os senhores que exerciam o papel de mando nessas relações, restando ao cativo apenas a obediência passiva. Sendo assim, ele criticou o mito da "mulata superexcitada", afirmando que

> superexcitados sexuais foram antes estes senhores que as suas negras ou mulatas passivas. Mas nem eles: o ambiente de intoxicação sexual criou-o para todo o sistema econômico da monocultura e do trabalho escravo, em aliança secreta com o clima. O sistema econômico, porém, e seus efeitos sociais, em franca preponderância sobre a ação do clima (Gilberto Freyre, *Casa-grande e senzala*, p. 373).

Antonio Candido contestou certas afirmações de Freyre com referência à imagem de passividade da mulher branca atuando como mera figurante na grande propriedade colonial, lembrando os casos de violência contra as negras motivados por ciúmes. Num deles, uma rica fazendeira paulista, enciumada pelas traições sexuais mantidas por seu marido com uma amante cativa, mandou ferrar os órgãos genitais da escrava. A escrava morreu e a senhora evidentemente não foi condenada. Evidenciava-se aqui a violência configurada nas relações sociais constitutivas desse tipo de unidade familiar e produtiva e a não aceitação feminina das relações ilícitas do fazendeiro.

Um recurso encontrado pelos maridos para viverem às escondidas com suas escravas era manter a esposa na propriedade rural e morar com a escrava na vila. A dupla moradia, rural e urbana, comum no Brasil colonial, era uma opção muito frequente.

Raros foram os casamentos entre homem branco e mulher negra no período colonial. Como observaram alguns estudiosos, a característica dominante na sociedade patriarcal era a fixação de normas em torno do casamento, sendo aceitável o envolvimento sexual entre homem branco e mulheres negras pelo padrão social vigente, desde que não envolvesse matrimônio. A mulher concubina, dizia Vilhena, matava de desgosto as esposas legítimas.

Para se vingar da escrava, havia senhoras que preferiam matar o marido. William Dampier, viajante inglês que passou pela Bahia em 1699, apontou o poder de vingança das sinhás com relação à escrava ao relatar que "eram muitos os portugueses que tinham amásias negras, embora soubessem quanto era perigoso excitar-lhes os ciúmes, pois, neste caso, seriam por elas envenenados". O historiador José Alípio Goulart lembrou a quadra popular do folclore fluminense da sedução da mulata:

> Se as brancas se vendessem
> Ou por ouro ou por prata,
> Compraria uma delas,
> Para servir à mulata.

Essa quadra, corrente no final do século XVIII, teve sua réplica atribuída a uma abastada senhora, d. Josefa Bernardina do Nascimento, esposa de Joaquim Vicente dos Reis, evidenciando rancor e ciúme:

> Como as brancas não se vendem
> Nem por ouro nem por prata,
> Hão de ser sempre senhoras
> Das cachorras das mulatas.

Se muitas relações ilícitas se estabeleciam entre homens brancos e mulheres negras, escravas ou não, raras eram as mancebias entre brancas e homens negros. Nem união ilícita nem casamento eram aceitos. Em pesquisas sobre a devassa de 1813 nas freguesias da Comarca Sul da Bahia, o antropólogo Luiz Mott só encontrou três brancas amasiadas com pardos, e duas com negros.

O historiador sergipano Manuel Bonfim (1868-1932) afirmou que as ligações entre as sinhás e seus parceiros de folguedos, os moleques, levavam inevitavelmente a que elas perdessem a virgindade:

> Não raro, a "sinhá moça", criada a roçar os moleques, entrega-se a eles, quando os nervos degenerados acordam em desejos irreprimíveis; então, intervém a moral paterna: castra-se, com uma faca mal afiada, o negro ou o mulato, salga-se a ferida, enterram-no vivo depois. A rapariga, com um dote reforçado, casa com um primo pobre (Manuel Bonfim, *América Latina, males de origem*, p. 171).

Com referência às observações de Bonfim, Freyre, embora admitisse que alguns casos desse tipo pudessem acontecer, contestou sua frequência, pois era intensa a vigilância exercida pelos pais em torno das filhas. Durante o dia, eram vigiadas pelas pessoas mais velhas ou pela mucama de confiança, e, à noite, dormiam bem protegidas, pois o quarto das moças ficava no centro da casa. Assim, preservada a valiosa honra feminina, considerava muito difícil que sinhás e negros conseguissem burlar esse controle realizando encontros amorosos. Apesar de Freyre ter minimizado a ocorrência de casos amorosos entre negros e brancas nas alcovas femininas, alguns fatos comprovam que relações carnais entre sinhás e escravos foram, no entanto, uma realidade na Colônia.

> Em 1755, o Ouvidor Geral da Capitania de Pernambuco, João Bernardes Gonzaga, enviou uma carta ao rei d. José I informando sobre a prisão de um escravo chamado Antônio, pertencente a Domingos da Silva Só, que acusava o negro de ter solicitado e estuprado sua filha. O escravo encontrava-se preso na cadeia do Recife e, além do crime de estupro, era acusado de utilizar-se de medicinas e artes diabólicas para conquistá-la e para que abortasse (Suely Creusa Cordeiro de Almeida, *O sexo devoto*, p. 120).

Houve ainda outros casos envolvendo mulheres brancas e seus escravos relatados pela historiografia colonial, mas em número bem menor que aqueles nos quais brancos e escravas se relacionavam, pois admitir que as senhoras "limpas de sangue" encantavam-se com "a beleza de ébano" seria admitir que existia uma mulher de carne e ossos que, fugindo do modelo idealizado, tinha desejos, vontades e era capaz de escolher.

Apesar da vigilância, não faltavam oportunidades de encontros entre brancas e negros. Em cena presenciada pelo comerciante francês Louis François de Tollenare, nas margens do rio Capibaribe, "as senhoras de classe mais elevada banham-se nuas" enquanto "as moças da casa, traquinando no meio de seus negros", atravessam o rio a nado. Também o escritor francês Charles Expilly, que esteve no Brasil em 1852, ao comentar a relação entre mulheres brancas e seus escravos, afirmou que elas deviam enfrentar um desafio diário para manter o pudor e resistir aos "belos exemplares masculinos" que, vestidos de trapos, não escondiam exuberantes tórax e as magníficas proporções de um torso hercúleo.

Segundo Expilly, certos escravos faziam com que as sinhás descobrissem suas sensuais formas, e, no silêncio de seus devaneios, os cativos podiam provocar todos os arrebatamentos da paixão. Segundo relatos da época, viúvas eram consoladas pelo amor africano, e moças pariam filhos mulatos, posteriormente entregues a negras, para que as jovens brancas não tivessem sua reputação maculada. Leiamos o relato de um fato envolvendo casamento de branca com negro, em documentação eclesiástica paulista do início do século XVIII:

> Dois naturais da vila de Iguape, ele escravo e ela branca, "plebeia" e órfã de pai, quiseram casar-se. Ela fora "desonestada" pelo escravo e vivia com ele "em ocasião de pecado", tendo já quatro filhos. Precisavam contudo de dispensa, pois o escravo tivera cópula ilícita com a irmã dela, configurando-se assim o impedimento de afinidade por cópula ilícita. Numa vila pobre e marginal como era a de Iguape, na capitania de São Paulo, não é de estranhar que um negro tivesse conseguido dormir com duas brancas da mesma família. A justificativa para a necessidade de a dispensa ser concedida era a seguinte: a mãe e os irmãos da moça, "assim que pressentiram o seu desmando, correram com ela e a lançaram fora de casa"; ela fizera um rancho onde vivia com os filhos em grande pobreza, mantendo-se com o seu trabalho e a ajuda que o escravo lhe podia dar; além disso não conseguiria encontrar "pessoa igual", ou seja, branca, com quem casar. O "escândalo" do concubinato em que viviam só desapareceria com a dispensa do impedimento para se casarem (Maria Beatriz Nizza da Silva, *História da família no Brasil colonial*, p. 184).

Iniciação sexual do menino

Quanto à iniciação sexual masculina, ela ocorria muito cedo, por volta dos dez anos. Considerados "homens feitos", os "nhozinhos" brancos imitavam os pais no que diz respeito à satisfação dos seus desejos carnais. Na maioria das vezes, as negras eram as iniciadoras dos moços na arte sexual, chegando a manter seu poder de sedução até a maturidade dos senhores. A negra participava da vida do "senhorzinho" como um misto de mãe, ama de leite e amante. A escrava satisfazia as necessidades dos moleques, correndo o risco do nascimento de mulatos, filhos ilegítimos desses jovens. Com linguagem crua, Freyre afirmou: "O que a negra da senzala fez foi facilitar a depravação com sua docilidade de escrava, abrindo as pernas ao primeiro desejo do sinhô moço. Desejo, não: ordem".

As iniciações sexuais precoces dos meninos brancos, entretanto, contrastavam vigorosamente com o rigor imposto às meninas, cuja virgindade era um valoroso bem de troca. O jovem branco era uma versão, ainda em processo, do velho patriarca, com sua masculinidade posta à prova por suas experiências sexuais precoces e com o orgulho da reputação de promíscuo.

> Nenhuma casa-grande do tempo da escravidão quis para si a glória de conservar filhos maricas ou donzelões. O folclore da nossa antiga zona de engenhos e de cana e de fazendas de café quando se refere a rapaz donzelo é sempre em tom de debique, para levar o maricas ao ridículo. O que sempre se apreciou foi o menino que cedo estivesse metido com raparigas. Raparigueiro, como ainda hoje se diz. Femeeiro. Deflorador de mocinhas. E que não tardasse em emprenhar negras, aumentando o rebanho e o capital paternos (Gilberto Freyre, *Casa-grande e senzala*, p. 372).

Muitas vezes a iniciação sexual da menina escrava se dava com o senhor e, posteriormente, sua "função" era a de prosseguir como "iniciadora sexual dos filhos do senhor". Encontramos na obra do historiador José Alípio Goulart o registro de algumas quadras bem esclarecedoras sobre essa prática sexual, passada de pai para filho, incluindo-se as inusitadas situações daí decorrentes:

> A linda mulatinha, a cria da "fazenda",
> A todos encantava, a todos seduzia;
> O seio, o lindo seio envolto em grossa renda,
> Se ela caminhava, então estremecia.
>
> Andava sempre alegre a rir, e, quando ria,
> Mostrava no rostinho a boca encantadora;
> Sabia costurar... O português já lia,
> Podendo dar lições à boa da Senhora.
>
> O filho do senhor, janota, petulante,
> Olhava a mulatinha e demorava o olhar;
> Havia já pensado em ser o seu amante,
> E dela o coração julgava dominar.
>
> Um dia resolveu entrar ocultamente,
> Onde adormecera a pobre da criança;
> No seio foi bulir... E ela, incontinente,
> Ergueu-se e lhe fugiu, deixando-o a esperar.
>
> À velha mãe contou o que lhe aconteceu.
> A preta, a soluçar... a mão no coração,
> Fitando a mulatinha a custo respondeu:
> – Cuidado, minha filha! Escuta... é teu irmão!

As relações sexuais da escrava com o filho do senhor pareciam contar com vistas grossas da senhora; no entanto, algumas delas estariam longe de ser tão complacentes em relação aos maridos. A experiência sexual precoce do filho homem era esperada e estimulada como prova de masculinidade; os nascimentos daí decorrentes serviam como contribuição potencial para a força de trabalho na fazenda. Enquanto a sinhazinha era vigiada por todos da casa, o menino vivia solto para dar vazão a seus desejos carnais nascentes:

> Noutros vícios escorregava a meninice dos filhos do senhor de engenho, nos quais, um tanto por efeito do clima e muito em consequência das condições de vida criadas pelo sistema escravocrata, antecipou-se sempre a atividade sexual, através de práticas sadistas e bestiais. As primeiras vítimas eram os moleques e animais domésticos; mais tarde é que vinha o grande atoleiro de carne: a negra ou a mulata. Nele é que se perdeu, como em areia gulosa, muita adolescência insaciável (Gilberto Freyre, *Casa-grande e senzala*, p. 371).

Uma criança gerada por meio de relação ilícita com a escrava podia ser irmã de leite dos filhos do senhor e podia também ser criada ao redor da casa-grande, no convívio com as outras crianças, tanto da escravaria doméstica quanto da família do senhor.

Um dos papéis recorrentes da negra era o de ama de leite na criação dos filhos dos brancos. O mesmo ocorria em relação às amas dos expostos, ou seja, crianças enjeitadas, cujos serviços eram pagos pelas Câmaras ou pelas casas de misericórdia. Tratava-se de um serviço como qualquer outra tarefa doméstica – cozinhar, lavar, passar a ferro. Devido a essa extrema proximidade, a ligação do branco com a negra era de imersão de corpos:

> [...] trazemos quase todos a marca da influência negra. Da escrava ou sinhama que nos embalou. Que nos deu de mamar. Que nos deu de comer, ela própria amolegando na mão o bolão de comida. Da negra velha que nos contou as primeiras histórias de bicho e de mal-assombrados. Da mulata que nos tirou o primeiro bicho-de-pé de uma coceira tão boa. Da que nos iniciou no amor físico e nos transmitiu, ao ranger da cama-de-vento, a primeira sensação completa de homem (Gilberto Freyre, *Casa-grande e senzala*, p. 283).

Filhos ilegítimos

Quando o senhor tinha filhos ilegítimos com alguma das suas escravas, muito raramente eram reconhecidos, não se tornando, portanto, herdeiros. Para a historiadora Nizza da Silva, em *História da família no Brasil*, talvez o caso que mais fuja à regra tenha sido o de Manuel Martins Souto, morador na Vila da Cachoeira, capitania da Bahia. Senhor de engenho, dono de fazendas de gado e de tabaco, dizia-se nobre. Querendo legitimar os dez filhos que tivera com mulheres negras e dada a sua condição de nobreza média, teve de se dirigir à Coroa em 1807. Solteiro no momento da petição, com mais de sessenta anos, dispôs-se a transformar todos os "ilegítimos" em seus herdeiros. Com Ana Maria, mulher parda, tivera quatro filhos; com sua escrava crioula Francisca, dois; com sua escrava mestiça Severina, um; e finalmente com Jerônima, parda, três, um dos quais ainda estava no ventre. Estes últimos eram frutos de relações incestuosas, dado que Jerônima era filha de Severina, e Manuel havia mantido relações sexuais com as duas no mesmo período.

Parecia manifestar-se algum afeto nos momentos em que o reconhecimento da paternidade sobre o filho de um escravo resultava em alforria, o que demonstrava uma confusa conciliação entre "paternalismo" de um lado e exploração econômica de outro, que muitas vezes perpassavam as relações entre senhores e escravos.

Provavelmente as chamadas "crianças de cor", na condição de *expostas*, eram em sua maioria filhas de forras, que, sem a vigilância de um senhor, teriam mais liberdade de escolha. Algumas vezes a paternidade real era posta em dúvida pelo juiz. Foi o que ocorreu em Apiaí em 1812. O capitão-mor Francisco Xavier da Rocha reconheceu suas filhas, mas o juiz argumentou que uma delas, chamada Arcângela,

> foi batizada por cativa, como consta do assento do seu batismo nesta vila, e se a declarou por filha foi pelo dito da mesma mãe, pois o capitão-mor era tão brioso neste particular, que forrava a muitos por lhe dizerem que eram seus filhos, e depois de nascerem vinha-se no conhecimento que eram de outros pais; ele sabendo de tudo isso assim mesmo os forrava e lhes deu algumas esmolas (Citado por Maria Beatriz Nizza da Silva, "A imagem da concubina no Brasil colonial", p. 35).

Constatou-se que o capitão-mor tinha vida sexual muito intensa com suas escravas. O documento confirmava a prática de conceder liberdade aos filhos concebidos com escravas, pois, para a moral de certas regiões da sociedade colonial, não era bem visto que um filho fosse escravo do próprio pai. No caso da dúvida, o capitão-mor preferia se assegurar e alforriar aqueles pardos que porventura pudessem ser seus filhos.

No século XVIII, o jesuíta Antonil relatava o aborto voluntário como recurso e protesto da mulher negra para evitar aos próprios filhos e filhas o destino cruel da escravidão. As crianças que nasciam no período colonial escravista eram logo incorporadas ao ambiente de trabalho da mãe, que, após três dias do parto, retornava à sua labuta normal. Mesmo com os cuidados maternais, a mortalidade infantil era bastante alta em todos os estratos sociais. Freyre ofereceu uma explicação social para a crescente taxa de natalidade extraconjugal face à tolerância que as mulheres dos senhores eram obrigadas a ter com relação à promiscuidade dos maridos:

> Esposas, o eram de uma subserviência oriental, tolerando no marido as licenças sexuais que, aliás, são ainda comuns no Brasil – país onde é quase ridículo falar em adultério de esposo. Aceitavam na casa, como "crias", os filhos adulterinos do marido; assistiam às vezes, com ternura de irmã de caridade, os partos das escravas amantes dos senhores (Gilberto Freyre, *Livro do Nordeste*, p. 82).

Casamento entre escravos

A "família patriarcal brasileira", em Gilberto Freyre, caracterizava-se pela "família extensa", ou seja, aquela que encampava esposa, filhos, netos, avós, agregados e escravos. O autor não teve a preocupação de delimitar claramente a vida familiar branca e a vida familiar negra, ficando esta em segundo plano.

Por muito tempo, a historiografia brasileira sobre a escravidão considerava precária, ou simplesmente inexistente, a vida familiar dos escravos, o que se explicava pela opressão do escravismo e até pela alegação de uma falta de interesse do cativo pela instituição familiar, já que ele vivia em meio à promiscuidade generalizada das senzalas.

Documentos históricos ainda recentes dão conta da relativa escassez de casamentos legais no seio da população escrava, fato notório em razão do desequilíbrio entre homens e mulheres, que, de resto, perdurou nos três séculos do escravismo colonial. Não só a falta de mulheres em igual condição social impossibilitava o casamento dos cativos, como também para isso contribuía a má vontade dos senhores.

Historicamente, a proporção entre homens e mulheres, no tráfico ultramarino, variou em torno de 70% de homens e 30% de mulheres. Sua distribuição no país era, entretanto, irregular. Áreas como as de mineração e garimpagem, em geral, concentravam populações masculinas. Esse desequilíbrio entre os sexos manteve-se até o fim do regime escravista.

Muitos negros jamais chegaram a se casar. E a escassez notória de mulheres implicou que elas tivessem filhos precocemente, uma vez que, em razão da reduzida "oferta" de esposas no "mercado matrimonial", as meninas deveriam estar aptas para a união "tão logo biologicamente possível fosse". Mas não era só a persistente escassez de mulheres que impedia o crescimento da família escrava. A escravização já destruíra a família na África, separando marido e mulher, pai e filhos e outros parentes. Mesmo quando capturados juntos todos os membros de uma família, eram separados ao chegarem ao mercado escravo brasileiro, pois os laços familiares não eram levados em consideração. Não se negociavam famílias, mas "peças" individuais; o único cuidado, quando muito, era manter a relação entre mãe e sua "cria de peito", como se dizia.

A Igreja defendia o direito de o escravo casar-se e levar uma vida conjugal normal, mas também tinha o cuidado de alertar para o fato de que casamento nada tinha a ver com alforria: "E declaramos que, posto que casem, ficam escravos como de antes eram, e obrigados a todo o serviço de seu senhor". A medida, porém, não foi suficiente para aliviar o temor dos senhores de engenho. Embora o direito canônico declarasse que "aos servos se não deve impedir o matrimônio", os fazendeiros na prática impunham obstáculos à realização do casamento tal como o concebia o cristianismo. Assim, a legislação não passava de um remoto desejo, pois o escravo carecia de força social para que exigisse o seu cumprimento.

Jorge Benci, pregador jesuíta do século XVIII, missionário na Bahia, rebelava-se contra a insensibilidade dos senhores nesse quesito. "É muito para admirar a facilidade com que alguns senhores, por qualquer leve causa, mandam vender a outras terras o servo casado ou a serva casada, ou de qualquer outro modo os apartam um do outro. Quem vos deu poder para fazer estes divórcios, se a Igreja, em que unicamente se acha este poder?"

Pode-se estabelecer, para os séculos XVII e XVIII, que o casamento na Igreja só era possível entre cativos de um mesmo dono, mesmo porque os encontros íntimos ocorriam com mais facilidade, sobretudo se se tratavam de escravos de uma grande fazenda ou de latifúndios monocultores. Onde predominavam unidades produtivas de pequeno porte, como nos centros urbanos, a legalização do matrimônio ficava dificultada. Nas grandes áreas, com população expressiva, predominou a regra de proibição de casamentos de escravos de donos diferentes, mas, em alguns lugares, os casamentos e a estabilidade das uniões foram exigências básicas para o desenvolvimento de atividades econômicas, como no caso de zonas madeireiras e pecuaristas.

Como atividade bastante solitária, a pecuária facilitava fugas. A solução encontrada foi incentivar a formação de famílias, já que criar gado requeria organização familiar do trabalho. Assim, o estabelecimento de famílias permitia que os senhores evitassem fugas e reduzissem gastos com alimentação e tratamento de enfermos. Escravos sem família eram facilmente descartáveis, sendo estes a primeira escolha dos credores na liquidação de dívidas.

Havia aqueles que lamentavam profundamente a "cegueira deplorável" de evitar a formação de famílias escravas, pois as mulheres eram úteis para dar apoio aos homens, educar as crianças e cuidar dos idosos e doentes. Já os maiores engenhos, como os dos beneditinos na Bahia, tinham como base de organização do trabalho a família escrava, com plantel equilibrado de homens e mulheres, chegando alguns até mesmo a um número maior de mulheres e proporções expressivas de crianças. Os padres beneditinos encontraram na política de equilíbrio entre sexos e famílias "estáveis" um meio de aplacar os pecados e melhorar a vida moral dos cativos.

Os escravos não eram totalmente incapazes de influenciar as decisões que diziam respeito a suas vidas. No convívio diário entre senhor e escravo havia espaço para negociações. Mesmo que um escravo não pudesse casar-se na Igreja sem o consentimento do senhor, pois sem essa permissão o padre não publicaria os proclamas, os cativos tinham meios de tornar públicos seus desejos.

Segundo o historiador Stuart Schwartz, os escravos bajulavam o senhor, barganhavam com ele ou simplesmente recusavam-se a cooperar, muitas vezes desafiando-o, arriscando-se a receber punição severa. Em determinados casos, os senhores achavam mais conveniente ou mais prático ceder aos desejos dos escravos do que ignorá-los. Eis um fato interessante:

> Em 1745, por exemplo, uma escrava do Engenho Petinga foi vendida a um lavrador de cana da vizinhança. Seu companheiro fugiu para juntar-se a ela, e o assunto não foi resolvido enquanto o lavrador não mandou em troca um outro escravo de igual valor. O casal cativo estava determinado a não ser separado (Stuart B. Schwartz, *Segredos internos*, p. 318).

Schwartz afirmou que os cativos tinham, de fato, formas de tornar seus desejos conhecidos por seus senhores. O inglês Henry Koster, que primeiramente conheceu o país na condição de viajante e, posteriormente, a partir de 1812, tornou-se senhor de engenho próximo de Recife, relatou o seguinte episódio de negociação de compra de uma escrava:

> No dia seguinte [à venda], quando a mulher já estava na casa do seu novo senhor, procurou-o e caindo-lhe aos pés suplicou que adquirisse também um seu companheiro que estava igualmente desejoso de servi-lo. O novo amo falou ao proprietário do escravo em questão, mas recebeu uma recusa e o caso ficou nessa altura. Três dias depois, o proprietário primitivo apareceu ao amo da negra dizendo que o escravo se havia recusado a trabalhar, ameaçara suicidar-se e, sendo um negro do Gabão, temia que pusesse o pensamento em prática. O preço foi logo fixado e na manhã subsequente o homem chegou. Provou ser um ótimo escravo (Henry Koster, *Viagens ao Nordeste do Brasil*, p. 505).

A historiadora Sandra Graham contou outro caso semelhante ocorrido no começo do século XIX, na costa meridional da Bahia. Uma jovem escrava, que fugira da fazenda de açúcar à qual pertencia, percorrera vários quilômetros em direção ao sul a fim de se encontrar com seu "companheiro" escravo. Eles permaneceram juntos em um quilombo, onde posteriormente tiveram um filho.

Muitas vezes os senhores concordavam com o casamento entre seus escravos levando em consideração o número de filhos originários dessa união. Ao escravo jovem, potencial candidato a fuga, dizia um senhor da região de Campinas, no interior paulista: "É preciso casar este negro, darlhe um pedaço de terra para assentar a vida e tomar juízo". Algumas vezes os escravos casavam-se na capela dos engenhos ou fazendas, em cerimônias simples, seguidas de alguma comilança embalada por batuques.

Quando aumentava a chegada de africanos, os crioulos (negros nascidos no Brasil) se fechavam entre si, reativando antigas rivalidades. A importação de novos homens era sentida como competição nas pretensões amorosas. Nem sempre era possível para o escravo casar-se com alguém da mesma etnia, pois os senhores, temendo revoltas, procuravam misturar, em suas propriedades, negros de origem diversa. Contudo, à formação dos casais presidia um critério seletivo que concernia à origem de nascimento. Isso pode ser constatado em um diálogo que o naturalista francês Saint-Hilaire estabeleceu com um escravo numa região de Minas Gerais, em 1822. Ao ser perguntado se era casado, respondeu:

> Não, mas vou-me casar dentro de pouco tempo; quando se fica assim, sempre só, o coração não fica satisfeito. Meu senhor me ofereceu primeiro uma crioula, mas não a quero mais: as crioulas desprezam os negros da costa. Vou-me casar com outra mulher que a minha senhora acaba de comprar; essa é da minha terra e fala minha língua (Citado por Auguste de Saint-Hilaire, *Viagem pelas províncias do Rio de Janeiro e Minas Gerais*, p. 53).

Assim, poucos se casavam, ao contrário dos escravos domésticos, que em geral eram batizados e se casavam por exigência dos seus donos. Debret notou que, nas famílias mais abastadas do Brasil, era "decente e de bom-tom" realizar o casamento das negras "sem contrariar demasiado suas predileções na escolha de um marido". E acrescentou:

> Na alta sociedade, quase sempre se obriga a criada de quarto da senhora a casar com o cozinheiro do amo; e o mesmo ocorre com as outras negras empregadas no serviço interno, que são casadas com os criados de confiança do dono da casa (Jean Baptiste Debret, *Viagem pitoresca e histórica ao Brasil*, p. 200).

Esses arranjos eram arquitetados para servir à educação e ao cuidado dos filhos dos senhores, além de evitar que os escravos domésticos se casassem fora do convívio domiciliar, correndo o risco de separações.

Segundo a historiadora Maria Nizza da Silva, o casamento misto entre um elemento forro e outro escravo fazia com que muitas vezes as mulheres tentassem comprar a liberdade dos maridos. Nem sempre a negociação chegava a bom termo, pois com frequência os senhores recusavam a transação, mesmo quando o preço oferecido pelo escravo era superior ao preço do mercado.

O que os poucos dados registrados indicam é que, apesar de todas as barreiras, houve de fato a família escrava e que certas uniões podiam durar algumas décadas. O laço parental seria responsável por uma nova sociabilidade do cativo e, ainda, pela introdução de um pacto de paz nas senzalas. Segundo os historiadores, o "ser parente" era um fator que impedia a fuga ou a revolta dos cativos, pois o ônus afetivo da separação seria muito alto. Ao pertencer a uma família, o escravo seria, portanto, mais facilmente controlado e subjugado, pois estaria menos propenso à fuga. Para o escravo, constituir uma família significava alguns direitos, como maior privacidade e espaço para produzir, facilitando, inclusive, a acumulação de algumas economias devido ao acesso a pequenas lavouras de subsistência dentro das terras senhoriais.

3

Os nefandos pecados da carne

Nos primeiros séculos de existência, a Colônia brasileira pôde ser caracterizada como um complexo contexto cultural em que conviviam condutas muitas vezes conflitantes: licenciosidade luxuriosa de um lado e certo pudor religioso de outro.

A ausência de organismos fortes de fiscalização na Colônia permitiu alguma liberdade entre seus habitantes, o que resultou na ocorrência de transgressões morais e sociais. O Santo Ofício português, juntamente com vários bispos, percorria os mais longínquos povoados do Brasil, julgando e condenando os "pecadores". A primeira visitação ocorreu entre 1591 e 1595, na Bahia e em Pernambuco; a segunda, em 1618, somente na Bahia; e a terceira, bem mais tarde, no Grão-Pará, em 1763, e prolongou-se até 1769.

Segundo Freyre, a Inquisição, com seu enorme olho indagador, "escancarou sobre nossa vida íntima da era colonial, sobre as alcovas com camas que em geral parecem ter sido de couro, rangendo às pressões dos adultérios e dos coitos danados". A partir da denúncia de terceiros, a intimidade sexual se desnudava em decorrência do medo de castigos físicos e espirituais, determinados pela própria legislação. A maior parte das delações era baseada no "ouvir dizer", na suposição, no imaginar, no saber por outrem, tomados, sem dúvida, como verdades inquestionáveis no desenrolar dos processos.

Em cada vilarejo a que chegavam, os visitadores acolhiam inúmeras denúncias sobre as mais diversas formas de relacionamento entre os casais. Todas tinham como elemento comum o fato de se tratar de bigamia e uniões livres, sem oficialização da Igreja.

Muitas foram as formas empregadas para esconder dos visitadores os "pecados" cometidos. Confessar-se em outras paróquias, com diferente sacerdote, interromper os relacionamentos ilícitos quando da visitação por ocasião da Quaresma ou fugir de seu povoado. Essas eram medidas que impediam, ao menos temporariamente, que delações sobre a intimidade da pessoa chegassem aos ouvidos sempre atentos dos religiosos. Caso esclarecedor foi a prisão, em 1796, do cadete de um regimento de Recife, Francisco Albuquerque de Melo, acusado pelo crime de libertinagem: "o réu foi jantar na casa de uma prostituta e, embriagado, quebrou uma imagem sacra (caiu de uma cômoda)", conforme apontou a historiadora Anita Novinsky.

Heresia e o Santo Ofício

Inicialmente, o Tribunal do Santo Ofício da Inquisição foi instaurado, em 1497, para fiscalizar e punir os cristãos-novos, como eram chamados os judeus convertidos à força ao catolicismo em Portugal. Eles eram suspeitos de continuar praticando os rituais judaicos. Segundo vários estudiosos, o sexo passou a ser considerado com especial atenção pelo Santo Ofício somente a partir do Concílio de Trento (1545-1563).

Como o Santo Ofício nunca estabeleceu um tribunal em terras brasileiras, as visitações eram feitas por funcionários enviados à Colônia, permanentemente vigilantes, e, mais tarde, pelos visitadores que aqui estiveram de passagem. A Igreja mantinha sua vigilância por meio de serviços prestados pelos bispos, vigários e religiosos em geral, e também por um grande número de fiéis leigos, chamados familiares - verdadeiros vigilantes que forneciam ao Tribunal de Lisboa as informações de seu interesse. Para pertencer ao Santo Ofício, na condição de "funcionário", a pessoa tinha de provar ser cristão-velho e ter "sangue limpo", sendo vedado o ingresso daqueles de "raça infecta".

Solenemente, o visitador enviado ao Brasil em 1591, padre Heitor Furtado de Mendonça, afixava o Edital da Fé à porta das igrejas para ser lido aos domingos, incitando os fiéis a confessar e delatar suas culpas, sob pena de excomunhão. Ninguém deveria ser poupado: todos estavam obrigados a confessar ou acusar as heresias e blasfêmias, atendendo aos pedidos da Inquisição.

Em exaustivos estudos feitos por Ronaldo Vainfas em *Trópicos do pecado*, encontramos os mais variados tipos de relatos, alguns diretamente estimulados diante da mesa de confissões, e outros provocados pelo medo de que pecados simples pudessem ser crimes de foro inquisitorial. O confitente delatava outras pessoas por culpas semelhantes às suas ou cumplicidade, e por vezes transferia a outrem a responsabilidade por suas próprias faltas. O visitador direcionava os relatos, perguntando ao confitente com quem estava quando praticou o pecado, quem o induzira a pecar e a quem ensinara a errônea opinião ou a conduta herética.

No desenrolar da leitura de relatos, fica evidente a tensão ou o pânico das pessoas que se apresentavam para confessar. O medo parecia desproporcional aos resultados das confissões, pois a grande maioria era feita no chamado "período da graça", ocasião em que as confissões, desde que espontâneas e verdadeiras, isentavam o culpado dos castigos que a Inquisição prescreveria: confiscos, penas seculares, morte na fogueira. Mesmo assim, os fiéis não ficavam tranquilos e, sem dúvida, tinham motivos para temer, pois muitos dos confitentes, mesmo no período da graça, acabavam presos, processados e penitenciados. Alguns caíram nas garras do visitador porque relataram menos do que deviam ou sabiam e foram denunciados; outros porque mentiram deliberadamente ou juraram em falso.

O mais comum, porém, era a condescendência do visitador para com os "homens bons" do lugar. Heitor Furtado de Mendonça chegou a não seguir as instruções que recebera do cardeal de Lisboa ao poupar os potentados locais ou os raros incriminados, com exceção de alguns cristãos-novos. A propósito, Fernão Cabral, indivíduo que, dentre outros feitos, atirara viva na fornalha de seu engenho uma escrava grávida, foi poupado de pena mais rigorosa. Como atenuante da culpa, foram levados em consideração sua fidalguia e foro nobre.

À medida que as acusações eram lidas, o depoente apontava as pessoas do lugarejo a quem vira ter cometido o delito anunciado, ouvira dizer sobre isso, ou, ainda pior, apenas suspeitava dela. Por transcorrer em segredo, os acusados no processo não tomavam conhecimento de quem os denunciara. O condenado comparecia diante da mesa da visitação, assinava o termo de culpa admitindo seu crime, pagava à Igreja uma quantia em ouro proporcional à gravidade da transgressão e prometia não mais incorrer no mesmo pecado.

Com medo de acusações, escravos, clérigos, funcionários e muitos outros se confessavam e delatavam, mostrando-se humildes e arrependidos diante do inquisidor. Dentre os praticantes da sodomia isso foi bastante comum, pois, sendo vários deles acostumados a trocar de parceiros (ou parceiras) em curto espaço de tempo, dificilmente poderiam ter certeza do absoluto silêncio de amantes de quem, às vezes, conheciam apenas o nome. Mesmo que não fossem flagrados na prática do coito anal, ou por isso não fossem estigmatizados, era-lhes impossível garantir o silêncio de algum rapaz. Isso ocorreu com André de Freitas Lessa, tido como "fanchono", ou seja, homossexual. Triste sina era reservada aos que, acusados de sodomia, deixavam de confessar no período da graça ou omitiam detalhes em suas confissões.

Em todos os vilarejos da Colônia, competia ao visitador diocesano apurar os fatos e incitar o fiel à confissão e à delação de pecados de outrem. A luxúria, ou os "vícios da carne", como era chamada, era minuciosamente classificada: a condição dos pecadores, os momentos do ato, os lugares da prática e as intenções dos pecadores. Eram proibidas ao casal as práticas consideradas "contra a natureza", que incluíam, além das relações fora do vaso natural (vagina), quaisquer tocamentos torpes, considerados como pecados graves caso houvesse ejaculação. O que se pretendia era reprimir a sexualidade, reduzindo ao extremo as situações de prazer.

O processo podia iniciar-se também por meio de sindicâncias, quando chegava aos ouvidos do inquisidor qualquer rumor público de que determinado fulano ou fulana tinha feito ou dito qualquer coisa contra a fé. Em Salvador, com medo de ser denunciada, Maria Lourenço antecipou-se e declarou ao inquisidor que ela falara algumas vezes, para quem quisesse ouvir, que seu marido era sodomita, "dizendo que ele a dormia por detrás, porém que isto é falsidade e o dito seu marido não é tal nem tal lhe fez nunca, e que pode ser que algumas pessoas lhe ouviram isto que ela disse com fúria".

A Igreja combatia também os casos de feitiçaria ligados à sexualidade, como ocorreu com Antônia Fernandes Nóbrega. Degredada para o Brasil em 1587, foi acusada de alcovitar a própria filha, como se ficou sabendo pela confissão de Guiomar de Oliveira, que assim se expressou em 21 de agosto de 1591:

> E assim também lhe ensinou que, se uma pessoa, no ato carnal desonesto, dissesse na boca da outra as palavras da consagração, que eram cinco, *hoc est enim corpus meum* [Isto é o meu corpo], que a faziam endoidecer de amor e bem-querer àquela a que se diziam por aquela pessoa que lhas dizia, e que isto era certíssimo... (*Confissões da Bahia*, p. 136).

Apesar de as feiticeiras serem malvistas e tratadas como agentes do demônio, símbolos vivos e atuantes do perigo e da impureza, com práticas de benzer, adivinhar, curar, etc., e de tentar aproximar casais por meio de orações fortes, não foram muitas as acusadas de prática de feitiçaria no Brasil. Entre 1590-1780, apenas 119 pessoas em um período de quase duzentos anos.

Mas a vigilância moral persistia e ultrapassava o leito conjugal, disseminando-se por toda a sociedade, pois se condenava também tudo que tivesse conotação erótica, como cantigas, bailes, abraços, beijos, toques, versos, cartas, galanteios. Essas proibições marcavam a vida sexual cotidiana, mesmo porque a Igreja precisava regulamentar e controlar desde o namoro até as relações conjugais.

Chegando a cada vila, as visitações religiosas examinavam, também, o comportamento dos clérigos locais e a situação das igrejas. Realizava, dessa forma, uma verdadeira devassa. Os condenados por delitos de maior gravidade eram transferidos para Lisboa e lá julgados pela Inquisição.

Pecados nefandos

No século XIII, de Santo Tomás de Aquino, eram considerados pecados nefandos a bestialidade, a masturbação e a homossexualidade, porque, nesses três casos, a perda do sêmen impedia a procriação. Para alguns, esses atos eram piores que o incesto, porque este ainda poderia frutificar em procriação. Por ser o sexo um ato pecaminoso, não poderia ser praticado no advento, na Quaresma, no domingo, nos dias santos e em outras datas sacralizadas.

Tratados como tabu, os sodomitas viviam na mais completa clandestinidade, pois a revelação de suas preferências pelo sexo anal – "hediondo pecado, péssimo e horrendo, provoca a ira de Deus e é execrado até pelo diabo" – poderia resultar em condenação à morte na fogueira. Aquele que o praticava deveria ser castigado com o mesmo rigor e sofrimento que o crime de lesa-majestade exigia. O apóstolo Paulo determinara: "Que estas coisas não sejam sequer nomeadas entre vós!". E, para preservar a população da vergonha provocada pelo pecado "indigno de ser nomeado" e para evitar o escândalo público, sodomitas, tanto homens quanto mulheres, geralmente recebiam suas sentenças nas salas da Inquisição, durante uma singela cerimônia de um auto de fé reservado.

A legislação civil portuguesa era severíssima com quem cometesse o pecado de sodomia: "que seja queimado e feito por fogo em pó, para que nunca de seu corpo e sepultura possa haver memória, e todos os seus bens sejam confiscados para a Coroa". Apesar da severidade da legislação civil portuguesa que considerava a sodomia "o mais torpe, sujo e desonesto de todos os crimes", a Igreja também se reservava o direito de punir esse pecado nefando. A ameaça da fogueira apavorava tanto que havia quem chegava ao assassinato, na tentativa de apagar as provas de seu crime. O mulato Fernão Luís, por exemplo, após cometer o pecado de sodomia com um rapaz, para "não ser descoberto matara ao dito moço e a seu pai e a sua mãe com peçonha que lhes deu em uma galinha a comer". Também um advogado, Filipe Tomás de Miranda, cristão-novo, casado, fugiu de Pernambuco e foi morar na cidade de Salvador, em razão de pecado ocorrido cerca de doze anos antes "pela morte de um moço seu criado, o qual matou pelo ter acusado de cometerem ambos o pecado nefando de sodomia".

Durante o período colonial, o universo homossexual se propagou clandestinamente no vasto território brasileiro, sem nenhuma ligação ou afinidade de grupos, diferentemente do que ocorria em grandes cidades europeias, onde os indivíduos se reuniam em suas tavernas, prostíbulos, confrarias e alcovas homossexuais. No período, a prática do ato nefando ocorria nos matos e choupanas, nos interiores das casas-grandes ou das senzalas, talvez em alguns conventos e mosteiros, e só eventualmente se concentrava na casa de algum "fanchono" mais ousado. Provavelmente isso se deveu ao acanhado grau de urbanização que caracterizou o Brasil do século XVI ao XVIII, o qual não favorecia a proximidade de indivíduos da mesma preferência homossexual.

Em geral, as relações homossexuais eram brincadeiras de meninos e jovens, quando ainda eram isentos de responsabilidade criminal. Por exemplo, a maior parte dos índios que copulava com Baltazar da Lomba, homem branco que tinha por costume "coser, fiar e amassar pão como mulher", era formada de jovens aborígenes de uma aldeia em Pernambuco. O "velho fanchono" se envolveu tanto com seus amantes nativos que resolveu então se mudar para a aldeia indígena em busca de teto e aventuras sexuais. Esse homossexual assumido, homem já dos seus cinquenta anos, de hábitos femininos, só praticava o sexo anal enquanto passivo. Em uma dessas ocasiões, fora flagrado por um rapaz curioso que "por uma abertura da porta, pôs a orelha e aplicou o sentido", ouvindo Baltazar da Lomba e um índio ofegarem na rede.

Muitos desses jovens longe estavam de ser nefandos ou fanchonos, no sentido social e cultural dos termos. Alguns só tinham cometido o "pecado" uma vez, ainda na infância; grande parte deles era composta de criados, pajens, filhos de trabalhadores, ou moleques sodomizados pelos senhores à força, ou por outros homens, em troca de qualquer coisa. Havia aqueles que, uma ou outra vez, sendo solteiros, experimentavam esporadicamente relações homossexuais.

Um dos devassos fanchonos encontrados na Bahia do século XVI foi Francisco Manicongo, escravo de um sapateiro. Ele foi denunciado duas vezes, inclusive por um cativo dos jesuítas, por "usar o ofício de fêmea" nos coitos que mantinha com outros negros. Gostava de travestir-se, recusando usar a roupa masculina que lhe fornecia seu senhor, e preferia "trazer um pano cingido com as pontas por diante", como o dos jimbandas do Congo. Segundo seu principal acusador, pessoa conhecedora dos costumes africanos, aquele era o traje utilizado pelos homossexuais passivos em terras do Congo e da Guiné. Manicongo pode ser considerado como o primeiro "travesti" de que se tem notícia no país.

Outro caso ocorrido, no Pará em meados do século XVII, foi o de frei Lucas de Souza. Segundo Ronaldo Vainfas, esse religioso era tão efeminado que dizia a seus amantes que era mulher. Ainda em Portugal, manteve cerca de duzentas cópulas anais por espaço de ano e meio com um tal de Manuel de Barros, sendo sempre passivo. Ele dizia ao rapaz que seu ânus era "vaso de mulher", e o sangue que dele ocasionalmente escorria dizia "ser mênstruo". No relato, o frei afirmou que, durante algum tempo, o jovem admitiu acreditar no que ele dizia.

Em dezembro de 1681, na costa da capitania da Paraíba, o bispo d. Estevão Brioso, juntamente com nove testemunhas, fez um "extrato de culpas" após ter sido informado sobre a conduta sexual de um casal de pescadores que, segundo testemunhas, dormiam juntos, acariciavam-se e beijavam-se. Segundo o historiador Bruno Fetler, esta primeira arguição, possivelmente realizada por dever de regimento, foi confirmada perante as mesmas testemunhas em maio de 1683 pelo vigário-geral Francisco Álvares Teixeira, que, em seguida, remeteu as denúncias para Lisboa. Apesar das acusações, somente uma única testemunha afirmou tê-los visto praticando "sodomia perfeita", isto é, com ejaculação no ânus do "passivo".

Foi com naturalidade que um sacerdote brasileiro, pedófilo residente em Salvador, confessou seus "desvios": tratava-se do cônego Jácome de Queiroz, de 46 anos. Confessou diante do visitador do Santo Ofício, em 1591, que "uma noite, levou à sua casa uma moça mameluca de seis ou sete anos, escrava que andava vendendo peixe pela rua, e depois de cear e se encher de vinho, cuidando que corrompia a dita moça pelo vaso natural, penetrou-a pelo vaso traseiro e nele teve penetração sem polução". Em outra ocasião, querendo "desonestar" sua escrava Esperanza, de sete anos, pouco mais ou menos, penetrou-a também pelo ânus. O remorso do cônego pelo "crime" cometido teria sido pelo coito anal, na época referida como "abominável pecado". A tenra idade das duas meninas, com sete anos, não causou qualquer preocupação ou peso na consciência do pedófilo: seu medo era unicamente ter cometido "o mais torpe e imundo pecado", a cópula anal. A corrupção de menores não constituiu motivo sequer de advertência.

Outro fanchono convicto foi o conhecido padre Frutuoso Álvares, de 68 anos, que, por ser sodomítico, fora degredado de Braga para Cabo Verde, e daí, por reincidência, para a Bahia. Costumava praticar sodomias e masturbações com homens e rapazes, sendo "ora agente, ora paciente". O referido padre, primeiro a se apresentar à mesa do Santo Ofício, em Salvador, disse ao inquisidor que alguns dos seus parceiros "por serem pequenos demais não entendiam ser pecado". Vejamos um trecho da confissão do vigário Frutuoso Álvares, em 29 de julho de 1591:

> E, confessando-se, disse que de quinze anos a esta parte, [...] cometeu a torpeza dos tocamentos desonestos com algumas quarenta pessoas pouco mais ou menos, abraçando, beijando, a saber, com Cristóvão de Aguiar, mancebo de dezoito anos [...]. E assim também tocou no membro desonesto a Antônio, moço de dezessete anos, criado ou sobrinho de um mercador [...] e com este moço não houve polução [...] E assim também teve congresso por diante ajuntando os membros desonestos um com outro sem haver polução com um mancebo castelhano que chamam Medina, de idade de dezoito anos [...] e por outra vez com este mesmo teve abraços e beijos e tocamentos nos rostos... (*Confissões da Bahia*, p. 45).

O relato causou espanto ao inquisidor, pois tratava-se de um sacerdote e era a primeira pessoa ouvida na primeira visitação do Tribunal do Santo Ofício ao Brasil. Surpreendia que um velho religioso, com muitos anos de prática na condução de seu rebanho de ovelhas pecadoras, viesse abertamente declarar-se pederasta confesso e assumido. Sob impacto, o inquisidor repreendeu-o com ira, como deixou transparecer nos autos, mas, confuso, liberou-o.

Um dos rapazes que manteve relações com o padre Frutuoso foi Jerônimo de Parada, de dezessete anos, filho de um carpinteiro. Ele disse que se confessara anteriormente aos jesuítas e, absolvido, cumprira as penitências devidas. Diante do inquisidor, porém, foi além, afirmando o pior: tivera orgasmo, ejaculara. Segundo ele, manteve relações anais com o clérigo, consumando o pecado de sodomia. Diante de tais acusações, aproveitando o tempo da graça concedida aos pecadores, pedia perdão. Com respeito às investidas, o jovem relatou em 17 de agosto de 1591:

> [...] que fizessem como das outras vezes, e que ele confessante respondeu que não queria, e ele então lhe deu um vintém, e por ele se não contentar com um vintém, deu-lhe mais outro vintém, então ambos tiraram os calções e se deitaram em cima da cama, e depois de terem feito por diante como das outras vezes, o dito clérigo se deitou com a barriga

> para baixo e disse a ele confessante que se pusesse em cima dele, e assim o fez e dormiu com o dito clérigo carnalmente por detrás, consumando o pecado de sodomia... (*Confissões da Bahia*, p. 87).

Na confissão de Maria Grega, de dezesseis anos, filha de uma jovem índia e de um carpinteiro grego, casada com Pero Domingues, ex-alfaiate, sentia-se toda a sua mágoa e a indisfarçável revolta por ser submetida à situação vergonhosa de jamais ter tido relações sexuais vaginais com o marido. A rispidez do homem, impondo sua forma de prazer à jovem, ficou evidente no depoimento de 31 de janeiro de 1592:

> E confessando, disse que depois que casou [...] nunca até agora o dito seu marido dormiu com ela pelo seu vaso natural, e com a mão a corrompeu e a deflorou, e muitas vezes com a mão lhe anda por dentro do dito vaso natural e a deita de costas, e por cima da barriga lhe alevanta os pés dela até os membros, e assim se põe em cima dela e lhe mete o seu membro desonesto por baixo, pelo seu vaso traseiro, dela confessante, e dorme daquela maneira com ela, efetuando e consumando o pecado nefando da sodomia pelo seu vaso traseiro, como se fizera pelo diante natural, e depois que é casada com ele, todas as vezes que teve ajuntamento carnal foi sempre desta maneira nefanda sodomítica.
> E sendo mais perguntada, disse que o dito seu marido está em seu siso quando faz os ditos pecados, e sabe muito bem que os faz, e por ela não querer consentir, ele lhe diz que cale a boca e que lhe cortará a língua com uma faca, e que não diga isto a ninguém, e que isto não é pecado... (*Confissões da Bahia*, p. 278).

Dias depois, Pero Domingues, o marido, apresentou-se à mesa da Inquisição para justificar-se. Disse ser casado havia dois anos, mas que, depois do matrimônio, estivera com ela somente um mês, pois em seguida partira para o sertão. Retornara no mês seguinte. Confessou que nos dois meses que morou com a mestiça Maria Grega nunca tivera relação com ela pelo vaso dianteiro. A culpa era dela por "ser moça áspera da condição e o não querer consentir". Mas esse homem, em seus serviços pelo sertão, cometeu a mesma "distração" anteriormente alegada por outros, pois declarou em seguida que uma vez errara com sua mulher a posição sexual tida como normal e, "resvalando seu membro por baixo, penetrou-a pelo vaso traseiro e nele cumpriu e consumou o pecado nefando", porém, ele estava bêbado quando isso ocorreu. Concluiu sua confissão declarando que, no retorno para casa, ainda no sertão, envolveu-se com uma de suas escravas pagãs, "querendo dormir com ela por diante resvaloulhe o membro ao vaso traseiro". E acrescentou ao ocorrido, julgando-se esperto: "porém não penetrou".

Maria Grega, de fato, omitira que sua relação sexual com o marido durara apenas dois meses, mas enfatizou que nesse curto tempo só tivera com ele coito anal. O marido Pero inicialmente tentou culpar Maria pelo pecado cometido, mas como ele já havia "confundido" dois atos sodomíticos recentes, "por distração" (com sua mulher e com uma índia escravizada), o inquisidor não teve dúvidas. De acordo com o código eclesiástico, Domingues seria sodomítico contumaz e, por isso, tinha de responder a processo. Entretanto, apesar do desperdício pecaminoso de seu sêmen, o Santo Ofício não o condenou, levando em conta sua alegação de que o sogro, a cunhada e a própria esposa o odiavam e tramavam uma vingança contra ele.

Até o século XVIII, poucos, a rigor, sofreram pena capital pelo crime de sodomia, tanto em Portugal como nas Colônias. Pelos crimes de bigamia ou de sodomia, em geral, a sentença era açoite, degredo e condenação às galés, punição que não implicava obrigatoriamente o trabalho nos remos, podendo incluir também tarefas diárias nas oficinas de manutenção de navios, transporte de materiais, descarregamento das embarcações e serviço de bordo em viagens; nessas precárias condições de trabalho, o sentenciado em poucos anos era levado à morte.

Homossexualidade entre senhores e escravos

Embora raros, há documentos históricos que comprovam a prática da homossexualidade por parte de africanos e seus descendentes no Brasil. A explicação seria a escassez de mulheres. O antropólogo Luiz Mott demonstrou, porém, que esse desequilíbrio, em si mesmo, não era fator suficiente para explicar a prática homossexual. A sexualidade, como se sabe, pode ser canalizada para outras direções, desde a sublimação e o autoerotismo masturbatório, até a zoofilia e a prostituição. Ocorre também que muitos não sentem falta de vida sexual ativa, habituados que estão com a abstinência. Mas havia, em outros casos, a orientação homossexual. Conforme disse o comerciante de escravos capitão Cardonega: "Há também entre o gentio de Angola muita sodomia, tendo uns com outros suas imundícies e sujidades, vestindo como mulheres".

Um dos acontecimentos mais marcantes da vida nos engenhos foram as práticas homossexuais. Cabe lembrar que os escravos ficavam confinados em lugares onde havia apenas homens.

A satisfação sexual para os escravos era ainda mais difícil em localidades distantes e isoladas, como ocorreu no Piauí nos finais do século XVII. Ali, na maioria das fazendas de gado, não havia sequer uma única mulher.

Nas diversas devassas de que se tem notícia, foi pequeno o número de registros sobre relacionamentos homossexuais entre escravos e senhores; por ocorrerem nas matas, choupanas, senzalas, ficavam ocultos e livres do olhar devassador dos agentes do Santo Ofício e dos denunciantes. Contudo, mesmo raros, os documentos registram certos senhores que, em função de sua posição social, exigiam de seus cativos homens o exercício da sodomia.

Segundo Vainfas, dispersa e transitória como a própria colonização lusitana, a "vida nefanda" no Brasil colonial transcorria entre os tocamentos de meninos e moleques e a indisfarçada algazarra de contumazes fanchonos. Afora essas ocasiões e esses espaços, e não obstante alguns romances duradouros, as relações homossexuais nada mais eram que desdobramentos da escravidão, do abuso de poder e da miséria colonial.

> Gaspar Rodrigues, por exemplo, feitor de senhores baianos nos anos de 1580, julgava-se no direito de violentar o escravo Matias, negro de Angola, apertando-lhe a goela, obrigando-o a calar-se e metendo-lhe, enfim, "o membro viril em seu vaso traseiro".
>
> Na mesma Bahia do século XVII, o licenciado e lavrador Felipe Tomás de Miranda, rico senhor de trinta negros e negras, era infamadíssimo por sodomizar seus escravos. Todos sabiam que fugira de Pernambuco por volta de 1600 por ter assassinado um seu criado com quem cometia o nefando, temeroso de que o moço o delatasse à Inquisição. E na Bahia, superado o incidente de outrora, fartava-se de provocar e possuir sexualmente os escravos, chegando ao requinte de mandar seu mulato Francisco ficar "em camisa e sem calças" enquanto escrevia de noite (Ronaldo Vainfas, *Trópicos do pecado*, p. 179).

Caso semelhante ao citado acima chegou ao conhecimento do visitador do Santo Ofício em 1618. Tratava-se do rico senhor de engenho, na Bahia, Pero Garcia, que sodomizara inúmeras vezes os mulatinhos Joseph e Bento, de quatorze e quinze anos, respectivamente.

Com base no livro de visitação do Pará (1763-1769), registrou-se o caso mais dramático de que se tem conhecimento na história do escravismo da América em relação à prepotência de um senhor no abuso sexual de seus escravos. O acusado era Francisco Serrão de Castro, herdeiro do Engenho da Boa Vista. O angolano Joaquim Antônio, de 25 anos, uma de suas vítimas, assim depôs:

> Porém que ele confitente o duvidara fazer, de que resultou pegar o dito nele confitente, e lançado em cima da dita cama, dizendo-lhe que pusesse sobre ela o rosto, ficando com as costas para cima. Logo lhe fez descer os calções para baixo. E não obstante que ele confitente logo conheceu o mau fim que o dito Francisco Serrão tinha naquelas ações porque já nesse tempo se queixavam vários servos do dito Engenho, de que ele os acometia pela parte prepóstera, vendo que a porta estava fechada e que não tinha por onde fugir, cheio de medo de algum rigoroso castigo, conveio no que ele quis. E logo o dito Francisco Serrão pretendeu com toda a força introduzir-lhe o seu membro viril dentro do vaso prepóstero dele confitente. O que não podendo ele confitente tolerar, se sacudiu como pôde sem que pudesse o dito consumar seu depravado apetite senão fora do dito vaso, enchendo-lhe as pernas do sêmen que derramou (Citado por Luiz Mott, "Escravidão e homossexualidade", p. 35).

Outra forte acusação de sodomia pesava sobre Serrão de Castro. Segundo denúncia de uma de suas vítimas, João Marimba, trinta anos, quando acabara de chegar de Angola em 1759, seu dono o chamou para o mato, onde os outros escravos não podiam vê-los: "Aí mostrou-lhe seu pênis, mandando que o negro boçal o pegasse". Apesar do medo e vergonha, obedeceu. Ordenou então que se deitasse com o rosto no chão e o penetrou. Passado um ano, chamou-o novamente a um dos cômodos da casa e, fechada a porta, deu-lhe uma dose de aguardente e tabaco deixando claro seu desejo de manter relações, "ao que o negro respondeu que não era negra para pecar com ele, mas que era homem, ainda que escravo, e da primeira vez lhe tinha feito doer muito a dita parte e não queria aturar mais dores". Segundo o antropólogo Luiz Mott, em *O sexo proibido*, Francisco Serrão tentou agarrar João Marimba à força sem conseguir e, em seguida, prometeu vingar-se da recusa.

Ao todo foram sodomizados à força por esse senhor dezoito escravos, dos quais cinco adoeceram e vieram a falecer "por esta causa". Trata-se do mais trágico caso contido na bibliografia e documentação sobre homossexualidade, ou seja, de um senhor que, aproveitando-se de sua posição de mando, abusou de tantos escravos usando a violência, levando alguns à morte.

No Brasil Colônia, o ambiente dos fanchonos não originou nenhuma espécie de subcultura semiclandestina, embora se tenham esboçado certos estabelecimentos de encontros de homossexuais, como, por exemplo, a oficina do sapateiro André de Freitas Lessa, de 32 anos, que morava em Olinda no final do século XVI.

> Na oficina do Lessa, como era conhecido nosso personagem, entravam e saíam dezenas de moços e rapazes que o sapateiro atraía a troco de pão, vinho e até quinquilharias. Lessa parecia chefiar uma camarilha de fanchonos, incluindo Diogo Henriques, filho de um mercador cristão-novo, João Freire, e outros rapazes: núcleo de homossexuais que viviam quase "em família", sodomizando-se uns aos outros, ora na oficina do sapateiro, ora na casa de um certo Antônio Bezerra, a quem servia o "Pereira", um dos amantes de Lessa (Ronaldo Vainfas, *Trópicos do pecado*, p. 178).

Houve situações em que o senhor parece ter escolhido seu preferido premeditadamente, no mercado de compra de escravos, já com a intenção de torná-lo seu parceiro sexual, num momento similar ao que acontecia entre aqueles que escolhiam no mercado as negras mais bonitas. O antropólogo Luiz Mott, em *Sexo proibido*, contou que, em 1762, o crioulo Anselmo, de dezoito anos, natural de Taubaté, trabalhava na extração de diamantes no Arraial do Tijuco e havia um ano que estava com seu senhor Inácio Geraldes. Ele próprio contou que "logo que o comprou seu senhor, começou a tratá-lo como filho, e algumas noites o ia buscar à cozinha e trazia para sua cama e ali começava a bolir nas suas partes pudendas e cavalgou-se pela via de trás".

Os documentos comprovam que tais relações muitas vezes se prolongavam por anos a fio. O referido crioulo Anselmo "há muitos anos estava amancebado pela via traseira e também pela boca com seu senhor". Algumas testemunhas deram mais detalhes sobre esse caso: disseram que o negro contava que o militar "tinha-lhe muito ciúme e que o prendeu com correntes de ferro quando o pegou conversando com outro soldado. Que seu senhor lhe pedia que mamasse no seu membro viril, o que fez várias vezes e também lhe servia de instrumento com as mãos para ter polução". Esses registros estão nos arquivos do nefando em Lisboa e encontram-se citados por Luiz Mott.

Se alguns senhores eram bastante fiéis a seus amantes negros, muitos trocavam de parceiros com regularidade, como o minerador Manuel Álvares Cabral, solteiro, natural da Ilha de São Miguel, que, em 1739, compareceu diante do comissário do Santo Ofício, em Mariana, declarando, na condição de arrependido, que para a salvação de sua alma vinha pedir misericórdia de sua fraqueza:

> [...] há oito anos tem cópula sodomítica sendo agente com os seguintes escravos: José Coura, há oito anos; João Gago, há sete anos; João Ladano, há seis anos; Luiz Mina e Antônio Jorge Ladano, há cinco anos; Francisco Angola, há quatro anos; todos pretos seus escravos, sendo forçados ou quase forçados a tal, e há três meses, na última Quaresma, abrira os olhos à razão e pede misericórdia e promete cumprir o castigo (Citado por Luiz Mott, *O sexo proibido*, p. 47).

Nos dias seguintes à confissão, cinco desses escravos também se delataram: José Coura, 28 anos, diz ter sido penetrado muitas vezes na relação sodomítica, "levado pelo temor de escravo e respeito de seu senhor, que quase o obrigava". Quase todos se diziam forçados, como Francisco Angola, de vinte anos, que alegou ignorância, pois vivia "sem conhecimento da fealdade desse pecado". Luiz Mott localizou diversos casos de escravos que recusaram aceitar as investidas sexuais de seus donos, ora fugindo, ora denunciando-os às autoridades. Em 1758, o moçambicano Francisco, escravo de Jacinto Ferreira dos Campos, morador de Vila Rica, "repetiu umas dez vezes o Santíssimo Nome de Jesus, dizendo que não era mulher para saciar os apetites de seu senhor".

Em alguns casos, o processo de sedução partia dos próprios negros, que também lançavam mão do recurso da força física. Na primeira visitação do Santo Ofício ao Nordeste, há notícia de que o escravo Domingos, 22 anos, "veio à cama de Bastião de Morais, dezoito anos, filho do juiz da vila de Igaraçu, e o provocou a pecarem, ambos consumando alternadamente o nefando pecado de sodomia, sendo um deles uma vez agente e outra paciente".

Alguns senhores foram denunciados por praticar o "nefando" tanto em negros quanto em negras. Foi o caso de Manuel de Souza Meirelles, nas Minas, acusado de sodomizar não só os moleques Antônio e Sebastião, como sua escrava Ana Maria. Em Mariana, em arquivo de 1770, a crioula forra Ana Maria acusou seu marido, Jacinto Costa, de obrigá-la ao nefando, chegando a dizer-lhe "que era casado e tinha liberdade de usar das duas vias...".

Em 1755, outra cativa, de nome Clara, moradora no Rio das Mortes, acusava seu senhor, Manuel Nunes Pelouro, de forçá-la a atos de sodomia:

"levantando-lhe as roupas, dizia-lhe que sendo sua cativa o havia de servir em tudo". A referida negra escandalizava-se com o comportamento de seu patrão, que "chegava a cheirar as suas partes vergonhosas".

Em apenas um documento Mott encontrou indícios de ter havido consentimento por parte das negras na cópula sodomítica: em Sabará, o minerador Jerônimo de Araújo, ao voltar para o Reino, revelou à mesa inquisitorial, em 1755, ter "acometido pela traseira uma negra casada, Gertrudes, sem saber com certeza se o engano foi dele, cego de apetite, ou da dita preta". Acrescentou ainda "que com outras três ou quatro pretas, também levantando-lhes a perna, não sabe se as penetrou pelo vaso natural ou pelo traseiro". Preferiu confessar a ser denunciado.

Em 1792, o mineiro Manuel Pereira Guimarães, morador de Congonhas, assim declarou ao inquisidor geral:

> Meu senhor: por minha miséria cometi horrendos pecados que ignorava pertencessem ao Santo Ofício. Para excitar minha carne, pequei no sexto Mandamento com meu escravo Ventura, mandando-o pegar em minhas partes desonestas enquanto também pegava nas partes de uma mulher, como aconteceu com as crioulas Vitoriana, Mariana, Ana Gonçalves e Felícia e nas cabras Maria Teresa, Letícia, Maria Lopes, Rosa e outras mais. Além do dito escravo, também cometi o mesmo com outros homens a quem eu chamava e a alguns pagava (Citado por Luiz Mott, *O sexo proibido*, p. 57).

Não satisfeito em participar de tal devassidão, esse senhor mandava que seus parceiros mantivessem relações sexuais com as referidas negras, enquanto ele, observando, masturbava-se. Mais ainda: "Estando na cama com uma mulher, tanto folgava por diante como por detrás, outras vezes metia o membro na boca de algumas mulheres e homens, mas nunca pulsei na boca de nenhum, fazendo algumas vezes com a minha mão pulsão a mim mesmo. Eu mandava meu escravo fazer pulsão a mim com a mão e eu fazia a ele, e mandava fazer o mesmo a mim por várias crioulas e cabras". Como consta nos cadernos do nefando, em 1792, dizia-se arrependido, pediu perdão e prometeu não mais cair em pecado contra a castidade.

Havia quem gostasse de praticar sexo a três, como foi o caso do lavrador pardo João Carvalho de Barros, que, em 1703, foi acusado de cometer diversos delitos, sendo um deles juntamente com sua mulher, crioula Domingas, e seu escravo Joseph. Ainda sobre João, a esposa afirmou:

> Na noite seguinte, mandou que Joseph se pusesse em cima dela pelo vaso natural e tanto que Joseph se pôs em cima dela, logo João Carvalho de Barros se pôs em cima do negro e pelo que diziam e ela sentia, conheceu claramente que ele estava metendo seu membro viril pela parte posterior do corpo do dito negro e que lá dentro derramava sua semente porque eles mesmos o diziam no dito ato (Luiz Mott, *Homossexuais da Bahia: dicionário biográfico*, p. 101).

Sendo um país de clima quente, e face à pobreza, a maioria dos escravos usava pouquíssima roupa, fato este constatado e criticado por vários viajantes que por aqui passaram. A indumentária facilitava a cópula, pois bastava arriar o calção. Foi o caso de Francisco Correia Figueira, casado, que, em 1749, juntamente com seu escravo Apolinário, "foram vistos na casa de purgar, num canto secreto, e passado um tempo, o negro saíra atando os calções". Aliás, a exígua vestimenta foi também citada como perdição por João Carvalho de Barros ao declarar "que estas tentações começaram quando há quatro anos, estando uma noite em companhia de alguns escravos seus e vendo-os nus, como eles costumam andar, se lhe excitou o apetite e desejo de pecar com eles".

Sodomia feminina

Segundo o apóstolo Paulo, a sodomia caracterizava-se como ato de homens que dormiam juntos, mas já no século IV a definição estendera-se às relações sexuais entre mulheres. Santo Ambrósio (falecido em 397) condenava expressamente o fato "de uma mulher desejar outra mulher pelo hábito de vergonhosa luxúria". Assim, não era consensual a tendência de se considerar a sodomia com referência apenas ao coito anal entre homens.

A crença dominante na teologia moral era a de que sodomia perfeita implicava penetração e ejaculação de um homem no ânus de outro, e imperfeita a cópula anal do homem na mulher. Diante de tal interpretação, o Tribunal do Santo Ofício em Goa, em 1560, simplesmente não sabia o que fazer nos casos de homossexualidade feminina, o que acabou gerando polêmica de especial interesse.

Muitos inquisidores recusaram a aprofundar-se no entendimento da sexualidade feminina, retirando-lhe toda e qualquer importância. Descartaram a sodomia entre mulheres pela ausência do membro fálico capaz de transmitir o "sêmen" de uma fêmea no ânus da outra. Portanto, por não ocorrer "derramamento de sementes no vaso traseiro", a relação sexual entre duas mulheres era considerada sodomia imperfeita.

Nossa história colonial deixou poucos registros da sodomia feminina, mas algumas delas caíram na rede da Inquisição, revelando-se assim como atos nefandos. Na primeira visitação, em 1591, foi reduzido o número de confissões, denúncias e processos. Ao todo, 29 mulheres viram-se envolvidas em relações homossexuais, tendo sete respondido a processos. Além do relativo desinteresse da Inquisição em devassar na prática a sodomia entre mulheres, também o limitado número de "nefandas" sugere certa discrição dos amores femininos em comparação com os dos homens. O mesmo ocorreu em outros países.

Excetuando-se duas viúvas, quase todos os casos conhecidos envolviam mulheres casadas, mas a maioria pecara em tenra idade, entre os nove e os quatorze anos, dessa forma não configurando transgressão frequente e muitas vezes sequer compreendida como pecado. Ocorriam, portanto, relações amorosas entre meninas-moças e também entre jovens solteiras, que por vezes não resistiam às mocinhas de tenra idade, seduzindo-as na primeira oportunidade. Foi o que ocorreu na juventude de Catarina Baroa, que, com pouco mais de quinze anos, antes de casar-se com o alfaiate Diogo Rodrigues, gostava de "namorar" meninas de dez anos ou menos. O relato foi feito por Isabel Marques, com quem Catarina mantinha relações libidinosas na infância.

As brincadeiras dessas mulheres e de outras, quando eram meninas ou moças, dificilmente implicavam uma efetiva orientação por pessoas do mesmo sexo. Seus atos "nefandos" pareciam ser, antes, ardor juvenil, jogos pueris, toques e experimentos sexuais de crianças ou, então, no caso das donzelas, formas de liberar o desejo sem comprometer a "honra" da virgindade. Ao serem afastadas do convívio íntimo com rapazes, aproximavam-se mais intimamente entre elas próprias. É provável que desconhecessem a gravidade do "pecado" cometido e as consequências que viriam com o clima de vigilância, delação e medo instaurado com a chegada do Santo Ofício. Ao serem inquiridas pelo visitador, declararam que, depois de casadas, deixaram de pecar, ao menos os atos "nefandos".

Cerca da metade das mulheres acusadas confessou experiências sexuais com outras mulheres ou delas foram cúmplices quando tinham a idade entre sete e onze anos; a outra metade situava-se entre os doze e os quinze anos. Houve, no entanto, mulheres que, já casadas, preferiam corpos de outras mulheres, ou, no mínimo, deixaram-se levar por experiências nesse campo. Também algumas senhoras de engenho ou fazendas, bem como suas protegidas, abusavam sexualmente das escravas da casa da mesma forma que fariam os senhores com escravos de ambos os sexos.

Possivelmente, a principal "nefanda" da Bahia tenha sido uma tal Felipa de Souza, viúva de um pedreiro e casada em segundas núpcias com um modesto lavrador. Apesar dos dois casamentos, adorava mulheres e sempre as procurava pelo "grande amor e afeição carnal" que sentia quando as via. Felipa enviava recados e presentes a Paula de Siqueira, num lento assédio de dois anos, até conquistá-la com abraços e beijos. Certa vez, foi à casa de Paula que, sabedora dos desejos de Felipa, convidou-a para dentro do quarto. Trancadas, mantiveram vários atos sexuais, confessadamente delituosos, durante o dia inteiro. Em 20 de agosto de 1591, Paula confessou:

> Então, ambas tiveram ajuntamento carnal uma com a outra por diante e, ajuntando seus vasos naturais um com outro, tendo deleitação e consumando com efeito o cumprimento natural de ambas as partes como se propriamente foram homem com mulher, e isto foi pela manhã, antes de jantar, por duas ou três vezes pouco mais ou menos, tendo o dito ajuntamento sem algum outro instrumento penetrante.
> E depois que jantaram tornaram a ter outras tantas vezes o mesmo ajuntamento torpe pela dita maneira, usando ela confessante sempre do modo como se ela fora homem, pondo-se de cima. [...] e assim lhe disse mais, que ela tinha usado o dito pecado com outras muitas e moças altas e baixas, e também dentro de um mosteiro, onde ela estivera, usara do dito pecado (*Confissões da Bahia*, p. 105).

O certo é que a conduta um tanto escandalosa de Paula, que aparece nos registros, de maneira alguma correspondia à visão padronizada da mulher branca envolta pelo recato, espécie de véu moral com que o mundo ocidental procurou recobri-la. Numa sociedade machista como a ibérica, muitos homens não se preocupavam com o prazer feminino, nem o percebiam, obrigando as mulheres a matrimônios por conveniência, muito comuns à época, mesmo entre famílias humildes, e que não raro uniam jovens moças com homens já velhos, sem que houvesse estima ou atração entre eles.

Havia, enfim, um traço comum nas descrições do Santo Ofício sobre o ato amoroso feminino: a posição sexual era sempre apresentada como "se fosse homem com mulher", e o papel masculino sempre associado à mulher que se punha "em cima" da outra.

Como o inquisidor dirigia perguntas conforme seus critérios de julgamento, é provável que as mulheres, por vergonha ou malícia, falseassem o relato de seus atos. Mas o inquisidor não se esforçava em desvendá-los, talvez por ignorância da sexualidade feminina, talvez pelo pouco interesse que lhe despertava a união entre mulheres. Para Vainfas, o machismo da cultura portuguesa da época impedia a Inquisição de aceitar e compreender como mulheres podiam fazer sexo sem homens. A rigor, estavam longe de ter qualquer entendimento do prazer feminino e possuíam, no mais, uma visão limitada do sexo em geral. Era assim, então, que esses homens julgavam os amores femininos na nova terra.

Embora as penas previstas nos regimentos teológicos devessem ser rigorosas, os visitadores e a instituição mostravam-se tolerantes principalmente para com as mulheres acusadas de sodomia. Isso porque, inexistindo penetração e ejaculação nesse tipo de relação sexual, a sodomia feminina deixou de ser considerada pecado grave.

Os "atos torpes" entre mulheres, caso não preenchessem os critérios para ser admitidos como sodomia, eram arrolados numa outra espécie de pecado: a molície. Utilizou-se esse termo, no período estudado, para designar uma variada modalidade de atos lascivos como masturbação, felação, toques, abraços e beijos entre pessoas do mesmo sexo; outros atos semelhantes, que não eram considerados graves como a sodomia, recebiam a qualificação de "práticas eróticas solitárias".

Pecados solitários

O pecado da prática sexual com animais, chamado bestialidade, também era considerado gravíssimo pela instituição religiosa, embora menos que a sodomia. A Igreja o definia: "O crime da bestialidade se comete tendo o homem ou a mulher ajuntamento carnal com qualquer animal bruto". Todas essas práticas – sodomia, bestialidade ou zoofilia – eram pecaminosas por impedirem a procriação da família e por desperdiçarem o sêmen.

Em *Casa-grande e senzala* encontramos relatos que correspondem a uma atitude de tolerância, ou mesmo de nenhuma repugnância, pelo intercurso sexual do homem com animal, posto ser amplamente praticado pelos meninos interioranos da Colônia. Era mais comum no meio sertanejo do que no engenho, ainda que, neste, fosse também considerado bastante natural. Tanto nos meninos de engenho como nos sertanejos, a iniciação sexual ocorria comumente com animais e até com plantas. Tudo isso era feito de modo a satisfazer a volúpia com que o desejo sexual brotava neles, "servindo-se de vacas, de cabras, de ovelhas, de galinhas, de outros bichos caseiros; ou de plantas e frutas – da bananeira, da melancia, da fruta do mandacaru", apontou Freyre. São recursos de que, diante da falta ou escassez de mulheres, o homem do campo se vale até a adolescência e, às vezes, até o casamento.

Na primeira visitação do Santo Ofício ao Brasil, apenas o condutor de gado Heitor Gonçalves confessou ter praticado o ato da bestialidade. Disse estar arrependido de tê-lo feito, embora provavelmente ninguém tivesse visto. Declarou exercê-lo até os quatorze anos, com relativa frequência, em vários lugares e com muitos animais. Ao dizer que havia ejaculado dentro dos animais, tornou mais difícil sua situação como réu. Leiamos seu depoimento de 5 de fevereiro de 1592:

> E confessando-se, disse que sendo ele moço de idade de oito até quatorze anos pouco mais ou menos, foi pastor de gado na própria ilha, e neste tempo dormiu carnalmente, por muitas vezes, em diversos tempos e lugares, com muitas alimárias, ovelhas, burras, vacas, éguas, metendo seu membro desonesto pelos vasos das ditas alimárias, naturais delas, como se fora ele animal bruto de semelhante espécie, e muitas vezes cumpriu dentro dos ditos vasos das ditas alimárias, consumando o pecado contra a natureza de bestialidade... (*Confissões da Bahia*, p. 321).

Em uma devassa em Juqueri, São Paulo, em 1761, um homem solteiro conhecido por "Onça" foi acusado de praticar bestialidade. A denúncia partiu dos membros de sua família. Os acusadores – tio, vizinho, irmão e primo –, ao serem perguntados pelo visitador se sabiam a respeito de "alguma pessoa que pecasse com algum animal", não tiveram dúvidas de acusá-lo, embora o crime tivesse ocorrido seis ou sete anos antes. O tal "Onça" tinha por costume "pecar e ter atos torpes com vacas e éguas". Segundo a historiadora Eliana Goldschimidt, o tribunal episcopal que o julgou mandou prendê-lo.

Na vila de Jundiaí, um certo João Rodrigues Pontes também foi flagrado em ato de bestialidade. Seu primo e um homem que o acompanhava imediatamente "amarraram" o moço e o "entregaram" ao pai quando o viram cometendo "ato nefando com uma vaca"; em seguida, o parente o denunciou. Só restou ao homem confirmar a acusação perante o tribunal episcopal.

Segundo denúncias registradas em Minas Gerais, em 1791, duas pessoas foram acusadas de bestialidade, sendo uma delas o escravo Manuel, "encontrado em cópula com uma jumenta", e outra o forro Eusébio, que praticava "pecados carnais com porcas, tendo uma besta que chegava a procurá-lo".

As denúncias desse tipo de pecado eram relativamente mais raras que as demais, porque o praticante o fazia de modo solitário, sem testemunhas, e obviamente sentiria vergonha em comentá-lo ou até em mencioná-lo no confessionário.

Já o delito sexual da "molície", perseguido pela Inquisição também como pecado, elevou a masturbação (derivada de *manustupration*, ou estupro com a mão) ao estatuto de pecado hediondo. A constituição desse pecado, como outro qualquer, poderia ocorrer de três formas: por pensamento, palavras e ato. Nos escritos de 1640 do padre Sequeira, a masturbação foi o delito que mais lhe chamou a atenção. A "polução em sonhos" não era condenável quando ocorria "por malícia do demônio" e em moços que sofriam de "debilidade da potência retentiva dos órgãos", ficando também isentos da culpa aqueles que a tivessem por motivo de "abundância do sêmen". Para ser evitada, precisava de uma ação consciente, como "armar-se com o sinal da cruz" antes de dormir.

Pelo menos durante a primeira investida do Santo Ofício, só Jorge de Souza, de dezessete anos, nascido em Olinda e filho de um cristão-novo, foi processado por atos masturbatórios. Esse jovem, além de passar por penitências religiosas (confissões, orações, orientação doutrinária), foi degredado para Angola por cinco anos. Posteriormente, outros casos ocorreram, como em 1638, quando o ourives Manoel de Leão e o mercador Bartolomeu Ferreira, no entrudo (Carnaval) de 1645, "foram encontrados masturbando-se reciprocamente" na Torre da Sé da Bahia.

Frei Francisco Lagarra, em seu *Prontuário de Teologia Moral*, publicado em 1749, ampliou o rol classificatório dos pecados da carne. Enumerou os delitos sexuais conforme a gravidade de maneira decrescente. Mesmo ações corriqueiras, como andar a cavalo, coçar-se e lavar-se esfregando as partes "pudendas", podiam se transformar em pecado se praticadas com a finalidade de obter prazer.

4

O miserável ofício da prostituição

Se mesmo na intimidade da família, a Igreja queria interferir, imagine-se o que ocorria fora dela. Mesmo entre quatro paredes, deveria prevalecer a castidade de sentimentos; ou seja, era pecado qualquer exaltação amorosa que objetivasse prazer. Perduravam, assim, os ensinamentos de São Jerônimo registrados no ano de 392: "Escandaloso é também o marido demasiado ardente para com sua própria mulher"; desse modo, "nada é mais imundo do que amar a sua mulher como a uma amante". Nada de erotismo então, especialmente com a própria esposa.

Além de advertir as prostitutas sobre o pecado que cometiam, a Igreja também se dirigia aos cristãos que buscavam esse comércio sexual na condição de clientes, os quais não deviam ser poupados de condenação, uma vez que participavam na prática considerada moralmente ilícita.

O tema da prostituição foi inicialmente tratado por São Paulo, para quem o corpo, considerado como um templo cristão, precisava ser protegido da luxúria proporcionada pelas prostitutas. No seu esforço de evangelização, ao percorrer diversos locais públicos onde a prostituição vicejava, o apóstolo Paulo, condenando a devassidão, teria advertido a todos que "profanavam" o corpo sagrado com relações pecaminosas.

A prostituição, no entanto, acabou sendo julgada pela Igreja como pecado menor que o adultério e a homossexualidade. A partir do século XIII, os escritos de Santo Tomás de Aquino e Santo Agostinho justificavam tal desvio por considerar que a sociedade necessitava tanto de prostíbulos quanto de cloacas. Vários religiosos filiavam-se à corrente tolerante, acompanhando a rígida moral de Santo Agostinho, autor da seguinte afirmação:

> Assim como o verdugo, por repugnante que seja, ocupa um posto necessário na sociedade, assim as prostitutas e seus similares, por mercenárias, vis e imundas que pareçam, são também necessárias e indispensáveis na ordem social. Retirai as prostitutas da vida humana e chegareis ao mundo da luxúria.

Muitos membros do clero equivocadamente compreenderam as ideias de Santo Agostinho como uma aceitação à tolerância e, utilizando como endosso aquele fragmento, justificaram a prostituição como um mal menor, que preservava e protegia as mulheres castas e honestas da sociedade. Assim, a Igreja contava com a prostituta, não apenas no sentido puramente carnal, uma vez que atuava como anteparo da virgindade das donzelas, mas também no sentido espiritual, na medida em que a meretriz concentrava a carga negativa da moral católica, pretendendo-se que as donzelas jamais se espelhassem nela. A valorização da mulher virgem e honrada tinha sua contrapartida na condenação da prostituição.

Na prática, nos séculos XVI e XVII, mesmo tratando a prostituição como um pecado grave, a Igreja se mostrava mais complacente e compreensiva para com os clientes. Nem a legislação civil nem a eclesiástica consideravam-na crime, mas ambas condenavam o lenocínio, isto é, a exploração de comércio ilícito. Como a simples fornicação não constava dos "delitos da carne" a serem denunciados ao tribunal episcopal, claro estava que essa atividade era capaz de atrair grande número de mulheres. A preocupação maior era a de as moças caírem em pecado, levadas por *consentimento, indução* ou *solicitação* de terceiros. As normas condenavam à prisão, a penas pecuniárias e a degredos as "pessoas que alcovitam mulheres, e as que dão em sua casa a homens".

Assim, a meretriz incitar diretamente homens à fornicação não era delito denunciável, mas o era a exploração do lenocínio, no sentido de consentir no comportamento desregrado dos outros, agenciar a relação sexual ilícita de outras mulheres ou fazer da prostituição fonte de proventos. Eram também acusados de alcovitagem pais descuidados com a honra de suas filhas.

A Igreja fazia vista grossa ao ato do meretrício, desde que fosse realizado para aplacar a pobreza, buscando uma sobrevivência material mais digna. O exercício do meretrício era considerado um trabalho que deveria ser realizado produtivamente, mas sem prazer. A separação entre trabalho e prazer foi assim exposta pelo teólogo medieval Thomas de Chobham:

> As prostitutas devem ser incluídas entre os mercenários. Na verdade, elas alugam o corpo e fornecem um trabalho. Daqui resulta este princípio da justiça secular - ela age mal sendo prostituta, mas não age mal recebendo o preço do seu trabalho, admitindo-se que é prostituta. Daqui conclui-se que ela se pode arrepender de se prostituir, e contudo conservar os benefícios da prostituição para os transformar em esmolas. Mas, se se prostitui por prazer e se aluga o corpo para que ele tenha prazer, então o seu trabalho não é louvável e o ganho é tão vergonhoso quanto o ato... (Citado por Jacques Le Goff, *Para um novo conceito de Idade Média*, p. 95).

O Código Filipino (1602-1830) era mais severo com os que exploravam a prostituição. Punia com degredo, açoites e confisco de bens os que alugavam ou ofereciam suas casas a mulheres para "fazerem mal de seus corpos". Conforme a "qualidade" das pessoas, podia também obrigar a alcoviteira a portar um lenço vermelho na cabeça como estigma.

Nenhuma das legislações conteve a prática da prostituição, uma vez que transformadas em "mulheres públicas", não havia mais honra a preservar; portanto, as "decaídas" estavam excluídas das determinações legais a respeito da sexualidade feminina.

A primeira legislação eclesiástica da Colônia, de 1707, chamada de *Constituições Primeiras do Arcebispado da Bahia*, negava o sacramento da Eucaristia às prostitutas e determinava que as mulheres que cometessem tal pecado fossem "advertidas paternalmente" e admoestadas pelos visitadores. Na verdade, não era bem isso o que ocorria. Os processos analisados deixam clara a ambiguidade dos critérios de julgamento. Prostitutas eram processadas por não cumprirem os preceitos da Quaresma, revelando-se, assim, que buscar os sacramentos durante esse período santificado significava, assim, uma trégua entre Igreja e prostitutas, o que reforçava a integração e o controle de uma sobre a outra. A prostituta deveria confessar seu ofício e receber por ele penitência e perdão, sendo as penas pecuniárias perdoadas, liberando-se a mulher para voltar ao ofício venal.

A disseminação do meretrício

No Brasil colonial, a prostituição provocava reações de intolerância e constituía um pecado "público e escandaloso". Muitas vezes era considerado um ofício de vadiagem que as autoridades se empenhavam em controlar.

Os documentos da Inquisição do final do século XVI revelam de forma explícita a brutal realidade da prostituição das moças indígenas após o contato com o colonizador. O assédio às índias se dava com a oferta de qualquer coisa: dinheiro, uma camisa, um caco de espelho, um pano, uma faca, um mimo. Os colonos acabaram transformando as meninas indígenas em prostitutas de fato, seduzindo-as em troca de meros penduricalhos.

O descaso em relação às índias chegou a ponto de a Câmara de Vereadores de São Paulo, tão zelosa no combate à prostituição na cidade, no entanto, defender, sem eufemismo, o direito de os maridos manterem relações sexuais com as índias quando em campanha pelo sertão. O sociólogo Sérgio Milliet encontrou em uma ata de 1646 o protesto dos vereadores contra a pressão dos religiosos que condenavam tais condutas e "que se intrometiam a avexar e oprimir os leigos, tomando por motivo que iam ao sertão e lá tinham cópula com as pagãs". Foi impossível conter o assédio de centenas de bandeirantes que ficavam meses ou até anos distantes de casa.

Depois das indígenas, logo se somaram às prostitutas as brancas portuguesas que, em grupos, desembarcavam ao longo da costa brasileira, de norte a sul. Em seguida, foram as negras, tanto na condição de forras quanto de escravas que se prostituíam.

Em 1553, um jesuíta não identificado registrou que havia em um navio "muitas más mulheres", e o padre Manuel da Nóbrega ordenou que elas dormissem sob as escotilhas, isto é, nas cobertas, "e que as trancassem à chave". De cada navio que atracava no Brasil, desciam levas e levas de prostitutas. Em 1709, d. João V dizia ter notícia de que nos navios havia "mulheres erradas e de licenciosa vida"; por isso ordenou que "fossem notificados os mestres das embarcações que agora vão, não levar nelas nenhumas mulheres que se conheçam sejam de mau procedimento".

Nos primeiros tempos da colonização, a atividade do meretrício ainda era vista como necessária e importante devido à grande quantidade de homens sem mulheres. O equilíbrio numérico dos sexos, ocorrido mais tarde, não alterou, entretanto, o exercício dessa profissão, que era tolerada quando tinha como finalidade proporcionar a sobrevivência.

Um dos traços mais marcantes da prostituição feminina na história do Brasil talvez tenha sido a enorme quantidade de mulheres escravas, livres e pobres, que se dedicavam à prática. Não havia recanto da Colônia em que não houvesse a disseminação desse ofício, desde as grandes aglomerações até os pequenos e os mais insignificantes arraiais.

A questão da prostituição tem sido pouco abordada nos estudos sobre a formação do país, geralmente servindo como argumento para reforçar a pecha de desregramento nos costumes da população colonial. A propósito, para o historiador Caio Prado Júnior, a pobreza e a miséria social nos tempos coloniais manifestavam-se na mulher através da prostituição, sendo a vadiagem e a criminalidade os contrapontos masculinos.

Tal perspectiva já estaria esboçada em Freyre, na sua obra *Casa-grande e senzala*: "Foram os corpos das negras – às vezes meninas de dez anos – que constituíram, na arquitetura moral do patriarcado brasileiro, o bloco formidável que defendeu dos ataques e afoitezas dos dom-juans a virtude das senhoras brancas". Freyre também afirmou: "Às vezes negrinhas de dez, doze anos, já estavam na rua se oferecendo a marinheiros enormes, grangazás ruivos que desembarcavam dos veleiros ingleses e franceses com uma fome doida de mulher".

A ordem escravocrata tinha como um de seus princípios morais básicos a castidade de moças da camada social mais elevada, garantida pela larga expansão da prostituição de filhas de pobres brancos e mulatos. Freyre acreditava que o maior contingente dedicado à prostituição provinha de escravas alugadas por seus senhores para tal fim, e "até senhoras se aproveitavam de tão nefando comércio, enfeitavam as molecas de correntes de ouro, pulseiras, anéis e rendas finas, participando depois dos proventos do dia".

Em todo o período colonial, as meretrizes foram numerosas, principalmente nos primeiros tempos dos aglomerados urbanos, quando a população feminina ainda não se consolidara em lares estáveis e organizados.

Prostituição em Minas

Nas Minas Gerais, no começo da exploração aurífera no final do século XVII, os homens casados que viviam sós pelos matos ou nos arraiais ansiavam por mulheres. Apesar de muitos terem esposas, isso não representava barreira para irem em busca de outras, oferecendo-lhes oportunidades de arranjos e acertos que iam da prostituição ao concubinato e até ao casamento.

No princípio do povoamento, registrou-se em Minas Gerais a efetiva falta de mulheres brancas, com enorme desequilíbrio entre os sexos na população: cerca de dezoito homens para cada mulher, do que resultava a valorização social da mulher portuguesa e uma política de integração de mulheres brancas no processo de colonização.

Como se nota, a prostituição era decorrência da formação social instável, do alto número de homens desenraizados, solteiros, sem família, que se tinham deslocado em busca de ouro para tentar a sorte ou enriquecer.

No Brasil do século XVIII, a prostituição esteve umbilicalmente ligada à pobreza da mulher e à carência sexual dos homens. Havia muitas vendeiras e donas de estalagem oferecendo pousada aos "homens do caminho" e, eventualmente, "alcovitando mulheres para homens".

Algumas prostitutas moravam em casebres na roça; outras circulavam pelas quitandas, consumiam bebidas alcoólicas, envolviam-se em arruaças e acabavam detidas na cadeia. Em geral, as vendas e "casinhas" no Brasil colonial eram típicos locais onde conviviam prostituição e libertinagem. Os registros mostram que, de fato, o comércio de tabuleiros e da produção caseira de doces e sabão ofertados pelas mulheres e o meretrício podiam andar de mãos dadas. Ao se dirigirem às áreas de mineração com o objetivo de vender alimentos e bebidas, muitas mulheres, em geral escravas, faziam do "mau uso de seus corpos" uma fonte alternativa de rendimentos. O tabuleiro representava, assim, um meio de disfarçar ou complementar as atividades de prostituição.

Minas Gerais, nesse período, abrigava grande número das chamadas "mal procedidas", dentre as quais havia muitas jovens exploradas pelas mães e escravas exploradas por seus senhores. A extrema pobreza nos tempos da Colônia foi uma das principais marcas dessa camada de pardos, pretos e libertos que se dedicavam à prostituição. Era tanta a pobreza, que em certas casas o mobiliário se resumia a apenas um catre para deitar várias pessoas durante a noite. Percorrendo o distrito Diamantino numa época de decadência, em 1809, o inglês John Mawe, especialmente atento ao problema, descreveu uma situação de profunda penúria que provavelmente já existia entre as populações pobres desde o século anterior. Diante de tamanha pobreza, a Igreja forçosamente teria que fazer vista grossa para o meretrício.

> Parei para me refrescar em uma das melhores das poucas miseráveis casas da estrada. Havia na porta um gato semimorto de fome; a visão deste pobre animal fez-me pressentir o que me aguardava nessa moradia, cuja aparência levou-me a pensar não existir aí comida nem para ratos. Contemplava aquela imagem da miséria e da fome, quando surgiu à porta uma pobre mulher descarnada. Pedi-lhe um copo d'água, que ela me deu. Enquanto bebia, pediu-me a pequena porção de mantimentos que meus soldados tinham, assim como uma pequena moeda (John Mawe, *Viagens ao interior do Brasil*, p. 152).

O viajante disse que, quando cozinhavam, precisavam ficar alertas para impedir que algum vagabundo esfaimado os roubasse. Nessa região, a maioria da população tinha apenas o milho e a água como alimentos básicos. Acrescente-se a esse dado o fato de, a partir de meados do século XVIII, quase a metade dos lares existentes em Vila Rica ser mantida por mulheres sem marido ou companheiro. A miséria era tamanha que as mulheres que saíam às ruas com roupas em bom estado despertavam a desconfiança dos rigorosos fiscais da Coroa por esse "luxo".

Em particular nas Minas Gerais do século XVIII, o meretrício atingiu proporções maiores que em qualquer outra província do Brasil Colônia. Isso porque, mesmo com nítida relevância econômica, a sociedade mineradora apresentava enorme carência de mulheres e baixa condição de vida. "O que faz ressaltar particularmente esta anomalia é o volume excepcionalmente grande da imigração de homens, que em ondas sucessivas se despeja no território", afirmou Sérgio Buarque de Holanda. Os mineradores, quase sempre solitários ou agrupados em pequenas comunidades, dificilmente teriam condições de constituir laços familiares. Daí, a presença maciça de pessoas errantes.

Filipa, preta, de etnia Mina, foi acusada de deixar sua filha Tereza, parda e forra, ter "tratos ilícitos" com homens. Diante da visível pobreza da mãe, o próprio visitador perdoou-lhe a pena pecuniária, como que mostrando certa condescendência para com o pecado.

É bastante claro que, na região mineradora, apenas uma pequena parcela de mulheres prostitutas eram escravas, sendo que a maior parte daquelas denunciadas aos visitadores nos processos de devassa era formada por mulheres forras, ou seja, ex-escravas. Embora reduzidos, havia casos de escravas dedicarem-se exclusivamente à prostituição, enfrentando a forte concorrência da maciça presença de mulheres libertas. Havia negras que, através da prática da prostituição, chegavam a obter bons rendimentos a seus donos. Foi comum também algumas senhoras viverem da prostituição de suas cativas.

Maria Franca, casada com Cristóvão da Silva Guimarães, moradora no distrito da Capela de Santa Rita, *consentia* que suas três escravas fossem à casa de vários homens, lá permanecendo dias e noites seguidos, quando então as mandava buscar. Caso as escravas não conseguissem determinada quantia diária, Maria Franca mandava que fossem "ganhar pelo melhor modo que pudessem". A tal senhora indignou-se quando os vizinhos ameaçaram formalizar queixa sobre o mau procedimento de suas cativas, dizendo "que muito favor lhes fizera em lhes trazer carne para eles se regalarem", pois viera de São José del Rei com suas escravas "para fartar os moradores de Rio Abaixo, que estavam famintos".

Manuel da Silva, morador no Campestre, freguesia de Itaubira, era "público e escandaloso consentidor" de que suas escravas fossem meretrizes e se entregassem aos homens. Com as atividades de uma delas, chegava a amealhar semanalmente uma boa renda e costumava dizer que seu desejo era "que os negros se lhe convertessem em negras, porque lhe rendiam mais os jornais". Um clérigo de nome Francisco Pereira de Assunção vivia também desse negócio, sem se importar com os impedimentos decorrentes de seu cargo, fazendo uso de três negras "as quais são mulheres meretrizes expostas a todos os homens que as procuram para tratos ilícitos".

Apesar de a prostituição estar disseminada em todo povoado da capitania, algumas vilas se destacavam pela grande concentração de mulheres que nelas se prostituíam, como era o caso da sede da capitania – Vila Rica do Ouro Preto.

O que despertou a atenção do viajante francês Auguste de Saint-Hilaire, em passagem por Minas em 1819, foi a conduta das mulheres no meretrício em Barbacena, cidade "célebre, entre os tropeiros, pela grande quantidade de mulatas prostituídas que a habitam, e entre cujas mãos estes homens deixam o fruto do trabalho".

Os casos de mais de uma prostituta partilhando o mesmo domicílio eram comuns, havendo às vezes laços reais ou inventados de parentesco próximo. Na freguesia de Nossa Senhora da Conceição da Vila do Príncipe, as irmãs pardas Domingas e Inácia dividiam o mesmo teto. Foram denunciadas ao visitador por serem "mulheres meretrizes expostas a quem as procura". Denúncia semelhante foi endereçada às "primas", como eram conhecidas na sede do bispado de Mariana, Narcisa e Rosa, que "admitem frequentemente homens em casa para fins torpes e desonestos".

O crescimento da prostituição entre filhas de mulheres viúvas ou solteiras que chefiavam seus lares – em geral também prostitutas – revelava a face mais cruel dessa forma de sobrevivência, ou seja, a continuidade da prostituição de mãe para filha entre mulheres pobres.

Aos olhos dos costumes coloniais, qualquer comportamento transgressor da mulher a tornava prostituta; até mesmo lares chefiados por mulheres pobres eram vistos com desconfiança, podendo ser considerados "imorais". Certo preconceito associava as costureiras à prostituição, embora isso não fosse generalizado. A atividade de corte e costura, que parece ter-se expandido como ofício em todo o Brasil, representava a luta pela sobrevivência, assim como o pequeno comércio de "quitandas". Mas, quando isso não dava certo, inúmeros foram os casos de mães solteiras que tinham de sustentar os filhos e a casa com o ganho de seu trabalho, exercendo de vez em quando a prostituição para completar a receita doméstica. Atribuiu-se à prostituição a triste situação das numerosas crianças abandonadas ou "expostas". No entanto, a documentação oficial exagera ao associar a atividade das prostitutas com o abandono de crianças, ainda que se saiba que em inúmeras casas dessas mulheres habitavam crianças.

Casas de alcouce

Era nos aglomerados urbanos que se concentravam os prostíbulos, conhecidos como "casas de alcouce". Alguns deles se achavam sob a chefia de homens ou mulheres que cediam suas casas apenas para encontros luxuriosos esporádicos, assim obtendo fonte de renda. Outros eram quitandas e estalagens que, como serviço complementar, forneciam distração sexual aos tropeiros que passavam. Muitas vezes, os frequentadores das casas de alcouce eram temíveis vagabundos que, aproveitando-se do fato de muitas mulheres residirem sozinhas, sem maridos, chegavam até a praticar estupros. Nessas casas ou quitandas, eram vistos homens e mulheres entrando e saindo a qualquer hora do dia e da noite, fazendo algazarras.

O funcionamento desses locais de encontros eventuais era motivo de inúmeras denúncias contra seus exploradores. A parda forra Adriana, moradora em Conceição do Mato Dentro, sobrevivia desse modesto tipo de renda. "Além de alcovitar mulheres para homens", ainda "consente que na sua casa se desonestem, dando a sua própria cama para sua torpeza". De acordo com o historiador Luciano Figueiredo, maior gravidade ainda foi o caso de Josefa Maria de Souza, cuja moradia, na freguesia de Ouro Branco, em Vila Rica, fazia de pousada, ali dando apoio "para que sua filha Jacinta Maria de São José se desoneste com os hóspedes que ela recolhe - e não tem outra coisa de que viva -, e também vive de dar pousadas para o mesmo fim a mulheres meretrizes".

Quando as prostitutas não contavam com a ajuda de alcoviteiras para atrair fregueses, dirigiam-se às igrejas locais, que aglomeravam uma grande parcela da comunidade, e lá se ofereciam aos devotos para pecar após o ato religioso. Assim agia Inácia da Silva, parda forra que, nos dias de missa em Vila Rica, dirigia-se à igreja com outras mulheres que com ela moravam para ficar "chamando os homens da porta, e estes escapavam pela sacristia para ir ter com elas".

A documentação revela que, ao lado do pequeno comércio ambulante, a prostituição, ou mesmo a oferta de teto para encontros amorosos, representaram importante alternativa para a sobrevivência de mulheres abandonadas, solitárias ou viúvas. Este foi o caso de Teresa Maria de

Jesus, moradora em Catas Altas, que "está com casa aberta para todos os que querem ir com ela". Muitas, sem necessariamente se prostituir, ofereciam a casa apenas em busca de alguns trocados.

Laura de Mello e Souza citou em *Desclassificados do Ouro* alguns casos desse tipo de *consentimento*, como o ocorrido em 1753: "Cristina, preta angola moradora no Morro, costumava entregar sua filha Leandra, parda forra, para alguns homens a 'deflorarem', levando-a pessoalmente às suas casas". Aconselhada que casasse a filha, "respondeu a dita Cristina que casando a sua filha não ganhava coisa alguma, e que andando naquela vida ganharia doblas".

Em devassa de 1762, a citada Josefa Maria de Souza foi denunciada por ter uma estalagem que abrigava "toda a casta de passageiros". Além de cozinhar para eles, também se prestava a encontros sexuais e tinha a má fama de servir "aos hóspedes, em atos torpes e lascivos, por si e sua filha Jacinta, e por Rosa, mulher bastarda que tinha em sua casa, e tirava-lhes contas do que davam por seus atos ilícitos; e quando os hóspedes eram muitos e eram necessárias mais mulheres, convocava-as deste arraial, e também de outras partes, e estas vinham assistir à sua casa, para o mesmo torpe lucro", conforme Mello e Souza.

O número crescente de denúncias refletia também a existência de senhores proprietários que relaxavam na vigilância da conduta sexual de suas negras, consentindo em encontros amorosos sem necessariamente visar a rendimentos ou a quaisquer outras recompensas. A conduta permissiva relacionava-se também à perspectiva de reprodução da força de trabalho, meta sempre desejada por proprietários de cativos.

Promiscuidade sexual e pobreza apareceram novamente de mãos dadas no caso de Manuel Lobo Pereira e de sua escrava Juliana, conforme se encontra registrado em devassa ocorrida entre os anos 1756 e 1757. A escrava teria declarado à testemunha que a denunciou na mesa da visitação "que o dito seu senhor a chamava para com ele se ir deitar na cama, mas que ela algumas vezes o não fazia em razão de ele não dar o necessário para a vestir, e que outras vezes o dito seu senhor a deixava ficar com os passageiros que em sua casa se arranchavam só a fim de com eles se desonestar". Segundo Laura de Mello e Souza, Juliana tinha três filhos de pais desconhecidos, e frequentemente seu senhor a aconselhava que dormisse e se desonestasse "com negros para parir crioulos, e não o faça com brancos".

Por necessidade, não seriam poucas as mulheres induzidas para a atividade do meretrício por seus pais, padrastos ou mesmo maridos, que ofereciam os serviços de suas esposas para assegurarem uma renda. Muitas dessas meretrizes ou praticantes ocasionais viviam com os maridos, como a parda forra Paula Perpétua, casada com Francisco da Cunha e tida por "mulher meretriz". O marido, acomodando-se à situação, justificava-se "por ser homem pobre, velho, e temer os impulsos da referida".

Em 1733, constatou-se ambiente agitado na casa de André George, morador em Vila do Carmo, culpado em devassa por

> consentir que sua mulher se desoneste com vários homens, e sua filha com Mateus Romeiro, e [...] que em sua casa se façam danças e folguedos, e andar sua mulher descomposta lançando-se no rio à vista de gente e ele consentindo sem mantos desonestidades causando com elas escândalos a toda freguesia (Citado por Luciano Figueiredo, *O avesso da memória*, p. 135).

Situação mais constrangedora foi vivida por Simão Lopes da Silva. A esposa Branca Saldanha alegou ter deixado o marido porque este tinha "cópula incestuosa" com a filha Páscoa, que também saiu de casa e passou a "viver meretriz". Entretanto, dizia-se que a mãe e a filha, em comum acordo, tinham levantado falso testemunho contra Simão "para viverem à sua vontade meretricidamente". Outro caso semelhante pode ser exemplificado a seguir:

> Dona Vitoriana, mulher de um Luiz Pinhão de Matos, tirara toda a família da miséria através do adultério que cometia com o ouvidor da comarca, José Pinto Ferreira. Este entrava e saía livremente da casa da amante, que humilhava o pobre marido, trazendo-o "debaixo do pé, dando-lhe pancadas e chamando-lhe cornudo diante de gente". Satisfeita com o sucesso de seu novo estado, Dona Vitoriana passou a alcovitar as filhas, "dizendo que não há cousa como ser mulher dama, que sempre tem duas patacas na algibeira" (Laura de Mello e Souza, *Desclassificados do ouro*, p. 222).

Mulheres paulistas

Na São Paulo colonial, nos séculos XVI e XVII, a prática da prostituição não assumiu aspecto de maior gravidade. A principal preocupação em 1576 foi estabelecer uma multa aos chamados mancebos que iam "às fontes" ou aos rios, locais propícios a encontros furtivos com as escravas índias ou negras. Embora sem grandes resultados, em 1590 foi quintuplicada a multa a "qualquer pessoa que for à fonte não tendo lá o que fazer", segundo o sociólogo Sérgio Milliet em "A prostituição na Colônia".

Maior preocupação com a prostituição só ocorreu do século XVIII em diante. No início do século XIX ela já era bastante praticada, causando espanto ao viajante francês Auguste de Saint-Hilaire, que comentou: "Em nenhuma parte do mundo por mim percorrida vi tamanho número de prostitutas". Perambulando pelas ruas em busca de fregueses, ou oferecendo-se das janelas, as chamadas "mulheres públicas" eram conhecidas pela comunidade por ostentarem atitudes bastante opostas àquelas observadas nas mulheres "honradas". Segundo Saint-Hilaire, as ruas de comércio, percorridas por negociantes e compradores, atraíam para o local, à noite, "verdadeiras nuvens de prostitutas". De acordo com a historiadora Eliana Goldschimidt, mulheres "mal procedidas" circulavam à volta da Sé e ruas adjacentes, fazendo jus ao dito popular do período: "Quem quer caça, vá à praça".

As mulheres apartadas de seus maridos aventureiros, ao lutarem pela própria sobrevivência, eram consideradas meretrizes e, caso abrigassem outras mulheres, corriam o risco de ser denunciadas como alcoviteiras. Deve-se ressaltar a carga de preconceito contra a mulher que vivia só, sendo que por "mulher solteira" também se entendia, na época, a mulher de "má fama" ou de "má vida".

Mas as ruas e as praças da cidade não eram os únicos locais das "mulheres públicas". Na capitania colonial, ranchos e estalagens erguidos à beira das estradas poderiam ser lugares de meretrício ocasional e abrigos complementares de acolhimento a forasteiros. É o que se dizia, em 1756, a respeito da estalagem de Joana Ribeira, em Atibaia:

> [...] não somente se desonesta com uns e outros pública e escandalosamente mas também serve de alcoviteira à sua filha solteira por nome Ana, a qual tem em sua companhia, entregando-a a todos que com ela se querem desonestar não só em casa, mas também levando-a a outros quando para o mesmo efeito a convidam, fazendo-lhes companhia noites inteiras com geral e notório escândalo de todos os moradores daquela freguesia (Citado por Mary Del Priore, "Mulheres de tratos ilícitos", p. 194).

A prostituição poderia também ser uma forma de abalar o matrimônio ou com ele acabar. Em São Paulo, em 1769, Anna Francisca de Paula denunciou seu marido Miguel Francisco da Silva de "viver solicitando meretrizes para escandalosamente com elas passar o tempo".

Quanto à exploração do corpo das filhas, muitas vezes isso ocorria como resultado da pobreza e da voracidade sexual dos homens, numa forma de atividade ditada pela necessidade de sobreviver. Na duplicidade dos papéis de luxúria e torpeza encontrava-se também Joana Pedrosa, mulata forra outrora casada, que trazia para sua casa não só homens como também algumas mulheres de mau comportamento. Em processo-crime de 1754 está escrito:

> A dita denunciada não faz vida com seu marido há muitos anos e este a desamparou... que a dita tem por ofício andar buscando homens passageiros por todas as vendas tanto que sabe estar nelas e ainda com os mais que se acham na terra, a qual é costumada à desinquietá-los para com eles ofender a Deus, tendo em sua casa uma filha da qual ela serve de alcoviteira (Citado por Mary Del Priore, "Mulheres de tratos ilícitos", p. 195).

Bastante comum à realidade paulista colonial foi o comércio dos corpos dentro das próprias residências, num constante entra e sai de homens diferentes e estranhos, vizinhos, viajantes, solteiros, casados e viúvos. No final do século XVIII, as prostitutas foram obrigadas a segregar-se no espaço específico das "casas de alcouce".

Muitas mulheres de "má fama", em busca de forma alternativa de sustento, dirigiam-se às regiões auríferas. Com uma população nômade, não só homens chegavam ao planalto em trânsito para as Minas, como vinham também as "mulheres públicas". Algumas delas apareciam em "trajes de homens", tentando chegar às minas para se prostituir; outras se vestiam de homem como forma de defesa, para passar incógnitas e se colocar a salvo dos perigos das estradas, ou então para melhor exercer ofícios masculinos, como era o caso das tropeiras ou das marceneiras.

Pobreza, falta de ocupação e abandono por parte do marido empurravam essas mulheres para o ofício sexual, a ponto de se encontrarem mães e filhas dividindo um mesmo companheiro. Resultado das circunstâncias de extrema carência sexual masculina, ignorância e, sobretudo, violência dos homens contra as mulheres, não poucas mães viram suas filhas violentadas por seus pais ou padrastos. Em São Paulo, em 1751, foi processado Guilherme Borges, que estava

> concubinado com Vitorina, solteira, sua enteada, pelo que sendo repreendido pelo seu reverendo pároco a mandou para a vila de Jundiaí e a depois mandou vir e a tem em casa tratando-a como concubina, e não só com ela desonesta mas também com Josefa, filha da dita Vitorina e do denunciado, de sorte que já desta tem um filho, como tudo é público e escandaloso e por esta razão dá má vida a sua mulher (Citado por Mary Del Priore, *Ao sul do corpo*, p. 98).

Também em São Paulo, o ofício de costureira, exercido por um grande número de mulheres, tornou-se profissão estigmatizada, pois, para o olhar masculino, uma mulher que recebia em sua casa clientes para encomendas, medidas, provas, ou que saía para compras e entregas, poderia ser confundida com uma prostituta exercendo um meretrício discreto sob o disfarce de atividade legítima.

No que dizia respeito ao comportamento masculino, as autoridades eram mais condescendentes. O sociólogo Sérgio Milliet apontou o envio de instruções do governador, em 1804, às autoridades de São Luiz do Paraitinga e de Taubaté, recomendando castigo às prostitutas "com toda moderação e prudência", mas somente àquelas "que forem escandalosas no seu modo de vida, visto ser irremediável um mal semelhante". Outra ocorrência de perturbação do sossego público aconteceu na vila de Sorocaba, no século XVIII, onde acorria grande quantidade de "mulheres fadistas" devido à presença de soldados em campanha; isso também "se explica pela localização das feiras de animais", segundo palavras de Milliet.

Salvador

Em 1718, o comerciante francês Le Gentil de la Barbinais compreendia a existência de sofisticados bordéis em Salvador como desdobramento da situação descrita pelo jesuíta Jorge Benci e pelo poeta Gregório de Matos. A prostituição escrava continuava à disposição, mas agora sob o controle direto do dono. Barbinais afirmou que

> as mais virtuosas mulheres, vale dizer, cujo desregramento é menos público, fazem de suas casas um serralho de escravas. Enfeitam-nas com correntes de ouro, pulseiras, anéis e custosas rendas. Todas essas escravas conseguem seus amantes, e suas senhoras dividem com elas os lucros de seu infame comércio (Citado por Emanuel Araújo, *O teatro dos vícios*, p. 166).

No final do século XVIII, o cronista Luís dos Santos Vilhena, descrente da possibilidade de acabar totalmente com o meretrício, sugeria que pelo menos as prostitutas fossem confinadas aos arredores de Salvador. Que se retirassem as meretrizes do convívio com as pessoas "de bem" e fossem segregadas no que viriam a ser as demarcadas zonas de meretrício, situadas, como indicara o cronista, em áreas pobres da cidade.

> Visto não ser permitido, mas tolerado, o haver mulheres públicas entre os povos cristãos, seria na Bahia um acertado rasgo de política o destinar-se em algum dos subúrbios da cidade, onde há casas de menos preço e consideração, a morada para todas as que sem pejo se entregam, como por modo de vida, à depravação, e limpar de algum modo a cidade desta praga tão contagiosa, visto que, com os seus desonestos exemplos e palavras torpes proferidas sem pejo altamente, escandalizam os vizinhos que querem reger e educar suas famílias segundo as regras da moral cristã, bem como se lhes deveria vedar o transitarem pela cidade depois do toque do sino a recolher (Luís dos Santos Vilhena, *A Bahia no século XVIII*, p. 166).

Como já vimos, essas mulheres e suas filhas, na maioria das vezes, viviam ao sabor das situações, famintas, obrigadas a se prostituir, todas presas na rede de uma sobrevivência penosa e nada edificante.

A restrição ao meretrício recaía, principalmente, ao escândalo que as mulheres provocavam entre os passantes, vizinhos e pessoas de "bom procedimento". A venda e o "mau uso do corpo", bem como os "pecados" cometidos diante das determinações de Deus, porém, eram considerados menores, se comparados às alcoviteiras e aos prostíbulos, principais maneiras de os "desvios" tornarem-se públicos. Havia também preocupação das autoridades com os métodos criminosos empregados pelas meretrizes que, incapazes de criar filhos, praticavam o aborto e o infanticídio.

Em 1610, Maria Barbosa, mulher pobre e mal-afamada, natural de Évora, lá se casara e fora expulsa, acusada de feitiçaria. Enviada como degredada para Angola, persistiu no mesmo pecado. Da Colônia angolana para Pernambuco e depois para a Bahia, manteve a má fama:

> No estereótipo, feiticeira e prostituta eram indissociáveis. Ao mesmo tempo em que eram descritos os feitiços da ré, enumeravam-se-lhes os atos desonestos: dava alcouce em sua casa, facilitava mulheres para homens, ficava com eles noite adentro, comendo, bebendo e ofendendo a Deus; desonrava o marido "chamando-lhe de cornudo, e o prende ao pé do catre, e se dorme com homens diante dele", dizendo "que se quer dormir com quem levar gosto"; "com os dedos lhe faz na cabeça como feições de cornos", ameaçando-o de morte por enforcamento. Expulsava o consorte de casa para viver "mais à sua vontade" e se entregar a romances sucessivos: "pela maior parte esteve a dita Maria Barbosa amancebada, e destruiu muitos homens". O marido parecia conformado com a situação, vivendo sob seu jugo (Laura de Mello e Sousa, *O diabo e a Terra de Santa Cruz*, p. 336).

Rio de Janeiro

É escassa a documentação sobre a prostituição no Rio de Janeiro no período colonial. Freyre citou o médico Pires de Almeida, de cuja obra retirou os dados a seguir:

> Que ao findar o século XVIII houvesse, no Rio de Janeiro, cerca de 255 chamadas "mulheres de janela", isto é, "mulheres públicas", sem contar com a prostituição clandestina de escravas que deveria ser considerável (Gilberto Freyre, *Sobrados e mucambos*, p. 353).

O historiador Jean Marcel França mencionou três estrangeiros que passaram pelo Rio colonial. Em viagem feita em 1695, o engenheiro francês François Froger relatou sua impressão sobre os moradores da cidade: "O excesso é tão comum entre eles que, não somente os burgueses, mas também os religiosos, podem manter relações com mulheres públicas sem temerem ser alvos da censura e da maledicência do povo".

Em 1764, o viajante inglês John Byron condenava que no Rio de Janeiro, à semelhança do que ocorria em Lisboa, "no fim do dia, os portugueses saem de suas casas e dirigem-se às casas de prazer, onde se entregam a todo gênero de excessos".

O espanhol Juan Francisco de Aguirre, que permaneceu 25 dias na cidade, em 1782, chegou a condenar o comportamento da população carioca, cuja libertinagem era "coisa comum" na cidade, superando o que ocorria em muitos países: "Pouco depois do anoitecer, veem-se muitas mulheres que, a pretexto de fazerem compras nas lojas e cuidarem dos seus haveres, perambulam pelas ruas convidando à perversão". Veremos que essas ocorrências se multiplicaram no século XIX, com o vertiginoso crescimento da cidade após a chegada da Família Real.

Pernambuco

Gaspar Barléu, historiador de Maurício de Nassau, relatou que uma das objeções apresentadas na Holanda ao projeto de invadir o Brasil era a de que os laboriosos neerlandeses "iriam corromper-se e embotar-se com o contágio dos deleites exóticos" daquela terra. Segundo Barléu, os holandeses foram vencidos "mais pelos vícios do que pelas armas".

Em Recife, a prostituição era a principal causa do abandono de crianças, bem como a promiscuidade em que viviam as meretrizes. Recomendava-se às mulheres de bem a não saírem à noite depois das Ave-Marias, a não ser em companhia de seus maridos.

Segundo Freyre em *Sobrados e mucambos*, o invasor holandês em Pernambuco, sem a plasticidade do português para adaptar-se às terras tropicais, levou uma vida bastante artificial, importando da Holanda não só alimentos, mas também prostitutas, bem como a casa na forma de sobrado vinda quase inteira da Europa. De fato, o problema de moradia era grave: foram de Recife os primeiros cortiços de que se tem notícia no Brasil; muito frequentes, acomodavam às vezes até oito pessoas que dormiam no mesmo aposento. Nos anos seguintes a 1640, não havia moradia suficiente para quem viesse da Europa: era preciso improvisar.

O principal historiador brasileiro do período da ocupação holandesa, José Gonsalves de Mello, atribuiu à política segregacionista dos holandeses uma das razões para o seu fracasso no Brasil; faltava-lhes a adaptação portuguesa. Os holandeses "procuraram impedir todo contato sexual entre a população de cor (inclusive a indígena) e a branca".

Com referência à sexualidade no aglomerado urbano, muitos moços foram tragados pelo que Freyre chamou de Sodoma de judeus e mulatas, portugueses e negras, além de soldados e marinheiros de todas as partes do mundo.

> O Recife, com seus sobrados-cortiços e seus sobrados-bordéis, foi um dos pontos mais intensos de sifilização no Brasil, a sífilis ocorrendo com frequência, diz Piso, tanto entre holandeses como entre portugueses. As "prostitutas do porto" tornaram-se umas terríveis disseminadoras de sífilis. Não eram só mulheres de cor – negras, mulatas, cabrochas – que aqui despertaram a curiosidade pelos prazeres exóticos nos homens ruivos, até mesmo nos pastores da Igreja reformada, um dos quais tornou-se célebre por sua vida imoral. O Recife se encheu também de prostitutas holandesas. Não três ou quatro: grandes carregamentos de marafonas ruivas ou alvas. Para alguns dos flamengos tudo tinha de ser aqui como na mãe-pátria: a casa, a comida, a mulher. Nada de exotismos. Em 1636, porém, um conselheiro holandês mais sisudo pediu do Recife aos dignitários da Holanda que evitassem aquela vergonha. O Diretório era o primeiro a recomendar – notava o conselheiro – que se punissem severamente os delitos de ordem sexual; todavia deixava que viessem para a Colônia, em grandes levas, "aquelas portadoras de desgraça" (Gilberto Freyre, *Sobrados e mucambos*, p. 156).

A Nova Holanda do sobrado urbano, primeiro experimento de colonização urbana do Brasil, ultrapassou a Nova Lusitânia rural da casa-grande no que diz respeito a desvios de ordem sexual e em transgressões morais de toda ordem. Também por isso não se pode concluir pela superioridade da colonização e da vida moral do holandês sobre a do português, ou do tipo urbano da Nova Holanda sobre o Brasil rural, disse Freyre.

Ainda que os holandeses fossem rigorosos nos castigos contra suas mulheres adúlteras, foram frequentes os casos de esposas infiéis e também numerosos os casos de bigamia, bem como constantes os escândalos de sodomia e outros crimes contra a natureza. Destacou-se entre os acusados de sodomia um certo capitão holandês, transferido inicialmente para Fernando de Noronha, depois para os cárceres de Amsterdã.

O flagelo da sífilis, presente na área rural do Brasil, concentrou-se em Recife, primeira localidade comercialmente urbana que teve o país. Para Freyre, aquela cidade talvez deva ser considerada a precursora de uma série de outras pequenas "Sodomas e Gomorras" que brotaram à margem do sistema patriarcal brasileiro. Assim como ocorria na casa-grande, muitos dos sobrados, ainda novos, foram transformados em prostíbulos por senhores desviados de seu destino de se tornar pais de família legítimos. O sentido familial foi pervertido, e a condição cristã manchada por extremos de libertinagem.

Doenças venéreas

Segundo Freyre em *Casa-grande e senzala*, a vantagem da miscigenação no Brasil veio acompanhada da desvantagem tremenda da sifilização. Dizia-se que a civilização e a sifilização caminharam juntas: "O Brasil, entretanto, parece ter-se sifilizado antes de se haver civilizado". Os primeiros europeus aqui chegados se embrenharam na selva e, misturando-se com a população indígena, além do traço europeizante, deixaram as manchas de mestiçagem e a marca da sífilis. Não civilizaram a população aborígene que os acolheu, mas há indícios de a terem sifilizado.

Freyre salientou que o escravo se sifilizou no Brasil, e não na África. Apenas um ou outro teria vindo já contaminado. Os senhores das casas-grandes foram os responsáveis por disseminar a sífilis entre as negras das senzalas. Muitas vezes, mulheres virgens, ainda meninas de "doze e treze anos, eram entregues a rapazes brancos já podres da sífilis das cidades", até porque por muito tempo difundiu-se no Brasil a crença de que "para o sifilítico não há melhor depurativo que uma neguinha virgem", como relatou Freyre. A crendice popular evidenciava o perfeito casamento entre escravidão e abuso sexual promovido pela colonização.

Segundo Freyre, a sífilis não escolhia a quem contaminar, e esta foi por excelência a doença tanto das casas-grandes quanto das senzalas. Era contraída pelo filho do senhor de engenho ao perder a virgindade precocemente, aos doze ou treze anos, por meio das brincadeiras entre negras e mulatas. Se, pouco depois dessa idade, ainda fosse virgem, o menino era considerado donzelão e ridicularizado por não conhecer mulher e, o que é mais cruel, por não ter marca de doenças venéreas pelo corpo.

> A sífilis fez sempre o que quis no Brasil patriarcal. Matou, cegou, deformou à vontade. Fez abortar mulheres. Levou anjinhos para o céu. Uma serpente criada dentro de casa sem ninguém fazer caso de seu veneno. O sangue envenenado rebentava em feridas. Coçavam-se então as perebas ou "cabidelas", tomavam-se garrafadas, chupava-se caju. A sifilização do Brasil – admitida sua origem extra-americana [...], data dos princípios do século XVI. Mas no ambiente voluptuoso das casas-grandes, cheias de crias, negrinhas, molecas, mucamas, é que as doenças venéreas se propagaram mais à vontade, através da prostituição doméstica – sempre menos higiênica que a dos bordéis (Gilberto Freyre, *Casa-grande e senzala*, p. 319).

No dizer de Freyre mencionando Martius, este notou que o brasileiro exibia com orgulho a marca da sífilis, "como quem ostentasse uma ferida de guerra", e, em geral, não a considerava como uma moléstia vergonhosa nem teve grande cuidado em sua prevenção. No período colonial, a mortandade devido à moléstia ocorria em cerca de dez falecimentos sobre mil. No Rio de Janeiro, em meados do século XIX, segundo o doutor Sigaud, um entre muitos dos motivos dos problemas nervosos dos negros talvez fosse a sífilis avançada. A sífilis congênita, ou seja, nascida com o indivíduo, contribuía também para aumentar o número de natimortos, mortes de bebês, debilitação geral de crianças e morte prematura.

A gonorreia e o cancro eram duas outras doenças venéreas que provavelmente infectavam os escravos. Nas cidades, a gonorreia deve ter sido comum entre as negras devido ao número de imigrantes do sexo masculino que ansiava por mulheres, indo em busca da prostituição escrava. Tanto a sífilis como a gonorreia podem, com bastante frequência, não apresentar sintomas ou sinais visíveis.

Originalmente, a sífilis teria sido alastrada pelo Velho Mundo como uma epidemia, ao mesmo tempo em que corriam notícias da descoberta do Novo Continente, de onde, aliás, muitos acreditavam ser procedente a doença. Sempre considerada "doença do outro", a sífilis, como talvez nenhuma outra moléstia, desencadeou imensa polêmica com referência ao seu local de origem. Por carregar o estigma de sexualidade pecaminosa, nenhum povo ou nação aceitava de bom grado ser apontado como seu berço de origem. Marca de todos os males, ela era sempre reservada aos inimigos.

Muitos atestavam que a sífilis (ou bubas, para os espanhóis) teria irrompido inicialmente em Barcelona, logo após o retorno das naus de Colombo. Segundo o antropólogo Sérgio Carrara, na atualidade há certo consenso quanto ao fato de que fosse uma doença desconhecida na Europa até finais do século XV. Sua origem, porém, ainda causa discussão. O racismo levava a acreditar, por exemplo, em sua origem quase espontânea na América, dada a crença de lá haver uma sexualidade pecaminosa ou excessiva, embora tal hipótese não se sustente. Ser considerada como castigo, do pecado nascido com a volúpia sexual dos índios, implicaria acreditar que qualquer povo da Antiguidade desconhecesse os excessos eróticos. Como disse certo médico, se era para Deus castigar, não esperaria até o descobrimento dos povos da América para lançar o golpe fatal sobre os libertinos.

5

Uniões e transgressões morais no Brasil colonial

Na concepção da Igreja, o casamento deveria ser o espaço único no qual o desejo e a carne, devidamente domesticados, existem para sagrar a propagação da espécie. O vínculo conjugal, indissolúvel e estável, limitaria a luxúria dos casais, que, sob a vigilância dos sacerdotes e da ordem cristã, desfrutariam de uma sexualidade disciplinada.

Nos primeiros tempos, a raridade de casamento religioso ou civil era em muitos casos justificada pela escassez de mulheres brancas. Os colonizadores preferiam viver maritalmente com índias ou mamelucas, já que em suas aventurosas expedições sertão adentro eram obrigados a passar longos períodos fora e não tinham a certeza do regresso. À medida que aumentava o contingente feminino branco e mameluco, as indígenas se tornavam a parte rejeitada no mercado matrimonial.

Apesar dos planos de Nóbrega de trazer mulheres de Portugal a fim de evitar as uniões consensuais, o destino histórico do nosso país foi entretanto a "mancebia".

Namoros e matrimônios

No período colonial, a reclusão das mulheres e a constante vigilância a que estavam sujeitos todos os seus passos tornavam os eventos religiosos ocasiões propícias para namoros, traições conjugais e encontros proibidos, os quais, muitas vezes, eram tramados por alcoviteiras e transmitidos por moleques de recados. Tudo acontecia no interior das igrejas ou em seu entorno. As procissões, as ladainhas, os festejos religiosos, as quermesses e até mesmo a simples missa dominical eram ocasiões apropriadas para as pessoas travarem encontros. Por isso, eram grandes os esforços dos eclesiásticos para transformar as igrejas em um templo de meditação, valendo-se até mesmo da estratégia, em muitas pastorais, da separação de homens e mulheres no interior das capelas e naves.

Nessa época, a cidade de São Paulo, por exemplo, não oferecia formas de convívio social mais diversificadas: afora um breve passeio público, somente as ocasiões de procissão e festas cívicas animavam a vida social. As ruas eram sobretudo frequentadas por escravas e escravos domésticos que, ao realizarem as tarefas do dia a dia, produziam muito barulho, às vezes com arruaças e brigas. Às moças virtuosas era proibida a ida às fontes, tomadas pelos escravos e pelas mulheres mais pobres. Por isso, não era de admirar que fosse raro as famílias saírem à rua.

A mulher paulista, cujo dote era produto de troca matrimonial possibilitando alianças entre famílias, estava sujeita a uma avaliação criteriosa por parte da sociedade, e qualquer deslize de conduta poderia fazer oscilar o seu valor dotal. A orientação sobre a conduta masculina, por sua vez, seguia outros caminhos. A honra do homem estava sediada no campo dos negócios, havendo ampla permissividade em relação à conduta sexual. No entanto, casos extremos poderiam desqualificar o rapaz nos trâmites matrimoniais, como concubinatos de conhecimento público, de cuja mulher e filhos porventura existentes o pretendente não manifestasse intenções claras de se livrar.

O casamento como arranjo, sobretudo de famílias de grupos dominantes, não deixava muito espaço para a corte amorosa, a qual, no entanto, existia, embora cercada de interditos e pouco explícita, de forma que se deve atenuar a crença demasiado rígida dos casamentos exclusivamente por interesse.

Pudor e virgindade

Entre as camadas de condição social mais elevada, a virgindade era assunto levado realmente a sério, e a mulher que a perdesse antes do casamento estava definitivamente "corrompida", estendendo-se a desonra a toda a família, responsável coletivamente pelo comportamento de suas donzelas. As leis do Reino eram cuidadosas na questão da preservação da castidade: o sedutor devia casar-se com a moça e, ponto importante, se fosse "convinhável" a união. Filhos e filhas representavam para essas famílias abastadas a possibilidade de alianças de consolidação de poder ou ganhos sociais.

Para a historiadora Alzira Campos, levadas sua honra e virgindade, as defloradas podiam pedir reparação do dano. Em 1748, em São Paulo, Anna Caetana da Silva, da Vila de São Sebastião, "das principais famílias da vila, moça grave e honesta e como tal vivendo em companhia de seus pais", foi raptada com promessas de casamento por Joaquim José de Brum, o qual havia conseguido "da suplicante, pelo seu frágil sexo, o que pretendia e lhe roubou a melhor coisa que tinha". Uma vez defloradas, seguia-se inevitavelmente a difamação pública e, se não realizado o casamento, as moças ficariam "desonestadas e sujeitas a grandes misérias e ofensas a Deus" por não haver quem as quisesse desposar. No caso da mulher viúva, a honra estaria assegurada se ela permanecesse "em poder de seu pai, ou avô da parte do pai".

Nas camadas menos favorecidas, contudo, há fortes indícios de um relaxamento nos encontros e até conivência dos pais em "facilitar" a vida sexual das filhas, provavelmente visando com isso criar uma situação que resultasse em aliança legal. Entre os mais pobres, a ausência do dote possibilitaria esse relaxamento, sendo o futuro genro visto como mão de obra em potencial nas lides do campo ou, no caso de domicílio em núcleos urbanos, como arrimo no orçamento familiar.

Em quase todos os registros de sedução, a gravidez está presente, impossibilitando à mulher esconder o delito assim tornado público. Compreende-se por isso que as pessoas observassem com cautela a fase de namoro, quando a proximidade dos contatos permitidos aos jovens poderia deslizar para as práticas sexuais. É difícil, porém, avaliar a proporção de noivos transgressores, uma vez que não se sabe o intervalo entre o casamento e o nascimento do primeiro filho.

O historiador Nireu Cavalcanti reuniu informações a respeito do casamento no Brasil Colônia, em documentação arquivada na arquidiocese do Rio de Janeiro, com algumas descobertas que relativizam o que se acreditava serem rígidos costumes, a começar pela delicada questão da virgindade.

> Constata-se na documentação que as relações sexuais antes do casamento eram muito mais comuns do que se imaginava. De cada dez noivas, uma admitia ao padre já se ter deitado com um homem. Ou, na linguagem utilizada pela Igreja, ter praticado "cópula ilícita". O historiador acredita que os dados embutam uma subnotificação de casos, uma vez que havia muitas uniões sem casamento formal. Mas já é um

> número surpreendente, diante dos rígidos padrões morais da época. O que mostra que as noites nos trópicos não eram nada tediosas ou sonolentas. [...] Um dos casos que mais chamaram a atenção de Cavalcanti ocorreu em 1736, nos proclamas de um jovem jornaleiro - termo que naquela época designava biscateiro - chamado Pedro de Oliveira e sua amada, Maria de Oliveira. Quando eles tornaram público o desejo de se casar, o mundo de Maria desabou. Descobriu-se que ela já havia tido relações sexuais tanto com o noivo quanto com um tio dele. Diante da denúncia, a noiva admitiu que era tudo verdade, mas mesmo assim o casamento seguiu em frente (Ronaldo França, "Noites tropicais", p. 82).

Como penitência, a referida moça foi obrigada a rezar 150 Ave-Marias, além de sofrer a vergonha e o incômodo de, sob os olhares da comunidade, ficar em pé na igreja durante a missa, segurando uma vela acesa. A útil doação de velas para a igreja era também outra forma de penalidade.

Fuxicos e falta de privacidade

No tempo do Brasil Colônia, as casas eram devassadas pelo olhar dos vizinhos, pela fala das comadres e pelos folguedos das crianças que perambulavam entre as residências. Não havendo espaços claramente definidos nas residências, tudo ficava muito exposto. Um caso exemplar: Maria Grega, mameluca casada com um alfaiate, na Bahia quinhentista, quando perguntada pelo inquisidor do Santo Ofício se alguém podia afirmar ter visto seu marido possuí-la pelo ânus, disse sem nenhuma cerimônia que a irmã dela sempre viu tudo, pois dormia numa rede ao lado. Nas casas-grandes, por exemplo, mal havia portas separando cômodos e, com frequência, flagravam-se as relações sexuais de vizinhos, parentes ou dos próprios casais moradores da casa.

As casas próximas umas das outras, em ruas estreitas, facilitavam a inevitável e incômoda bisbilhotice dos vizinhos, o surgimento de intrigas, bem como a invasão da intimidade alheia. As finas paredes de fato "tinham ouvidos", já que era possível escutar claramente o que se conversava na casa ao lado, evidenciando a falta de privacidade que se tornou marca registrada na provinciana sociedade colonial.

Em Minas Gerais, no correr do século XVIII, a pobreza da população obrigava muitas famílias a viver em casas pequenas, constrangendo seus moradores a repartir cômodos e camas numa incômoda promiscuidade matrimonial, com não raras ocorrências de relações incestuosas. Em razão disso, chegava à mesa do bispo grande número de denúncias de incestos praticados por pais, tios, irmãos, cunhados, compadres.

A falta de moradia obrigava a uma provavelmente embaraçosa coabitação de marido, mulher e concubina. Em *Desclassificados do ouro*, Laura de Mello e Souza apontou que, em 1753, numa região aurífera de Minas Gerais, a negra Quitéria, embora casada, era amásia de Manuel Rodrigues da Costa, mas "vivem todos juntos com o marido da mesma negra". Outra situação foi a de Teresa de Jesus, casada, que mantinha em separado relações ilícitas com outro homem; com o decorrer do tempo, aparentemente o marido passou a consentir de bom grado que Teresa amasse outro, chegando os três a um acordo e "morando todos na mesma casa". Apesar dessas ocorrências, eram mais numerosos casos de homens morando com duas mulheres.

Mesmo em área rural, as precárias condições de moradia favoreciam a bisbilhotice da vida alheia, já que poucos casais moravam sozinhos e distantes dos outros. Além da proximidade, os frágeis materiais empregados nas moradias – as paredes de taipa, a cobertura de telhas, palha ou sapé, quase sempre vazadas, quartos sem portas – não proporcionavam isolamento ou privacidade, nem pareciam ser essas as preocupações maiores das pessoas.

Locais como roças, quintais, becos, grutas, beiras de rios, igrejas, estradas, logradouros públicos, em festas profanas, sítios afastados – todos eram espaços onde poderiam ocorrer os encontros amorosos. Ainda que o mato, reservado a amores proibidos, garantisse às vezes certa privacidade, mesmo assim maridos e passantes podiam surpreender ali suas mulheres em adultério: "... em uma noite a topou no mato com o sobredito cúmplice, em ato pecaminoso, de que resultou fugir a Ré, deixando as chinelas", como se lê num processo de divórcio de 1780. Poderia ser, ainda, um local de alto risco, como comprova o caso ocorrido em Paraty, no início do século XIX: "a ofendida" Felicidade Maria deu queixa na justiça contra Joaquim Pacheco Malvão. Uma testemunha vira quando Felicidade, colhendo laranja na roça, dirigira-se até o rio atendendo ao aceno de Joaquim, que fora buscar água:

> [...] presenciara e vira a ofendida e o Réu estarem no mato juntos e unidos um por cima do outro a fazerem movimento com o corpo, e que ele testemunha vendo este ato, voltou sem dar a perceber a ninguém. [...] Disse mais que por duas vezes indo ele testemunha a sua roça que fica perto de sua casa aí vira debaixo de um arvoredo [...] o Réu com a ofendida, unidos deitados, um por cima do outro, e fazendo movimento

> com o corpo. Disse mais que a ofendida dissera a ele testemunha que o Réu lhe havia prometido casamento, um corte de vestido e um par de brincos, e que se alguma coisa acontecesse o Réu lhe havia de amparar... (Citado por Mary Del Priore, *História do amor no Brasil*, p. 46).

Ainda que muitas vezes matas, campos e grutas pudessem garantir aos relacionamentos sexuais privacidade e discrição pouco possíveis nas próprias moradias, os encontros ocorriam com mais regularidade em choças e casebres, mesmo nos casos tidos como proibidos. É o que se depreende, nos processos, das costumeiras menções quanto a "frequentar a casa" de uma mulher e a "desonra" daí resultante. Na visita à casa alheia, estaria implícita a possibilidade de conhecimento dos coparticipantes. É de supor, portanto, que não só os demais moradores soubessem do caso, como, muitas vezes, fingissem que não viam. A expressão "pular a cerca" sugere a utilização do quintal como forma de contornar a frente da casa para realizar encontros proibidos.

Assim, não só a arquitetura e as atividades produtivas realizadas dentro das casas contribuíram para tornar a família promíscua, mas também a pobreza da população. Também a presença de agregados, escravos e um entra e sai de vizinhos facilitavam a promiscuidade. Em São Paulo, um processo originário de Cotia denunciou um homem por manter relações sexuais com sua filha no mesmo aposento em que dormiam sua mulher, filhos, netos e um conhecido. Alguns maridos chegavam a obrigar suas mulheres a dormir em uma esteira no chão, enquanto acomodavam a concubina em seu leito. Parentes próximos, como tios e sobrinhas, também eram acusados pela prática de incesto, como se lê em processo relativo ao padre Ignácio Francisco Lustosa, concubinado com sua sobrinha.

Em 1749, ocorreu em São Paulo a devassa de um crime de incesto. João Fernandes Coelho e sua filha solteira, Thereza Leme, eram amantes, e o delito era tratado com certa naturalidade pelos parentes e vizinhos, incluindo a esposa-mãe traída. O caso veio à tona apenas por ocasião da visitação. Conforme narrou a historiadora Alzira Campos, o fato é que pai e filha viviam com três filhos próprios "na mesma casa", sem nada esconder. Dentre as testemunhas, contou um conhecido que, pernoitando na casa do réu, pôde observar, à luz do fogo, quando este se levantou de sua rede e foi deitar-se com a filha, "depois de se chegar à rede de sua mulher, para ver se ela dormia". A desfaçatez do réu em praticar a união carnal com a filha diante dos demais presentes parecia revelar a sua confiança na conivência social.

O crime de rapto

Se não fosse para casar, a retirada da jovem da casa paterna constituía juridicamente crime de rapto, fosse ele praticado com consentimento da moça, o que seria considerado sedução, ou sob violência, contra a sua vontade, sendo, nesse caso, considerado estupro. Porém, nem sempre era possível determinar com clareza o tipo de rapto que ocorrera. Muitas moças de famílias humildes eram praticamente forçadas a fugir com o noivo, com a secreta conivência dos pais, impossibilitados, em sua pobreza, de realizar uma festa de casamento, mesmo singela, para parentes e vizinhos mais próximos.

Havia problemas quando o rapaz fugia e não cumpria o prometido à noiva. Considerado "roubador da honra" e indigno, podia ser expulso da região ou, ainda, assassinado ou "capado". A vingança era executada por parentes da moça ofendida, sendo comuns os justiçamentos encomendados a matadores profissionais.

Crime comum, o rapto era praticado por homens de todas as condições sociais, solteiros ou mesmo casados. Quaisquer que fossem os raptos, as consequências para as moças eram várias. As donzelas poderiam exigir uma espécie de indenização (como compensação pelo mal causado) se o ato não resultasse em casamento, de modo a constituir o dote para um futuro matrimônio ou para o recolhimento em instituição religiosa. O dinheiro ou qualquer bem convertido em dote adquiriam um significado moral, pois simbolizavam a restauração da honra. Para as órfãs ou filhas de pais pobres seduzidas, o dote como reparação da perda da honra representava a esperança de um casamento "honesto". Quando nada recebiam e permaneciam solteiras, tinham que cuidar do filho porventura gerado na sedução ou sob violência.

O casamento seria legítimo se a mulher raptada consentisse e fosse mantida fora do poder do raptor até o dia da formalização da união. Mas, se os seus pais fossem contrários, e a moça permanecesse ainda em poder do "roubador", as núpcias não poderiam concretizar-se. A exigência visava a reprimir casamentos clandestinos, forçados pelos contraentes ao criarem uma situação de fato, e a reprimir os menores de idade desejosos de se unir sem consentimento dos pais. Entretanto, quase sempre as moças acabavam se casando com seu raptor, pois os pais preferiam aceitar um matrimônio menos conveniente a ter as filhas desonradas.

A honestidade da mulher era determinada por sua subordinação aos homens da família; sua queda moral constituía uma desonra que atingia também aquelas que a rodeavam. Para defender a honra da filha, a intervenção paterna poderia atingir níveis patológicos, chegando ao crime. Afonso de Taunay narrou vários casos de condutas desastrosas de pais que assassinaram suas filhas apenas por suspeitarem de desonra. Nos arquivos da Cúria Metropolitana de São Paulo, em meados do século XVIII, era comum nos processos de esponsais a menção "ela está em perigo".

Em 1769, o sargento-mor Teotônio José Juzarte, em expedição dirigida pelo sertão, relatou um fato que mostra com clareza a reação da parte masculina da família frente à desonra de um de seus membros do sexo feminino. Segundo os registros da historiadora Maria Nizza da Silva, encontrava-se grávida a filha solteira de um dos povoadores da expedição e, segundo narração do sargento-mor, a moça ocultava esse fato a seus pais e irmãos, "os quais eram de natureza de ter pouco escrúpulo de matar gente, pois destes há muitos por esta capitania". Na metade do caminho, não podendo retirar-se para lugar algum, "pariu publicamente no meio e à vista de tanto povo, acudindo-lhe somente de um lado sua mãe, e de outro uma bastarda, que se achava mais próxima a ela". O líder da expedição teve de intervir para "evitar fúrias do pai e desatinos de dois irmãos, os quais engatilhando as espingardas, e o pai com uma faca de rasto, pretenderam tirar-lhe a vida". Foi grande também a ira dos parentes mais próximos; alguns deles "concorriam com o pai para a morte da dita moça, de sua mãe e da dita bastarda que a assistiu à hora do parto".

Publicadas em 1603, as ordenações religiosas permitiam que fosse renegada e deserdada a filha que se casasse sem o consentimento dos pais. Não era comum, no entanto, o pai deserdar a filha. Nos trezentos inventários pesquisados pela historiadora Silvia Maria Brügger, houve somente um caso de pai que o fez. Em testamento escrito em 1759, Francisco Ávila Fagundes declarou ter uma filha chamada Maria de Nazaré, que, porém, segundo o inventariante, nada deveria herdar de seus bens, pois

> (sendo) menor de 25 anos e tratando-a como devíamos, com o amor paternal como devíamos, esta se desonestou na nossa casa própria com Germano José, oficial de alfaiate [...], chegando a tanto o excesso de desobediência que com ele fugiu, andando vários tempos raptada até que o recebeu por marido: e porque tudo obrou contra a minha vontade, e com notória ingratidão e injúria aos mais irmãos, e a mim que por isso a tive, tenho e terei sempre, e com seu caso, por onde é deserdada na forma da Lei deste Reino; e desde agora para então e de então para agora, a deserdo e aparto de meus bens a sobredita que foi minha filha (Citado por Silvia Maria Jardim Brügger, *Minas patriarcal: família e sociedade*, p. 152).

Constata-se no relato paterno que a atitude da filha foi tida como injuriosa não só para com o pai, mas para com a família toda; portanto, deserdá-la não seria um agravo pessoal, pois a preocupação do declarante era mostrar que defendia os interesses familiares, lesados pela realização de um casamento indesejado. Os documentos confirmam que, na primeira partilha realizada, Maria de Nazaré não foi incluída dentre os herdeiros.

A instituição do dote

O dote era definido como os bens que pais e outros parentes concediam a uma mulher por ocasião do casamento. Todo casamento efetuado pela Igreja resultava num sistema de comunhão total de bens entre os cônjuges, o que estimulava as pessoas a procurarem casamentos dentro de um mesmo nível social.

Na São Paulo dos séculos XVII e XVIII, os homens não se casavam sem um dote, incentivo material importante, pois constituía um dos poucos meios pelos quais um jovem rapaz passava a possuir recursos materiais próprios. Assim, nessa rede de interesses familiares, o matrimônio não era assunto privado que dizia respeito apenas ao casal envolvido, como viria a ser, progressivamente, ao longo do século XIX. Vejamos, com um trágico episódio, a importância da família extensa:

> A luta entre os clãs dos Pires e dos Camargo, em meados do século XVII, é um exemplo do poder da família extensa em São Paulo e da concomitante fraqueza da Coroa. Nessa luta, a vingança privada do clã substituía a justiça pública do Estado. Essa luta parece ter tido início em 1640, quando Alberto Pires matou a esposa Leonor Camargo, e a seguir assassinou o homem que alegava ser amante dela. As milícias dos Camargo perseguiram Alberto até a fazenda de sua mãe e a cercaram. A mãe de Alberto, a matriarca d. Ignez Monteiro, conhecida como "a Matrona", veio até a porta, tendo na mão erguida um crucifixo, e negociou com os agressores, que concordaram em não matar Alberto no ato, mas aceitar o veredito do Tribunal Superior da Bahia, para o qual o conduziriam imediatamente. D. Ignez os acompanhou com seus criados armados, mas no caminho os que escoltavam Alberto o assassinaram, o que ocasionou insaciável sede de vingança da matriarca, dando origem a um confronto entre os clãs que durou pelo menos vinte anos, e no qual ocorreram não só assassinatos e vinganças, como também combates abertos entre tropas de cada um dos lados (Muriel Nazzari, *O desaparecimento do dote*, p. 30).

O entrevero entre os Pires e os Camargo deixa claro não só o poder político e militar dos clãs, como também o caráter corporativo da família. Permeia nessa luta um sentimento de responsabilidade coletiva, pois o assassinato e a decorrente represália eram considerados assuntos sobretudo familiares, e não individuais. Nesse sentido, a situação finalmente se resolveu após a solicitação, feita pelos dois clãs, de mediação do governador-geral do Brasil. O resultado foi um acordo de paz que repartia em duas metades os assentos da Câmara, o que revela também a luta pelo poder político e sua dimensão passional.

Os dotes muito grandes concedidos pelos paulistas do século XVII ajudam a explicar por que quase todas as filhas de famílias proprietárias se casavam. Para elas, o casamento evidentemente era uma regra. O dote principal eram os escravos, mas se incluíam também casa, enxoval (vestimentas, prataria e mobiliário), joias, cavalos, bens que variavam conforme a posição da família e a época.

Os itens mais caros de um enxoval eram as roupas para ocasiões formais e a prataria, em geral colheres e copos. As roupas, sempre incluídas nos inventários, conferiam status e podiam valer mais do que uma casa, pois a terra no século XVII era gratuita e acessível a todos, e não constava dentre os itens importantes. Só para exemplificar, nesse século, o dote de Maria Vidal continha um vestido, uma vaca, duas folhas de prata e dois índios. A contribuição do dote da futura esposa era importantíssima para a manutenção da nova família e necessária para dar início a um novo estabelecimento produtivo.

Muito embora o dote fosse legalmente concedido pelo pai e pela mãe à filha e ao genro, os pais frequentemente diziam: "Concedi um dote a minha filha". Instrumento de domínio dos pais sobre os filhos, o dote também era decisivo para a expansão do empreendimento familiar, tanto política quanto economicamente, pois, pelo casamento de uma filha, o clã familiar ganhava um novo sócio, que contribuiria no sucesso da família. No dizer da historiadora Muriel Nazzari, "casar uma filha não significava perdê-la, e sim ganhar um genro".

Um bom dote também poderia atrair sangue nobre, importante numa época em que a nobreza, além de conferir status, eventualmente traria riqueza. As filhas se casavam com recém-chegados de Portugal, muitas vezes sem vintém, por desejarem injetar sangue nobre em suas famílias. No século XVII, na falta de nobres, a maioria das famílias locais era obrigada a casar as filhas com outros paulistas, às vezes até com parentes – sobrinhas e tios, por exemplo –, de modo a manter o patrimônio no interior do clã.

Para ampliar e consolidar o clã, tanto em nível político quanto produtivo, o amor se mostrava secundário. Era mais prático investigar, como fez certo jovem negociante local, se o "pai é sólido do ponto de vista financeiro e pode garantir um bom dote". A elevação do amor a motivo principal do casamento ocorreu à medida que a família mudava de "unidade de produção" primordial para a de "unidade de consumo". Isso foi facilitado pela existência de outras carreiras ou de profissões liberais que permitiam aos maridos sustentarem as esposas sem herdar bens ou receber grandes dotes.

Embora casados em comunhão de bens, o marido era o chefe da sociedade, ou "o cabeça do casal", o qual fazia livre uso dos bens dotais. No entanto, algumas situações se mostravam um tanto inusitadas, como foi o caso mencionado em uma das escrituras de 1685: Maria Antunes, filha do falecido Francisco da Cunha Vaz, parecia estar ela própria realmente "comprando" um marido, pois prometeu toda a sua herança - dois índios - a um determinado homem, "se ele se casasse com ela".

Em meados do século XIX, o pacto matrimonial se alterou, pois, sem o dote da noiva, o sustento dos recém-casados passou a depender cada vez mais das posses do marido, quer por bens, quer por emprego, fortalecendo-se desse modo sua posição de negociador. Contudo, isso não ocorreu de uma hora para outra; algumas famílias continuaram a conceder dotes no decorrer do século XIX.

A hipótese de Muriel Nazzari foi a de que a instituição do dote, antes considerado um dever, começou a declinar porque se mostrava como uma das muitas barreiras ao desenvolvimento da economia de mercado capitalista, ao dificultar a velocidade de circulação de capital, e como um obstáculo no inventário, impedindo o livre uso dos bens. O dote, então, tornou-se um estorvo. Os processos de divórcio registravam frequentes queixas sobre a pulverização de bens quando as uniões eram desfeitas. Essa mudança, contudo, embora possa ter sido negativa para as filhas de proprietários, aumentou a possibilidade de casamento oficial para as moças que nada possuíam.

A instituição do dote revela a mentalidade da época, que considerava o casamento e o relacionamento entre marido e mulher quase sempre como simples negócio, mero contrato cartorial. Houve casos extremos de desinteresse pela pessoa, como o que ocorreu no Rio de Janeiro em 1612. O português Pedro Fernandes de Mello vivia preocupado com o futuro das quatro irmãs solteiras que deixara em Portugal; por isso, separou de suas economias 1.500 cruzados como dote de casamento para quem aceitasse casar-se com uma delas. Era dinheiro suficiente para comprar uma boa casa térrea no centro da capital federal e adquirir uns dois escravos. Encontrado o pretendente, que aceitou as condições, foi acertada a transação e os dois decidiram lavrar o acordo em cartório:

> A noiva seria a irmã mais velha, chamada Leonor. Mas como Pedro Mello, provavelmente, não se comunicava com a família fazia muito tempo, fez curiosa ressalva: caso Leonor já tivesse falecido, seria substituída por Lucrecia Gomes. Por sua vez, essa segunda indicação também teve uma ressalva: se Lucrecia, por algum motivo, estivesse impedida, seria substituída, sucessivamente, por uma das outras duas irmãs, a de nome Ana ou a chamada Madalena Gomes (Nireu Oliveira Cavalcanti, *Crônicas históricas do Rio colonial*, p. 54).

O valor do matrimônio

Desde o nascimento de uma filha, os pais se inquietavam. Casar a filha, para não a ver perdida, parecia preocupação capaz de consumir toda a existência, e, para isso, a sociedade paulista criou uma rede de solidariedade, levando parentes, vizinhos e amigos a contribuir no arranjo de candidatos para os futuros matrimônios. Em caso da falta dos pais, os curadores se ocupariam, como ditavam os testamentos, em "arranjar marido para a curatelada", como também esperavam que um irmão se manifestasse "pronto a fazê-lo".

Mesmo conduzido pelo poder masculino, principalmente nas classes mais elevadas, o casamento, ainda assim, não era desdenhado pelas mulheres. Pressionadas para "tomar estado" logo, as moças da Colônia desde cedo se atemorizavam diante da possibilidade de permanecer solteiras e correr o risco de receber toda a carga depreciativa que recaía sobre essa condição. Em todos os estratos sociais, as mulheres envidavam esforços para arranjar marido, sendo o casamento para elas um modo de "proceder bem". Devemos lembrar que a vida adulta das mulheres no Brasil colonial começava bastante cedo, conforme registros nas confissões e denúncias à Inquisição.

> Foi geral, no Brasil, o costume de as mulheres casarem cedo! Aos doze, treze, quatorze anos. Com filha solteira de quinze anos dentro de casa já começavam os pais a se inquietar e a fazer promessas a Santo Antônio ou São João. [...] Quem tivesse sua filha que a casasse meninota. Porque depois de certa idade as mulheres pareciam não oferecer o mesmo sabor de virgens ou donzelas que aos doze ou aos treze. Já

> não conservavam o provocante verdor de meninas-moças apreciado pelos maridos de trinta, quarenta anos. Às vezes cinquenta, sessenta e até setenta (Gilberto Freyre, *Casa-grande e senzala*, p. 346).

O casamento de moças com menos de vinte anos era prática corrente e raríssimo o de mulheres com mais de trinta. A partir dos quatorze anos, as meninas não mais eram vistas como "raparigas" e, ao atingirem os quarenta, casadas ou não, eram tidas por "velhas". Pelas leis da Igreja, aos doze anos as meninas estavam preparadas para contrair casamento, enquanto os rapazes, a partir dos quatorze. Mas não era essa uma regra geral.

Com a intenção de realizar o casamento, muitas vezes as pessoas não se envergonhavam de chegar a confissões íntimas. Exemplo de linguagem sem rodeios é a que aparece no documento seguinte: "As causas que os movem a este casamento são o estar a Oradora difamada com o Orador pela haver deflorado, levados de afeição e fragilidade humana, e que se não casar com o Orador não haverá quem com a Oradora case, assim por estar difamada como por ser muito pobre". As causas mais citadas nos documentos referem-se à dificuldade que teriam as moças defloradas para encontrar outros parceiros. A historiadora Alzira Campos notou o conformismo de muitas mulheres, juntamente com o preconceito racial, exemplificados no patético testamento de Josepha de Souza Ribeira: "Declaro que sou natural da Costa da Mina e fui escrava do Senhor André Alves de Castro, já falecido, e me trouxe para esta cidade de São Paulo na qual me fez a esmola de me amar".

A socióloga Fátima Quintas captou bem a condição de "titia" da mulher branca, pois ela "perdia a única e reconhecidamente válida função – a de procriação" a partir de certa idade. Nos setores da elite dos domicílios urbanos, assim se considerava a mulher que não se casava:

> A solteirona é a maior vítima do patriarcalismo em declínio [...] abusada não só pelos homens, como pelas mulheres casadas. Era ela quem tanto nos dias comuns como nos de festa ficava em casa o tempo todo, meio governanta, meio parente pobre, tomando conta dos meninos, botando sentido nas escravas, cosendo, cerzindo meia, enquanto as moças casadouras iam ao teatro ou à igreja (Gilberto Freyre, *Sobrados e mucambos*, p. 126).

As uniões se davam predominantemente entre pessoas de mesma condição jurídica: livres casavam-se com livres; libertos, com libertos; cativos, com cativos. O casamento de homem mais novo com mulher mais velha tendia a ser rejeitado socialmente. A regra geral dos casamentos iguais era uma das mais celebradas: "Casa teu filho com teu igual e de ti não dirão mal". Ser igual certamente era ter algo a oferecer mutuamente, fosse prestígio social, riqueza, acesso a redes de poder, dentre tantas outras possibilidades.

Para a quase totalidade da população, formada pelas legiões de brancos destituídos de posse, de mestiços, de escravos e libertos, o casamento legal era apenas um ideal, um sonho, dificilmente uma realidade. Muito mais penosa era a situação das mulheres escravas, pois raramente se casavam na igreja, salvo para atender aos interesses ou ao capricho dos senhores. Um senhor de engenho, caso assumisse publicamente seu romance com uma escrava, ou mesmo com uma negra forra, teria como principal barreira para se casar a perda do respeito e do status.

Mulheres "de cor" não eram parceiras ideais para se casar e constituir família com brancos, no sentido legal de um casamento aceito pelo círculo social do senhor ou pela Igreja, o que não impedia, porém, de acontecer entre esses casais relações longas, estáveis e de afeição verdadeira. De todo modo, casamentos envolvendo pessoas de condições desiguais foram muito raros. Exceção bastante conhecida foi a da escrava Francisca da Silva de Oliveira, mais conhecida como Chica da Silva (c1732-1796), alforriada em Diamantina pelo rico contratador de diamantes João Fernandes de Oliveira. O casal não formalizou o casamento, mas manteve união consensual estável, ou concubinato, gerando treze filhos.

A pouca idade com que as mulheres se casavam podia também causar desajustes sexuais, com manifestações de repugnância e temor à consumação do matrimônio. Foi o caso de uma noiva de doze anos, cujo marido, em respeito às suas lágrimas, resolveu deixar passar o tempo para não violentá-la. Outra jovem declarou, em 1736, que, casada havia nove anos, nunca houvera "cópula ou ajuntamento algum" entre ela e o marido, pelos maus tratos e sevícias com que aquele sempre a tratou. Esclareceu que

> [...] ela Autora casou contra sua vontade, e só por fazer a vontade a seus parentes, e temor a eles, que não estava em tempo de casar e ter coabitação com varão por ser de muito menor idade, assim de tão tenra idade casou (Citado por Alzira Lobo de Arruda Campos, *Casamento e família em São Paulo colonial*, p. 528).

Amor, sexo e pudor no casamento

Se nos basearmos em documentos do tempo da Colônia, rara era a união entre amor e sexo. Embora houvesse a recomendação de igualdade econômica no matrimônio, o casamento apenas por amor, isto é, por paixão e desejo, era condenado. As relações sexuais entre marido e mulher, consideradas como símbolo da união corpórea entre Cristo e a Igreja, voltavam-se exclusivamente à procriação. Os casais deveriam unir-se sexualmente, não por amor, mas por dever; para pagar o débito conjugal, procriar e, finalmente, lutar contra a tentação do adultério. Pudor, inibição e vergonha, atribuídos à mulher como inerentes a sua natureza, permitiam-lhe apenas insinuar, em silêncio, seus eventuais desejos sexuais, ficando o marido na condição de decifrá-los e a eles atender. Quanto aos homens, poderiam requisitar de forma explícita suas esposas para o ato sexual.

> A presença do ardor no ato significava incorrer no mortal pecado da luxúria, no qual a paixão rompia a domesticação. O prazer só chegava a ser admitido, com precauções e reservas, quando associado à procriação: alguns teólogos acreditavam, no século XVI, que a emissão simultânea do sêmen contribuía para o nascimento de filhos mais bonitos. Valia, pois, contribuir para o prazer feminino, desde que sob o matrimônio oficializado (Luciano Figueiredo, *Barrocas famílias*, p. 109).

Os vigilantes da consciência moral se preocupavam em alertar os cristãos quanto à única posição aceitável e natural no ato sexual: o homem posto acima da mulher, esta alongada sobre as costas; as demais posições receberam a pecha de ser "contra a natureza", embora nem sempre condenadas pelos religiosos. Os relatórios da Inquisição, mais explícitos, também contam que o usual era os homens arriarem seus "calções", como se dizia naquela época, e as mulheres levantarem suas saias ou camisolas – e assim praticarem a cópula.

Como somente no casamento era lícito cumprir a obrigação sexual entre homem e mulher, passava a ser um direito do marido exigir seu cumprimento, mesmo se mediante violência e coerção física. Assim, como mostrou Freyre, o homem tudo podia, e por exagerada diferenciação dos sexos

> se justifica o chamado padrão duplo de moralidade, dando ao homem todas as liberdades de gozo físico do amor e limitando o da mulher a ir para a cama com o marido, toda santa noite que ele estiver disposto

> a procriar. Gozo acompanhado da obrigação, para a mulher, de conceber, parir, ter filhos, criar menino (Gilberto Freyre, *Casa-grande e senzala*, p. 93).

O casamento tornava-se pouco prazeroso porque nele não havia qualquer esforço de satisfação erótica. A tradição portuguesa aconselhava a não prezar a beleza, considerada fonte de enganos, perigos e incertezas para o marido. Na verdade, a valorização da beleza física no jogo matrimonial parece ser preocupação recente da história social, que se afirmou em razão do declínio do vínculo aos laços familiares. Mas não se pode deixar de ressaltar que, não obstante os interesses envolvidos, a aparência física da mulher poderia indiretamente atuar na escolha matrimonial.

De acordo com Alzira Campos, não há dúvida de que casamentos forçados dificilmente deixavam de produzir conflitos, como no caso de Maria da Conceição, abandonada "intacta" pelo marido no mesmo dia do matrimônio religioso. Tendo o sargento-mor comandante de Curitiba pedido a prisão do noivo, Ricardo de Lima, sob a acusação de deixar sua filha "mal encaminhada", estabeleceu que o rapaz só seria solto para se casar; do contrário, seria encaminhado preso à cidade de São Paulo. Interpelado, Ricardo de Lima se casou, mas "na mesma noite desapareceu, deixando a (esposa) intacta e sem consumar o matrimônio".

Os documentos da era colonial revelam que o amor estava aprisionado aos dois padrões de sexualidade então vigentes: o amor casto e respeitoso de esposas, e o amor-paixão, voluptuoso, realizado fora do casamento, como o concubinato. As esposas, dizia-se, mais estimavam do que amavam seus maridos, e a felicidade pessoal não pairava acima dos interesses familiares.

> Nos testamentos, são mais frequentes as referências à estima, dedicação e gratidão do que realmente ao amor do casal. Carinho e amor são aspectos relevantes nos casamentos dos mais pobres. Talvez, por isso, se desfizessem com facilidade as uniões entre indivíduos de menor posse. Os padrões de moralidade eram mais flexíveis e havia pouco a se dividir ou a oferecer numa vida simples. Enquanto prevalecesse o estímulo inicial, existiam razões para preservar a união, já que, no plano social, a separação ou um novo concubinato não teriam graves repercussões (Eni Samara, *A família brasileira*, p. 53).

Concubinato, mancebia, bigamia

O laço conjugal indissolúvel não combinava com uma sociedade fluida e movediça que se deslocava de uma região para outra, como ocorria com a atividade mineradora, por exemplo. Apesar dos esforços dos religiosos para disseminar em todo o país o mesmo modelo de família que imperava na Europa, a tarefa quase sempre tendia ao fracasso, fosse nas regiões herdeiras da tradição escravista do Nordeste, fosse nas novas regiões de economia extrativista do Sul, dependente de migrações internas. O concubinato foi, de longe, um dos "delitos" mais cometidos no Brasil e deu prova de que no período colonial o casamento ocorria com mais frequência nas elites senhoriais. Muitas vezes, a regularização de uma união matrimonial perante a Igreja só ocorria após vários anos de concubinato.

Nas longínquas vilas do país, o casamento era realizado com dificuldade em razão da precariedade da vida dos colonos. Em lugares onde por anos a fio não passava nenhum clérigo, a ausência da Igreja e de seus ministros criava um distanciamento entre a vida religiosa popular e as práticas sacramentais que dependiam do sacerdote, como confissão, missa, comunhão e casamento religioso.

Além disso, a dispersão territorial conduzia à união de parentes próximos e ao incesto, e, por causa disso, muitos não procuravam os sacerdotes, temendo a não autorização do casamento religioso. Essa dificuldade em cumprir os regulamentos religiosos encontrava respaldo até em autoridades, como reconheceu um governador: "A missa raríssimo é o que a ouve, nem eles podem vir a ela das distâncias em que vivem"; quanto ao sacramento, "os rapazes batizam-se adultos, tudo pela impossibilidade das distâncias".

Muitos casamentos eram realizados junto à fogueira na noite de São João (como ainda hoje atestam as festas juninas), em presença dos pais dos noivos, padrinhos, convidados, o que, para todos os efeitos, conferia validade ao matrimônio. Assim, recorria-se à simplicidade poética de um contrato civil sob o manto fervoroso das crenças. Quando os missionários passavam, aí então a união dos casais era abençoada.

Outro obstáculo capaz de impedir a realização dos matrimônios era a volumosa despesa a que se viam obrigados os contraentes. Embora gratuita, a cerimônia era difícil e cara, pois necessitava a autenticação e levantamento de toda a documentação, como o registro de nascimento ou exame de idade, comprovante de residência e prova da ausência de impedimento, no caso de uma das partes ter residido fora do estado.

Por intermédio das visitações e do seu clero permanente, a Igreja combatia as uniões consensuais que correspondessem à definição canônica de concubinato e outras práticas ilícitas. Diante da indefinição do que seria o concubinato, os escrivães das devassas optavam por "amigamento", "tratos ilícitos", "pecado", "comércio ilícito", "mancebia", "mal encaminhados". A dependência econômica da mulher era indicada pela expressão "teúda e manteúda", e amancebar-se também era traduzido como amigar-se ou ter relações íntimas com alguém.

Recorriam ao concubinato (ou envolvimento efêmero, muitos resultando em gravidez) mulheres empobrecidas, sem muitas possibilidades de casamento, por carência de dote ou por falta de pretendentes que assumissem um matrimônio legal. Vendo-se diante do incômodo celibato, muitas acabavam por consentir com relações às vezes esporádicas que as levavam à perda da virgindade; cediam à pressão e à sedução dos homens com quem mantinham convívio diário, como parentes, vizinhos ou religiosos. Não sendo mais virgens, as mulheres pobres encontravam no concubinato com brancos casados uma alternativa de evitar o meretrício. Assim, "o concubinato colocava um homem na vida da mulher, mesmo que não fosse para sempre", disse o historiador Fernando Torres-Lodoño. Para uma mulher pobre, o concubinato poderia significar o início de uma casa, de um lar, mesmo que ali o homem não morasse por muito tempo.

Por preconceito e vergonha, muitos homens viviam amancebados por anos a fio sem desposar mulheres infamadas pelo sangue, pela cor ou pela condição social. Luiz Mott constatou que, na Bahia, somente 21% dos casais viviam juntos "de portas adentro", "como se fossem casados", embora muitos desses amancebados tivessem filhos juntos.

Casar-se não era solução para forros, brancos pobres, mestiços, pardos, gente que vivia sem moradia, errantes, sem pouso fixo, que iam em busca de qualquer serviço eventual, de alguma oportunidade que lhes amenizasse a miséria, do ouro de Minas ou do Mato Grosso ao banditismo, ou até mesmo à vadiagem. Itinerantes, inseguros, deserdados num imenso território a ser desbravado, como era o Brasil da época, esses homens não tinham escolha senão a de unir-se a mulheres de igual condição.

A intensa movimentação de colonos facilitava a prática da bigamia. Estando longe do marido, bastava uma simples "notícia" – até um "ouvir falar", uma suposta morte, quando a ausência e a falta de notícias se prolongavam demais – para que se consumasse o delito da bigamia. Muitas vezes, para efetivar a segunda união, recorria-se a testemunhos falsos, àqueles que jurariam "ter visto" o falecimento do cônjuge em terra distante. O caso de Heitor Mendes é exemplar. Perambulou pelo rio

São Francisco e outros rincões por cinco ou seis anos e, ao retornar a Pernambuco, recebeu um recado do sogro: sua filha "estava casada com outro marido e que bem podia buscar outra pousada e que não fosse para sua casa". Inconformado, Heitor denunciou o fato à autoridade eclesiástica, que, ficando do seu lado, excomungou o casal transgressor. Mesmo assim, só lhe restou fugir para a Bahia ante as ameaças de morte que recebeu do pai da moça.

As esposas toleravam a infidelidade do marido por anos. Com frequência, essa tolerância era exigida pelas próprias autoridades eclesiásticas, que zelavam pela permanência e pela indissolubilidade dos casamentos. Em 1731, em Conceição dos Prados, Manoel Correa foi obrigado pelo vigário a expulsar de sua casa a escrava Violante, com quem vivia concubinado, "mas ele a voltou a recolher". Em Minas, um tal Ferreira calçava sua escrava e concubina com chinelos e deixava descalça a mulher. Na Borda do Campo, em Minas Gerais, em 1733, Amaro Ferreira e Josefa, preta forra, paravam na porta a conversar, não se importando com a presença do vigário, em atitude interpretada pela testemunha que os denunciou à visitação como "descarada". Em Minas Gerais, em 1756, João de Lemo, capitão-mor da Matta, foi acusado por várias testemunhas de trazer sua concubina a cavalo e acompanhada por seus escravos e pajens. Levar a concubina na garupa, costume presente também em Mato Grosso e São Paulo, era uma demonstração pública de estima pela amante e exibição pública do vínculo.

As mais costumeiras uniões sexuais entre parentes, facilitadas pela intimidade familiar, eram entre primo e prima, pai e filha, tio e sobrinha, e raros – pelo menos nos registros documentais – entre irmão e irmã e mãe e filho. Mas não se deve esquecer que a precariedade de registros dificultava a definição clara de laços familiares distantes e fomentava a ignorância genealógica. A distância que separava umas regiões das outras deixava incomunicáveis as famílias e dificultava a opção do interesse por pessoas de sangue diferente, facilitando as relações maritais entre parentes.

Submissão e independência

Quando pensamos na mulher brasileira que vivia na época colonial, vem-nos à mente, de um lado, a escrava – que fazia os serviços domésticos, amamentava os filhos dos senhores brancos, era objeto sexual do seu dono e cujos filhos reproduziam a mão de obra escrava –, e, do outro, a esposa do senhor de engenho, a "sinhá", que passava os dias em casa em afazeres como bordar, coser e lidar com as mucamas.

O viajante francês François Froger, de passagem por Salvador em 1696, assinalou que ali as mulheres "são de dar pena, pois jamais veem ninguém e saem apenas aos domingos, no raiar do dia, para ir à igreja". Sinhás ou moçoilas passavam os dias enfastiadas, reclusas com suas mucamas, num perfeito "isolamento árabe". Segundo relatos de viajantes e cronistas, em muitas regiões do país, as mulheres, na presença de estranhos, não se sentavam à mesa com os maridos. As caracterizações fornecidas pelo historiador Alcântara Machado para o comportamento das mulheres de São Paulo são encontradas de forma um tanto geral para outras regiões do país:

> Acostumada à sujeição e à obediência, a mulher, pupila eterna do homem, não muda de condição ao passar do poder do pai para o do marido. Vive enclausurada em meio às mucamas, sentada no seu estrado, a coser e lavar e fazer renda e rezar as orações, *bons costumes* em que se resume a sua educação (Alcântara Machado, *Vida e morte do bandeirante*, p. 145).

As mulheres brancas, ao serem consideradas frágeis, incapazes e de difícil entendimento, ficavam dispensadas de certas obrigações. Em caso de condenação, até as punições, em determinadas situações, eram mais brandas: "Por ser mulher e não saber ler nem escrever" era a frase comum usada no século XVII, quando as mulheres, em geral, não sabiam assinar um documento, pois eram impedidas pelos pais de aprender a ler e escrever. Mesmo assim, três rés mencionadas na Inquisição, em 1591, assinaram seus nomes nos registros das confissões, sendo uma delas Paula de Siqueira, processada por ler livros proibidos.

Assim, a mulher do período colonial não deixou registrado seu ponto de vista. As informações que nos chegaram do passado estão, em geral, intermediadas pelo homem, que definia o estatuto feminino, fazendo-o variar de acordo com a posição e o prestígio específicos de cada categoria. A imagem da mulher colonial reclusa e submissa ainda impregna nosso universo mental, mas houve aquelas que foram independentes e se rebelaram contra o papel a elas imposto. Pesquisas mostraram que, pelo menos em algumas províncias, patriarcalismo de família extensa e mulher enclausurada não eram a regra predominante, uma vez que havia mulheres "cabeça de família", administrando os seus negócios e sobrevivendo com o esforço de seu trabalho. Nessas condições, havia aquelas cujos maridos se ausentavam e nunca mais davam notícias, deixando-as com o fardo de criar os filhos sozinhas.

Se o marido falecera, nem sempre a informação chegava até a esposa. Maria Cardoza, por exemplo, desistiu de aguardar o retorno do seu marido José e se declarava viúva. No censo paulista de 1794, depois de doze anos da partida do marido, continuava a viver junto de sua escrava Rita e da agregada Maria, mas não aguardava mais o retorno de José.

São Paulo inverteu a tradição de ter mais homens que mulheres devido, entre outros fatores, à migração masculina para as minas de ouro, como ocorreu em 1718 com a descoberta de jazidas em Cuiabá. Solteiras, viúvas, casadas ou desamparadas pelo pai providenciavam por conta própria seu sustento. No censo de São Paulo de 1765, 28% dos lares eram chefiados por mulheres. Um dito popular que circulou nessa região deu pistas sobre a autoridade exercida pelas mulheres no período: "Governa Maria em casa vazia". Portanto, o lema da mulher tratada "a olho e a ferrolho", pelo menos em algumas circunstâncias, já não correspondia ao cotidiano de São Paulo.

Situação de desamparo por viuvez pode ser encontrada na pessoa de Leonor de Camargo, em 1794, a qual perdeu o marido aos trinta anos, ficando com seis filhos para cuidar, o mais velho com apenas dez anos de idade. Os documentos censitários ou inventários evidentemente não expressam a tristeza, sofrimento e dor dessas mulheres, que também resistiam a um novo relacionamento por temer episódios desagradáveis, eclosão de novos conflitos e desavenças.

Facetas do adultério

A Igreja, de fato, combatia pouco o adultério masculino, que concebia como uma união passageira e não tão prejudicial como o amancebamento – mais duradouro –, este sim demolidor da "fé do matrimônio". Não por acaso deixava à justiça civil a decisão de punir os casos de adultério. A legislação era rigorosa em relação à mulher adúltera ao definir de imediato que não se punia o marido adúltero, mas a esposa e seu cúmplice no delito. Além disso, a lei destacava que "achando o homem casado sua mulher em adultério, licitamente poderá matar assim a ela como o adúltero". Caso o adúltero fosse fidalgo, o caso iria para a justiça, e ao marido restaria o consolo de matar legalmente apenas sua esposa.

Se o homem com quem a esposa pecou fosse "de maior qualidade", seria punido com o degredo para a África por no máximo três anos. A justiça, além de dispensar o flagrante nessa situação, permitia que outras pessoas ajudassem o marido na punição que lhe cabia. Encontrando apoio na lei para a defesa da honra no caso de um adultério feminino comprovado, o homem traído que matasse a adúltera não sofria qualquer punição. Assim, enquanto a condição social do praticante do adultério era levada em consideração, a condição social da mulher não tinha a menor importância. Tanto a adúltera plebeia como a nobre poderiam ser mortas pelo marido.

O medo de morrer nas mãos do marido, contudo, não impediu algumas mulheres de se rebelar contra a reclusão doméstica a que eram submetidas e de se entregar a aventuras extraconjugais. Uma morte, ocorrida na capitania de São Vicente no século XVI, foi contada pelo padre Leonardo do Vale:

> [...] uma certa mulher casada perseverou alguns anos em mau estado com outro casado, andando ambos pelos matos, sem nunca a justiça eclesiástica nem secular os poder prender nem evitar tão grande escândalo, até que um dia, dando com ela o marido, deu-lhe algumas vinte ou mais feridas, algumas delas tais que uma só bastava para nunca mais falar (Citado por Emanuel Araújo, *O teatro dos vícios*, p. 227).

Em 1610, o viajante francês Pyrard de Laval, passando por Salvador, soube que o filho mais velho do governador d. Diogo de Meneses e Sequeira, ao dormir com uma senhora casada, fora flagrado pelo marido, que o feriu levemente. Embora ele se tenha safado, "a mulher tomou cinco ou seis golpes de espada, dos quais não morreu, mas não sei o que aconteceu depois", disse Laval.

Causou profunda inquietação junto a uma certa comunidade masculina em Pernambuco a declaração do padre Manuel Félix da Cruz, em 1759, que, ao ser transferido para outra freguesia, chegou a comentar: "Graças a Deus que já me livrei das mulheres deste curato, porque todas ou a maior parte adulteram os maridos, e assim me vejo já livre de as confessar". Segundo o historiador Emanuel Araújo, a afirmação não apontava nomes, mas os homens casados ficaram bastante desconfiados. Por falar demais, o padre foi denunciado por quebra de sigilo da confissão. Tratava-se de um tabu – por envolver o adultério feminino –, e ao ser comentado em altos brados, feria profundamente o código de honra masculino. O problema estava menos na reputação da mulher e mais na honra do marido.

Ao passar por Salvador em 1610, Pyrard de Laval narrou ter sido conduzido pelas ruas da cidade por uma escrava:

> Fez-me dar mil voltas e desvios pelas ruelas, o que me deixava bastante temeroso a cada passo e quase resolvido a não prosseguir, mas ela me encorajava e acabou por introduzir-me numa residência assaz bela e

> grande, bem mobiliada e atapetada, onde só vi uma jovem senhora portuguesa que me deu muito boa acolhida e preparou-me excelente merenda.

Esse episódio mostra a ousadia de mulheres num meio social acanhado e profundamente cioso de sua tradição patriarcal. Nas palavras de Laval, essa mulher,

> fazendo-me prometer que voltaria a vê-la, e que ela me trataria bem e me daria prazer no que pudesse. O que não deixei de fazer: fui vê-la frequentemente enquanto lá permaneci, e ela fez-me uma infinidade de cortesias e favores (Citado por Emanuel Araújo, *O teatro dos vícios*, p. 232).

Não era fácil, porém, para as esposas, manter relações extraconjugais, a não ser em situações como a ausência do marido em virtude de viagens mais ou menos longas ou o contato frequente com clérigos. Maridos desconfiados, quando partiam em viagem, como os militares, por exemplo, tinham o cuidado de deixar as esposas em recolhimentos ou então entregues a algum familiar de confiança.

Maria Joaquina da Purificação tinha suas razões para se recusar a acompanhar o marido nas viagens, pois à noite recebia as visitas do seu amante, o cônego da Sé da Bahia, José da Silva Freire. O religioso entrava furtivamente em seu lar, e, para facilitar a empreitada, mandava "roçar pelos seus escravos o mato que ficava da parte do quintal", fazendo jus à já referida expressão, "pular a cerca".

Um caso de adultério ocorrido em Minas Gerais no início do século XIX chamou a atenção por sua duração e pelos filhos dele resultantes. A ocorrência remete mais à categoria de amancebamento, conforme veremos:

> D. Ana Clara Freire, moradora do Arraial do Tijuco e viúva do capitão José Barbosa de Mendonça, tivera, enquanto fora casada com este, nada menos que nove filhos com o bacharel José Soares Pereira da Silva. Numa povoação tão pequena, certamente o marido estava quase sempre ausente para poderem ter nascido tantos filhos adulterinos. Em 1814, o bacharel reconheceu os filhos perante um tabelião do Rio de Janeiro, mas sem revelar o nome da mãe por esta ser ainda casada nesta altura. Em 1818, o bacharel morreu e também dois dos nove filhos tinham morrido. Já viúva, d. Clara quis legitimar seus filhos adulterinos, pois não tivera nenhum do legítimo matrimônio. Na sua informação, o ouvidor da vila do Príncipe declarou ser "público e notório" que ela

era mãe dos filhos do bacharel, pois durante muito tempo fora sua concubina "teúda e manteúda" (Maria Beatriz Nizza da Silva, *História da família no Brasil colonial*, p. 94).

O adultério masculino, embora tratado de maneira menos severa do que o feminino, nem por isso deixava de ser motivo de denúncias ao Tribunal Episcopal de São Paulo, sobretudo quando envolvia perda de patrimônio. Para a justiça eclesiástica, mesmo ocorrendo o adultério, a possibilidade de restaurar a normalidade da vida conjugal ficava em primeiro lugar, se o marido assim o desejasse. Também as autoridades eclesiásticas, com a intenção de preservar o casamento, declaravam explicitamente que a intervenção da Igreja no processo não era para punir e apartar; pelo contrário, tratava-se de tentar reconciliar o casal, estimulando o perdão. A tolerância era, portanto, a regra.

Os ciúmes das mulheres traídas e os atritos com os maridos acabavam por resultar em espancamentos dos quais se queixavam frente ao tribunal eclesiástico. As humilhações ou "vexações" referem-se, ainda, a esposas obrigadas a lavar os pés dos maridos e de seus filhos adulterinos, sob as vistas das respectivas "mancebas", e a jantar na presença da amante, enquanto ficava sujeita "ao triste feijão e canjica". Houve queixas em que a concubina, ao morar na mesma residência da esposa, chegou até a suplantar esta no governo da casa.

Diferentemente da esposa, o marido que não tomasse providências quanto à conduta "desonrada" da sua mulher seria incriminado na justiça eclesiástica. A ele cabia a obrigação de "repreender sua mulher e evitar-lhe toda a ocasião de culpa", cuidando para que ela não levantasse suspeitas e se comportasse como uma esposa, não dando oportunidade a falatórios.

No Brasil colonial, segundo a historiadora Nizza da Silva, algumas vezes a mulher pagava um preço alto pela mais leve suspeita de adultério, pois alguns maridos não hesitavam em matar para salvar sua honra, ou a aparência, como mostra passagem de um documento cuja condenação se baseava apenas em ter o marido afirmado que achara ambos "deitados em uma rede". Essa é uma situação das mais eloquentes, pois revela bem como até as autoridades judiciais viam com benevolência o crime passional para salvaguarda da honra, mesmo que legalmente o adultério não tivesse sido provado. Um simples "ouvir dizer" ou um casual "achar que viu" já eram considerados suficientes para que o marido honrasse sua posição.

Maus tratos e divórcio

Embora na definição o casamento fosse uma união indissolúvel, a própria Igreja admitia o divórcio eclesiástico em situações específicas, mesmo que este não rompesse o vínculo estabelecido pelo matrimônio. Permitia-se apenas a separação quanto ao leito conjugal e à mútua coabitação: porém, segundo recomendação da Igreja, os esposos deveriam continuar a viver "como casados".

Uma vez que a maior parte das pessoas se casava sem que houvesse afinidade, sobrevinha a decepção, não raro os maus tratos e a frequente descoberta de que os maridos não se interessavam pelos desejos íntimos das esposas. O comportamento do poeta Gregório de Matos (1636-1696) em relação à sua esposa, em meados do século XVII, foi visto como fato corriqueiro. Cansada "pelo pouco pão que via em casa" e pelos constantes casos adulterinos do marido, abandonou-o e buscou abrigo na casa do tio. Este, porém,

> depois de a repreender asperamente, veio rogar ao poeta, com razões de amigo, que a fosse buscar ou consentisse ao menos que ele lha trouxesse; e foi respondido que de nenhum modo admitiria sua mulher em casa sem vir atada em cordas por um capitão-do-mato, como escrava fugitiva. Assim se fez pelo mais decoroso modo (Citado por Emanuel Araújo, *O teatro dos vícios*, p. 195).

As alegações para o pedido de divórcio referiam-se a maus tratos morais e físicos: espancamentos, tentativas de assassínio, mancebias, sonegação de vestimentas e de alimentos necessários para a subsistência da família, dilapidação do patrimônio. Eram mulheres que não silenciavam diante do que pregava o dito popular: "Triste da casa onde a galinha canta e o galo cala".

A sexualidade permanecia numa zona de silêncio cultural, mas houve um registro de pedido de divórcio, em São Paulo, em razão da impotência sexual masculina; e outro, da condição de bígamo do marido, alegações feitas em processos de nulidade matrimonial.

Dos raros processos de divórcio e nulidade matrimonial baseados na não satisfação do coito conjugal, foi exemplo a queixa de Manoella de Godoy, de Itu, em 1804: casada há doze anos com João Duarte do Rego, este não consumara o matrimônio por impotência. As testemunhas confirmaram a denúncia. O réu dissera haver

> casado para ter companheira, e não para usar dela porque já não carecia de mulher, e que a havia de deixar inteira como a tinha recebido, e que dizendo seu falecido pai a João Duarte do Rego para que tinha enganado aquela moça, respondeu que queria viver como São José tinha vivido com Nossa Senhora (Citado por Alzira Campos, *Casamento e família em São Paulo colonial*, p. 365).

A inserção dos ilegítimos

Rara era a ligação transitória ou mancebia que não resultasse em filhos. Mesmo aceitos pela família e pela sociedade, os bastardos eram, no entanto, de alguma maneira marginalizados. O processo de exclusão se intensificava quando se tratava de mulatos e pobres.

Foi considerável, em quase todo o período de nossa história colonial, o número de ilegítimos, provavelmente filhos de amancebados ou de relações esporádicas, às vezes ocorridas num único encontro. Para Freyre, a excitação sexual propiciada pelo clima do país contribuiu para o aparecimento de bastardos e, consequentemente, da poligamia. No caso de famílias abastadas, procurava-se ocultar o pecado ou evitar que alguém se dispusesse a denunciá-lo.

Quando não havia a roda dos expostos, nome dado a um compartimento de recepção de crianças abandonadas para que fossem cuidadas pelas freiras, ainda restava a opção da entrega de crianças a casas particulares, recurso muito empregado para ocultar os frutos dos relacionamentos sexuais indesejáveis. Foi recorrente, na historiografia sobre os expostos, o fato de eles serem chamados de "filhos do pecado". Para alguns críticos, a roda dos expostos seria um estímulo aos amores ilícitos, aumentando assim o número de crianças abandonadas.

No Brasil colonial, havia poucas casas de misericórdia, principal instituição de assistência aos enjeitados. Estes eram internados em conventos, hospitais gerais e hospícios, todos mantidos pelo governo, que procurava incorporá-los, tornando-os "aproveitáveis" ao funcionamento dessas instituições mediante atividades agrícolas e domésticas.

O abandono de recém-nascidos durante o período colonial tinha mais a ver com manchar a honra das mães solteiras do que com as dificuldades enfrentadas para se criar os filhos. Muitos dos expostos eram de cor branca, pois as mães negras e mulatas não sofriam as mesmas pressões sociais em relação à honra a que estavam sujeitas as brancas. Poucas foram as escravas, no Brasil Colônia, que conseguiram evitar a maternidade ilegítima causada pelas investidas sexuais dos senhores. Mas as ligações ilícitas não escolhiam status social, sendo o número de bastardos na elite aproximado ao das camadas mais pobres.

Decerto havia mais facilidade para as concubinas de condição elevada ocultarem as provas de seus deslizes, desfazendo-se das crianças em casas particulares, do que para mulheres solteiras pobres, escravas ou livres; nesse caso, os ilegítimos viviam com as mães que, sozinhas, arcavam com o sustento da prole, já que os pais encontravam-se quase sempre ausentes.

O abandono de crianças foi muito mais um fenômeno urbano do que rural, pois no campo havia a opção de se deixar a criança no anonimato de moradias distantes. Para os mais ricos, esconder filhos adulterinos significava também manter a herança dentro da legalidade e da moral. Para os solteiros, desfazer-se dos filhos indesejados possibilitava-lhes voltar sem amarras ao mercado matrimonial.

Nem sempre o exposto ignorava a identidade de seus pais biológicos. Havia casos em que a paternidade podia tanto ser mantida incógnita para sempre, ou constatada no futuro, em testamento na hora da morte, muitas vezes depois de o concubinato haver terminado.

Diferindo de outras capitanias do século XVIII, como Rio de Janeiro e Bahia, a cidade de São Paulo fundou sua roda dos expostos apenas em 1824, aparecendo como a última a instituir essa forma de assistência. Por isso, as crianças da região ficaram bastante prejudicadas; por muito tempo, foram abandonadas "nas portas das casas particulares, nos lugares públicos como igrejas e ruas, ou atiradas em monturos de lixo".

Métodos anticoncepcionais como ervas abortivas, coito interrompido ou coito anal – à maneira dos cães, como se dizia – eram as opções a que os casais recorriam, independentemente da sua situação jurídica. O infanticídio, frequentemente vinculado a amores ilícitos, ocorria usualmente por afogamento ou asfixia.

6

O diabo por trás da cruz

A Igreja Católica vigiava de perto, por dentro mesmo das entranhas sociais. Era quase impossível sobreviver na Colônia sem se integrar aos mecanismos criados por ela através de irmandades, confrarias, ordens terceiras, conventos e paróquias. Assim, ninguém escapava à necessidade das instituições religiosas para sobreviver em um meio tão carente de cultura e lazer, bem como para providenciar enterros, sepulturas, agenciar dote para a filha que queria casar-se, buscar conselhos, etc.

Apesar do esforço eclesiástico, porém, crenças populares tradicionais estavam muito mais fortemente enraizadas na população. O resultado disso era um catolicismo de fachada, mais ainda quando influenciado por outros cultos afros. Daí a informalidade no trato com coisas sagradas.

Gilberto Freyre e Sérgio Buarque de Holanda apresentaram-nos um catolicismo com um toque de festa e de ternura, muito distante do aspecto sisudo que essa religião em geral assumia nos países europeus. A esse respeito, então, Gilberto Freyre escreveu com bastante propriedade: "talvez em nenhum país católico tenham os filhos ilegítimos, particularmente os de padre, recebido tratamento tão doce". Como os demais fiéis, os padres eram feitos de carne e osso e estavam longe de ser pessoas acima de qualquer suspeita. Casos de clérigos amancebados, por exemplo, eram frequentes nas capitanias do Brasil.

Vulneráveis aos encantos femininos, os padres também eram falíveis e utilizavam artifícios de conquista amorosa, apesar da grande responsabilidade de serem sacerdotes de Deus, realizadores do culto, intermediários que ligavam os homens ao campo religioso.

Com certa irritação, padre Antônio Vieira (1608-1697) tocou em um ponto importante ao afirmar sem rodeios que os sacerdotes no Brasil eram "homens de poucas letras e menos zelo das almas". O comportamento desregrado de alguns padres foi levado ao conhecimento dos bispos antes mesmo da divulgação das Constituições Primeiras, em 1707, já que o fortalecimento da Igreja colonial dependia em grande parte da moralização do clero. Aos padres que desfrutavam de prestígio na sociedade eram feitas vistas grossas para seus relacionamentos amorosos, desde que as evidências fossem disfarçadas com certa compostura. Não havia reprovação se o envolvimento amoroso ocorresse com mulheres de boas famílias e interessadas em manter as aparências e a discrição.

Sedução no confessionário

A situação ideal de sedução se dava na intimidade do confessionário, local em que a mulher expunha a privacidade de seus atos e sentimentos, bem como se submetia aos conselhos do representante da Igreja. O assédio durante o ato da confissão, além de comprometer a imagem dos clérigos, obviamente era visto como uma falta de respeito com o sacramento, e assim uma possível marca de heresia.

A historiadora Lana Lima contabilizou 462 denúncias contra padres na Colônia, nos séculos XVII e XVIII, pelo pecado de se aproveitarem da intimidade da confissão para fazer propostas desonestas às mulheres. Havia padres que faziam jus à fama de sedutores de confessionários. Em *O sexo proibido*, o antropólogo Luiz Mott contou que, em 1762, em Pernambuco, frei Manuel de Jesus Maria, carmelita de Tracunhaém, ao confessar a escrava Luiza Francisca, de dezoito anos, disse-lhe "que queria ver e apalpar com os dedos se estava honrada", tocando sua genitália e pedindo-lhe segredo.

A frequência da mulher aos cultos religiosos oferecia a oportunidade de encontros amorosos com os padres, uma vez que a esposa, a rigor, só saía da casa com permissão de seu marido para realizar alguns negócios ou para assistir às missas aos domingos e dias santos ou de festas. A título de exemplo, Laura de Mello e Souza, em *Inferno Atlântico*, revelou um caso ocorrido em 1777 em São João del Rei, Minas Gerais, que ilustra os amores de padres e a chamada "fraqueza humana" desmistificadora da pureza religiosa. Trata-se da queixa feita por Maria Antonia de Lima, moça de dezessete anos, contra o vigário Lourenço dos Santos Batista. A moça morava com a mãe, vivendo honestamente; saía de casa apenas para aprender a ler e a costurar. Sua rotina foi alterada quando o padre começou "a desinquietar a ela queixosa para fins torpes e desonestos, mandando-lhe vários recados por uma sua escrava", prometendo-lhe casamento. Diante da recusa, acabou por estuprá-la e frustrar o casamento que ela tinha marcado com um moço de Sabará. Usurpada da honra e dos seus projetos, a moça denunciou o reverendo, sendo examinada por parteiras que confirmaram seu defloramento. De forma crua, o vigário procurou afastar os receios de Maria Antonia, dizendo-se conhecedor de técnicas destinadas à reconstituição do hímen. Apesar da violência da história, Laura de Mello e Souza lamentou não ter sido possível saber-lhe o desfecho.

Em 1628, na Bahia de Todos os Santos, por ocasião da segunda visitação do Santo Ofício ao Brasil, o padre Baltasar Marinho foi denunciado por Madalena de Góis, a qual declarou aos inquisidores que, durante a confissão, o religioso lhe havia proposto "dormir carnalmente" com ela. Escandalizada e indignada, ela se recusou a confessar-se com ele. Padre Baltasar foi também acusado de ter tentado cometer coito anal com os filhos da própria Madalena de Góis e, além disso, de assediar duas outras mulheres.

Alguns padres eram contumazes em flertar com mulheres, solteiras ou casadas, fazendo-o, inclusive, no próprio local do confessionário. Dedicavam um certo zelo para seduzir brancas, com a criação de poemas e oferta de flores; já para assediar negras, escravas ou forras, permitiam-se certas rudezas: tocavam nos seios, coxas ou apalpavam as ditas "partes vergonhosas" proferindo palavras eróticas.

Em 1730, um certo frei Luís de Nazaré, carmelita da Bahia, dizia ter poderes de exorcista, deixando crer que podia, pelo ato sexual, "curar" moças doentes. Ao visitar alguma mulher necessitada de ajuda espiritual, não hesitava quanto ao remédio: chamava-a para o quarto e com ela tinha cópula, às vezes estendendo-a às assistentes. Também tinha o hábito de espalhar sêmen no corpo das mulheres, professando, com a Bíblia na mão, que aquilo era um bom remédio e que provinha de Deus. Dizia que no seu esperma estava a cura. Logo após o coito, orientava que as mulheres

> limpassem a matéria seminal das ditas cópulas com um paninho e a passassem na barriga da enferma, e que todas lavassem em todas aquelas vezes as partes venéreas com água, e a guardassem em uma panela para irem banhando a dita enferma (Citado por Laura de Mello e Souza, "O padre e as feiticeiras", p. 15).

Ao ser processado pela Inquisição, frei Luís admitiu realizar tal prática "para facilitar mais o ter cópula com as ditas mulheres", e seu êxito estava em "serem mulheres rudes, e simples, e que naquelas terras do Brasil facilmente se enganam com qualquer coisa que lhes dizem".

Descontente com os abusos que vinham ocorrendo e aproveitando a oportunidade de denúncia, Felipe Santiago, mulato escravo do padre José Ribeiro Dias, vigário nas Minas de Paracatu e dono de 27 negros, delatou-o. Na devassa ordenada pelo bispo de Mariana em 1747, Felipe acusou seu senhor de inúmeros atos sodomíticos praticados contra sua vontade e, revelando clara consciência das implicações sexuais da escravidão, declarou que fora violentado pelo padre "com poder e respeito de senhor", obedecendo-lhe nesses caprichos "com medo de escravo que é", conforme os documentos citados pelo historiador Ronaldo Vainfas.

No Brasil colonial, os padres, "homens de seu tempo", compartilhavam da misoginia sutil que criava ambiente propício para que a defesa se tornasse acusação, e a mulher fosse vista com desconfiança e perigo, transformando-se de vítima em culpada. A moral machista e racista permitia que as desculpas do padre passassem para a culpabilização da mulher. Algumas denúncias evidenciam que qualquer mulher que tivesse cometido uma falha de caráter sexual era presa fácil para as investidas de outros homens. Joana da Conceição contou que diante do confessionário, ao revelar alguns deslizes cometidos no sexto mandamento (não fornicarás), o padre lhe disse: "Foi com Fulano e com Fulano pois se tu fazes com esses, porque não hás de fazer comigo?". Maria da Anunciação, negra como a outra e escrava, ao confessar pecado de adultério, ouviu do padre: "Pois assim como vós cometeis adultério com homem casado, também o podeis fazer comigo", conforme ensaio de Lana Lima em "O padre e a moça".

Havia, no entanto, aquelas mulheres que tomavam iniciativa no jogo da sedução, e o confessionário se mostrava local perfeito para isso. Mary Del Priore, em *História do amor no Brasil*, contou que o pároco João Ferreira Ribeiro, ao receber "um escrito" amoroso da parda Violante Maria, mandou-lhe um recado, "por um mulato seu confidente", para que ela fosse à igreja de Santo Antônio e com ele se encontrasse no confessionário ao final da missa. Marcaram então encontro perto de um lago e "lá entraram ambos no mato e teve ele acesso carnal a ela".

Embora não estejamos afirmando que todas as mulheres aceitassem de bom grado esses galanteios, o prestígio social dos padres e um certo ar de mistério que envolvia sua figura deveriam provocar, com certeza, algumas paixões femininas. Há casos em que, por trás da frieza dos depoimentos, adivinha-se um romance de amor. Parece ter sido assim com Rita

Vieira, moça donzela da Vila de Santo Antônio do Recife, e o capuchinho frei Venâncio de Banhacavalo. Durante a confissão, ficavam de mãos dadas; esse gesto de ternura era coberto pela capa do frade, "para que os mais que assistissem na igreja não avistassem nada". Frei Venâncio sempre demonstrava alegria por vê-la, perguntava como estava passando e dizia que a estimava muito, querendo saber se ela sentia amores por outra pessoa. O romance continuou até que Rita "soube da obrigação que tinha de denunciar" frei Venâncio ao tribunal da Inquisição, cujo registro data de meados do século XVIII. Vale notar que a denúncia foi feita por um outro religioso, que explicou ao comissário não ter ido a própria moça fazê-la porque se achava impedida "por estar debaixo da obediência de seus pais", conforme apontou Lana Lima em "O padre e a moça".

A alegada "fragilidade humana"

A Igreja do Brasil colonial deparou-se com a vastidão territorial, poucas paróquias e um clero com formação precária. De fato, durante todo o período colonial, as críticas ao comportamento do clero foram uma constante. Ainda conforme denúncia do padre Manuel da Nóbrega (1517-1570), esses religiosos encontraram o ambiente ideal para o desfrute de sua mancebia sem levantar suspeita: compravam índias como escravas, mas "escolhiam as melhores e de mais preço que achavam, com achaque que haviam de ter quem os servissem, e logo começaram a fazer filhos e fazer-se criação".

O rigor moralizante dos jesuítas, porém, não conseguia conter o desregramento dos outros religiosos. Na afirmação de um viajante, ninguém chegava a estranhar certas atitudes pouco santas de alguns sacerdotes, de tal modo se estava acostumado a vê-los frequentar determinada casa ou serem visitados amiúde por alguma senhora, ou ainda de nascerem mulatinhos de sua escravaria feminina que eram "a cara do pai". Em dezembro de 1695, o viajante François Froger assegurava que, no Rio de Janeiro, "até os religiosos podem manter 'mulheres públicas' sem temer a censura e a murmuração por parte do povo, que os respeita particularmente".

A escassez populacional sentida no país contribuiu para a propagação, segundo Freyre, de "uma grande tolerância para com toda espécie de união de que resultasse o aumento de gente". Nem mesmo os sacerdotes, obrigados ao celibato, escaparam dos "desvios". Dessa forma, frades e padres "que andavam escandalosamente com mulheres da vida" também foram responsáveis pela existência de filhos originados de cópulas ilícitas. No pedestal da igreja, interessados em defender seus "desvios", pregavam em seus sermões que aos senhores "lhes é lícito estar em pecado com suas negras, pois que são suas escravas". Em 1718, o viajante francês Le Gentil de la Barbinais observou que

> os religiosos e os padres seculares (afora sua ignorância, que é vergonhosa e além de qualquer crítica) têm um comércio público com as mulheres e são mais conhecidos pelo nome de suas amantes do que pelos seus próprios. Impudicos nas igrejas, ao ouvirem uma mulher no confessionário mais parecem cortejá-la do que lhe inspirar sentimentos de contrição e piedade. [...] Os próprios conventos, casas consagradas a Deus, servem de refúgio às mulheres públicas (Citado por Emanuel Araújo, *O teatro dos vícios*, p. 248).

Quando esses servidores da Igreja, levando uma vida "como de casado, criando e educando com esmero os afilhados ou sobrinhos", não se comportavam com discrição, perdiam o respeito geral. Repassavam à prole alguns privilégios, facilitando-lhe ascensão social; por isso, na tradição popular era comum dizer: "Feliz que nem filho de padre".

A quantidade de padres amancebados, em sua maioria discretamente, comprova como era difícil não cair em tentação para romper a castidade sexual. A vizinhança desconfiava: quando um sacerdote tornava-se inúmeras vezes padrinho dos rebentos de uma mesma mãe solteira, não restava dúvida de ser ele o pai "desconhecido" de seus afilhados.

Não faltaram pelo país afora padres extremamente indisciplinados, cuja desmoralização certamente contribuiu para afastar uma parte da população da religiosidade oficial, ou, pelo menos, proporcionou um desgaste e afastou alguns fiéis menos convictos. Em 1734, na Vila do Príncipe, Minas Gerais, o sacerdote Manuel Delgado Duarte "tem em sua casa uma moça branca com o título de sua prima e murmura-se que ele trata com ela ilicitamente". Outro clérigo distante daquela freguesia, Francisco Ferreira de Assunção, "explorava a prostituição de suas três escravas, as negras Ana, Antônia e Juliana", segundo Luciano Figueiredo em *Barrocas famílias*.

A grande fragilidade dos princípios e normas do baixo clero naquelas distantes vilas criava uma situação embaraçosa para os ministros das devassas. Os deslizes vinham à tona de forma particular nos constantes envolvimentos de padres com meretrizes. Era fato conhecido em Ouro Preto que o frei Graciano, quando entrava na residência da parda forra Vitória de Lima, "mulata dama", não era para atendê-la nos sacramentos.

Talvez com razão, no início do século XVIII, o governador mineiro solicitava que trouxessem para a capitania "padres moralizados, pois os que se acham nas Minas são licenciosos e muito libidinosos".

"Às vezes, atrás da cruz está o diabo", mencionava o dito popular, caracterizando, de certa forma, o comportamento de parte do clero brasileiro no período colonial. Os processos contra alguns religiosos fornecem indícios de que naquele momento histórico a castidade não era uma preocupação séria de muitos clérigos, nem da comunidade em geral. No período colonial, a vila de São Paulo era predominantemente feminina: o "espírito bandeirante" do paulista fazia com que o homem deixasse seu local de morada em busca de riquezas em outras paragens. Assim, vicejavam as tentações, pois os padres precisavam cuidar de um grande rebanho feminino.

Em 1688, na vila de São Paulo, um desses padres, além de compartilhar o leito com a vizinha, foi acusado de ser "desonesto", de não saber rezar e de nunca ter sido visto nos seus afazeres clericais. A tolerância por parte da população era menor quando o padre negligenciava seus compromissos.

O perfil da concubina de padre no período colonial era o de uma mulher branca, solteira ou viúva, livre, em geral com boas condições de vida e que se portava com recato. O padre deveria se comportar com discrição com a concubina, até mesmo no instante da legitimação da prole sacrílega. Enquanto convivesse comedidamente e com decoro, tudo se passaria como se a sociedade colonial aceitasse e compreendesse a quebra do voto de castidade. A alegada "fragilidade humana" levava os padres a constituírem verdadeiras famílias, mesmo buscando manter o recato. A delação ao tribunal episcopal ocorria em razão de excessos cometidos publicamente, aliados ao desleixo no dever paroquial.

De acordo com as normas das Constituições Primeiras, para o clérigo acusado de concubinato, mesmo sem coabitação, as penas iam de admoestação em segredo, multa pecuniária, corte de proventos, excomunhão até, e, por último, o degredo. Impossibilitada de aplicar penas aos membros do clero, a legislação civil lançava seu rigor sobre a mulher que fosse amásia de religioso. Uma vez provado o amancebamento com qualquer pessoa religiosa, a mulher teria que pagar uma pena pecuniária e seria degredada para fora da cidade por um ano. Para não haver escândalo maior, obviamente omitia-se o nome da concubina com a qual o religioso tivera filhos.

Algumas vezes o Poder Público chamava a atenção dos religiosos, pedindo que tomassem providências para coibir os desmandos de suas ovelhas. Em 1805, uma instrução do governador de São Paulo ordenou a remoção para a distante vila de Cunha de "uma rapariga conhecida pela alcunha de 'Filhinha do vigário', que vive em São Sebastião em companhia do pároco...", segundo palavras do sociólogo Sérgio Milliet.

A maioria dos religiosos que violava seu voto de castidade continuava a morar nas redondezas, ministrando os sacramentos e mantendo contato com os fiéis. Os controles emanados pelos regulamentos religiosos pouco funcionavam diante da situação de precariedade geral da Igreja colonial.

O historiador Luciano Figueiredo relatou o ocorrido com o padre Simão Peixoto, denunciado na ocasião da visita eclesiástica, em 1753, por viver amancebado com a parda forra conhecida por "Rabu". Simão e Rabu mantiveram uma relação extremamente tempestuosa, envolvendo ciúme, traições, encontros e desencontros, cobrança de fidelidade, brigas, gritos, ameaças, pancadas, ou seja, tudo que poderia ocorrer numa relação conflituosa entre dois amantes. Os episódios, corriqueiros, passavam-se à luz do dia, na frente de vizinhos e da freguesia, que observavam o casal insultando-se aos berros na rua e que tinha ido muito além dos limites da discrição.

Para disfarçar a coabitação de mulheres com padres, recorria-se à alegação de que se tratavam de laços familiares. Assim a concubina poderia viver na residência do clérigo "de portas adentro" como "teúda e manteúda" sob o disfarce de "prima", "tia" ou "comadre", podendo, ainda, morar "junto com ele na mesma casa, como se fossem casados", tratando-se "de irmãos". Para aplacar a solidão, não era raro um padre manter dentro de casa uma mulher para, diziam, auxiliá-lo nos afazeres domésticos. Havia aqueles mais ousados e francos que passeavam com a prole pelas ruas das cidades auríferas de Minas nos dias de festa ou aos domingos.

A historiadora Maria Nizza da Silva encontrou, em escritura lavrada em 1811 em Mariana, Minas Gerais, o caso de Joaquina Micaela Tavares da Silva, branca, solteira, "concubina de vários padres" que tivera cinco filhos, "todos eles espúrios por serem filhos de pessoas eclesiásticas constituídas na ordem de presbítero".

O historiador Emanuel Araújo contou que, no século XVII, o poeta Gregório de Matos satirizou a surra que certo marido aplicou na mulher ao surpreendê-la debaixo de um bananal com um franciscano. Foi também corrosivo com outro franciscano que se gabava das mulatas "morrerem" de amor por ele. Para o poeta, com efeito, parecia desleal a concorrência dos religiosos capazes de pagar mais pelos favores sexuais. Ele rebaixava, por isso, as mulheres que se deixavam seduzir pela batina, chamando-as maldosamente de "putinhas franciscanas".

Outro clérigo foi delatado em 1705, em São Paulo, por manter "amizade ilícita" com uma mulata escrava, sendo esse escândalo agravado pelo fato de o padre tumultuar o romance com "muita pancada e ciúmes" e "rixas escandalosas com uns e com outros", chegando a ser alvo de "chacotas" e "servindo de escárnio" para a comunidade por ter feito "em pedaços" uma saia de seda que a amásia ganhara de outro, conforme *O revelar do pecado*, de Eliana Goldschimidt.

Em São Paulo, alguns clérigos se excediam no relacionamento amoroso, como dois padres que mantinham, na vila de Guaratinguetá, "conhecimento e trato lascivo" com a mesma mulher. Em documento datado de 1708, consta que foram denunciados quando um deles, ao deparar com o rival "sentado em uma cama" com a moça, reagiu "dando-lhe uns bofetões", passando os rivais a se agredir publicamente "aos murros e pescoções", recorrendo inclusive a armas proibidas aos cidadãos comuns, avançando um sobre o outro "com uma faca de ponta à maneira de punhal", relatou Goldschimidt.

Filhos ilegítimos

Em ato de generosidade, muitos desses padres reconheceram no leito de morte seus filhos ilegítimos, deixando-lhes em testamento suas economias e até elevados bens fundiários. Em alguns casos, na visão de um viajante, a herança caía nas mãos de irresponsáveis ou incompetentes. O deslize era tão público e generalizado que levou Vilhena, indignado, a observar, em finais do século XVIII, que

> há eclesiásticos, e não poucos, que por aquele antigo e mau hábito, sem lembrarem-se do seu estado e caráter, vivem assim em desordem com mulatas e negras de quem por morte deixam os filhos por herdeiros de seus bens; e por estes e semelhantes modos vêm a parar nas mãos de mulatos presunçosos, soberbos e vadios muitas das mais preciosas propriedades do Brasil, como são aqui os engenhos, que em breve tempo se destroem com gravíssimo prejuízo do Estado (Luís dos Santos Vilhena, *A Bahia no século XVIII*, p. 247).

Alguns eclesiásticos assumiam integralmente a paternidade, nos testamentos, como o último desejo diante da morte. Outros abriam mão da missão sacerdotal, casando-se com a mãe de seus filhos, tornando explícito o desejo de serem leigos comuns. No processo de legitimação de filhos, alguns padres argumentavam ter sido vítimas da "fraqueza da carne", responsável pela perda de castidade. Foi o que alegou o padre

José Custódio de Camargo que, por "fragilidade humana", teve seis filhos, segundo ele, todos de mulher solteira, desimpedida e de boa família. Não era de espantar que esses ditos "filhos do pecado" fossem bem recebidos pelas famílias dos requerentes.

Nos processos, evidencia-se que era frequente a presença do clérigo mantendo crianças em sua própria casa, tratando-as e educando-as desde pequenas, para reparar, em parte, um delito provocado pela "fragilidade humana e fraqueza da carne". O reconhecimento jurídico, na prática, expressava o desejo de legitimar uma situação já tida como consumada. Os depoimentos das testemunhas não raro revelam vestígios do convívio íntimo entre os padres e seus filhos, uma vez que muitos religiosos não se esforçavam em ocultá-los, mesmo quando nascidos após a ordenação. Com referência à elevada ocorrência de concubinato clerical no Brasil, Burmeister, viajante alemão, afirmou que

> são os próprios senhores curas que dão o exemplo; muitos dentre eles, não se satisfazendo com a governanta, mantêm ainda escravas e "camaradas"; há mesmo casos em que não fazem o menor segredo das frequentes trocas das mesmas, pois discutem o assunto em público sem o menor pudor. Os brasileiros, em geral, não veem com maus olhos que o padre cuide assim de sua vida particular, pois isto evita que o mesmo procure exagerada intimidade com famílias; sabem eles que uma batina pode exercer sobre a alma feminina impressão tão profunda quanto a farda vistosa e elegante de um oficial. Como há poucos militares no interior do Brasil, o campo para as atividades libidinosas fica aberto e entregue aos padres. Recebi de várias partes informações suficientemente escabrosas para lançar a mais negra das sombras sobre a moral desses senhores de hábito negro. Explica-se assim o pouco respeito e importância que os brasileiros cultos lhes votam (Hermann Burmeister, *Viagem ao Brasil*, p. 216).

Conventos e recolhimentos

Algumas famílias brasileiras podiam dar-se ao luxo de enviar suas filhas a conventos na Bahia ou, de preferência, em Portugal, em vez de casá-las em grande estilo. Quando as filhas mais moças não encontravam maridos adequados, elas entravam para os conventos. Na Bahia, as primeiras tentativas de se criar um convento foram feitas em 1646, sem resultados; em 1662 repetiram-se as consultas a Lisboa e, finalmente, em 1664, o rei deu despacho favorável à fundação de um convento para no máximo setenta reclusas.

A política da Coroa portuguesa no Brasil sempre rejeitou a fundação de conventos. O envio de jovens para os mosteiros de Portugal causava o receio de que isso dificultasse ainda mais a multiplicação dos casamentos entre os "principais da terra". De fato, dificultou, mas não impediu. Todos os conventos existentes eram para mulheres brancas.

A Coroa portuguesa preferia a fundação de recolhimentos, e não de conventos, no mundo ultramarino. Evitava-se, com isso, a multiplicação de solteiras – pois era preciso povoar a nova terra. Diferentemente dos conventos, o recolhimento era uma instituição religiosa organizada à maneira de convento, vivendo as mulheres em regime de clausura, mas sem votos solenes. Sua principal finalidade era alojar e ao mesmo tempo formar, longe dos perigos do mundo, as jovens que se preparavam para o casamento.

Em geral, as moças, quando destinadas pelo pai ao convento, não tinham opção: eram enclausuradas desde os oito ou dez anos para uma vida definitiva de religiosidade e reclusão. Acreditava-se que a "vocação" viria com o decorrer do tempo, quando então se consolidaria o "casamento" com Cristo. Os casamentos indesejáveis com homens, às vezes trinta ou quarenta anos mais velhos, foram em muitos casos agentes estimuladores da opção claustral:

> Algumas mulheres, vivendo ofensas e sevícias públicas e particulares em uma união sacralizada pela Igreja e não conseguindo refúgio em casas de parentes, poderiam consegui-lo em um convento. Uma situação semelhante viveu Maria Ana Rita de Menezes, um dos maiores dotes verificados nas escrituras da época colonial, recebido por Gonçalo Marinho Falcão e oferecido pelo seu tio, Antônio Marinho Falcão, senhor de engenho, para que ele casasse com sua prima. Maria Ana Rita tinha treze anos quando contraiu núpcias, porém seu esposo tinha predileção pelas escravas e a maltratava constantemente quando se revoltava contra seu procedimento. Em uma de suas investidas, foi quase morta. Voltou para a casa da família e, em seguida, recolheu-se ao Convento do Desterro de Salvador com sua filha e muitas escravas de dentro e de fora (Suely Creusa C. de Almeida, *O sexo devoto*, p. 100).

Abrigando-se nos recolhimentos

Segundo a historiadora Lana Lima, diante das dificuldades para a fundação de conventos, eclesiásticos e beatos criavam recolhimentos, mais facilmente aceitos pela Coroa, com a esperança de transformá-los posteriormente em conventos. Também havia recolhimentos para mulheres decaídas, chamadas "Madalenas". Algumas famílias, quando "feridas em sua honra", tomavam medidas extremas para confinar a filha num internato que era, antes, um reformatório de religiosas dedicadas à "regeneração das moças perdidas ou desviadas".

O confinamento feminino no Brasil colonial em quase nada se relacionava à busca de instrução, embora houvesse preocupação com alguma formação das moças. Como o destino das mulheres estava efetivamente definido – "elas têm uma casa que governar, marido que fazer feliz e filhos que educar na virtude" –, para cumpri-lo bem as meninas deveriam ser retiradas da casa paterna, onde não havia cuidado com sua formação, para serem disciplinadas no recolhimento. Os vícios do convívio no lar relacionavam-se principalmente à ociosidade. Tendo gente para servi-la, logo a menina acreditava estar isenta do "trabalho das mãos" e, sem nada para fazer, dormia demais. "E deste demasiado sono vem a fazer-se mole, mais delicada e mais exposta às rebeliões da carne."

O recolhimento logo foi ocupado por duas espécies de reclusas: aquela formada por matronas que se candidatavam voluntariamente para fugir do mundo; e a de moças solteiras e senhoras casadas "obrigadas a retirar-se para essa reclusão, em castigo de faltas cometidas ou de supostas faltas, e em punição de desobediência à vontade dos pais". A instituição se prestou também para servir maridos que de alguma forma queriam ver longe as esposas indesejadas.

No Recolhimento de Nossa Senhora da Glória, do Recife, além do aspecto prático da educação ministrada, verificava-se que ainda havia o cuidado de ensinar o artifício mais necessário à condição feminina, ou seja, "a arte de prender seus maridos e filhos". O treinamento das moças deveria ser de maneira a tornar a esposa e o lar agradáveis, pois qualquer marido, "se não acha em casa um objeto que o distraia e divirta, vai procurar o divertimento em outra parte".

Como uma espécie de "depósito de mulheres", o recolhimento servia como momento de transição entre a saída da mulher honrada de sua casa, permanecendo em compasso de espera, e a opção de abraçar a vida de casada ou a vida de devota. Algumas das que se abrigavam nessas instituições eram mulheres raptadas que esperavam a decisão do casamento, esposas que aguardavam o divórcio, donzelas que deviam "tomar estado" e passariam um período longe da proteção do pai, e aquelas cujos pais preferiam manter solteiras por não terem encontrado homens à altura de suas condições econômicas e sociais.

O Recolhimento de Santa Teresa, fundado na cidade de São Paulo em 1685, destinava-se à "habitação de donzelas, como são reputadas todas as que têm tido", conforme a informação da líder responsável. De fato, em um dos estatutos da instituição, elaborado em 1748, lia-se com bastante clareza que as moças ali recolhidas haviam de ser "de limpo sangue, de boa vida e costumes, tidas e havidas por donzelas".

Quando não havia esses recolhimentos religiosos, utilizavam-se casas de parentes ou de pessoas que se responsabilizavam pela honra feminina enquanto fosse necessário. Assim, mesmo onde não existiam aquelas instituições, a comunidade não deixava de zelar pela honra das moças, reclamando junto das autoridades proteção contra o perigo de homens libertinos.

Muitos maridos paulistas que partiam para o sertão, deixando suas esposas para trás, receavam que elas pudessem agir contra a própria honra e a de suas famílias. Quando precisavam se ausentar em viagens de negócios, os mais ciumentos mantinham suas mulheres enclausuradas até a volta, longe dos "perigos do mundo". Sujeitas a permanente vigilância, as mulheres chegavam a passar grandes temporadas isoladas do contato direto com o resto da sociedade. Um exemplo disso ocorreu no início de 1807, ano em que o capitão José Joaquim da Rocha, morador em Mariana, devendo realizar uma viagem a Lisboa e fiel aos costumes locais, internou a esposa e uma filha no Recolhimento das Macaúbas.

Quanto às esposas adúlteras, os maridos mais abastados dispunham de um castigo não violento, mas bastante eficaz: em vez de matá-las, optavam pela reclusão em recolhimentos ou conventos, garantindo-lhes a sobrevivência; elas ali permaneciam por vezes até a morte. Isso parecia aos maridos traídos a punição ideal. Tão comum era esse tipo de punição das esposas que até os estrangeiros perceberam-no. Na Bahia, o Recolhimento da Misericórdia era muito procurado como casa de punição.

Em 1723, na Bahia, pode-se encontrar outro exemplo esclarecedor do papel dos recolhimentos como casas de punição feminina. Segundo Lana Lima, ao requerer que Maria Francisca dos Santos fosse enviada ao recolhimento em São Raimundo, seu marido, o capitão Francisco da Silva Andrade, justificava que, apesar de tratar "com toda grandeza, asseio e afeto a dita sua mulher, sem a maltratar em coisa alguma, nem lhe dar menor desgosto", esta se envolvera com seu genro, o alferes José Francisco Sampaio, a quem o capitão acusa de ter seduzido a sogra, ou seja, sua esposa, passando a viver com ela "em público e escandaloso concubinato". Solicitava, então, que sua esposa fosse recolhida em São Raimundo por não querer usar dos meios violentos que a lei lhe permitia. De resto, esse recolhimento tinha sido fundado especialmente para abrigar prostitutas regeneradas.

Uma história reveladora do poder patriarcal foi a de Brites Manuela Luzia de Melo, de família abastada, que, ao ser deflorada e engravidada por João Rego Barros, realizou o casamento apenas para reparação da honra, pois jamais viveu na companhia do marido. Durante todo o tempo em que ele viveu, Brites esteve confinada à casa dos pais para ser vigiada de perto. Com a morte dos pais, o irmão de Brites tomou a iniciativa de enclausurá-la no Recolhimento da Conceição. Contrariando a decisão do irmão, a jovem retirou-se para Recife, após a viuvez. Na nova morada, foi acusada de levar uma vida irregular, supostamente inadequada à sua situação social, obrigando seu irmão, segundo a documentação, a se manifestar contrariamente a seu comportamento, acusando-a de

> se prostituir, e, com efeito, se acha de casa posta, e prostituindo-se, sem temor de Deus, nem vergonha do mundo, nem pejo natural do justificante, e de todos os seus parentes que são muitos, e das principais famílias deste país, que todos se acham envergonhados, e o povo escandalizado com a pública prostituição da dita mulher... (Citado por Suely Creusa C. de Almeida, *O sexo devoto*, p. 226).

Várias testemunhas acrescentaram novos elementos, como o fato de Brites viver suas paixões com toda a liberdade, saindo à noite em companhia de suas escravas. Esse comportamento era proibido para uma mulher, filha da elite açucareira pernambucana. Manchando sua honra, a jovem macularia também a nobreza e tradição de toda a sua família. É provável que as desavenças de Brites com o irmão se dessem principalmente por questões ligadas à divisão do patrimônio da família, e não apenas pelo fato de ela ter saído de sua companhia. Condenada pela Coroa, pela família e pela sociedade, fechou-se a cena com a rainha d. Maria I impondo a Brites a clausura no Recolhimento de Nossa Senhora da Conceição, em Olinda.

O Recolhimento das Macaúbas

A historiadora Lana Lima começou seu ensaio "O Recolhimento das Macaúbas" com uma citação do médico e moralista Francisco de Mello Franco, que estabeleceu uma relação direta entre clausura - de origem religiosa ou familiar - e o que ele chamava de *erotomania* ou *loucura amorosa*. O remédio para essa doença seria o matrimônio, como já havia apregoado o apóstolo Paulo ao afirmar que era melhor se casar do que se abrasar. Segundo o médico, aquelas mulheres votadas ao celibato ou condenadas à reclusão não estavam imunes à paixão; ao contrário, a ela propendiam ainda mais. Nesse quadro, as freiras e as recolhidas mereciam atenção especial, sobretudo quando, antes de serem enclausuradas, haviam gozado de vida sexual ativa.

O Recolhimento das Macaúbas tornou-se uma instituição de prestígio, a ponto de a abastada Chica da Silva ali educar suas nove filhas. Mas, na devassa feita em 1743, constatou-se que "por não terem cela costumam dormir as irmãs duas a duas, e às vezes três na mesma casa e cela".

Grande número de padres utilizava a condição de religioso como passaporte para livre entrada nos mosteiros femininos. Em maio de 1774, o frade João de Mansilha escrevia ao prior do Convento da Batalha pedindo-lhe que proibisse a visita de religiosos a conventos femininos, como costumavam fazer e de que resultavam "tantas desordens e escândalos". Abria exceção, apenas, para os confessores. Enganava-se, no entanto, o dominicano, ao pensar que os confessores, mesmo os mais qualificados, não ofereciam perigo não só de seduzir, mas também de ser seduzidos. Ora, como os recolhimentos e os conventos, muitas vezes fugindo de suas finalidades, também funcionavam como cárcere onde se puniam adultérios, castigando-se arrebatamentos amorosos indesejáveis ou maternidades ilegítimas, as clausuras reuniam grande número de mulheres insatisfeitas, sem nenhuma vocação para a vida religiosa. Segundo o historiador José W. A. Pinho:

> A clausura por esses tempos tinha também o papel de penitenciária, e as raparigas que erravam e as mulheres que faziam maridos infelizes iam muitas vezes, por sentenças da justiça disciplinar do arcebispo ou por determinações régias, dar os maus exemplos de sua luxúria contrariada à virgindade quente das noviças ou às mancebias ocultas das mulheres freiras (Citado por Lana L. G. Lima, "O Recolhimento das Macaúbas", p. 280).

É preciso levar em consideração todos esses fatores se quisermos entender os acontecimentos escandalosos verificados no Recolhimento das Macaúbas em meados do século XVIII. O primeiro indício deles surgiu em 2 de julho de 1732, quando a recolhida Ignez das Chagas de Jesus denunciou o capelão Antônio Álvares Pugas de havê-la solicitado para "atos torpes" no momento da confissão. O nome desse padre foi, contudo, esquecido, até que, sete anos depois, outra denúncia lembrasse o promotor de sua existência. A recolhida Apolônia da Ressurreição, além de acusar dois outros padres, dizia ainda que contara, em confissão, os assédios sofridos ao padre Antônio Pugas, e que ele lhe dera a entender que desejava o mesmo. A carta acusava ainda o padre Pugas de usar a confissão como pretexto para pedir beijos a outra recolhida. Seis meses depois, o Recolhimento das Macaúbas estava em polvorosa com a presença dos representantes do Santo Ofício, que chegaram para ouvir as testemunhas.

Vistos os autos, em 19 de dezembro de 1741, o Conselho Geral do Santo Ofício concordou em considerar as provas suficientes para que fosse decretada a prisão tanto do padre Antônio Pugas quanto do padre Manoel Pinheiro de Oliveira, apontado na denúncia de Apolônia da Ressurreição. Oito recolhidas acusaram o padre Antônio, e seis, o padre Manoel. Segundo a historiadora Lana Lima, as medidas tomadas para incriminar os dois padres revelam muito dos meandros daquele mundo enclausurado, onde paixões proibidas esbarravam nas grades do parlatório, usadas comumente como confessionário.

Em 23 de janeiro, o padre Pugas afirmava ao Santo Ofício que Francisca do Espírito Santo, de 25 anos de idade, chamou-o à grade e veio-lhe falar, como costumavam fazer as demais. Trocaram então palavras amorosas, embora ele a repreendesse por chamá-lo para "semelhantes conversas"; também Custódia, uma recolhida de cerca de vinte anos, tê-lo-ia chamado ao parlatório. O padre admitiu que pegou na mão de outra prelada, Antônia da Conceição, porém fora da confissão. Se as grades impediam quaisquer "tocamentos ilícitos provocativos de cousas torpes", por mais estreitas que fossem não impediam "palavras lascivas" e provocativas.

É importante tentar compreender os sentimentos que, nas condições de vida nessas instituições, acabavam envolvendo confessores e penitentes num jogo perigoso de paixões proibidas. O contexto dos acontecimentos parece corroborar o quadro de frustrações, invejas e intrigas que costumava povoar o cotidiano das mulheres recolhidas.

Padre Antônio Pugas confirmou as carícias ocorridas em 1732 pelo vão da grade com Francisca do Espírito Santo e outras mulheres que colocavam a ponta de seu dedo mindinho de modo a tocar-lhe o dorso da mão, mantido ardorosamente encostado à madeira. Com a carência afetiva, "pode-se imaginar quantas fagulhas de desejo nasceriam desse leve contato", disse Lana Lima.

Muito provavelmente esses gestos continham algo mais do que desejo carnal. Na interpretação de Lana Lima, o que essas mulheres buscavam na conversação era mais do que gratificação sexual; talvez quisessem amor em todos os sentidos. Privadas do convívio com as pessoas mais próximas da família e submetidas às rigorosas leis da clausura que proibiam a formação de outros laços de amizade, viam nos padres confessores a possibilidade de suprir a carência de afeto. Talvez tenha ocorrido o mesmo com Francisca ao pedir, agora, que fosse o padre Antônio a introduzir o seu dedo pelo vão da grade do parlatório, porque "lhe queria tomar a medida para uma lembrança". Faltavam na vida dessas mulheres sentimentos como carinho, afeto, ternura, além da satisfação sexual. Rigidamente vigiadas, as internas eram proibidas de falar com pessoas de fora sem a presença da regente. Por isso, alegavam querer falar com o confessor "para tirar escrúpulos da consciência", quando de fato queriam tão somente trocar carinho e afeição.

O clima de desconfiança e vigilância era terreno fértil para as intrigas. No final das investigações eclesiásticas, o saldo não foi pequeno: onze sacerdotes acusados, num total de 37 solicitações comprovadas, ocorridas entre 1725 e 1750. Antônio Álvares Pugas e Manoel Pinheiro de Oliveira foram tidos como "desonestos na matéria do sexto mandamento", dada a maneira pela qual tratavam as mulheres. Pugas foi acusado pelas testemunhas de entrar à noite em Macaúbas; Oliveira era conhecido pelo fato de manter concubinato com duas mulheres casadas, que, além disso, eram mãe e filha.

A prisão e a condenação dos dois padres, no entanto, não puseram fim à onda de denúncias no recolhimento. Decorridos alguns anos, o padre Luciano Pinto Nogueira foi denunciado, em abril de 1750, por meio de uma carta escrita pela própria solicitada. Ela não estava em ato de confissão, mas ouviu palavras de luxúria e por isso fez a denúncia ao Tribunal da Santa Inquisição. Em 1756, outra recolhida, Ana Felícia de Jesus, também formalizava uma denúncia contra o padre Crisóstomo; em 1759, mais um confessor, o capelão, apresentou-se, por solicitações feitas no recolhimento. Esse caso merece atenção especial pela impressão de sinceridade que transmite. Contava o padre que, ao confessar certa moça, ouviu dela palavras amorosas; de imediato ele a repreendeu. Os "encarecimentos profanos" repetiram-se por mais duas vezes, e a recolhida queixava-se de ser ele ingrato, pois não amava quem o venerava e "nunca tinha boca para a mandar chamar e amor para a versar". Decorridos dois meses, quando de nova confissão, finalmente o religioso cedeu e trocaram juras de amor. "Depois disso, porém, a moça nunca mais declarou-se diretamente, mas em suas confissões acusava-se sempre do pecado de amá-lo. Percebe-se nesses avanços e recuos o conflito interno em que ambos se debatiam, arrebatados por um amor proibido, posto à prova cada vez que se defrontavam no confessionário", declarou Lana Lima.

Data de 1763 a última referência a solicitações ocorridas no Recolhimento das Macaúbas, quando três internas acusaram o padre Custódio Bernardo Fernandes. Esse galante e ousado religioso pedia abraços, beijos, peitos para acariciar e ligas para guardar de lembrança, chamando as recolhidas para encontros furtivos em seu quarto. Macaúbas não foi, certamente, o único recolhimento onde ocorreram solicitações, embora se destaque pelo rumoroso caso que redundou na condenação de dois sacerdotes pelo Santo Ofício.

7

Novos pecados afloram no Brasil Império

Durante aproximadamente três séculos de Brasil colonial, a vida urbana praticamente inexistia, pois vivia-se em um vasto país rural. A situação só começou a mudar, e, mesmo assim, de forma muito lenta, no século XIX. As primeiras modificações se haviam dado no Rio de Janeiro, após a chegada da Família Real, em 1808, quando novos hábitos foram introduzidos na ainda pacata sociedade carioca. A chegada de milhares de pessoas deu um novo alento à cidade, e a vida social expandiu-se, ainda que timidamente.

Mesmo assim, até a Independência, em 1822, as características da Colônia não variaram: continuava a ser um território agrário cuja atividade básica estava apoiada no braço escravo. O Rio de Janeiro, porém, transformado em sede da corte portuguesa, era um local privilegiado, em virtude de sua condição portuária e de ser parada obrigatória nas viagens de circum-navegação, tornando-se porta de entrada de novas ideias. A cidade tornou-se uma espécie de laboratório que servia de modelo para outras cidades do país; em seus setores dominantes imperava o modo de vida influenciado pelo estilo da aristocracia portuguesa. Progressivamente, porém, a França começou a ditar o modelo de vida.

Segundo um jurista daquele período, o Brasil tinha a mania de imitar tudo que vinha de Paris. O fato é que começou a aparecer no Rio de Janeiro aquilo que já era comum na capital francesa: discretamente, a prática da pederastia se instalou em alguns locais públicos; o "lesbianismo", embora já existente, fez suas primeiras aparições públicas, e as prostitutas mais sofisticadas desembarcavam em nossas terras para satisfazer os estratos sociais mais exigentes. Esses acontecimentos despertaram a atenção da sociedade, e os estudiosos começaram a discutir o que se deveria fazer para erradicá-los.

As autoridades religiosas, que se preocupavam com o que consideravam pecado, cada vez mais deram lugar ao saber médico voltado aos tratamentos de "doenças" ligadas à sexualidade. O cuidado da ordem pública cabia aos juristas, e, aos educadores, a formação moral dos adolescentes.

A masturbação era tida como causa dos mais diversos males, um vício da juventude que a debilitava. O comerciante francês Louis François de Tollenare, em sua passagem por Salvador em 1817, fez uma breve menção ao comportamento dos rapazes que "vivem extenuados" pelo onanismo e, segundo ele, "este hábito horrível é conservado mesmo na idade mais viril", embora não tenha constatado a presença de "moléstias nervosas" na população.

A ameaça da masturbação foi estampada na tese *Higiene escolar, suas aplicações na cidade do Rio de Janeiro*, de Carlos Rodrigues de Vasconcellos, de 1888. O fato era evidente nos colégios e internatos, já que a masturbação era despertada pelo próprio organismo humano ou por influência de companheiros do convívio diário: "O onanismo reina como senhor entre a mocidade dos colégios e casas de educação", e, com isso – amedrontava o médico –, esse mal embota as "faculdades intelectuais" desses jovens. Outro comportamento apontado nesses locais de isolamento era o vício da pederastia. Com referência às mulheres, continuava o tratamento familiar restritivo.

Reclusão e o pudor de estar à janela

Relatos sobre os costumes das mulheres permitem desvelar dois estereótipos sobre a vida das brasileiras no século XIX – a reclusão e a religiosidade. Com referência à reclusão, o ideal de comportamento feminino era o de que a mulher só deveria sair de casa três vezes – para ser batizada, para se casar e para ser enterrada. Por oposição, é muito esclarecedor que aquelas que alugavam seu corpo fossem chamadas de "mulheres públicas". Tal crença consolidou um lugar-comum a respeito da mulher luso-brasileira: pura, passiva e enclausurada.

O naturalista alemão Georg Freireyss, ao percorrer o interior de Minas Gerais em 1814, teve a impressão de que os habitantes das fazendas eram apenas os mulatos, os negros e os fazendeiros, já que "as mulheres brancas e as suas filhas moças quase nunca eram vistas". A reclusão era observada com rigor, pois "o ciúme é um verdadeiro característico nacional e conduz muitas vezes à prática de assassinatos". Quando chegou em Vila Rica, constatou que, antigamente, no teatro da cidade, "não se admitiam atrizes em cena"; no entanto, o velho costume já havia mudado, pois, para as novas apresentações, "ajuntou-se meia dúzia de mulheres de vida alegre", embora o viajante fizesse uma clara associação entre atrizes e meretrizes.

Parece que o emprego de mulheres no teatro não vingou, pois, passados sete anos, o cientista austríaco Johann Emanuel Pohl anotou em seu diário como foi a apresentação da peça teatral *Inês de Castro* na referida cidade mineira, em 1821: "Como é considerado impróprio que as senhoras representem em público, todos os papéis femininos são desempenhados por homens. Pode-se imaginar a impressão que causa a um europeu tal modo de representar". Por outro lado, em Recife, segundo Tollenare, "as senhoras de boa sociedade" iam pouco ao teatro, pois podiam ser surpreendidas pela apresentação de danças libidinosas como o lundu. Em 1817, esse comerciante francês notou nos camarotes a presença de algumas mulatas ou mestiças tachadas de "mulheres de vida alegre". Saint-Hilaire, em 1819, observava que, na cidade de São Paulo, "as mulheres pouco se deixavam ver". A rua era domínio da escrava e da mulher livre sem recursos.

O ciúme que o homem tinha da mulher podia chegar às raias do absurdo. O franco-brasileiro Hercules Florence, em viagens realizadas entre 1825 e 1829, encontrou, de passagem por um vilarejo próximo a Cuiabá, um senhor de engenho, viúvo, que mantinha um alçapão no assoalho do seu aposento: "Aqui embaixo, disse-nos ele, é que eu guardava a mulher, quando tinha de sair de casa. Ela descia por uma escadinha que eu recolhia e recebia alimentos pela janela do engenho".

O inglês Thomas P. Bigg-Wither, em viagens pelo Paraná entre 1872 e 1875, encontrou uma família em que os pais tinham como hábito "guardar as filhas como feras" enquanto esperavam pelos futuros maridos. Eram cinco moças, a mais velha com dezenove anos; depois de apresentadas, com relutância, a pedido de Bigg-Wither, "todas se retiraram de volta ao quarto secreto e o pai mais uma vez as fechou à chave".

Nem todas as filhas, porém, obedeciam às ordens tirânicas dos pais. O oficial alemão Carl Seidler relatou, em 1835, que um de seus amigos, um jovem oficial, permaneceu alguns dias num sítio, no sul do país, cujo dono afirmara que suas três belas e amáveis filhas estavam viajando. A pedido das moças, no entanto, uma criada negra avisou ao oficial para se encontrar com elas no jardim, nos fundos da casa: "Assim, durante uma semana inteira enganavam o velho, sem que ele sequer suspeitasse do que se passava pelas suas costas". Embora os encontros tenham transcorrido sem beijos, houve, no entanto, longas conversas, toques de mãos e abraços.

O confinamento de mulheres era um costume que os portugueses herdaram da civilização moura; mas, já em meados do século XIX, nos centros urbanos, tal costume não parecia tão rigoroso, segundo relatou o francês Charles Expilly, que aportou no Rio de Janeiro em 1852, onde morou por alguns anos.

Nas áreas urbanas do Brasil imperial, as janelas não se abriam, pelo menos não para as esposas e as filhas dos senhores. A reclusão se dava no interior das casas-grandes e, mais tarde, dos sobrados, como pregava a mais rigorosa das prudências. Ficar muito tempo à janela poderia ser grave pecado de motivação sexual que, dependendo das consequências, traria severas punições dos pais; mesmo não havendo o flagrante paterno, bastava o testemunho de escravos, muitas vezes ressentidos ou vingativos, para a punição da filha, porém sempre protegida pela mãe.

Muito antes do século XIX, o poeta Gregório de Matos, no século XVII, já aconselhava uma noiva que, para se dar bem no casamento, deveria ater-se aos afazeres do lar e, além disso, deveria ir "mui poucas vezes à janela, mas as mais que puder irá à panela". A abertura da mulher para o mundo era, portanto, objeto da mais rigorosa vigilância por parte da família e da escravaria de confiança, de modo a não permitir que surgisse ocasião de tentações, fraquezas e pecados da carne.

O viajante Emille Carrey, que esteve em Belém, no Grão-Pará, em 1835, presenciou o desabafo de uma brasileira a uma visitante francesa:

> Se a senhora soubesse como somos infelizes! Li num livro francês que as senhoras francesas saem sós e recebem as suas amizades como lhes agrada. Nós, nunca. Somos sempre acompanhadas por um ou dois escravos; e não podemos receber pessoa alguma senão na presença dos nossos maridos. São de tal modo ciosos que até nos proíbem de chegarmos às janelas. Comemos sempre sós, à parte, com as nossas escravas (Citado por Maria Luiza Ugarte Pinheiros, "O espelho francês na 'Paris das Selvas'", p. 273).

Mesmo nos conventos, as religiosas eram proibidas de chegar às janelas. Afinal, dizia o ditado: "Mulher janeleira, namorada ou rameira". O tabu da janela já era um interdito e viera importado com os primeiros portugueses. Assim, a pureza e a honra das virgens, e mesmo das senhoras de engenho, exigiam que o mundo fosse visto furtivamente através das rótulas e das grades de madeira cruzadas. As janelas escancaradas identificavam as atividades das *janeleiras*, nome dado popularmente às prostitutas.

Com a chegada das vidraças da Inglaterra, símbolo de civilização, ficar à janela se tornou mais corriqueiro e aceitável. Posteriormente, o termo *janeleira* foi alterado para *namoradeira*, mais brando, e se disseminou pelo século XX, tornando-se hábito namorar à janela como parte do consentido jogo amoroso de sedução.

Em referência à corte amorosa, a história de Albino J. B. Oliveira é exemplar dos costumes rígidos da época. Ele ficara noivo de alguém que nunca vira, ao receber, de modo súbito, uma proposta da marquesa de Valença. Seu pai e a sobrinha da dita marquesa, a futura noiva, já haviam aceitado a proposta. O conselheiro Albino deu o seu aval ao que considerou uma união aceitável:

> A minha noiva agradou-me e suas maneiras acanhadas eram muito próprias da educação que tinha recebido e de sua posição. Achei-a somente mais alta do que esperava à vista das informações. Pediu-me o marquês que aparecesse todos os dias antes do jantar e à noite para fazer a corte a minha noiva, enquanto não se marcava o dia para a celebração do sacramento que não devia tardar... (Citado por Eni de Mesquita Samara, *As mulheres, o poder e a família*, p. 104).

Decorridas cinco visitas seguidas na mesma semana, realizou-se o casamento. Nos raros momentos em que estiveram a sós, o conselheiro relatou que procurava conversar e ser amável com a futura esposa, sem que tivesse sucesso em seu intento. Em cada encontro, testemunhas tinham por missão barrar toda e qualquer intimidade. A posição social da família deveria determinar o grau de vigília sobre a noiva. Ela tinha de comportar-se diferentemente das moças pertencentes às camadas populares, para quem brincadeiras amorosas e mesmo o ato sexual podiam ser tolerados antes do casamento.

Outro ritual de aproximação não tão recatado como esse foi o descrito pela escritora inglesa Maria Graham, ocorrido no Rio de Janeiro em 1823, durante uma festa de aniversário: "Começou a dança e os que não dançavam, como eu, sentaram-se para conversar fiado. Um inglês, que morou neste país por muitos anos", comentou a viajante, "começou a fazer-me uma tal descrição da moral privada no Brasil". Ele ousou apostar "que havia naquela sala pelo menos dez senhoras providas de bilhete que escorregariam na mão de seus galãs, e que tanto as casadas como as solteiras eram a mesma coisa". E prosseguiu: "Mas suponho que as mulheres, ainda as solteiras, sejam menos puras aqui do que na Europa". Em 1846, outra estrangeira, Ida Pfeiffer, retomou o assunto em um tom preconceituoso:

> A corrupção reinante pode ser atribuída, em grande parte, à educação inicial das crianças, inteiramente abandonadas ao cuidado dos negros. As negras são as amas, as governantas e as pajens, e vi, muitas vezes, meninas de oito a dez anos, que negras jovens levavam à escola, ou a toda parte. A sensualidade das negras é bastante conhecida para que só este fato seja suficiente para explicar uma corrupção geral e muito precoce. Em lugar algum cheguei a ver crianças tão pálidas e macilentas quanto nas ruas do Rio de Janeiro. Uma segunda causa da imoralidade é certamente a falta de religião. O Brasil é profundamente católico; neste sentido, só pode ser comparado à Espanha e à Itália. Quase todos os dias são feitas procissões, rezas e festas religiosas; mas tudo isso não passa de uma diversão e carece inteiramente de princípios religiosos (Citado por Miriam Moreira Leite, "A dupla documentação sobre mulheres no livro das viajantes (1800-1850)", p. 220).

Padres, comadres e religiosidade

Uma das maneiras de a mulher atenuar a reclusão era a prática religiosa. Por intermédio de festejos e celebrações periódicas, a família e a Igreja ofereciam oportunidades frequentes de quebra da reclusão, como atesta o relato do viajante alemão Carl Seidler, que passou por aqui em 1825 e viu a igreja como um local de namoro:

> A igreja é o teatro habitual de todas as aventuras amorosas na fase inicial, a mais ardente, de sua eclosão. Só aí é possível ver as damas, sem embaraços aproximarem-se discretamente e até cochicharem algumas palavras. A religião encobre tudo. O mínimo sinal basta para ser compreendido e enquanto se faz devotamente o sinal da cruz pronuncia-se no tom da mais fervorosa prece a declaração de amor. Se a dama resolve dar ouvidos ao suspiro enamorado, passada a missa ela lhe dá notícia da ventura iminente, por meio de sua negra, determinando sumariamente data e lugar do encontro – tudo sem afetação ou disfarce (Carl Seidler, *Dez anos no Brasil*, p. 74).

A missa dominical continuava a ser o evento social mais importante para a realização de encontros e o melhor lugar para o que hoje chamamos de flerte. Excetuando a troca de olhares e os cochichos no interior da igreja, raramente o rapaz tinha oportunidade de falar com a moça com quem desejava casar-se. A educadora Marie Robinson Wright relatou, em 1890, que um namoro mais livre já era praticado nos Estados Unidos, diferentemente do que sucedia no Brasil. No diário de outra estrangeira, encontra-se este trecho sobre as mulheres do Rio de Janeiro:

> Elas não podem sair de casa, a não ser para ir à igreja, aonde vão com bastante assiduidade. Parece, de resto, que a Igreja se esforça em proporcionar constantes ocasiões para isso, pois há festas quase todos os dias, sobretudo a partir do entardecer. As mulheres embelezam-se de acordo com a importância da festa. Fui a uma dessas animadas reuniões, as quais recuso-me a denominar cerimônia religiosa, já que mais pareciam um espetáculo de ópera (Rose Freycinet, "O diário de Rose Freycinet", p. 80).

Como vimos, era frequente o contato das mulheres com os religiosos, e ser padre no Brasil não era necessariamente manter-se celibatário, pois muitos chegavam a formar família. Raramente um padre assinava o registro de nascimento de seus filhos; no entanto, praticamente ninguém os chamava de "bastardos". Atribuía-se à criança a origem de "pais desconhecidos" como forma de fugir da pecha de ilegitimidade.

A maioria do clero cumpria à risca a promessa de uma vida casta, enquanto outros chegavam a ostentar publicamente suas amantes. Segundo o historiador Kenneth P. Serbin, o núncio papal chegou a acusar alguns padres brasileiros de manter "haréns". Havia aqueles que, para não serem denunciados ao bispo, prudentemente levavam uma vida marital discreta, com famílias respeitáveis, tratando sua companheira como "comadre" e apresentando sua prole como afilhados ou sobrinhos. Alguns religiosos chegavam a levar a concubina à missa. Os filhos de padre acabavam tendo um padrão de vida superior ao da maioria da população.

Como todo ser humano, os padres tinham carência afetiva. A homossexualidade não era segredo para a Igreja havia séculos. As instituições religiosas exerceram atração especial sobre os homossexuais, servindo-lhes de abrigo diante dos preconceitos da sociedade. Quanto ao concubinato, aumentou em grande medida devido ao afrouxamento do controle outrora exercido no período inquisitorial. Houve pouco empenho em punir as infrações consideradas, até certo ponto, como inofensivas. Com isso, no século XIX:

> O descaso generalizado pelo celibato intensifica-se. As leis canônicas e imperiais sobre a castidade obrigatória eram "letra morta". Na Europa, o Brasil tornou-se conhecido como a terra da sífilis por excelência. Um visitante afirmou que essa doença devastava os mosteiros e conventos. Em Crato, na província do Ceará, pelo menos cinco padres tinham família numerosa. Um deles era pai de seis filhos. Seu afilhado, que se tornou padre e senador, teve dez, dos quais um foi o célebre José de Alencar. Na Câmara dos Deputados do Rio, um clérigo político comparecia acompanhado da filha. Em uma amostra de padres baianos, nada menos que 51% declararam ter filhos. Essa porcentagem equivale à dos pais solteiros leigos que deixaram testamento. E indica, novamente, que os padres não diferiam das outras pessoas (Kenneth P. Serbin, *Padres, celibato e conflito social*, p. 74).

Um caso emblemático na história política do país foi o de Diogo Antônio Feijó, conhecido como Regente Feijó ou padre Feijó (1784-1843). Figura controversa, Feijó era publicamente favorável à abolição do celibato. Segundo Kenneth P. Serbin, em comparação com o desregramento moral de certos companheiros de batina, Feijó foi antes de tudo um clérigo íntegro: mesmo tendo tido uma amante e cinco filhos, sempre foi devoto e cumpridor de seus deveres.

As agruras do casamento

No Brasil do século XIX, a escolha conjugal ainda estava sob as rédeas dos critérios paternos. O viajante americano Thomas Ewbank narrou em 1855, no Rio de Janeiro, o exemplo de uma jovem que, tendo recusado um pretendente escolhido pelo pai, ficou enclausurada em um convento durante dois anos e só pôde sair ao ceder e consentir no casamento.

O historiador americano Stanley J. Stein, ao examinar 62 casamentos na região cafeeira de Vassouras, Rio de Janeiro, entre 1780 e 1900, no espaço de sete gerações, indicou numa mesma família a existência de "trinta e seis uniões entre nubentes não aparentados, vinte entre primos-irmãos, três entre tios e sobrinhas e um de tia com sobrinho. Dois casamentos ocorreram entre dois irmãos com as mulheres de seus falecidos irmãos". A esposa chamar o marido de "tio" e, em outros casos, de "primo", não era raro.

Em uma sociedade na qual o divórcio, existente desde o período colonial, não permitia um novo casamento, ao contrário do que ocorre atualmente, naquela época muitos insatisfeitos no lar procuravam um outro ajuntamento conjugal, mesmo que não institucional. Além disso, casamentos arranjados nem sempre traziam a felicidade; assim, não duravam muito tempo e o marido voltava-se para as escravas. A tradição de as brasileiras se casarem muito cedo remete a fatores culturais e econômicos, como a maior sujeição feminina aos interesses familiares, a procriação como principal objetivo do matrimônio, a pouca educação e instrução, a inexistência de oportunidades para desenvolver um ofício ou de um mercado de trabalho livre e aberto à mão de obra feminina.

Em ensaio sobre a sociedade brasileira, inicialmente publicado no exterior, Gilberto Freyre mostrou que, ainda em meados do século XIX, geralmente o casamento no Brasil "não resultava de galanteios românticos", mas

> resultava de mecanismo menos lírico do sistema patriarcal de família. O homem com quem a moça, de pouco mais de treze anos, se casava, raramente era de sua própria escolha. A escolha era de seus pais ou simplesmente de seu pai. Um viajante estrangeiro diz como se faziam os pedidos de casamento: "Certo dia o pai entra na sala de visitas, acompanhado por um cavalheiro desconhecido, às vezes já quase velho ou já maduro – '*Minha filha*, adverte ele, *este é o seu futuro esposo*'" (Gilberto Freyre, *Vida social no Brasil nos meados do século XIX*, p. 118).

Segundo Freyre, algumas vezes o "futuro esposo" era uma surpresa agradável para uma menina de quatorze ou quinze anos, mas, em outras ocasiões, o homem com quem deveria se casar era um novo-rico português, gordo, médio, já de meia-idade – velho para uma garota dessa idade. Entretanto, o pretendente era quase sempre aceito e o matrimônio se resumia ao ajuste entre os pais. Realizados nessa base, casamentos infelizes tornaram-se tema de ficção literária brasileira nas décadas posteriores.

Não sendo a satisfação do casal a finalidade precípua do casamento, e sim os interesses familiares, não havia motivo para dedicar maior atenção à proximidade etária entre os pares. Em fins do século XIX – período no qual o Romantismo já representava, em enredos idealizados, a importância dos "casamentos por amor" –, Francisco de Paula Ferreira de Rezende escreveu suas memórias, nas quais, contudo, afirmava que a diferença de idade nem sempre levava à infelicidade dos casais, exemplificando isso com relatos sobre sua família:

> Mesmo meu bisavô, que se casou com uma sobrinha que podia ser sua neta, e que só por esse fato poderia ser talvez desgraçado, nem esse mesmo o foi; pois que, tendo falecido, se não me engano, em 1846, e

> tendo, por consequência, vivido ainda quinze ou dezesseis anos depois que se casou; durante todo esse tempo, ele nunca deixou, do que dou testemunho, de ser muito amado e muito estimado por sua mulher... (Citado por Silvia Maria J. Brügger, *Minas patriarcal: família e sociedade*, p. 223).

Quanto aos traços físicos das mulheres de elite do sertão nordestino, foram descritos por um estrangeiro como tendentes às formas arredondadas. Nas palavras de Gardner, viajante inglês que por lá andou em 1836, vemos que a gordura "era considerada o encanto principal da beleza no Brasil e o maior elogio que se pode dizer a uma mulher é dizer que está ficando cada dia mais gorda e mais bonita", embora tal ocorrência não fosse difícil, já que, segundo ele, para a "maioria delas [isso] cedo acontece pela vida sedentária que levam".

Na visão do oficial da marinha britânica James Kingston Tuchey, que esteve no Brasil em 1803, as moças "aos quatorze anos tornam-se mães, aos dezesseis desabrocha toda a sua beleza, e aos vinte estão murchas como a rosa desfolhada no outono". Em sua concepção moral exagerada, afirmou que "no Brasil, as relações sexuais licenciosas talvez igualem o que sabemos que predominou no período mais degenerado do Império Romano". Isso era atribuído ao clima, "cuja ação intensa potencializa as propriedades do amor". O viajante inglês Gardner, ao passar pelo Ceará, em 1838, relatou que

> raramente os homens da melhor classe social vivem com as esposas: poucos anos depois do casamento, separam-se delas, despedem-se de casa e as substituem por mulheres moças que estão dispostas a suprir-lhes o lugar sem se prenderem pelos vínculos do matrimônio. Assim sustentam duas casas. Entre os que vivem nesta situação posso mencionar o juiz de direito, o juiz de órfãos e a maior parte dos comerciantes (George Gardner, *Viagem ao interior do Brasil*, p. 94).

Da realeza aos súditos

Na intimidade da Família Real estabelecida no Brasil, as intrigas palacianas sobre a vida matrimonial corriam soltas. Carlota Joaquina (1775-1830), esposa de d. João VI (1767-1826), tinha aventuras extraconjugais. O casamento em crise perdurou mais por conveniências do que por afeição, com o casal se apresentando junto apenas nos eventos públicos protocolares. O casamento de d. João com Carlota Joaquina, que já estava fracassado desde 1805, converteu-se em separação explícita quando a rainha mandou matar a esposa de seu amante, no Rio de Janeiro. Já a vida amorosa de d. João foi medíocre, registrando-se apenas um caso, em Portugal, com uma moça chamada Eugênia.

Segundo o jornalista e escritor Laurentino Gomes, poucos historiadores se arriscaram a entrar na vida íntima de d. João VI; mesmo assim, o autor citou dois deles, Tobias Monteiro e Patrick Wilcken. Ambos demonstraram que o próprio d. João não escapou de escândalos durante sua permanência no Rio. No palácio, houve rumores sobre sua afeição exagerada por seu camareiro Francisco Rufino. Já não tendo vivência íntima com sua esposa, corriam boatos - talvez frutos de intrigas - de que o rei satisfazia seu anseio sexual em ligações homossexuais com seu fiel camareiro. Os registros apontaram evidências de que, na ausência da mulher, d. João "manteve um relacionamento homossexual mais por conveniência do que por convicção", afirmou Laurentino Gomes.

Padre Miguel, um religioso que servia Sua Majestade, afirmou que, quando orava, ajoelhado num canto escuro na residência da fazenda Santa Cruz, observou inadvertidamente atos de intimidade entre d. João e outro homem. Tal intimidade se referia a masturbar Sua Majestade toda vez que ele era acometido do desejo. Tempos depois do ocorrido, padre Miguel, que deixou registrado o episódio, foi exilado para o bispado de Angola, sem ficarem esclarecidas as razões do seu envio para lá. Quanto ao vassalo particular de d. João, foi-lhe concedido pelo rei o título de visconde de Vila Nova da Rainha, "uma honraria sem precedentes entre os servidores do palácio", concluiu o historiador Patrick Wilcken.

Como vimos, o adultério masculino corria solto como resquício de condutas morais repetidas de geração a geração. O "mau exemplo" era evidente na corte. O assédio de d. Pedro I (1798-1834) ia desde as damas da sociedade às escravas, como ocorreu com a negra quituteira Andreza dos Santos, com quem ele seria pai de uma menina. Alguns de seus biógrafos atestaram que o imperador carregava consigo uma gonorreia crônica. Pesquisa realizada pelo Arquivo Nacional revelou cerca de 43 filhos bastardos do imperador d. Pedro I. Segundo biografia recente, esse número é menor: consta que d. Pedro teve dezoito filhos com duas esposas e suas amantes. Considerado como mulherengo, farrista e de vigor sexual exacerbado, d. Pedro I não escondia sua vida adúltera.

> Seu apetite sexual foi sempre excessivo e não conhecia limites nem diante da honra da família ou do marido da mulher desejada. Não havia mulher a quem ele não lançasse um olhar de avaliador. As que lhe agradavam, fossem mucamas, criadas, estrangeiras ou damas da corte, ele assediava. Era promíscuo e não hesitava em manter relações com

> mulheres da mesma família. Antes de seu célebre caso com a dançarina Noemi Thierry, envolvera-se com a irmã dela (Isabel Lustosa, *D. Pedro I: um herói sem nenhum caráter*, p. 93).

D. Pedro I não era uma exceção; ele se amparava no exemplo de comportamento desregrado dos reinados de Luís XIV e Luís XV na França do século XVIII. Eram públicos e notórios os amores extraconjugais do imperador, como revelam os relatos do ex-oficial austríaco Carl Schlichthorst, residente no Rio de Janeiro: "A primeira camareira de Sua Majestade a imperatriz, a paulista Domitila de Castro e Canto, viscondessa de Santos, é a amante declarada do imperador". Acrescentou ainda que "seu marido é general e tem um comando nas províncias do sul". Dessa aventura resultou que "pouco tempo depois do nascimento do príncipe herdeiro, ela deu à luz um filho, que morreu em breve, reconhecido pelo imperador com o nome de duque de São Paulo".

Outro filho do imperador, d. Pedro II (1825-1891), tido como mais comedido e equilibrado que o pai, teve também casos amorosos fora do casamento. Além da condessa de Barral, com quem manteve uma paixão de afetividade intelectual, houve, entre outros, um caso mais ardoroso de relacionamento com a condessa Ana de Villeneuve, casada com o proprietário do *Jornal do Commercio*. Nove anos mais nova que Pedro II, ambos apaixonados, trocaram ousadas cartas de amor escritas em francês. Em uma delas, Pedro pedia à amada o envio de uma foto com vestido decotado.

> Datadas de 1880, nelas o erotismo é explícito, há amor, paixão, desejo, seios, lábios, corpos entrançados, carícias ardentes, êxtases de prazer, delírios, loucura. Na carta de 13 de maio de 1884, d. Pedro fantasia, diante da foto da condessa, uma tórrida cena de amor no sofá da casa dela, imaginando corpos entrelaçados, desfalecendo de prazer (José Murilo de Carvalho, *Dom Pedro II*, p. 75).

Como ocorria com muitos homens, praticava-se o ato sexual com a esposa quando se queria formar uma prole; nas demais ocasiões, preferia-se as amantes ou meretrizes. Sobre isso, um nobre francês que assinava como conde de Suzannet, em viagem pelo Brasil, teceu comentários nada elogiosos sobre as mulheres:

> [...] casam-se cedo e logo se deformam pelos primeiros partos, perdendo assim os poucos atrativos que podem ter tido. Os maridos apressam-se em substituí-las por escravas negras ou mulatas. O casamento é, apenas,

> um jogo de interesses. Causa espanto ver-se uma moça ainda jovem rodeada de oito ou dez crianças: uma ou duas, apenas, são dela, as outras são do marido; os filhos naturais são em grande número e recebem a mesma educação dos legítimos. A imoralidade dos brasileiros é favorecida pela escravidão e o casamento é repelido pela maioria, como um laço incômodo e um encargo inútil. Disseram-me que há distritos inteiros em que só se encontram dois ou três lares constituídos. O resto dos habitantes vive em concubinato com mulheres brancas ou mulatas. Muitas vezes, acontece que um senhor tendo abusado de uma jovem escrava, vende-a quando engravida; outros, ainda mais desavergonhados, conservam os próprios filhos como escravos, e estes infelizes, quando morre o pai, são vendidos sem se poderem prevalecer da sua origem (Conde de Suzannet, *O Brasil em 1845*, p. 46).

Os registros históricos pouco esclarecem sobre como se davam os relacionamentos sexuais entre os casados. Com a imposição absoluta do recato que se exigia das mulheres, é quase certo que a noite de núpcias fosse uma incógnita para a maioria das moças, e certamente era tenso o momento da iniciação sexual da mulher, ao tratar-se de "uma etapa desconhecida, um salto no escuro". Tão desejada quanto fantástica para o imaginário sexual feminino, a noite nupcial atemorizava a mulher. O homem, ao contrário, já tivera sua sexualidade bastante testada, com animais, com negrinhas e com jogos eróticos à disposição no mercado do sexo pago. "Mas à mulher não se lhe repassaram as noções mais preliminares de sexualidade em virtude da negativa estereotipia do prazer", disse a socióloga Fátima Quintas. Aqui, como em outras partes do mundo, a viagem de lua de mel servia para poupar a família de uma situação íntima e constrangedora.

Na intimidade, os corpos estavam sempre cobertos e mal se tocavam nas preliminares. A nudez completa só começou a ser praticada no início do século XX, pois, antes, estava associada ao sexo no prostíbulo. Fazia-se sexo no escuro, sem que o marido se importasse com o prazer da mulher que, caso ocorresse, em hipótese alguma deveria ser demonstrado. Sem preliminares, a rapidez das relações sexuais deve ter sido uma constante. Além do mais, tudo era proibido em termos de posições sexuais.

Ainda durante todo o século XIX, continuou ocorrendo o rapto nas famílias não escravas, pois, muitas vezes, o namoro não aprovado pelos pais encorajava a retirada da moça da casa paterna pelo pretendente. As fugas agora podiam ser noticiadas pelo jornal, como relatou o redator do *Diário de Pernambuco* em artigo de 28 de agosto de 1854:

> De tempos a esta parte têm se tornado frequentes entre nós os casamentos pelo rapto e acompanhados de tanta imoralidade que espantam e fazem tremer aqueles que olham para a família como o fundamento da sociedade. Moças e até moços têm havido que, sendo menores, são raptados das casas de seus pais e daí a pouco estão casados sem a intervenção do consentimento paterno.

Muito frequente era o casal fugir à noite, a cavalo, na certeza da futura aliança. O raptor poderia não ter relações sexuais com a moça, deixando-a, a seguir, na casa de uma pessoa de confiança ou na do juiz da localidade vizinha ou da mesma cidade, onde já se combinara guarida. Muitas vezes a jovem deixava claro à família que só sairia de lá casada. Sem alternativas, no dia seguinte, sem rituais religiosos, os pais faziam o casamento sem ser "de gosto".

As reclamações das moças seduzidas e abandonadas revelavam que a exploração sexual se fazia aparentemente sem maiores consequências para os homens. No sertão nordestino, o rapto ou a "sedução", como julgavam os parentes, trazia contrariedade para a família, que se via prejudicada. Caso não houvesse o casamento, era preciso tirar satisfações com o sedutor e obrigá-lo a se casar. Moça raptada que não se casava tornava-se "mulher perdida", e o "roubador da honra", considerado indigno, deveria deixar o local ou estaria sujeito às punições que a sociedade lhe impunha. A reparação da honra era ordenada pelo pai ou irmão com o fim de limpar o sobrenome da família numa sociedade em que a vingança era muito comum e não faltavam matadores profissionais.

Como meio de reparar a honra perdida, sempre houve aqueles remédios milagrosos que curavam males inusitados e até prometiam a reparação do hímen, se é que havia quem acreditasse nisso, conforme comentário de uma reportagem de jornal do Rio de Janeiro:

> Tendo chegado ao conhecimento do público que certas senhoras casadas se querem intitular virgens!! Sem o já poderem ser, de que é bem constante nesta corte do Rio de Janeiro [...], mas no caso de quererem ainda parecer ou fingirem que o sejam para certas pessoas, que sejam fáceis de se capacitarem de tais coisas se lhes aplica um novo remédio de cuja aplicação resulta um novo hímen sendo o seu preço medíocre, e o seu uso facílimo, o qual é composto de um emoliente, etc. (Citado por Gilberto Freyre, *Sobrados e mucambos*, p. 162).

Mulatas ou negras eram vistas naturalmente como mulheres fáceis, mas também o eram as brancas europeias que não se comportavam segundo as normas de pudor do país. As estrangeiras, com uma cultura mais liberal e com o hábito de saírem à rua sozinhas, irritavam-se com os galanteios nas calçadas.

No casamento, como vimos, a aparência pessoal seria irrelevante, especialmente para pessoas integrantes de camadas sociais favorecidas. Desse ponto de vista é ilustrativo o segundo casamento do capitão Manuel Francisco da Rosa, que enviuvara em 1817. Segundo a historiadora Alzira Campos, as informações sobre a nova mulher lhe foram fornecidas por uma comadre, quando, então, foi tratado o casamento. Ao chegar a Itu para encontrar-se com sua noiva, Manuela Maria de Arruda, o capitão foi desagradavelmente surpreendido pela aparência da mulher: houvera um engano da intermediária, que confundira Manuela com uma sua cunhada. Mesmo assim, o casamento se efetivou e gerou cinco filhos.

O crescimento do meretrício

Foi grande a relação entre o surgimento da sociedade industrial moderna e a nascente ideologia do amor romântico baseado na liberdade recíproca de escolha dos cônjuges. Antes disso, as mulheres dos centros urbanos se preservavam aguardando o futuro marido, enquanto os homens solteiros e os casados procuravam os prostíbulos para se satisfazer.

A prostituição no Rio de Janeiro se intensificou com a chegada de d. João VI e o surgimento dos bailes populares, teatros e sociedades de dança, como foi constatado na obra do doutor Francisco Ferraz de Macedo em tese apresentada na Faculdade de Medicina em 1872.

A regulamentação da atividade da prostituição no Rio de Janeiro ocorreu no início da primeira década daquele século, quando a cidade ainda era a corte do Império. Quanto a uma política nessa área, o país sempre oscilou muito. Entre a abolição e a regulamentação da profissão, optou-se por um meio-termo, com a tolerância às casas de prostituição em zonas determinadas e a intervenção policial para manter a ordem.

O lenocínio, ou seja, a exploração do comércio do sexo, transformou-se em crime a partir de 1890, quando entrou em vigor o primeiro Código Criminal republicano. Antes disso, a expansão da prostituição já exigia medidas de contenção ou formas de tolerância acompanhadas pelas autoridades públicas, como as realizadas pelo chefe de polícia da corte, em 1874. As meretrizes eram classificadas como:

> 1ª As escravas – pretas e pardas, alojadas em casas decentemente mobiliadas por seus próprios senhores, que as obrigam ao pagamento de salários elevados.
> 2ª De miseráveis que residem em casas térreas, vivem na pobreza e apresentam-se esquálidas e com sinais visíveis das enfermidades que estão afetadas.
> 3ª De jovens, quase todas estrangeiras, que habitam casas de boa aparência sob a inspeção de mulheres que auferem os lucros da impureza, satisfazendo o estipulado nas convenções particulares que elas têm celebrado.
> 4ª De não menos miseráveis mulheres que ocupam casas suntuosas, usam de sedas, plumas de subido preço, joias e brilhantes de grande valor, frequentam teatros e lugares públicos e têm à sua disposição vistosos carros (Citado por Lená Medeiros de Menezes, "Facetas marginais do sonho de civilização: imigração francesa e prostituição", p. 236).

A expansão e a sofisticação dos bordéis começaram a despertar no rude homem brasileiro um diferente anseio por prazer sexual. Segundo Freyre, as meretrizes francesas eram renomadas pela habilidade em proporcionar aos homens maduros e rapazes as sutilezas do amor, por revelarem delicadezas eróticas aos neófitos do prazer. Ao frequentar o bordel, o homem corria o risco de aprender condutas eróticas que não praticava com sua legítima esposa.

Viajantes mais conservadores como Carl Schlichthorst teciam críticas a esse comércio: "As artistas francesas que habitam a rua do Ouvidor sabem muito bem que no Brasil conseguem um grau de fama e riqueza que na Europa jamais atingiriam". Anualmente, centenas de mulheres vinham do exterior recomeçar na capital do Brasil uma atividade na qual, em Paris, Bordéus ou Marselha, "há muito estavam aposentadas". Vejamos como o viajante Theodor von Leithold, em 1819, descreveu esse comércio:

> As meretrizes não são aqui privilegiadas como nas grandes cidades da Alemanha, França ou Inglaterra, porém as há em grande número: brancas, pretas e de todas as categorias, isto é, fazendo-se pagar de um a doze *talers* espanhóis. De noite, entre oito e dez da noite, invadem elas as ruas vestidas de tafetá preto ou lã e envoltas em mantos. As de primeira classe saem também de dia, acompanhadas de duas escravas e dois escravos, fazendo-se passar, com suas artimanhas, por damas de qualidade, e sabem pescar o estrangeiro em suas redes. Em geral, as de primeira classe moram com uma velha matrona, que faz o papel de alcoviteira e se põe à janela, para esperar a patroa [...]. A velha

> continua à janela, esperando por alguma ou mais conquistas que sigam d. Francisca. Se for o caso, pisca-lhe um olho, para indicar que é bem-vindo e pode entrar...
> Os quartos desses templos de Vênus dizem ser bem mobiliados. As praticantes se comportam com grande discrição, enquanto as matronas, presentes à primeira entrevista, depois de efetuado o pagamento estendem a mão ou dão a entender com os dedos, ao estrangeiro não familiar com a língua, quanto deve pagar pela sua recepção e boa vontade. Se alguém acha essa distração cara demais, pode logo retirar-se sem que lhe façam cara feia (Theodor von Leithold, *O Rio de Janeiro visto por dois prussianos em 1819*, p. 32).

Em 1825, o viajante Carl Schlichthorst contou que no Brasil a beleza e a mocidade tinham muito mais alto valor do que em qualquer parte da Europa. Até as meretrizes camuflavam a sua vergonhosa profissão sob o luxo e a elegância. Segundo ele, o Brasil era o paraíso das meretrizes e, com efeito, não é de admirar que educadas moças estrangeiras de família se sentissem atraídas por este país, onde conseguiam um grau de fama e riqueza jamais possível por tal caminho no Velho Mundo. O brasileiro, muito devotado em seus prazeres, mas muito contido em seus gastos, neste ponto não media esforços "e sua propensão para o belo sexo é tal que chega a vencer a inata aversão contra tudo o que é estrangeiro".

Na visão de outro viajante, Thomas Lino d'Assumpção, em suas narrativas escritas entre 1867 e 1880, o país, acostumado a consumir todos os gêneros de primeira necessidade por intermédio de importação, aplicou o mesmo processo à prostituição. Referindo-se à cidade do Rio de Janeiro, afirmou:

> Nas ruas das crápulas encontram-se poucas negras, algumas mulatas, grande número das nossas mulheres do Minho e Douro, e abundância das ilhas. Vivem acocoradas às janelas de casas baixas e insalubres, alumiadas pela luz vermelha dum mau candeeiro de petróleo que satura a atmosfera duma fumaça pesada e sufocante, no torpor da embriaguez da cachaça, de cigarro no canto da boca e chamando os que passam com voz cava. Quantas vezes não desembarcam nas praias do Rio grupos de dez e doze mulheres formosas, brancas de neve, perfeitos tipos da raça Ociente, saídas, com promessa de gozo de vida honesta e trabalhadeira... (Thomas Lino d'Assumpção, *Narrativas do Brasil*, p. 62).

Muitas vieram por promessas de trabalho convencional, mas acabaram se rendendo às oportunidades surgidas. Em 1865, o capitão norte-americano John Codman afirmou que por toda parte "os atores e as atrizes têm frequentemente reputação duvidosa", que seria injusta em seu país. "Mas, no Brasil, uma atriz que não seja uma prostituta seria incapaz para os palcos dos teatros", lamentando que a cidade do Rio de Janeiro, com milhares de habitantes, não possuía um teatro de ópera.

As francesas, seguidas pelas polacas, começaram a chegar com a inauguração da casa de espetáculos Alcazar, em 1862. Elas tornaram popular a palavra francesa trottoir – calçada, passeio público. A multidão se acotovelava em duas sufocantes espeluncas chamadas Alcazar e El Dorado, onde, segundo Codman, uma "companhia de rameiras" se apresentava todas as noites para diversão pública.

Era o que se chamava *fazer a América*, informou Schlichthorst a respeito dessas meretrizes. Apresentavam-se vestidas como "condessas ou princesas" nos teatros da cidade. O cronista considerava tão exorbitantes os preços pagos pelos favores das estrangeiras que chegou a dizer ter receio de o tacharem de mentiroso, se os revelasse. "O verdadeiro brasileiro acha que os perigosos prazeres que lhe oferecem tais Circes não são demasiado caros a 40 ou 50 mil-réis", reprovou o estrangeiro, identificando as meretrizes com a mitológica deusa e feiticeira grega. Acrescentou ainda que até as prostitutas mais comuns sustentavam seus gastos cobrando preços altos, "bastando para isto serem brancas, o que lhes permite ostentar um luxo que, por assim dizer, enobrece sua desprezível profissão".

Em 1876, o viajante Thomas L. d'Assumpção contou sua impressão sobre o mercado do sexo, comentando o fato de a mulher francesa ocupar o topo da pirâmide do luxo com a vida dupla de atriz no Alcazar e como prostituta. "A francesa vive em casa própria, tem carro e criados, insulta a polícia, desautoriza os magistrados." Segundo ele, tudo isso a deixava impune graças à proteção de determinado conselheiro, deputado ou juiz. A mais famosa cafetina do Rio de Janeiro foi a deusa pagã Susana; com suas meninas, os estudantes aprendiam a dançar o escandaloso maxixe, mas também adquiriam modos requintados de comportamento, além de exercitarem a língua francesa.

Havia na rua da Carioca uns seis ou oito sobrados onde se estabeleceram os conhecidos "conventilhos", que despertavam a atenção dos curiosos. Lá a prostituição era exercida por cinquenta mulheres, todas trazidas do norte da Europa.

O espanto diante do escândalo da prostituição no Rio de Janeiro seria, também, o tema da descrição feita por Louis e Georges Verburgge, viajantes que visitaram a cidade em 1873: "No Rio, as janelas das ruas mais centrais ficam apinhadas de criaturas que chamam os transeuntes, em pleno dia". Eles reclamam dos órgãos públicos que não cuidam do problema, deixam "que se espalhe pela cidade toda, quase transformada na boca da noite, em casa de tolerância".

O crítico e moralista Charles Expilly rotulava as prostitutas brancas que circulavam no Rio de Janeiro como "degeneradas" e também explicitava sua preferência, como a dos brasileiros em geral, "pelas mulheres de cor, e sobretudo pelas negras". Esse mesmo viajante francês, que esteve no Rio no início dos anos 1860, registrou que o ponto nobre do assédio por sexo localizava-se nas ruas do Sabão, do Hospício, da Alfândega e do Senhor dos Passos, onde as "senhoras das ilhas", portuguesas que aportavam à cidade "para fazer fortuna", e mulheres negras de diversas origens, exerciam a prostituição nos sobrados. Segundo Expilly:

> Depois das horas de maior calor, elas podem ser vistas debruçadas nas janelas, uma rosa nos cabelos, uma outra na mão, sorrindo aos senhores moços que passam. Estes sobrados, que não têm mais de um andar e mais frequentemente um andar térreo; estes sobrados, de onde se exala um forte odor de lavanda ardente, são bem dignos, com efeito, de servir de asilo a tão repugnantes criaturas. Eu muitas vezes atravessei essas ruas, que se encontravam no meu caminho para ir à Cidade Nova: mas vejam bem! Eu declaro não ter jamais encontrado, atrás das persianas verdes destas casas, ou nas suas janelas, um único pretexto para ter remorsos. O desleixo da sua silhueta é tão gritante quanto o descuido de toda a sua pessoa. Olhando estas cortesãs degeneradas, compreende-se o gosto dos brasileiros pelas mulheres de cor, e sobretudo pelas mulheres negras. Existe uma negra Mina [...] que poderia ser considerada bela na Europa, e até mesmo em Paris (Citado por Luiz C. Soares, *Rameiras, ilhoas e polacas*, p. 42).

Numa cidade portuária, em geral, há muita procura por mulheres – e meninos –, por influência de uma grande população transitória masculina em busca de parceiras(os) sexuais. Sem se estender no assunto da pederastia, a historiadora Mary Carash afirmou que no Rio de Janeiro havia "demanda por prostituição de ambos os sexos".

Prostituição em São Paulo

No início do século XIX, ao anoitecer, o centro da cidade de São Paulo recebia a visita de algumas meretrizes com os rostos parcialmente encobertos pelas mantilhas que traziam. Segundo o historiador Guido Fonseca, elas vinham, em sua maioria, de vilas distantes, e logo se misturavam às outras meretrizes que vagavam pelas ruas e becos da cidade. Algumas preferiam se dirigir aos lugares mais escuros, onde pudessem esconder as deformações provocadas pela lepra, moléstia de que muitas eram portadoras. Em razão da rejeição de que eram alvo na cidade, viviam afastadas dos núcleos mais populosos, em rústicas palhoças, formando verdadeiros aldeamentos. Durante o dia, vadiavam, importunando os viajantes nas estradas; à noite, acobertadas pelas mantilhas, preferiam a escuridão das ruas mal iluminadas, perambulando pelo centro da cidade à procura de algum freguês desavisado.

Se as prostitutas, ao anoitecer, saíam em busca de homens, guardando contudo certa discrição, os doentes do sexo masculino procuravam deliberadamente os mais baixos prostíbulos, onde eram aceitos pelas mulheres ávidas de dinheiro, indiferentes ao mal. Sobretudo as doenças venéreas grassavam nos bordéis. Saint-Hilaire contou que uma prostituta, interrogada se era portadora de sífilis, respondeu: "Quem é que não é?".

Os viajantes Spix e Martius, quando de passagem por São Paulo em 1817, observaram que quase todas as doenças diagnosticadas na cidade e seus arredores eram de origem sifilítica. Sobre o mal venéreo, o jornal político *Arassoyaba* estampava o seguinte anúncio, acompanhado de dezenove assinaturas de pessoas que acreditavam ter sido curadas:

> Água anti-syphilitica do dr. Theodoro Reichert
> Para o bem da humanidade, declaramos que, sofrendo de uma gonorreia, fizemos uso da água anti-syphilitica, cuja aplicação é fácil, sem dor, e sem incomodar o estômago, e em pouco tempo saramos de nossa moléstia.
> São Paulo, 15 de setembro de 1856.
> (Citado por Guido Fonseca, *História da prostituição em São Paulo*, p. 114).

Muitas das chamadas "decaídas" não sonhavam com a obtenção de uma renda confortável; prostituíam-se apenas para sobreviver, ao contrário da maioria das estrangeiras que tomaram conta da cidade décadas mais tarde. Se é verdade que algumas conseguiram arrecadar algum dinheiro, isso foi exceção. Talvez por esse motivo aquelas pobres criaturas fossem, em sua grande maioria, pacatas e ordeiras. Saint-Hilaire, em 1819, com seu olhar comparativo de estrangeiro, registrava, talvez com exagero, um grande número de prostitutas, de todas as origens, aglomeradas pelo passeio público:

> Em nenhum outro lugar vi um número tão grande de prostitutas. Havia-as de todas as raças, e as calçadas ficavam, por assim dizer, fervilhantes delas. Passeavam vagarosamente de um lado para outro ou esperavam nas esquinas os fregueses. Devo dizer, porém, que elas jamais abordavam as pessoas. Também não lançavam injúrias aos homens ou umas às outras. Mal olhavam os passantes, mantinham uma certa compostura exterior e nada havia nelas do cínico descaramento, tão revoltante, das prostitutas parisienses de classe baixa, nessa mesma época (Auguste de Saint-Hilaire, *Viagem à província de São Paulo*, p. 137).

A crescente chegada das meretrizes de além-mar, no final do século XIX, modificou a situação. Elas sonhavam enriquecer ou pelo menos juntar "um pé-de-meia" para retornar à Europa ou radicar-se definitivamente no Brasil. Segundo diziam, essas estrangeiras não respeitavam ninguém. Principalmente as "polacas", que importunavam as famílias moradoras na vizinhança e abordavam a todos "que passavam, sem distinção de classe, posição, idade". As mais desinibidas saíam às ruas com os seios quase à mostra e em mangas de camisa, numa exibição que mais fazia corar do que agradar aos frequentadores habituais daquelas ruas.

Para o benefício da ordem pública, as autoridades paulistas estabeleceram seis recomendações de comportamento para as prostitutas. Esse regulamento, de 1896, representa, hoje, um símbolo do panorama urbano daquele tempo:

> 1 - Que não são permitidos os hotéis e conventilhos, podendo as mulheres públicas viverem unicamente em domicílio particular, em número nunca excedente a três;
>
> 2 - As janelas de suas casas deverão ser guarnecidas, por dentro de cortinas duplas e por fora de persianas;
>
> 3 - Não é permitido chamar ou provocar os transeuntes por gestos ou palavras e entabular conversações com os mesmos;
>
> 4 - Das 6 h da tarde às 6 h da manhã nos meses de abril a setembro inclusive e das 7 h da tarde às 7 h da manhã nos demais, deverão ter as persianas fechadas, de modo aos transeuntes não devassarem o interior das casas, não sendo-lhes permitido conservarem-se às portas;
>
> 5 - Deverão guardar toda decência no trajar uma vez que se apresentem às janelas ou saiam às ruas, para o que deverão usar de vestuários que resguardem completamente o corpo e o busto;

6 - Nos teatros e divertimentos públicos que frequentarem deverão guardar todo recato, não lhes sendo permitido entabular conversação com homens nos corredores ou nos lugares em que possam ser observadas pelo público (Citado por Guido Fonseca, *História da prostituição em São Paulo*, p. 169).

8

Criando a imagem da devassidão escrava

A grande quantidade de escravos no Brasil dava à paisagem urbana, e mesmo rural, um aspecto peculiar, muito diverso do das cidades europeias. A primeira impressão do viajante chegado de além-mar era de que estava num país de negros e mestiços. Ao desembarcar no Rio de Janeiro, por exemplo, o estrangeiro deparava com uma ruidosa população de diferentes etnias. Grande quantidade de negros perambulava pelas ruas a serviço de algum senhor, ora em andar lento, ora em correria, muitas vezes ao som de uma toada rítmica.

Para grande espanto do viajante recém-chegado aos centros urbanos brasileiros, viam-se pelas ruas robustos africanos nem sempre vestidos com decência para os padrões estrangeiros: os homens com calções curtos e pés descalços e as mulheres em camisa pendente no ombro; algumas vezes, por descuido, as mulheres deixavam à mostra os seios. Essa visão do conjunto chocava os hábitos dos estrangeiros. Uma das constatações de Mary Del Priore, em *Histórias íntimas*, foi que a nudez das escravas (e índias) não as tornava, necessariamente, símbolos de sensualidade ou objetos de desejo. O seio à mostra, por exemplo, poderia ser visto pelo estrangeiro como uma excentricidade cultural ou apenas um órgão de amamentação. "A nudez dessas mulheres era associada, antes de tudo, à miséria e à pobreza da cultura", afirmou Del Priore. Mas devemos atenuar essa posição, pois já havia uma aura de pecado trazida pelos estrangeiros e religiosos. O oficial alemão Carl Schlichthorst, que esteve no Brasil entre

1824 e 1826, por exemplo, mencionou, com encanto, uma fornida menina negra em que nela "o seio arfa em tão ansioso desejo que é difícil resistir a tais seduções".

Nas horas de repouso ou de vadiagem, os escravos aglomeravam-se nas praças ou junto aos chafarizes, muitas vezes para entoar uma canção, em que tudo era pretexto para uma batucada com qualquer objeto à mão. Quase sempre o canto era acompanhado de expressão corporal.

O contraste cultural fazia com que muitos vissem com preconceito certas formas de diversão dos negros. No Rio de Janeiro, em 1819, o viajante Theodor von Leithold comentou: "Passando eu certa vez por uma dessas vendas, vi um grupo de negros e negras a dançarem indecentemente com grande gritaria e gesticulação". Já o francês Charles Ribeyrolles, em publicação de 1861, assim se pronunciava sobre o lundu dos negros: "É uma dança louca, com as provocações dos olhos, dos seios e das ancas. Espécie de convulsões inebriantes". Esse viajante também considerou as demais danças dos escravos como expressões de "alegrias grosseiras, sujas voluptuosidades, febres libertinas". Em 1866, o naturalista italiano Enrico Giglioli, ao visitar uma fazenda de café no Rio de Janeiro, observou uma dança escrava em que o corpo e os braços "moviam-se numa pantomima que não era nada casta", arrematando em seguida: "É conhecido que o caráter sensual prevalece nas danças africanas".

O oficial alemão Carl Seidler, a serviço de d. Pedro I, antes de chegar a Porto Alegre, parou num local à beira de um rio cuja única habitação era uma pobre venda à qual mais tarde chegariam pessoas para celebrar um casamento. O festejo, organizado por negros e mulatos, começou com um baile ao som do batuque. Seidler, escrevendo em 1835, assim registrou seu horror ante a lascívia do evento:

> Imaginem-se as mais detestáveis contrações musculares, sem cadência, os mais indecentes requebros das pernas e braços seminus, os mais ousados saltos, as saias esvoaçantes, a mímica mais nojenta, em que se revelava a mais crua volúpia carnal – tal era a dança em que, desde o começo, as graças se transmudavam em bacantes e fúrias (Carl Seidler, *Dez anos no Brasil*, p. 220).

Também chamava atenção nas cidades do Brasil um personagem típico do mundo urbano: o "escravo de ganho". Além de poder fazer negociações de prestação de serviço a terceiros, tinha a possibilidade de ficar com o excedente de seus ganhos após a obrigação de repassar ao seu proprietário um valor determinado. Isso lhe dava um dinheiro extra que servia para comprar comida, cachaça ou frequentar prostíbulos. Em alguns casos, servia-lhe para amealhar o dinheiro necessário à compra de sua liberdade.

Para os cativos de ambos os sexos, havia, no Rio de Janeiro, numerosos zungus, tavernas e locais de jogo que serviam de ponto de encontro e como importantes lugares de socialização. Algumas casas, geralmente administradas por mulheres negras, ofereciam, por baixo preço, pousada e alimentação à base de angu; muitas vezes, ali se realizavam festas para os cativos da cidade. O angu era um alimento barato e popular entre os negros. A palavra "angu" passou a ser, também, sinônimo de desordem, confusão, barulho; dela se originou a corruptela "zungu" para referir-se a essas casas. De forma negativa, o visconde de Beaurepaire Rohan, em seu *Dicionário de vocábulos brasileiros*, editado em 1889, assim definia o termo:

> Zungu: casa dividida em pequenos compartimentos que se alugam mediante paga, não só para dormida da gente da mais baixa ralé como para a prática de imoralidades, e serve de coito a vagabundos, capoeiras, desordeiros e ébrios de ambos os sexos.

Infidelidades patriarcais

Desembarcando no Rio de Janeiro por volta de 1849-1850, o casal parisiense Adèle e Jules encontrou na capital do Império uma população estimada por ela em mais de 150 mil habitantes, dos quais um terço era composto por escravos. No país novo, o contraste de culturas fazia com que tudo parecesse novidade ao casal. Ao dormir em uma fazenda no interior do Rio de Janeiro, Adèle relatou o que considerou atrevimento das negras:

> As portas de nosso quarto davam para uma varanda que contornava a habitação, e elas haviam ficado abertas. Fiquei muito surpresa, virando-me, de as ver invadidas por mulatas altas e belas, que passavam e repassavam diante de nosso quarto, pitorescamente envoltas em suas saias multicoloridas, lançando-me olhares sombrios, enquanto os lançavam de uma outra espécie a meu marido. Tinham o ar de desafiar-me a rivalidade com elas, e eu lia claramente em seus olhos insolentes: "Por mais que sejas uma branca e uma senhora, nós te tomaremos o marido e esta noite não se passará sem que uma de nós o tenha levado". E eu

> olhava-as tranquilamente com um sorriso um pouco irônico, que lhes dizia: "Estão enganadas" (Adèle Toussaint-Samson, *Uma parisiense no Brasil*, p. 138).

Nessa mesma viagem, Adèle tomou conhecimento de uma infidelidade conjugal, prática muito corriqueira no país. Como se sabe, proximidades afetivas são aspectos importantes para o sucesso de uma união; a condição a que estava submetida a mulher das camadas superiores, com oportunidades limitadas de vida social, porém, impossibilitava-lhe também sua participação ativa na escolha do noivo; os raros contatos que precediam a cerimônia do casamento não permitiam uma melhor afinidade do casal. Um dos inúmeros casamentos fracassados foi observado pela viajante francesa durante uma parada para descanso em outra fazenda no interior do Rio de Janeiro. Adèle, ao intrigar-se com a aparência demente de uma senhora, travou um diálogo com ela. Esposa do administrador, ela afirmou ser infeliz no casamento e contou a sua desgraça:

> – Ele me trata indignamente. Aquelas mulatas – acrescentou ela –, apontando-me uma, é que são as verdadeiras senhoras da fazenda; por elas, meu marido me cobre de ultrajes.
>
> – Por que suporta isso?
>
> – Meu marido me força a receber essas criaturas até em minha cama; e é lá, debaixo dos meus olhos, que lhes dá suas carícias.
>
> – É horrível!
>
> – Quando me recuso a isso, ele me bate e suas amantes me insultam.
>
> – Como continua com ele? Abandone-o.
>
> Ela olhou-me com profundo espanto.
>
> – Abandonar meu marido! – fez ela. – E como viveria?
>
> – Trabalhando.
>
> – Não sei ganhar dinheiro; e meus filhos? (Adèle Toussaint-Samson, *Uma parisiense no Brasil*, p. 142).

Reproduzindo concepções fatalistas, a esposa do fazendeiro ainda acrescentou: "Isso é bom para as francesas [...] que sabem ganhar seu pão; mas nós, a quem não se ensinou nada, somos obrigadas a ser como criadas de nossos maridos". Num desfecho inusitado, Adèle relatou que, decorrido algum tempo, a mulher do administrador apareceu na cidade do Rio de Janeiro e bateu à sua porta para aceitar a prometida oferta de emprego doméstico.

Não se pense, porém, que apenas a mulher branca sofria nas mãos de seus maridos; também com as escravas, nas mãos de seus senhores, ocorreram maus tratos. A instabilidade afetava as relações "familiares" e sexuais entre os cativos, sujeitos às normas do regime escravista. Para eles, era necessário adaptar-se à inevitável sujeição sexual da escrava ao senhor. Sobre isso o jornal *O Americano*, do Rio de Janeiro, escreveu em 1851:

> Uma escrava é obrigada a ceder aos desejos libidinosos de seu senhor para se não expor, com a recusa, a toda sorte de torturas; não pode guardar a honra de sua filha (se tem) nem mesmo a sua contra tentativas de seu poderoso senhor: um escravo não pode queixar-se da infidelidade de sua mulher e vingar-se de seu sedutor. Em geral é isto que acontece.

Diante do ínfimo poder decisório dos escravos sobre sua vida, eles viam seu próprio casamento constantemente ameaçado pelas investidas ou pela devassidão dos senhores. É ilustrativo o exemplo dado por Roger Bastide, juntamente com Florestan Fernandes, com base em informações coletadas pela socióloga Maria Isaura Pereira de Queiroz: dizia-se em São Paulo não serem poucos os senhores que engravidavam, ou na linguagem corrente, "enchiam as negras", e depois obrigavam seus escravos a casarem-se com elas, ou que, sem rodeios, mantinham relações com as escravas casadas. Esses fatos influenciavam o ânimo dos escravos, como mostra o seguinte ritual de uma cerimônia de noivado:

> O avô de uma das moças presentes se encarregava do casamento dos escravos. Tendo o pajem Joaquim chegado à idade própria o senhor lhe disse que fosse à sala onde estavam costurando as escravas, lançasse uma vista d'olhos e viesse dizer qual a escolhida. Havia então na fazenda uma escrava de notável formosura; o pajem Joaquim andara a lhe deitar olhadelas doces e o senhor, ao vê-lo regressar, não se conteve e exclamou: "Já sei, é Fulana a escolhida". A resposta foi imediata: "Quá o quê! Pra depois, quarqué dia deste, mecê ficá meu rivá? Muié pra mim é pra mim só, não pra dividi c'os outros". A escolhida foi uma preta forte, mas feia... (Roger Bastide e Florestan Fernandes, *Brancos e negros em São Paulo*, p. 99).

Alguns processos na justiça revelavam a frágil margem de opção dos escravos em relação aos parceiros a eles reservados. A figura da negra Caetana, escrava numa fazenda em Paraibuna, é um bom exemplo de processo de anulação de casamento. Seu senhor comunicara-lhe num determinado dia do ano de 1838 que iria casá-la com um escravo pelo qual ela sentia grande aversão. Sua repugnância era tal que "apesar do tom positivo de seu senhor teve coragem para dizer-lhe que não queria". Acabou se casando, convencida pelo argumento de que o seu senhor não queria ter em casa escrava solteira para servir as filhas. No entanto, Caetana não permitiu que seu esposo a tocasse nos três primeiros dias após o matrimônio. No quarto dia, ao tomar conhecimento de que seu marido, ajudado por um tio, estava disposto a usar da violência com a finalidade de obrigá-la à cópula, recorreu ao seu senhor pedindo que a protegesse. Este consentiu em ajudá-la, conservando-a em recinto separado. Segundo a historiadora Sandra Graham, não se tem notícia da conclusão do processo de pedido de anulação do casamento.

Embora incomum, havia insubordinação de algumas esposas dos senhores quando estes decidiam compartilhar amores com cativas. O historiador Stanley Stein, ao referir-se a uma grande fazenda de café em Vassouras, no Rio de Janeiro, afirmou: "As esposas dos fazendeiros tinham consciência da inclinação de seus maridos e filhos por moças escravas". O autor mencionou uma anedota corrente sobre um casal que vivia feliz, embora o marido tivesse um "faro inato pela beleza" na compra desde escravas até animais para a fazenda. Já no caso de sua mulher, porém,

> no que dizia respeito às escravas seguia o preceito de que "quanto mais feias melhor". Quando um traficante de escravos aparecia em sua casa, observava cuidadosamente o lote e, invariavelmente, escolhia "as escravas que tivessem lábios grossos, nariz chato, falhas na dentadura, ou que fossem aleijadas". Notava também que nas fazendas onde havia "muitas escravas, negras ou mulatas, bonitas e bem tratadas, os visitantes chegavam como praga de gafanhoto" (Stanley Stein, *Grandeza e decadência do café no Vale do Paraíba*, p. 68).

Ainda segundo Stanley, os fazendeiros escondiam suas amásias escravas em recantos afastados de suas fazendas "para evitar complicações domésticas". Contando com a conivência de seus pares, confiavam-nas à proteção de seus amigos, concediam-lhes alforria, ou ainda instalavam-nas em pequeno sítio, com um ou dois escravos para servi-las.

A ocorrência inversa, ou seja, de a esposa trair o marido com escravo era rara, afirmou Stanley Stein, mas não impossível. Quando isso acontecia era motivo de espanto e ódio do marido e escândalo em toda a comunidade. Foi o que ocorreu, em 1880, no referido município fluminense.

> Ao retornar à sua fazenda certa noite, um fazendeiro passou por acaso pela senzala de seus escravos e escutou comentários de que sua esposa estava amasiada com um escravo e que havia provocado um aborto porque a criança era do escravo (Stanley Stein, *Vassouras*, p. 193).

O francês Louis Couty, fazendo coro com setores dominantes do patriarcalismo e sua mentalidade misógina, afirmou, em publicação de 1881, que as relações sexuais dos senhores no meio escravista não tinham tanta importância como os críticos lhes atribuíam. Os romances tocantes que se escreveram ou os "discursos patéticos" que se fizeram para lamentar a sorte da jovem escrava abandonada aos caprichos e às brutalidades de um senhor conquistador causariam, segundo ele, considerável espanto a todas as negras do Brasil. "Em meio a diversas centenas de milhares de escravas, não encontraremos nenhuma que não considere uma honra ou um prazer o fato de merecer a preferência de seu senhor."

Em *Ordem e progresso*, Freyre destacou a vida da mestiça pernambucana Ana Maria da Conceição, nascida em 1865. Analfabeta, deixou registrada sua vida em livro escrito por outra pessoa. Quando mocinha, liberta, fugiu do convívio dos pais, realizou trabalhos braçais em diversos engenhos e, nas horas vagas, cantava modinhas pelas redondezas. Tinha seu homem branco, de quem não gostava, mas confessou: "Gozei as delícias dos beijos quentes dos filhos dos brancos daquele tempo e lindos como uns amores e que me davam força para viver e trabalhar". Afirmou que, para seduzir os sinhozinhos brancos que passeavam a cavalo no engenho, no período de férias, tomava banho nos rios deixando seu sadio corpo pardo à mostra; ela fez alguns deles "gozarem as delícias do primeiro amor".

Criando a imagem de devassidão

Relatos dos observadores brancos, principalmente ao longo do século XIX, contribuíram para fundamentar a ideia da instabilidade familiar e da devassidão sexual que até há pouco tempo estigmatizava o escravo na maioria dos estudos históricos. O historiador Robert Slenes, porém, argumentou que o olhar branco do século XIX não era isento de erros. O racismo e os preconceitos culturais a respeito do trabalho no período predispunham os viajantes estrangeiros e os senhores brasileiros chamados de "homens de bens" a considerar a conduta escrava como desregrada, o que teria influenciado os historiadores:

> Por exemplo, Freyre fala dessa "animalidade dos negros [escravos], essa falta de freio aos instintos, essa desbragada prostituição dentro de casa"; Emília Viotti da Costa aponta "a promiscuidade sexual em que viviam os escravos" e a "licenciosidade das senzalas"; Oracy Nogueira diz que o escravo, "dado o caráter ocasional e promíscuo das relações sexuais, mal chegava a conhecer a própria mãe e os irmãos"; e Roger Bastide, argumentando que "a mesma mulher [escrava] dormia ao acaso de seus caprichos ora com um macho, ora com outro", caracterizava a vida sexual dos cativos como uma "espécie de vasta prostituição primitiva" (Robert Slenes, "Lares negros, olhares brancos", p. 190).

Apesar de todas essas considerações com referência aos cativos, o que se tem constatado é que o sistema escravista foi o grande vilão responsável pela precariedade de vida familiar entre eles, e não a "inferioridade racial", como acreditavam, por exemplo, o conde de Gobineau e o médico Nina Rodrigues.

Com referência a sexo e família, não há como considerar "desregrada" a conduta do escravo e muito menos o seu sistema de normas morais. Segundo Slenes, portanto, não procedem as conclusões equivocadas e muito taxativas sobre a devassidão anteriormente resumidas. Associar escravos a pessoas sexualmente desregradas era comum à época, a ponto de outros autores, que não se diziam romancistas, expressarem-se da mesma maneira que Júlio Ribeiro no romance *A carne*.

O olhar branco e colonizador constatava que as negras tinham filhos de vários homens diferentes, mas fazia vista grossa à devassidão dos senhores e ao que se passava nas senzalas. No início da década de 1860, ao visitar a região de Cantagalo, na província do Rio de Janeiro, o viajante e diplomata suíço Johann Jacob Tschudi comentou "a leviandade e inconstância do negro em tudo que se refere às relações sexuais", além de associá-lo a gado. De acordo com esse observador,

> é muito raro haver entre os negros casamentos celebrados na igreja, mas o fazendeiro permite que os pares, que se unem segundo oportunidade ou sorte, vivam juntos, sendo que o pronunciamento do fazendeiro basta para que eles se considerem como esposo e esposa, numa união que raras vezes há de perdurar a vida inteira. As pretas possuem, em geral, filhos de dois ou três homens diferentes. Mesmo esta formalidade [do] pronunciamento do [fazendeiro] não se observa no mais das vezes, e os negros vivem em promiscuidade sexual, como o gado nos pampas (Johann J. Tschudi, *Viagem às províncias do Rio de Janeiro e São Paulo*, p. 57).

De modo semelhante, o jurista e senhor de escravos Perdigão Malheiro destacou que "as escravas, em geral, viviam e vivem em concubinato, ou (o que é pior), em devassidão; o casamento não lhes garante senão por exceção a propagação regular da prole". O francês Louis Couty, que residiu durante vários anos no Brasil, afirmou, em 1881, que muitos senhores, diante da quase impossibilidade de impor ordem moral a seus escravos, decidiram não mais interferir na sua vida sexual. Disso resultou que

> nas aglomerações das fazendas, os negros dos dois sexos ficam misturados durante duas ou três horas todas as noites. No que se refere aos escravos isolados das cidades, os senhores limitam-se a não exercer qualquer vigilância. Assim sendo, a maior parte das crianças é filha de pai desconhecido, e suas mães ficariam, em geral, embaraçadas, se precisassem preencher com exatidão uma certidão de nascimento (Louis Couty, *A escravidão no Brasil*, p. 95).

Em 1835, o pintor e desenhista alemão Johann Moritz Rugendas observou que os senhores facilitavam os casamentos entre cativos; mesmo assim, anotou que as relações entre negros e negras "tornam impossível a severa observância da moral ou a perseverança conscienciosa na fidelidade conjugal".

Segundo Louis Couty, "veem-se muitas negras que não sabem quantos filhos têm, assim como nunca se preocuparam em saber o que lhes tinha acontecido". Ocorria, também, a exploração da mulher pelo homem escravo, que transformava a esposa em "sua servidora e sua coisa", o que, muitas vezes, provocava uma reação de ódio pela falta de afeto. Havia casos de morte de escravos envenenados por suas mulheres. Por ser constantemente maltratada,

> em geral, a mulher lhe devolve com juros esta falta de afeição: se encontrar em seu caminho um negro de melhor aparência que lhe agrade, não terá qualquer escrúpulo em livrar-se do empecilho misturando ervas venenosas às guloseimas que prepara para ele. As mortes de escravos casados tornaram-se tão frequentes que, em quase todas as fazendas, foi preciso proibir que as mulheres voltassem a se casar e impedi-las de continuar tendo relações sexuais (Louis Couty, *A escravidão no Brasil*, p. 94).

Famílias escravas

Como se pode depreender, a imagem de devassidão criada pelos observadores europeus e brasileiros, principalmente do século XIX, ainda interfere na visão atual sobre o comportamento sexual e a vida familiar dos escravos na maioria dos livros de História. Na verdade, porém, os registros que tratam da vida íntima do cativo são escassos e apresentam restrições que os tornam muito pouco confiáveis. Segundo o historiador Robert Slenes, mesmo um viajante criterioso dificilmente conseguiria tecer considerações isentas sobre a família escrava, pois estava sob influência de suas ideias preconcebidas e também das obtidas com seus informantes escravocratas. Além disso, o observador que vivia no Brasil era quase tão distante dos escravos, em seu modo de ser e de perceber, quanto o viajante estrangeiro. Um racismo extremado produzia a imagem deformada do escravo.

A crença de que reinava uma completa licenciosidade nas senzalas foi o principal alvo de críticas de Slenes em seu livro *Na senzala, uma flor*. O título do livro teve origem no texto do viajante Charles Ribeyrolles, no qual encontramos que nas moradias dos escravos no Brasil "não há famílias, apenas ninhadas". Ribeyrolles observou também que "nos cubículos dos negros, jamais vi uma flor: é que lá não existem nem esperanças nem recordações". Esse francês, que passou pelas regiões cafeeiras do Rio de Janeiro em 1858, reproduziu a ideologia de que o escravo é incapaz para o trabalho, ideia semelhante à dos senhores brasileiros.

> A fome não penetra na senzala. Nela não se morre de inanição como em White Chapel ou Westminster. Mas não existem famílias: há ninhadas. Por que se entregaria o pai às santas alegrias do trabalho? Interesse nenhum o liga à terra, nem proveitos lhe advêm da colheita. Para ele, o labor representa a fadiga e o suor. É a escravidão. Por que se desvelaria a mãe em manter limpos os filhos e a morada? Os filhos lhe podem ser arrebatados de uma hora para outra, como pintos ou os cabritos da fazenda, e ela mesma não passa de um simples objeto. Contudo, existem às vezes, nesses antros, distrações e prazeres bestiais, causados pela embriaguez, onde nunca se fala do passado, que é a dor, nem do futuro, porque está remoto (Charles Ribeyrolles, *Brasil pitoresco*, p. 46).

O preconceito racial de observadores estrangeiros e a crença na inaptidão do escravo para o trabalho disciplinado provavelmente contribuíram para fomentar as imagens de devassidão sexual e precariedade familiar presentes na historiografia brasileira.

A concepção da degradação sexual entre os cativos de Ribeyrolles influenciou intelectuais como Freyre, Caio Prado Júnior e Florestan Fernandes, apesar de seus diferentes pontos de vista. Fernandes, por exemplo, afirmava que o sistema produtivo escravista acabava impedindo "todas as formas de solidariedade" entre os escravos, sem estabelecer regras para a conduta sexual e nenhum incentivo para a formação de unidades familiares duradouras.

Um exemplo da tensão provocada pelo poder do senhor ao ditar o destino dos escravos foi dado por Slenes. Este citou o abolicionista Luiz Gama, que apresentou, em 1872, um requerimento solicitando garantias de vida ao cativo Serafim, morador de Jundiaí e casado com Romana, "com quem tem dois filhos menores". No documento, Gama relatou que o dono de Serafim "tem pretendido violentamente prostituir a mulher do suplicante". O ofício mostra não só a valorização do casamento, como o posicionamento do cativo contra o senhor por via de documento legal, ainda que tais "direitos" em geral não fossem respeitados.

Na condição restritiva a uma união estável, a atividade sexual para o escravo acabava limitando-se apenas às necessidades físicas e afetivas, ficando a procriação em segundo plano. Nas fazendas, homens e mulheres dormiam separadamente e os encontros íntimos de casais, mesmo legalmente casados, eram realizados quase às escondidas, durante a noite. O objetivo dos senhores era o de dificultar os contatos sexuais, mas não de torná-los impossíveis. Nesse sentido, a poligamia africana no Brasil foi substituída por uma sequência de ligações passageiras.

Em sua descrição, Ribeyrolles traçou uma diferença marcante entre os barracões dos solteiros, sem divisões internas expressivas, e os espaços separados dos casais. Esta prática de separação em celas, segundo o viajante, era quase geral.

> Os negros da fazenda, casados ou não, habitam compartimentos alinhados em filas ou por grupos, os quais à noite, após a ceia, são fechados pelo feitor. Dormem debaixo de chave como os presidiários. Essa medida é quase geral e tem por fim prevenir as evasões, os encontros sediciosos, as entrevistas de amor, as intemperanças e fadigas noturnas que abateriam as forças, perturbariam a disciplina e prejudicariam o trabalho (Charles Ribeyrolles, *Brasil pitoresco*, p. 46).

Quando a gravidez da escrava podia acarretar prejuízo econômico devido ao seu enfraquecimento físico ou à interrupção da força de trabalho durante a gestação, os senhores desencorajavam o intercurso sexual entre seus escravos.

A relação íntima de uma mulher com mais de um parceiro foi uma das medidas informais encontradas pelos fazendeiros para resolver o problema da falta de mulheres. Em publicação de 1831, segundo o pintor e desenhista francês Jean Baptiste Debret, os senhores, como administradores previdentes, souberam cuidar de seus bens lançando mão de uma certa moralidade pouco rígida:

> Como um proprietário de escravos não pode, sem ir de encontro à natureza, impedir aos negros de frequentarem as negras, tem-se o hábito, nas grandes propriedades, de reservar uma negra para cada quatro homens; cabe-lhes arranjar-se para compartilharem sossegadamente o fruto dessa concessão, feita tanto para evitar os pretextos de fuga como em vista de uma futura procriação destinada a equilibrar os efeitos da mortalidade. Administrador previdente, o fazendeiro brasileiro sabe, como se vê, cuidar de sua fortuna, no presente, pela severidade e a disciplina, e criar recursos, no futuro, por uma certa moralidade flexível (Jean Baptiste Debret, *Viagem pitoresca e histórica ao Brasil*, p. 196).

Segundo um manual do século XIX, os cativos casados deveriam viver separados, só se encontrando brevemente à noite na senzala. Eram constantes as disputas por exclusividade de mulheres entre cativos, sem dúvida devido ao menor número de escravas. De passagem por Itu, em 1825, Hercules Florence tomou conhecimento do assassinato de um escravo da comitiva do cônsul Langsdorff em consequência da disputa por uma negra.

Apesar dessa escassez de mulheres, alguns poucos escravos eram bem-sucedidos em suas conquistas. Foi o que ocorreu na cidade mineira de Montes Claros quando um senhor de nome Geraldo queria rescindir a liberdade concedida ao escravo José por este ser "desobediente", "ingrato" e, além do mais, por andar "desencaminhando as escravas da vizinhança". Nessa mesma cidade, em 30 de maio de 1842, foi envenenada uma mulatinha de nome Anastácia, de treze anos, por motivo de ciúme. Quem mandou matá-la foi Anna Pereira, amante do escravo Chrispim, conforme o relato de uma das testemunhas:

> [...] que o motivo do envenenamento fora uma briga que a ré Anna Pereira teve com Chrispim da Silva Lial, seu amante, em cujo ato prometendo o dito Chrispim dar à finada mulatinha duas saias, ela, a ré, lhe respondeu que ele podia dar as duas saias mas que a mulatinha não as haveria de desfrutar (Citado por Allysson Luiz F. de Jesus, *No sertão das minas*, p. 71).

A escassez de mulheres acarretava forçosamente a instabilidade da vida familiar. Muitos viajantes e religiosos julgavam que a responsabilidade pela promiscuidade da escravaria era mais dos fazendeiros do que dos cativos. O inglês Henry Koster, que foi senhor de engenho no Nordeste, foi muito claro a esse respeito. Segundo sua experiência pessoal, havia fortes evidências de que os escravos também percebiam o problema. Um cativo de um engenho de Pernambuco, ao tomar conhecimento da infidelidade de sua mulher, queixou-se ao senhor, que mandou açoitar a negra faltosa. Diante do castigo, o companheiro sentiu pena e implorou que a libertassem, dizendo: "Se aqui existem tantos homens e tão pequeno número de mulheres na propriedade, como é possível exigir que essas sejam fiéis? Para que o senhor tem tantos negros e tão poucas negras?".

Filhos ilegítimos

O problema de crianças abandonadas era menos frequente no campo, onde elas ajudavam os pais nas tarefas diárias. Se uma família ou mãe solteira não pudesse criar o filho, ele era acolhido por outra família. Eram comuns os chamados "filhos de criação", que podiam ou não ser tratados em condições iguais às dos filhos legítimos.

Mas é preciso não cometer equívocos: associar enjeitamento e pobreza faz esquecer a elite social que, por motivos de ordem moral, também abandonava seus recém-nascidos. As Santas Casas de Misericórdia acolhiam os bebês indesejados. Entre 1859 e 1908, a do Rio de Janeiro, por exemplo, recebeu 17 mil crianças. Tal fato não passava despercebido aos viajantes estrangeiros. Chamava atenção do oficial alemão Carl Schlichthorst o fato de que

> nunca tenha acontecido uma mulher branca dar à luz uma criança de cor. As cariocas têm orgulho dessa tradição que seria prova de alto grau de pundonor feminino, se fosse integralmente verdadeira. Considero-a uma lenda pela seguinte razão: na Casa dos Expostos da cidade, encontram-se muitas crianças de cor, que não vejo como tenham ido parar ali, se não são infelizes rebentos de mulheres brancas com negros, porque os filhos das pretas têm valor real, e mesmo livres, em pouco ou nada incomodam suas mães, sendo, demais o amor das africanas aos filhos, maior que o das brancas (Carl Schlichthorst, *O Rio de Janeiro como é (1824-1826)*, p. 93).

Na Colônia, muitos filhos ilegítimos de senhores com escravas eram mantidos em cativeiro. A partir da Independência, em 1822, foram criadas medidas legais que buscavam forçar os senhores a alforriarem os filhos gerados de escravas e também estas. Com o processo de definhamento do sistema escravista, foi decretada uma lei que proibia ao senhor apartar os escravos com a venda dos filhos naturais, obrigando-o a conservar os filhos e a mãe na mesma propriedade.

Como já observamos, até mesmo estrangeiros se adequaram às normas morais do país, mantendo relações com negras, daí podendo resultar o nascimento de bastardos. Foi o que relatou o viajante Robert Walsh:

> Certo dia, em companhia de um amigo, parei numa venda na estrada da Tijuca para comer alguma coisa. Vi alguns negrinhos brincando no quintal da casa, e entre eles um bonito menino de raça branca. Tinha um rosto delicado, cabelos claros e encaracolados, olhos azuis e uma pele tão clara como a de um europeu. Atraído pelo belo garotinho, afaguei-o por um momento e perguntei ao dono da venda se era seu filho. O homem disse que não, informando que ele era seu escravo, mas filho de um inglês, cujo nome mencionou para mim. Chocado e cheio de incredulidade, aventei a hipótese de seu pai ignorar que a criança vivesse como escrava; fui então informado de que o pai não só sabia do fato como tinha o costume, conhecido de todos, de vender seus filhos juntamente com a mãe escrava! (Robert Walsh, *Notícias do Brasil (1828-1829)*, p. 164).

Quanto à natalidade escrava, era muito importante a vinda de novos escravinhos para a reprodução da mão de obra, principalmente nas ricas zonas cafeeiras do Sul. Com o fim do tráfico negreiro, em 1850, o preço do escravo subiu bastante. Mesmo com as restrições da Lei do Ventre Livre, de 1871, o filho da escrava só era efetivamente livre após os 21 anos, sendo que até essa idade o jovem cativo já havia contribuído com sua força de trabalho ao senhor. Pesquisando inventários arquivados em São Paulo, a historiadora Muriel Nazzari afirmou: "Encontrei vários testadores do século XIX que alforriavam escravas por haverem sido muito 'produtivas' – isto é, por terem muitos filhos". Tal constatação evidencia as palavras encontradas pelo abolicionista Joaquim Nabuco em um manifesto dos fazendeiros escravocratas: "A parte mais produtiva da propriedade escrava é o ventre criador".

Como a mortandade entre os africanos era grande, e a dificuldade para o tráfico era cada vez maior, o aumento da natalidade configurava-se como uma das saídas para reposição humana nas fazendas brasileiras, o que teria encorajado encontro de possíveis casais. Com referência à aquisição de escravos no mercado, Freyre relatou:

> Havia também compradores que prestavam muita atenção às proporções dos membros viris dos negros e à amplitude dos quadris das pretas, ligando tais proporções à maior ou menor capacidade de machos e fêmeas para a procriação (Gilberto Freyre, *O escravo nos anúncios de jornais brasileiros do século XIX*, p. 20).

Apesar da necessidade de reposição de mão de obra, no entanto, nunca houve união com o intuito da formação de "criatórios de escravos", crença jamais comprovada. Talvez o equívoco se tenha originado a partir do registro do viajante Charles Expilly que, no século XIX, conheceu uma fazenda na província de Mato Grosso, cujo dono, um lavrador português, era produtor e comerciante do "rebanho humano". Além de possuir quatro negras e dois negros, obrigava sua mulher a copular com um escravo a fim de gerar mais mão de obra. A mulher, além de ter três filhos de pais desconhecidos, era aconselhada pelo esposo a dormir "com negros para parir crioulos", e que não o fizesse com brancos.

Quando era do interesse dos senhores, muitos deles não se importavam em apartar a criança da mãe. O processo movido na segunda metade do século XIX contra as escravas Justina e Maria Rosa, em que cada uma matou seus filhos, permite perceber que existia de fato a possibilidade da separação de familiares mediante venda, e isso amedrontava, sobretudo, os cativos que viviam em pequenas propriedades. Para ficarmos no caso de Justina, que vivia no município de Campos, no Rio de Janeiro, certa noite ela afogou seus três filhos em um tanque perto de casa e depois tentou o suicídio, mas, mesmo ferida no pescoço, não morreu. Conforme a historiadora Hebe Mattos, Justina dirigiu-se então à casa de um vizinho, a quem pediu que lhe desse um tiro, pois queria morrer. Com os depoimentos do curador, das testemunhas e do próprio senhor, ficou constatado que ela seria separada de seus filhos no dia seguinte, numa viagem que faria ao sertão.

Próximo à abolição, e posteriormente, muitos escravos e ex-escravos foram abandonados à própria sorte, não havendo quem se interessasse por seu destino, nem mesmo a família. Viajantes que percorreram o Brasil no final do século XIX constataram essa dura realidade. O salesiano Luís Lasagna, passando pelo Rio de Janeiro em 1882, escreveu a d. Bosco sobre o grande número de meninos abandonados, alertando para as responsabilidades morais do país. Mencionava os "órfãos que vagam errantes pelas ruas das populosas cidades, escravos que gemem sob o rigor de duros patrões, inocentes crianças abandonadas nas ruas por pais sem coração".

Outra deturpação do poder senhorial no período escravocrata foi o abuso sexual de crianças. Desde o Brasil colonial, meninos e meninas com menos de dez anos de idade aparecem na documentação inquisitorial do final do século XVI "violentados por homens maduros sem nenhum drama de consciência", afirmou o historiador Ronaldo Vainfas. Tratava-se de senhores abusando de crianças de tenra idade. O exemplo citado por Vainfas foi o de um padre cujo único crime admitido ao manter relações com uma menina de seis ou sete anos de idade foi o de "sodomia". Era somente este o "pecado", acrescentou Vainfas, que "interessava ao visitador" do Tribunal do Santo Ofício.

Cabe lembrar, porém, que "não havia o sentimento de infância" na sociedade colonial, inexistente também em todo o Ocidente, conforme demonstrou Philippe Ariès em *História social da criança e da família*. Desse ponto de vista, seria um despropósito falar em violação de crianças; constata-se que a transgressão praticada por adultos não dizia respeito à tenra idade do infante, e sim ao ato sexual pecaminoso. A configuração das residências também colaborava para que a prática se disseminasse: durante a noite, as pessoas dividiam o mesmo cômodo e repartiam a cama com os demais membros da família, sendo comum, então, uma criança se aninhar entre os adultos, predispondo-os à violação sexual.

Como os escravos eram considerados bens pessoais, os senhores se julgavam no direito de estender seu poder à esfera sexual. A historiadora Keila Grinberg resgatou a reviravolta na vida de uma escrava de nome Liberata explorada por seu senhor:

> Por volta de 1790, José Vieira Rebello, morador na Enseada das Garoupas, termo de Desterro, foi à Vila de Paranaguá comprar uma mulatinha de dez anos, Liberata, que pertencia a Custódio Rodrigues. Feita a transação, Vieira levou-a para casa e, escondido de sua mulher e filhos, passou a persegui-la pelos remotos e despovoados da região. Até que um dia ele conseguiu levá-la para os matos e, finalmente a possuiu. A partir de então, o capricho virou hábito (Keila Grinberg, *Liberata: a lei da ambiguidade*, p. 15).

Relutando denunciar o ocorrido por medo da vingança da mulher do senhor, Liberata, a contragosto, consentiu na continuidade dos atos ilícitos praticados por ele, o que resultou na geração de dois filhos. Mais tarde, a escrava conseguiu na justiça o direito à liberdade.

Alguns viajantes estrangeiros, influenciados pela ideologia e práticas dominantes no patriarcado, também compartilharam desse fascínio de associar a negra à sensualidade e ao prazer sexual. Carl Schlichthorst, oficial alemão que serviu ao Exército Imperial brasileiro, foi levado a reinterpretar, em contato com a sociedade escravocrata brasileira, suas sensações em relação à mulher negra:

> Doze anos é a idade em flor das africanas. Nelas há, de quando em quando, um encanto tão grande que a gente esquece a cor. As negrinhas são geralmente fornidas e sólidas, com feições denotando agradável amabilidade, e todos os movimentos cheios de graça natural, pés e mãos plasticamente belos. Lábios vermelhos escuros e dentes alvos e brilhantes convidam ao beijo. Dos olhos se irradia um fogo tão peculiar, e o seio arfa em tão ansioso desejo que é difícil resistir a tais seduções. Até o digno Clapperton muitas vezes compartilhou as mesmas sensações que me assaltavam no momento, sem disso se envergonhar. Por que deverei eu me deixar influenciar pela soberba europeia a negar um sentimento que não se originava em baixa sensualidade, mas no puro agrado causado por uma obra-prima da criação? A menina que se achava à minha frente era, a seu modo, uma dessas obras-primas e, para ela, eu me podia servir das palavras do inglês: *a beautiful negro lady* (Carl Schlichthorst, *O Rio de Janeiro como ele é (1824-1826)*, p. 204).

No período imperial, constatava-se a exploração de jovens meninas cativas, prostituídas pelos senhores, que as ofereciam a marinheiros famintos de sexo. Gilberto Freyre relatou em *Casa-grande e senzala* os "feitiços" preparados pelos escravos a que recorriam senhores "já velhos e gastos" para despertar o desejo sexual, expediente observado também nas antigas fazendas de café do interior do Rio de Janeiro no século XIX: senhores de até oitenta anos recorriam a negros macumbeiros e procuravam viver "rodeados de negrinhas ainda impúberes; e estas a lhes proporcionarem as últimas sensações de homem".

Freyre citou, ainda, que um supersticioso barão do Império, acreditando nos poderes afrodisíacos da bruxaria e do curandeirismo, "morreu já octogenário, a acariciar mucamas púberes e impúberes". Também o jurista Viveiros de Castro, em livro publicado em 1894, mencionou um rico fazendeiro de família nobre de Pernambuco, por volta de setenta anos, solteiro: "Este esquisitão tem em sua companhia um serralho de mulatinhas virgens, e todas as noites, depois das rezas, elas dançam em sua presença completamente nuas".

Prostituição negra no Rio de Janeiro

Já em 1845, segundo Freyre, as meretrizes podiam ser classificadas em "aristocráticas ou de sobrados, as de sobradinhos e rótulas, e a escória, refugiada até em casebres", em geral libertas e escravas. Jovens libertas que não tinham meios de sobrevivência recorriam à prostituição esporádica como sustento. Muitas das prostitutas negras eram libertas, mas é difícil definir quando elas haviam obtido sua liberdade, se antes ou depois de exercerem seu ofício.

Com frequência, alguns senhores das cidades viviam dos proventos de suas cativas chamadas "de ganho", recebendo parte do que elas arrecadavam também com a prostituição. Embora a lei não permitisse forçar escravas ou quaisquer outras mulheres a se prostituir, a prática era bastante comum no Rio de Janeiro.

Em meados do século XIX, quando a prostituição das escravas domésticas e de ganho de rua tornou-se escancarada, alguns senhores não tiveram o menor pudor em oferecer publicamente os "serviços" de suas escravas nos jornais da cidade. O modo de burlar os regulamentos municipais era o mais simples possível. Os senhores de escravos publicavam sutis anúncios nos jornais locais, elogiando as habilidades amorosas de suas cativas: "À venda uma bela negra, experiente em dar afeto, com alguma educação", dizia um anúncio alguns anos antes da abolição. Outro oferecia "uma linda negra como presente, sabe costurar e cuidar de crianças, com as quais é muito atenciosa". Os donos também anunciavam, nos jornais, jovens mulatas escravas para trabalho doméstico em casa de cavalheiros solteiros, e que poderiam servir também como amantes.

Alguns escravos chegavam a frequentar o baixo meretrício, não sendo raros casos de prisão por algazarra, briga, danças, perturbação da paz ou apenas por sua presença no prostíbulo. Aparentemente, havia prostíbulos frequentados especificamente por escravos, embora se possa supor que somente eles fossem presos, sendo os brancos presentes poupados pela polícia. Negros libertos mantinham algumas dessas casas de meretrício. Por exemplo, a historiadora Mary Karasch contou que em 1834 foram presos quatro pretos libertos por serem donos de um prostíbulo onde foram encontrados como fregueses nove escravos, dois dos quais a polícia autuou por briga.

Em 1850, também no Rio, um português e uma negra exploravam um prostíbulo, na rua da Vala, frequentado por caixeiros portugueses brancos e também por alguns escravos fugitivos. A polícia registrou que, naquele prostíbulo "escandaloso", tinha detido um "grande número de homens negros", a maior parte escravos.

Como comércio de rua, a prostituição às vezes era praticada pelas escravas em tempo parcial ou integral. Sobre essas escravas, a francesa Adèle Toussaint-Samson, que permaneceu no Brasil em meados do século XIX, afirmou: "Muitos homens acham belas essas negras; quanto a mim, [...] nunca me pareceram constituir mais que um tipo bastante feio", embora em seguida tenha moderado seu julgamento: "Apenas nas mulatas muito jovens encontra-se por vezes essa beleza". Finalizou sua descrição com preconceituoso juízo moral: "Nada mais devasso que essas negras Minas: são elas que depravam e envenenam a juventude do Rio de Janeiro; não é raro ver estrangeiros, principalmente ingleses, sustentá-las e fazer loucuras por elas". A culpa pelo problema era lançada à vítima:

> Quando essas criaturas são desejadas, não se precisa mais que lhes fazer um sinal, e elas o seguem. Algumas tive em minha casa que, terminado seu serviço, desapareciam à noite para entregar-se a esse belo comércio e achavam muito estranho que as repreendesse por isso. Respondiam simplesmente: "É preciso que eu vá ganhar com que comprar uma peça de renda! Nossas patroas brasileiras não são como a senhora, e nos deixam algumas horas para isso toda noite" (Adèle Toussaint-Samson, *Uma parisiense no Brasil*, p. 84).

De fato, os senhores que obrigavam as suas escravas à prostituição ou que simplesmente fingiam não saber de suas "atividades noturnas" davam autorização escrita para que elas pudessem perambular pelas ruas da cidade depois do horário estabelecido pelas leis municipais.

A ação dos corruptores de mulheres pode ser compreendida com o testemunho feito por um subdelegado, em 1879, que acusou dona Amélia F. Cabral de prostituir sua escrava de cor parda de dezessete anos. Temerosa dos castigos impetrados por sua senhora, a cativa Catarina se prostituía a mando desta. O depoimento da escrava à autoridade policial confirmou as denúncias:

> Disse que acerca de um mês veio do Rio Grande do Norte consignada a João Fonseca que a vendera a Amélia Cabral haverá três semanas onde tem sempre estado à janela recebendo visitas, onde foi deflorada por um indivíduo por ordem de sua senhora que para isso recebeu dinheiro. Essa sua senhora a obriga estar à janela até uma hora da noite e o

> dinheiro que recebia das visitas fazia dele todo entregue a sua senhora, que a ameaça com castigos e Casa de Correção quando ela não recebia bastante visitas que pagassem. Essa foi castigada por sua senhora com bolos e bofetadas por não querer estar na vida da prostituição (Citado por Luiz Carlos Soares, *Rameiras, ilhoas e polacas*, p. 66).

Os viajantes registraram que as mulheres cativas que executavam tarefas domésticas ou eram vendedoras de rua durante o dia, com frequência ganhavam dinheiro extra à noite, por sua própria conta. Algumas se prostituíam de bom grado em função dos ganhos econômicos e se passavam por libertas. Com o fim da escravidão, abandonadas por seus senhores, muitas mulheres tiveram que partir para a prostituição como forma de sustento, aumentando o contingente das chamadas "mulheres públicas".

9

A convivência sexual longe dos centros urbanos

Em virtude da grande extensão territorial do país e das grandes propriedades rurais, seus moradores viviam sempre isolados, a léguas de distância uns dos outros, bem longe do poder central e do controle moral da Igreja. Entre as camadas de baixa renda, era pequeno o índice de casamentos realizados de acordo com as normas da moralidade católica.

Viajando pelo interior do país

Para tecer um painel sobre a vida cotidiana de uma dessas regiões, o viajante Hercules Florence afirmou que "descrever os costumes gerais da população de Cuiabá é decerto descrever os de todos os brasileiros". É claro que o autor acrescentou que "várias circunstâncias locais concorreram para dar hábitos peculiares à terra", mantendo certa particularidade.

No que se referia ao matrimônio, em geral, só os homens bem mais maduros é que se casavam, pois "buscam uma companheira para os tempos da velhice". Quanto aos demais, viviam amancebados e, muitas vezes, nem se limitavam a isso, envolvendo-se em intrigas amorosas com mulheres casadas e solteiras. Quanto ao recato das mulheres casadas, "a fidelidade conjugal é, muitas vezes, falseada. Apesar de temerem os maridos e considerá-los como amos e senhores, sabem perfeitamente enganá-los", acrescentou Florence.

Nos horários de refeição, Florence constatou que as mulheres das casas visitadas geralmente se escondiam. Em uma outra vila percorrida por ele, as mulheres que frequentavam a casa, negras e mulatas, não se ocultavam à vista de estranhos. Segundo Florence, "provavelmente é porque ali não havia moças brancas". Escrevendo sobre os costumes morais em Cuiabá, assim anotou:

> As moças filhas de pais pobres nem sequer pensam em casamento. Não lhes passa pela cabeça a possibilidade de arranjarem marido sem o engodo do dote e, como ignoram os meios de uma mulher poder viver do trabalho honesto e perseverante, são facilmente arrastadas à vida licenciosa, na qual, justiça se lhes faça, apesar de pertencerem a todos, nunca mostram a ganância e as baixezas das mulheres públicas da Europa (Hercules Florence, *Viagem fluvial do Tietê ao Amazonas de 1825 a 1829*, p. 147).

Encontramos o mesmo comportamento licencioso na capitania de Goiás, que também tinha a reputação de "libertina" ou de "promíscua sexualmente", além de lá não se observarem as normas morais estabelecidas. Grassava a infidelidade masculina.

O francês Auguste de Saint-Hilaire, em viagem pela província de Goiás em 1819, atribuía a falta de casamento à "imoralidade" dos primeiros colonos brancos que se dirigiam para aquela região acompanhados de mulheres negras ou índias, frequentemente na condição de amantes, já que "o seu orgulho não permitia que se unissem pelo casamento". A mesma vida desregrada era também levada até pelo mais humilde sertanejo.

> [...] uma mulher de cor tinha, com frequência, muitos parceiros sexuais. Na comarca do norte, as índias cativas e as mulheres de cor eram partilhadas pelo chefe de família e pelos seus camaradas. Era esta, também, a condição de outras mulheres livres de cor que viviam sozinhas com um grupo de mineiros, barqueiros e vaqueiros em fazendas de gado isoladas (Mary Karasch, "Concubinato e casamento na capitania de Goiás", p. 93).

A historiadora Mary Karasch supôs que essa tradição pode se ter originado de costumes indígenas tais como o dos Apinajés, para os quais as mulheres deveriam trocar favores sexuais por presentes dos homens de fora da comunidade. Sendo mais vulneráveis, era muito difícil uma mulher opor resistência a esses arraigados costumes.

Hercules Florence, acompanhando a expedição de Langsdorff pelo interior do país, afirmava haver aldeamentos indígenas em quase todos os arredores das povoações da província, o que favorecia o contato do nativo com pessoas das vilas. Ele teceu elogios à beleza das mulheres da tribo Guaná, em Cuiabá, fato raro entre os viajantes; acrescentou ainda que seus maridos as "prostituem" movidos por interesses próprios: "Reina entre elas a mais completa devassidão, tanto mais quanto os próprios maridos, desconhecendo o que seja ciúme, entregam-nas a estranhos com a maior facilidade, mediante algum dinheiro ou peças de roupa".

Nem todas as tribos visitadas pelos viajantes eram vistas com preconceito, embora isso fosse natural para a época, pois a maioria deles trazia em suas bagagens a ideologia do civilizado europeu. Um exemplo elogioso de Florence foi dirigido aos Guatós, que "ao contrário dos Guanás, são muito ciosos de suas esposas a quem amam extremosamente e das quais recebem grandes provas de ternura e fidelidade".

Viajantes como Saint-Hilaire, Pohl, d'Orbigny e outros fizeram menção a doenças venéreas disseminadas entre os naturais da terra. Florence também afirmou que entre os Apiacás, "como nos povos civilizados, há mulheres que não pertencem a ninguém", sendo o que as diferencia é andar nuas e deixar patentes "às vistas o funesto presente da sífilis que lhes inoculam os estrangeiros".

O fato de os viajantes serem pessoas de fora do povoado tornava suas percepções mais aguçadas para um certo tipo de observação do que para a maioria dos habitantes acostumados ao grupo social de que faziam parte; estes, frequentemente, consideravam como natural uma situação social que, para o estrangeiro, revelava-se com mais estranheza. Por não estarem envolvidos no grupo social visitado e até desconhecerem sua história, alguns dos viajantes conseguiram apreender, supostamente com mais nitidez, o interior das relações sociais.

O naturalista francês Alcide d'Orbigny, que esteve no Brasil em 1826 percorrendo Minas Gerais, comentou sobre o comportamento social de uma pequena tribo às margens do Jequitinhonha:

> Aqueles índios são, quase todos, batizados, mas o Cristianismo não adotou seus costumes. Embora unidos em casais e casados por um padre, os maxacalis se mostram pouco respeitosos da fidelidade conjugal. Em troca do menor presente, os maridos deixam ser partilhados seus direitos sobre as esposas, e estas, por sua vez, cedem à primeira proposta. Em geral, esse povo se entrega a uma libertinagem precoce. Pais vendem, às vezes, as filhas de oito anos a homens feitos, que lhes dão o título de esposas (Alcide d'Orbigny, *Viagem pitoresca através do Brasil*, p. 127).

Descendo em direção ao Rio Grande do Sul, o oficial alemão Carl Seidler, que permaneceu por longo período no Brasil, apontou a aguardente e o tabaco como as melhores armas para subjugar os índios. Quando capturados, eram mantidos reclusos e bem tratados com cachaça e cigarro. Uma vez soltos, retornavam à tribo, mas já apaixonados pelo vício, e, para satisfazê-lo, iam novamente em busca do produto no vilarejo, oferecendo em troca cera, pele de onça e outros objetos de uso na tribo, até ficarem desprovidos de tudo. Seidler, em seus escritos de 1835 referindo-se aos índios Guaranis, afirmou que eles,

> como todos os seus patrícios, gostavam muito das bebidas fortes e não tinham por vergonhoso para obtê-las cederem suas mulheres e filhas, as quais aliás com admirável obediência se submetiam a tais desejos de seus maridos e pais. Contudo, estes eram extremamente ciumentos quando notavam que a sua mulher mantinha alguma relação amorosa, sem seu especial consentimento e sem que isso rendesse presentes ao marido. Não obstante a grande vigilância dos homens, quase todas as mulheres e moças tinham um ou mais amantes brancos, sem que os homens o soubessem (Carl Seidler, *Dez anos no Brasil*, p. 142).

Maior degradação, registrada em seu livro *Viagem ao Rio Grande do Sul*, foi observada por Saint-Hilaire entre 1820 e 1821. Foi bastante corrosivo ao tratar do comportamento das nativas da região: "As índias são feias, estúpidas, sem nenhuma graça. Têm um riso parvo e um andar ignóbil. Não se afeiçoam ao amante, sendo infinitamente inferiores às negras; entretanto, vê-se uma multidão de homens brancos chegarem ao ponto de se apaixonar por elas". À medida que seu olhar se foi acostumando com a presença indígena, chegou até a moderar seu julgamento quanto à beleza: "Não sei se é o hábito de ver índias que vai fazendo desaparecer a meus olhos qualquer coisa da feiura delas, mas parece-me de fato existir entre essas mulheres algo de agradável, em seu sorriso infantil".

Para Saint-Hilaire, a falta de gosto dos rudes homens locais, em busca apenas de prazeres carnais com as índias, fez com que eles se igualassem a elas na falta de pudor, pois essas mulheres se entregavam "totalmente à voluptuosidade". Passando por Santo Ângelo, Saint-Hilaire se referiu às guaranis como mulheres "despudoradas", que "parecem ter nascido para perdição dos homens de nossa raça". Eram tachadas de infiéis e não se interessavam pelo casamento, mesmo que os homens brancos demonstrassem paixão.

Nem os integrantes da tropa de Saint-Hilaire escaparam de manter relações com as índias. O viajante soube disso porque os lenços que as mulheres traziam à cabeça chamaram-lhe a atenção. Descobriu que os presentes haviam sido ofertados por seus tropeiros que passaram a noite com elas. Prometendo colares às índias, conseguiu o depoimento delas afirmando que haviam tido relações com cada um dos seus empregados, e todas confirmaram que os presentes haviam sido dados em troca de sexo. A cena o surpreendeu pelo "ar de simplicidade" ou de quase inocência com que as índias faziam tais relatos.

Em São Borja, como havia mais mulheres que homens, e as índias viviam somente no meio de velhos, elas "entregam-se ao primeiro que se apresenta, seja negro, seja branco, e o mais das vezes não exigem retribuição alguma". Os velhos a que elas se entregavam não se importavam com a moral daquelas mulheres. De resto, as ligações das guaranis eram vistas como causadoras de danos. "É sabido quanto são perigosas as moléstias venéreas transmitidas pelas índias aos homens de nossa raça, e quase todas as mulheres das aldeias são portadoras de vírus venéreos."

No final, Saint-Hilaire não deixou passar despercebida a presença da pobreza reinante em São Nicolau, quando "mulheres quase nuas vieram ter ao redor de minha carroça para aproveitar os restos dos alimentos, já apodrecidos, dos meus soldados, no que eram acompanhadas pelas crianças que amamentavam".

Nem sempre, porém, são confiáveis os relatos de viajantes que permaneceram apenas alguns dias nas aldeias e vilarejos; há o risco de suas atenções se terem voltado apenas para o pitoresco, o inusitado. Mesmo assim, a importância desses relatos está na observação das condições de vida social do local visitado e do contato com os moradores.

Sodomia em uma colônia chamada Fernando

O período em que a ilha de Fernando de Noronha começou a servir como prisão parece remontar ao século XVIII, ou até mesmo antes. As obras de fortificação tiveram início em 1741, ano em que podem ter chegado os primeiros sentenciados militares, iniciando-se o costume de lá serem encarcerados os criminosos. Já o envio de sentenciados civis para o presídio só teve início em 1833. Com o tempo, a ilha tornou-se "um depósito de réus de todos os crimes".

A própria extensão da ilha era a prisão; a parede e o vigilante, o próprio mar. Não existia edificação prisional com celas, grades e muros. José Lins do Rego, em seu romance *Usina*, narrou a prisão de Moleque Ricardo naquele local: "Todos tinham raiva do mar, um ódio igual ao que tivessem pelas grades da cadeia. O mar prendia-os, o mar era o grande carcereiro". Havia apenas um prédio que abrigava precariamente os presos considerados "incorrigíveis" e confinava outros tantos para o pernoite. Para punições severas, usavam-se açoite, tronco e acorrentamento. Mesmo com a própria natureza como muro, alguns não suportavam o encarceramento: poucas e infrutíferas tentativas de fuga se deram em precárias jangadas.

Uma carta de um clérigo do Pará, escrita em 1797, lamentou que naquela ilha não se permitisse a entrada de mulheres, sendo que da ausência "deste sexo nascem horrorosos crimes; a sodomia, a bestialidade". A degradação dos costumes propiciava que se fizesse o ato pecaminoso com publicidade e pompa, chegando a realizarem-se "casamentos entre pessoas do mesmo sexo", com os "infelizes" se denominando marido e mulher. Os ciúmes causavam frequentes desordens. A homossexualidade incluía desde o comandante do presídio até o mais humilde dos degredados. Habituados ao "nefando pecado", não deixavam de praticá-lo quando saíam da ilha, criticou o clérigo.

Acreditava-se que o ingresso das mulheres para ficarem próximas dos maridos preservaria as famílias, pois as esposas não seriam tentadas a traições nem os esposos a sodomia. O reformador da colônia penal, em 1865, conselheiro Henrique Beaurepaire Rohan, afirmou que o longo período de tempo das penas cumpridas na ilha presídio resultava em

> desordens, que o sentimento da moralidade devia ter procurado evitar. Enquanto suas mulheres, abandonadas no continente, procuravam, para si e seus filhos, um recurso da devassidão, seus maridos, isolados no presídio, entregavam-se aos mais degradantes desvios, de onde se originavam as únicas enfermidades conhecidas naquele abençoado clima (Citado por Marcos Paulo Pedrosa Costa, "Fernando e o mundo: o presídio de Fernando de Noronha no século XIX", p. 164).

A partir da década de 1860, intensificou-se o ingresso de mulheres, antes proibido até mesmo para as esposas dos militares. Em um projeto de reforma do presídio proposto em 1864, a família assumiria um papel de correção do preso. O projeto moralizador, por via da constituição de um lar, estimularia a formação de famílias e valorizaria a presença das mulheres, fato que sempre despertou polêmicas. Um texto de autor anônimo, escrito em 1817 e publicado somente em 1883, apontava a importância do ingresso das mulheres na ilha.

Em 1865, sua população era composta de 169 militares e funcionários da administração, 1.575 sentenciados, 475 homens e mulheres que não cumpriam pena, chamados de "paisanos". Dentre estes, estavam comerciantes, mulheres, crianças e até mesmo alguns escravos. O que chamava a atenção em Fernando de Noronha era a expressiva presença de indivíduos livres convivendo com um contingente carcerário. Em 1877, as mulheres sentenciadas correspondiam a uma pequena parcela entre os condenados. No entanto, foram alvo de desaprovação por parte dos reformistas, que não viam razão da presença feminina no arquipélago.

Os criminosos não se recuperavam, e os agentes da autoridade se corrompiam ou já traziam consigo o vírus da corrupção. A insegurança sujeitava a administração – em desproporção numérica – a uma relação dúbia com os presos, permitindo privilégios e acordos com alguns, para poder manter a ordem e preservar suas próprias vidas. A força não poderia ser o instrumento primordial de controle por causa do longo período de convívio entre os guardas e os detentos, o que acabava por criar laços de camaradagem. Nem todos os detentos, aliás, representavam ameaça à ordem.

Segundo o advogado e escritor Antônio H. S. Bandeira Filho, a imagem sinistra que o presídio despertava para quem morava fora da ilha não correspondia à realidade, pois a condição dos sentenciados era plenamente suportável. Lá montavam casa, trabalhavam para a administração ou no que bem lhes conviesse, e alguns, ainda, desfrutavam atividades de lazer. A interação social criada na colônia penal prendia os condenados ainda mais a ela.

Os casamentos na ilha se estendiam a todas as categorias sociais lá presentes: militares, paisanos e detentos. Em 1865, o regulamento da colônia penal permitia que os detentos casados tivessem a esposa e os dependentes vivendo perto deles. As autoridades acreditavam que as mulheres dos sentenciados, estando distantes deles, ficariam "desprotegidas" enquanto os esposos estivessem encarcerados. Essa política ajudaria ainda a coibir uniões do mesmo sexo, de que os administradores das colônias tinham conhecimento, principalmente em uma população penal majoritariamente masculina. Em 1880, investigações parlamentares deram conta de que muitos pais abusavam do privilégio de ser casados e acusavam alguns de prostituírem esposas e filhas por intenção financeira, em vez de protegê-las.

Atribuía-se à ilha de Fernando de Noronha uma entidade masculina, como se "Fernando" tivesse vida própria. O comandante José Ângelo reafirmava que "sem mulheres é impossível governar Fernando". Se o ingresso de mulheres, por um lado, atenuava a prática homossexual, por outro estimulava estupros e prostituição. Os sentenciados solteiros e viúvos, ao cometerem "crimes contra o pudor de menores", eram denunciados, confessavam o delito e em seguida revelavam seu desejo de casar-se para reparar o dano. Tais delitos levaram Bandeira Filho, em 1880, a anotar:

> Há necessidade urgente de arredar dali 36 desgraçadas, que dão o triste espetáculo da maior degradação, com verdadeiro escárnio das sentenças que as condenaram. As paisanas ou livres não diferem muito no gênero de vida, e, salvas as poucas exceções, e infelizmente são bem poucas, não há mulher honesta naquele lugar. A prostituição assumiu proporções assustadoras. Há meninas de oito a nove anos já pervertidas e depravadas, com ciência e consciência de seus pais. O próprio casamento é muitas vezes procurado para fins ignóbeis, a ponto de os maridos aconselharem suas mulheres à infidelidade, para auferir os lucros (Citado por Marcos Paulo Pedrosa Costa, "Fernando e o mundo: o presídio de Fernando de Noronha no século XIX", p. 162).

Como a proporção maior era de homens, cerca de 80% da população da ilha, ser mulher ou ter uma mulher, ainda que adolescente, realmente poderia significar assédio dos solteiros e viúvos, além de ser uma fonte certa de lucros. Devido à escassez de mulheres, as pessoas que estavam no continente acreditavam que na ilha existia sodomia desenfreada. José Lins do Rego, por exemplo, conseguiu expressar com sutileza, em sua escrita ficcional, a ocorrência da homossexualidade naquele arquipélago quando Moleque Ricardo, em sua rede, acolheu à noite seu Manoel, que trabalhava na casa do médico da ilha.

Em texto escrito por autor anônimo, atribui-se também "aos pecados de Fernando" o motivo de para lá se enviarem os padres criminosos, o que servia para ampliar o número dos incorrigíveis e dos escândalos. Segundo o historiador Marcos Paulo Pedrosa Costa, é possível que essas informações sejam exageradas pela extrema moralidade do texto anônimo, "mas não deixam de informar sobre um tipo de imagem que as pessoas do continente tinham a respeito da ilha, sobretudo pela importância atribuída à presença das mulheres e da família".

Uma colônia de amor livre

Enquanto nas aglomerações urbanas do Brasil a grande discussão girava em torno do escândalo e da erradicação do sexo pago, bem distante dali, no Paraná, era testada uma proposta utópica de transformação das relações entre humanos. No final do século XIX e no seguinte, o Brasil foi um dos países que mais recebeu levas de imigrantes de quase toda parte do mundo. Assim, diferentes experiências de vida foram registradas, como o caso da Colônia Cecília, criada no Paraná, a trinta quilômetros da vila da Palmeira.

O imigrante italiano Giovanni Rossi (1856-1934), ardoroso defensor dos princípios anarquistas, idealizou a colônia, que durou de 1890 a 1894. Seu objetivo era a aplicação dos fundamentos socialistas não só na produção, mas também nas relações amorosas. Iniciada com cinco ou oito pessoas, chegou ao auge com mais de 150 membros.

Rossi e sua mulher Adele Serventi iniciaram a prática do amor livre, fazendo jus à filosofia anarquista. Dividia a mulher com outros dois homens, tendo Adele dito mais tarde que acolheu os três por amor a um, ao marido. Outra mulher que participou da experiência nessa comunidade foi Acolina; havendo falta de mulheres na colônia, elas seriam compartilhadas com outros companheiros. Diante desse fato, Rossi concordou que sua companheira mantivesse relações com um tímido jovem da Bretanha, Jean Géléae, "que ia morrer por ter-se entregue à masturbação por causa da preocupação das mulheres da colônia em preservarem suas honras". Rossi disse:

> Eu havia conhecido Adele em novembro de 1891, na Itália, quando falava de amor livre, da necessidade de mudança nos relacionamentos; só quando a mulher não pertencesse a ninguém e os filhos fossem não de um pai mas da comunidade, a noção de família estaria banida.

O que ele queria combater era o sentimento de posse e exclusividade entre os que se apaixonam. Os demais membros casados não acolheram a ideia de compartilhar as esposas. Mas o drama da abstinência sexual forçada pelas circunstâncias era tão crucial que desencadeava uma crise no interior da comunidade, como relatou Rossi ao companheiro de além-mar, Sanftleben:

> Com o grupo dos camponeses originários da região de Parma, chegou uma jovem precoce, que se pôs a namorar com todos os homens da colônia. Resistir a ela era fácil para aquele que tinha uma companheira, mas os solteiros, que tinham vivido entre mulheres virtuosas durante dois ou três anos, em uma castidade obrigatória, não resistiram. Eu era um desses, porque Adele ainda não tinha chegado na colônia. Houve até dois ou três homens casados que caíram em pecado. Os burgueses do amor de barriga cheia, que não acreditam na fome, levantaram uma tempestade de indignação, e todos ficam do lado deles (Citado por Isabelle Felici, "Imigração e anarquismo: a verdadeira história da Colônia Cecília", p. 31).

Foi de efêmera duração a experiência, mas ficou a ousadia da proposta na derrubada de arraigados tabus do casamento, da família e do amor monogâmico. O ideal do amor livre bem como a colônia não vingaram, mas Rossi, no entanto, afirmava que não houve promiscuidade. Escrevendo sobre o ocorrido, Rossi foi premonitório ao que viria no século seguinte com o advento das comunidades hippies: constatou que as questões econômicas do seu tempo eram tão relevantes quanto "as relações afetivas seriam talvez a questão palpitante do século XX".

10

Damas da noite e escravas brancas do sexo

No Brasil recém-saído da escravidão, onde a abolição, dentre outros aspectos, deixara o senhor de engenho e a emergente aristocracia do café sem a comodidade de ter várias mulheres para satisfação das suas necessidades sexuais, a prostituição tornou-se mercadoria indispensável e se expandiu muito.

No princípio do século XX, o mercado de sexo no Rio de Janeiro, São Paulo e, em menor escala, Porto Alegre, Salvador, Recife, Belém e Manaus, dividia-se em três grupos principais: a prostituição de luxo das francesas, o grupo intermediário das polacas, vindas da Europa Oriental, e a prostituição mais barata das negras ou pardas.

O sociólogo Paulo Duarte (1899-1984), ao contar a sua iniciação em caminhadas boêmias pelos becos e ruas estreitas do centro de São Paulo nos primeiros anos do século XX, deu mostras da profusão de sotaques nos prostíbulos:

> Havia botequins esparsos entre casas pequenas, em cujas janelas, um pouco ocultas pelas venezianas, apareciam rostos de mulheres muito pintadas, convidando quem passasse para entrar. O convite se fazia sempre com a mesma frase: "Entra, simpático!". A frase, com acentos diferentes, brasileiro, francês, alemão, que se confundia com outro parecido, mas não era alemão; e soubemos mais tarde que eram "polacas", mulheres da vida que haviam sido, até há pouco tempo, donas da rua inteira, a antiga rua de S. José, ocupada inteirinha pela prostituição (Paulo Duarte, *Memórias*, p. 225).

Na década de 1920, as frequentadoras dessa antiga rua, que teve o nome mudado para Líbero Badaró, também chamaram a atenção do memorialista Jacob Penteado, pois "ficavam à porta e às janelas de cabelos enfeitados com flores" como distintivo da profissão; acrescentou, ainda, que "muitas delas usavam galhos de arruda nas coxas, para evitar mau-olhado e moléstias venéreas". Próximo dali, no Hotel dos Estrangeiros, ficavam as mais refinadas mulheres da vida; era onde as altas folias noturnas ocorriam a partir das dez horas da noite.

Diversificando a luxúria

A política de "branqueamento" atingia também a boemia: a mulher europeia de pele clara tornara-se um ideal de beleza. A fama de que a francesa detinha as artimanhas da sedução alimentava o imaginário social. Além disso, o universo das práticas sexuais nos bordéis de luxo desempenhou uma função "civilizadora" na sociedade provinciana do período. Em muitos romances e depoimentos, destacava-se essa dimensão da vida nos bordéis e cabarés: as meretrizes estrangeiras, experientes e viajadas, ensinavam também regras sofisticadas de conduta aos brasileiros deslumbrados com o progresso e a riqueza advindos da exportação do café.

De acordo com a historiadora Mary Del Priore, o bordel do início do século XX procurava imitar o ambiente da casa burguesa, com piano tocado pelas meninas; o espelho no quarto, porém, diferenciava-o da rudeza do lar, onde o marido jamais via a esposa nua, como o fazia com a prostituta. Para a elite eram reservadas as chamadas cocotes francesas, que muitas vezes nem francesas eram, mas imitavam o sotaque e pintavam o cabelo de loiro. Essa prostituição tinha um papel formador, pois

> são elas que vão ensinar o brasileiro a sair dessa rusticidade, do encontro muito rápido, muitas vezes com essa origem do campo, da fazenda, tendo tido uma iniciação com animais. São elas que vão ensinar o brasileiro a ter uma sofisticação erótica maior, e vão ser responsáveis também por certo cuidado higiênico do brasileiro com o próprio corpo: elas são as primeiras médicas, no sentido de ajudar o brasileiro a combater as doenças sexualmente transmissíveis (Mary Del Priore, *Quando éramos virgens*, p. 172).

A repressão atuava, porém. No Rio de Janeiro, em 1879, o chefe de polícia Tito de Matos iniciou uma grande campanha de repressão aos traficantes de prostitutas de outros países. Na década de 1890, quando a polícia começou a prender as meretrizes que frequentavam a rua Senador Dantas, o advogado Evaristo de Moraes obteve um *habeas corpus* para garantir-lhes o exercício do direito constitucional de ir e vir. Mas a presença indecorosa das meretrizes nos locais públicos constituía uma afronta aos bons costumes e aos valores da família brasileira. Para o jornalista Ferreira da Rosa, em publicação de 1896, a visibilidade que a prostituta conquistava na cidade moderna incomodava.

> Ela ocupa os melhores lugares em todos os teatros ao lado das mais honestas pessoas; ela senta-se à mesa das confeitarias, ombreando com as donzelas; entra desassombrada nas repartições públicas, preterindo todas as partes; tem familiaridades ostensivas com chefes de secretarias do Estado; e invade todas as ruas, tendo-a por vizinho o médico, o advogado, o jornalista, o magistrado, o senador, o chefe de polícia; e mesmo o respeitável ministro do presidente da República, senão o próprio presidente (Francisco Ferreira da Rosa, *O Lupanar*, p. 10).

Nem todas as prostitutas existentes no Rio de Janeiro e em São Paulo eram perseguidas pela polícia ou viviam em condições miseráveis como as negras e mulatas pobres. O memorialista Jorge Americano destacou, por volta de 1908, a existência de "cortesãs de luxo" que residiam em casa própria, em geral custeada por algum "coronel" abastado, seduzido pelos encantos da amante ou preocupado com os riscos das aventuras amorosas. Assim foi com Margarida, para quem um distinto cavalheiro não apenas construíra um palacete na rua Dona Veridiana, mas também, para homenagear-lhe o nome, fizera esculpir margaridas em argamassa como ornato das janelas.

O "coronel" exigia exclusividade, especialmente daquelas que viviam nos bordéis e não em casas particulares. Nos momentos em que estava presente, ele reinava como o amante especial e proprietário da "mulher da vida"; na sua ausência, aceitava ceder que aquele corpo fosse usado temporariamente por outros fregueses da casa. O "coronel" procurava estabelecer uma relação fixa com sua meretriz preferida, sedentarizando-a e reproduzindo o modelo conjugal burguês, como se depreende das memórias de contemporâneos e dos depoimentos de Madame Odette à historiadora Margareth Rago.

O escritor baiano Jorge Amado narrou um episódio ocorrido na Bahia. Em 1924, um "coronel" do cacau, em Ilhéus, ao entrar em um bordel sofisticado recém-inaugurado em Salvador, passou-se falsamente por outro "coronel" já conhecido pela prodigalidade de gastar com as prostitutas.

> Coronel Ramiro Berbet tendo se proclamado o coronel Pedro Catalão viu-se rodeado de mulheres-damas, francesas, polacas, argentinas e uma negra que, pelo volume da bunda, ele pensou nacional e era senegalesa, falava língua enrolada. Madame *La Chatte* só faltou pôr-se de joelhos para lamber-lhe as botas, as raparigas desfilaram uma a uma diante do milionário, a cafetina informava especialidades refinadas de boceta, boca e cu. De preço não se falou, comunicar a tabela da casa ao coronel Catalão pior que ofensa seria gafe colossal. Pedro Catalão pagava sempre o duplo quando não o triplo das tabelas, sem precisar conhecê-la.
>
> – Escolhi duas moçoilas, uma francesa, a outra polaca. A polaca era tão loira que magoava a vista, a francesa era ruiva, as ruivas têm parte com o cão. Cheguei a pensar na negra, deixei para outra oportunidade. Passei a noite com as duas, elas se desdobraram em competência, cada qual mais viciada, faziam de tudo, a francesa propôs usar um chicotinho, achei demais... (Jorge Amado, *Navegação de cabotagem*, p. 90).

Na realidade ou no imaginário social, parecia haver domínio de francesas e polacas. Embora as poucas estatísticas disponíveis registrem uma cifra superior de prostitutas brasileiras, as estrangeiras é que se destacavam nos relatos de memorialistas, nos romances e nas fontes oficiais. Foi famoso, em São Paulo, o "paraíso" criado por madame Pommery, cortesã criada pelo escritor Hilário Tácito em livro de 1919.

Tudo levava a crer que grande parte das prostitutas, em sua maioria de origem pobre, aspirasse à melhoria de vida que o vínculo com o "coronel" representava em sua carreira. Ao contrário das que trabalhavam no baixo meretrício, as cortesãs de luxo parecem ter sido protegidas por eles, libertando-se tanto do cafetão quanto da dona do bordel.

Havia mulheres que atuavam como meretrizes ocasionalmente, como forma de complementar o ganho resultante do exercício de outra profissão. Havia aquelas, no entanto, que tinham outra profissão apenas como atividade de fachada, como forma de mascarar a prostituição.

Em São Paulo, segundo a cafetina Madame Odette, algumas mulheres casadas frequentavam os bordéis elegantes e ali se expunham com bastante desinibição. Já naquela época o meretrício não intimidava certas damas. Disse ela: "Conheci uma mulher casada, eu conhecia a família toda, o marido, as filhas. Ela topava tudo, com todo mundo. Ela já tinha filhos grandes e topava com mulher!".

Muitas casas de prostituição tinham nomes parisienses: Palais Élégant, Pension Royale, Maison Doreé, Maxim's, Palais de Cristal. A expansão da vida noturna trazia consigo uma nova imagem de mulher, entre artista e cortesã. Mais abaixo na hierarquia social, e menos sonhadoras, havia as meretrizes que moravam em casas próprias ou alugadas, onde atendiam seus fregueses sem o compromisso de fidelidade e dependência a determinado cliente ou cafetão.

Embora o lenocínio fosse definido como crime pelo Código Republicano, sua repressão tornou-se sem efeito graças à tolerância da prostituição, considerada como um "mal necessário" em uma época marcada pela polarização entre duas imagens de mulher: a pura mãe de família e a devassa prostituta.

Com referência à higiene, afirmou Madame Odette: "Quando as brasileiras começaram a fazer a vida, não eram muito limpas, depois é que aprenderam". Nos prostíbulos, não havia luxo, mas o ambiente era asseado. "Dentro de um quarto, atrás do guarda-roupa, tem um bidê, um jarro de água, e tudo, mas todas elas eram mulheres limpas...".

O memorialista Jacob Penteado considerava as prostitutas do centro da cidade de São Paulo mais esclarecidas, pois para limpar o pênis do freguês antes da penetração passavam "líquidos antissépticos", aquecidos num fogareiro a álcool, enquanto "as do Brás empregavam um mecha de estopa, que, por economia, usavam para vários fregueses".

Vale lembrar que os exploradores dos diversos prostíbulos sempre se esforçaram em manter um bom relacionamento com as autoridades locais, principalmente da área policial, aproveitando-se do fato de muitos deles serem assíduos frequentadores dessas casas de tolerância. Nos bordéis mais luxuosos, os policiais faziam vista grossa à prática do lenocínio, evitando dessa forma atritos com a clientela, formada, em sua maioria, pelas elites da região. As autoridades policiais, no entanto, utilizando-se do art. 59 da Lei das Contravenções Penais, podiam processar as meretrizes mediante denúncia de crime de vadiagem:

> Entregar-se alguém habitualmente à ociosidade, sendo válido para o trabalho, sem ter renda que lhe assegure meios bastantes de subsistência, ou prover a própria subsistência mediante ocupação ilícita. Pena: prisão simples, de 15 (quinze) dias a 3 (três) meses.

Entre 1907 e 1930, algumas das mulheres expulsas por explorar o lenocínio viajavam para a Europa, retornando depois acompanhadas de novas garotas, algumas delas menores de idade. Os prostíbulos de luxo eram abastecidos das mais lindas mulheres enviadas ao Brasil pelo cafetão europeu. O contingente feminino, proveniente de regiões da Europa Ocidental, francesas ou não, tinha, em geral, mulheres entre vinte e trinta anos, solteiras, alfabetizadas, que se diziam artistas, costureiras ou modistas e que moravam em bordéis localizados nas ruas centrais de São Paulo.

No Rio de Janeiro, no início do século XX, segundo a historiadora Lená de Menezes, também era marcante a presença de mulheres estrangeiras proprietárias ou dirigentes de bordéis: cinco russas, quatro francesas, quatro polonesas, três espanholas, duas italianas, duas austríacas, uma portuguesa, uma alemã e uma marroquina.

A crescente extração da borracha no Amazonas também atraiu meretrizes francesas – além de italianas e alemãs –, que chegavam de vapor para satisfazer o novo-rico consumidor de biscoitos italianos, artigos ingleses e bebidas francesas. Muitas dessas meretrizes, segundo o depoimento do francês Paulo Adam, retornaram à sua pátria "depois de seis meses de festa com um pacotaço de 60 ou 80 mil francos".

Algumas "damas da noite" que atingiam melhor destaque no ofício contavam com a ajuda de "redes organizadas do vício". Elas recebiam a proteção de juristas e políticos que frequentavam os bordéis de alta classe. A cafetina tratava-os com mimos, reservando-lhes as melhores garotas.

Na esteira da grande imigração por que o país passou, a diferença de nacionalidade das mulheres era ampla. Em uma estatística policial realizada em 1914, em uma área restrita do baixo meretrício do Rio de Janeiro, a historiadora Lená de Menezes encontrou contabilizadas 299 meretrizes em 94 casas de tolerância; eram 33 russas, trinta italianas, vinte espanholas, dezesseis francesas, quinze portuguesas, dez inglesas, nove alemãs, sete austríacas, quatro argentinas, quatro turcas, três romenas, duas polacas, duas marroquinas e uma suíça, sendo as demais brasileiras. Na cidade de São Paulo, segundo Sarah Feldman, o número de prostitutas registradas na polícia em 1922 era de 1.936 brasileiras e 1.593 estrangeiras. Em 1936, havia 4.608 brasileiras e 5.400 estrangeiras.

O mundo da prostituição chique parecia ser mais glamoroso. O médico e memorialista Pedro Nava (1903-1984) narrou o ambiente de um café, na região do Passeio, no Rio de Janeiro, onde se entrava por "portas de vaivém que fechavam sozinhas". Era frequentado por todo tipo de boêmios e mulheres; não as "catraias", ou seja, as decaídas de perto do colégio onde Nava estudava, mas por "belas horizontais" que davam o toque venal àquele esfumaçado lugar. "Eram louras, castanhas, morenas, mulatas, todas soberbas, licenciosamente vestidas, montadas nas cadeiras, sentadas nas mesas, no colo dos machos, fumando, rindo, bebendo, altercando, eternamente belas e jovens num mundo sem morte nem doenças venéreas".

Nas décadas iniciais do século XX, jovens de dezesseis a dezoito anos do tradicional Colégio Pedro II iam em bandos às casas de prostituição em que mulheres deixavam antever sua nudez através da rótula das janelas, fazendo convites luxuriosos. *Tu viens, chéri?* Todos atendiam ao apelo da mundana. Subiam por uma escadinha, uma segunda porta se abria e chegavam a uma saleta onde uma "francesa fora de uso" os encarava; se aprovados, ela dava o toque para as meninas se reunirem:

> *Du Mooonde*! Acendiam-se magicamente mais luzes na sala e na porta de trás davam entrada as Muguettes, Loulous, Poupées, Jeannettes, Louisons, Titines, Mimis, Georgettes, Angéliques, Bettinas, Hortenses, Madelons, que se encostavam nas paredes e prestavam-se à escolha. Você. *Merci, chéri. Passons dans ma chambre* (Pedro Nava, *Chão de ferro*, p. 270).

As escravas brancas do sexo

Nas décadas finais do século XIX, a menção ao tráfico clandestino de moças da Europa aparecia como uma constante no noticiário sobre a prostituição. Muitas mulheres, às vezes menores de idade, chegaram ao Brasil sem o domínio da língua, completamente dependentes dos responsáveis por sua viagem, e sem bilhete de volta.

Muitas moças vinham sem informação alguma sobre o tipo de atividade e de vida que encontrariam no Brasil, iludidas pelas promessas de amor de algum namorado. Alojadas em pensões ou bordéis, dificilmente conseguiam retornar ao país de origem quando descobriam a trama em que estavam envolvidas. Podiam receber ameaças de ser entregues à polícia devido à entrada clandestina no país ou às dívidas contraídas com a viagem. As polacas, trazidas de regiões miseráveis da Europa Oriental, não tinham contato algum na cidade, não falavam a língua portuguesa e não possuíam vínculos de amizade ou parentesco no país estranho. Uma delas, de nome Cissie, por exemplo, para ser ouvida em testemunho, precisou de intérprete, já que não entendia nem falava a nossa língua. Outras nem tinham para onde voltar, já que haviam deixado sua pátria para escapar de uma situação opressiva.

Os abusos contra estrangeiras podem ser constatados na carta de Klara Adam, publicada no jornal *Gazeta de Notícias* do Rio de Janeiro em 22 de abril de 1880. Klara denunciava o cafetão Siegmund Richer, que a iludira com promessas de emprego como costureira e assim a trouxera da Prússia. Vivera ameaçada pelo rufião durante meses, confinada num bordel do Rio de Janeiro, "tendo-me como *escrava*, e fazendo-me temer até suas ameaças e pancadaria quando eu não aceitava o convite de criaturas repugnantes". Por meio de seu relato, pode-se deduzir quais eram os métodos de recrutamento de moças na Europa Oriental e como os cafetões se organizavam:

> Uma noite, tendo eu já ganho cem mil-réis e não podendo, por morta que estava, alcançar mais, esbordoou-me tanto, que decidi fugir, e fugi às quatro horas da manhã, em camisa, embrulhada em um lençol, porque o miserável tinha o cuidado, quando eu me recolhia, de guardar-me a roupa para evitar a fuga; dizendo-me a todo momento que, se eu algum dia escapasse, me perseguiria com a justiça, com a polícia e com o muito poder do seu advogado, metendo-me na Correção por toda vida (Citado por Margareth Rago, *Os prazeres da noite*, p. 283).

Sem nenhuma outra fonte de renda e sem contato social no Brasil, a prostituta dependia de um homem para se deslocar de um país a outro, nele entrar clandestinamente, falsificar documentos e escapar da polícia. Seria muito difícil para uma dessas moças desembarcar sozinha no país e "fazer a vida" sem a proteção de um cafetão.

O viajante alemão Carl Koseritz, que acabou ficando no Brasil até o final da vida, abriu um parêntese em sua narrativa do dia 15 de outubro de 1883 para mencionar o combate da polícia aos cafetões que traficavam mulheres da Galícia, Hungria, Rússia, Alemanha e até mesmo da Pomerânia. As moças eram enganadas com oferta de emprego em casas de famílias ricas. Sobre as mulheres de seu país, o autor lamentou:

> Este negócio da prostituição é um dos lados vergonhosos do Rio e não posso afastar um certo mal-estar quando vou pela rua 7 de Setembro e vejo as infelizes moças alemãs, com seus olhos azuis e seus cabelos loiros, obrigadas a conseguir o seu ganho com mulatos e negros, pois elas não podem contar com o chamado público melhor, pois este é monopolizado pelas cocottes de luxo, que levam vida faustosa, são caras e arruínam muitos homens (Carl Koseritz, *Imagens do Brasil*, p. 78).

Diante desses fatos, o jornal carioca *O Paiz* fazia uma sistemática campanha contra a prostituição, sempre em nome dos bons costumes de uma capital que se pretendia civilizada. Ante um acontecimento trágico, o jornal, em 14 de maio de 1914, chegou até a dar destaque às vítimas que caíram nas mãos de gigolôs:

> Jamara Werner, polonesa, de dezenove anos, residente no Rio há dois anos, muito meiga, insinuante e graciosa, e por esta razão muito requisitada por todos [...] matou-se com um tiro no ouvido no quarto da pensão.

O cafetão nem sempre era um profissional, como mostrou a historiadora Lená de Menezes no caso de Emília Gamar, que, em 1914, com dezesseis anos, casou-se em sua cidade natal, na Turquia, com Badi Gamar. O casal desembarcou no Rio de Janeiro em busca de melhores condições de vida. Logo ao chegar, porém, Badi recusou-se a trabalhar, obrigando Emília a se prostituir para garantir a sobrevivência de ambos, além de espancá-la com frequência e de exigir-lhe atividade sexual no bordel até altas horas da madrugada. Esse também foi o caso de Rose Hope, vinda da Alemanha, que só se deu conta do que a esperava quando o marido passou a "convidá-la" a ser "agradável aos homens", o que culminou com sua iniciação no meretrício.

Embora as leis fossem rigorosas, as "vítimas" não denunciavam seus algozes. Quando algum cafetão era preso, as "vítimas" não apareciam para acusá-lo, e havia até casos de meretrizes comparecerem à delegacia para defender seus exploradores. O que se sabe, na verdade, é que algumas mulheres estavam presas ao medo e à dependência financeira, sobretudo aquelas traficadas por organizações internacionais. A delação ou a fuga podiam, nesses casos, desencadear perseguições em escala internacional e impedi-las de trabalhar em outros bordéis.

Em um distrito policial do Rio de Janeiro, em julho de 1929, foi registrada a tentativa de suicídio de Fany Weinstein, russa de dezoito anos, após os maus tratos recebidos de seu marido, Jacob. A pesquisadora Beatriz Kushnir apontou no livro *Baile de máscara* o relato de Fany, de que seu esposo a "forçara à prática de atos sexuais e por quem frequentemente era espancada". Após o casamento, ao ficar desempregado, Jacob era sustentado por ela. No princípio, ele apenas sugeria a prostituição, elogiando-lhe a beleza e jovialidade; posteriormente, obrigara-a a se prostituir para que viajassem para a Inglaterra com o dinheiro a ser ganho por ela.

Uma vez escravizada, dificilmente a mulher se rebelava, tornando-se uma propriedade de uso absoluto do cafetão. Eis um exemplo:

> O depoimento da decaída Juliette Chevalier, tida como sua escrava, lhe é até favorável sob certo ponto de vista, pois que estando ela doente e precisando de ser operada, foi ele quem providenciou para a sua internação na Casa de Saúde do doutor Paes de Carvalho, onde foi visitá-

> la várias vezes. Nenhuma referência fez a declarante contra a conduta do referido indivíduo, quer no tocante à ligação entre ambos, quer a respeito do seu modo de vida [...]. Bem sabemos que não é fácil fazer-se uma prova cabal de caftismo, e isto porque, na maior parte das vezes, as vítimas se negam a acusar os seus algozes (Citado por Lená Medeiros de Menezes, *Os estrangeiros e o comércio do prazer nas ruas do Rio (1890-1930)*, p. 90).

Nesse episódio, as considerações do delegado revelam as dificuldades encontradas para as investigações. Quando o marido era o explorador, tornava-se ainda mais difícil a comprovação do crime, já que a legislação do país estabelecia que a exploração sexual só se configurava quando a mulher acusava a prática do lenocínio.

Outro caso de exploração sexual foi o de Joseph Pellison, belga de 27 anos, sustentado por Aline com o dinheiro que esta ganhava na prostituição. Segundo o depoimento de duas conhecidas de Aline, ela planejava ganhar dinheiro suficiente para comprar um automóvel para Joseph. Ele era motorista por profissão, e isso lhe bastava para justificar o seu "sacrifício por amor". As apaixonadas cartas trocadas por esse casal nos dão uma ideia dos sentimentos que os moviam. Em uma delas, Aline escreveu:

> Meu homenzinho: manda-me a miúdo muitas notícias tuas, o que me dará grande satisfação. Penso todo o dia em ti, mas não creio que isto seja recíproco. Bem sei que no amor há sempre um que se diverte e ri enquanto o outro chora – pois não é assim? A despeito de tudo, amo-te. Perdoa-me se te escrevo estas tolices. É porque estou triste. Mas não te entristeças tu pois daqui a onze dias te terei nos meus braços e dormirei junto de ti, bem junto. Reserva-me os teus melhores beijos, sim? E aqui acabo a minha carta. Aline.

Da mesma forma, Joseph, em suas respostas a Aline, esmerava-se em palavras de amor e carinho, como se pode perceber na carta de 15 de agosto de 1912:

> Já por três vezes comecei a escrever-te, por três vezes rasguei minha carta, de tal modo me sinto perturbado com tanto que tenho a dizer-te. Amas-me ao menos Aline? [...] Minha Alinezinha, quero-te tanto bem e sinto-me tão triste quando levo a pensar dia e noite. Tenho todo o meu coração e todo o meu ser cheios de ti [...]. Queria tanto que me escrevesses uma carta meiga em que pusesses todo o teu coração. Dize-me que és minha pois que se eu viesse a saber que me não amavas iria

> devorar-te o coração. Basta-me fechar neste momento os olhos para ver os teus olhos risonhos. Oxalá eles riam de felicidade quando tu receberes a minha carta. Concluo estendendo-te os lábios e as mãos. Teu Ketche (Citado por Lená Medeiros de Menezes, *Os estrangeiros e o comércio do prazer nas ruas do Rio (1890-1930)*, p. 92).

As juras de amor presentes na carta em nada fazem lembrar as imagens de vítima e algoz. O tom romântico mascara totalmente os negócios, uma vez que é a dependência afetiva que se evidencia. Em outra carta, a referência à prostituição aparece de forma sutil, na imagem do "sacrifício" por amor.

Cabe lembrar que, ao contrário do cafetão, o gigolô explora a moça da qual se faz amante, sem exigir pagamento regular. Para Madame Odette, "o gigolô é aquele a quem você dá uma boa vida. Se você tem, tudo bem, senão ele não pode reclamar, enquanto que o cafetão quer *x* por dia, então a mulher tem que trabalhar, senão apanha".

Enquanto as meretrizes francesas conseguiam acumular uma boa quantia de dinheiro, vestir roupas chiques, beber champanhe e ser amantes especiais de donos de grandes fortunas, a maior parte de suas colegas da Europa Oriental, as polacas, vivia em quase servidão e miséria. Tanto francesas quanto polacas, contudo, eram exóticas e consideradas mercadorias de qualidade, embora as últimas servissem aos setores mais pobres de classe média e aos marinheiros.

A rotatividade de meretrizes e clientes entre o alto e o baixo comércio de sexo não possibilita afirmações muito taxativas sobre suas rendas. Muitas moças que envelheciam ou brigavam com as cafetinas nos bordéis chiques iam por algum tempo para o baixo meretrício, até que encontrassem novas oportunidades de retorno ao mercado mais nobre. À medida que a meretriz ia envelhecendo, impunha-se um processo de sucessivos deslocamentos, dos bordéis sofisticados para as "pensões" localizadas nas áreas menos exigentes e menos nobres.

Tráfico de estrangeiras

A crise econômica, a miséria e a falta de trabalho na Europa certamente contribuíram para explicar o aumento da imigração antes e depois da Primeira Guerra Mundial. No terço final do século XIX, os naturais da Polônia começaram a chegar ao Brasil. As primeiras levas destinaram-se ao sul, onde encontraram um mercado de trabalho já saturado, de poucas oportunidades e para o qual os novos imigrantes pareciam estar despreparados.

Muitas filhas de poloneses, desde logo, mostrando inclinação pelos afazeres domésticos, buscavam ocupação nas casas de família. Daí as histórias de envolvimento das polacas com escravos, libertos e filhos da casa. Segundo Max Araripe, em *Linguagem sobre sexo no Brasil*, acredita-se ter havido afinidade sexual entre a polonesa e o negro, o interesse recíproco e a procura quase exclusiva de um pelo outro, quando fora do próprio grupo, para casamento e uniões afins. Quando ocorria gravidez decorrente de união ilícita, a jovem era lançada a voos profissionais no ramo da atividade sexual. A prostituição foi o passo seguinte, quando não o primeiro passo, para muitas dessas garotas na luta por afirmação diante da vida.

As "polacas", termo genérico que incluía polonesas, russas, austríacas e alemãs, quase todas alfabetizadas e solteiras, habitavam bordéis situados nas regiões menos nobres de meretrício, onde conviviam com italianas, espanholas e outras mulheres provenientes da Europa Meridional e da América do Sul, incluindo as brasileiras. Essas moças compuseram a história do Rio de Janeiro e de São Paulo, bem como de outras capitais, nos primeiros quarenta anos de vida republicana. Poucas fizeram fortuna e obtiveram prestígio; muitas mergulharam no anonimato.

A pobreza esmagadora que assolava comunidades judaicas da Europa Oriental no finalzinho do século XIX alimentava o tráfico. Muitas das mulheres judias recrutadas para o meretrício saíam de lotados confinamentos urbanos ou de paupérrimas comunidades rurais onde os judeus também eram vítimas de várias perseguições.

A partir da década de 1870 até o início da Segunda Guerra Mundial, em 1939, milhares de jovens moças pobres, a maioria delas das miseráveis comunidades judaicas rurais da Europa Oriental, foram, na verdade, vendidas como escravas por uma conhecida organização criminosa destinada ao tráfico, composta de mafiosos judeus. No seu auge, o império criminoso chamado Zwi Migdal controlava prostíbulos em diversos lugares, sendo Buenos Aires, Rio de Janeiro e, em menor escala, Nova York, seus centros de atuação criminosa. Da Argentina, as mulheres eram transportadas clandestinamente para bordéis no interior daquele país e também para Porto Alegre, Rio de Janeiro e São Paulo.

Entre 1890 e 1930, Buenos Aires ficou conhecida como a cidade com o maior centro mundial de comércio da prostituição. Em *O caminho de Buenos Aires*, de 1927, o jornalista francês Albert Londres versava sobre o assunto, e a publicação francesa recebeu traduções em inglês e espanhol. Esse autor era conhecido por suas reportagens internacionais e procurava desvendar o submundo do meretrício latino. No referido livro, procurou trilhar os caminhos da prostituição entre Europa e América; Paris era o ponto de partida e Buenos Aires o de chegada.

Embora houvesse várias gangues, Zwi Migdal tinha algo de diferente que garantia seu sucesso. A organização se especializara em moças e meninas judias pobres, facilmente enganadas com promessas de casamento. Quando deixavam os portos europeus, aquelas que depois se viram obrigadas a trabalhar como meretrizes, em capitais como Rio de Janeiro, Buenos Aires e Nova York, acreditavam que viriam encontrar-se com seus maridos na América. Foi um choque mortal para algumas descobrirem que tais "maridos" eram cafetões que tinham "desposado" várias outras mulheres com a mesma finalidade. Muitas, porém, tinham conhecimento do destino que as aguardava na América e conseguiram ser bem-sucedidas proprietárias de bordéis e recrutadoras de moças para a organização criminosa.

Sophia, Rachel e Rebecca, cujas trajetórias foram pesquisadas pela jornalista Isabel Vincent, eram três jovens judias pobres que, como tantas outras, foram atraídas pela Zwi Migdal e vendidas para o meretrício. A situação econômica extremamente precária das famílias acabava levando-as a vender as filhas e a assinar falsos contratos com os proxenetas. Esse foi o caso de Sophia, vendida a um estranho com a concordância relutante do pai, à luz do dia em uma praça pública no centro de um país europeu. As jovens, atraídas por promessas de falsos empregos e casamentos, deixaram para trás a pobreza e o antissemitismo dos apinhados guetos urbanos e vilarejos rurais da Polônia do início do século XX. Despachadas para bordéis do outro lado do continente, a vergonha da desonra as impedia de voltar para casa e contar a verdade aos familiares.

Consideradas impuras, não podiam então compartilhar sinagogas e cemitérios judeus. Mas essas três mulheres, Sophia, Rachel e Rebecca, não se abateram; organizaram-se e fundaram no Rio de Janeiro uma associação, a *Sociedade da Verdade*, para prestar assistência mútua em caso de doença ou morte, e, sobretudo, para poder participar dos rituais religiosos que as excluíam. Sozinhas, com força incomum, lutaram por manter algo de sua dignidade.

O primeiro cemitério judaico da cidade do Rio de Janeiro pertenceu à sociedade de prostitutas judias, criado em 1916 com muito esforço, como uma resposta à expulsão dessas mulheres das entidades judaicas tidas como oficiais. Décadas após, havia 797 túmulos em um descuidado cemitério de Inhaúma, subúrbio pobre do Rio de Janeiro. No final do século XX, com o desaparecimento da maioria das prostitutas, esse cemitério ficou abandonado. Surpreendentemente, lá também foram enterrados alguns dos cafetões e exploradores. A última polaca a visitar o cemitério de Inhaúma morreu em meados dos anos 1980.

Adeus às ilusões

A razão pela qual as moças confiavam tão cegamente em homens como o cafetão Isaac Boorosky pode ser resumida em uma palavra: América. "Na América, as pessoas comem uma laranja todos os dias." Inúmeras vezes Sophia e a irmã tinham ouvido os vizinhos dizerem isso. As inexperientes jovens polacas tornavam-se presas mais fáceis do que aquelas que vinham de livre e espontânea vontade e já tinham maior mobilidade social e emocional. Muitas vezes, essas imigrantes estrangeiras pobres desembarcavam trazendo em mãos uma carta falsificada, escrita por algum suposto parente que as convidava para um trabalho em seus estabelecimentos comerciais. Assim como em outros locais para onde eram levadas, no Rio de Janeiro também frequentavam a zona de baixo meretrício, atendendo nos prostíbulos das ruas 7 de Setembro, Senador Dantas, 13 de Maio, no Mangue, etc.

Para muitas moças que viviam em condições precárias nos seus países, o desejo era o de partir para regiões supostamente mais prósperas e tranquilas. Foi o que ocorreu com Sally, que se animou com a chegada de um brasileiro israelita em seu pequeno vilarejo polonês. Ele lhe mostrou uma carta do tio, que havia prosperado com seu comércio no Brasil e que a convidava para vir morar e trabalhar com outros membros da família. Seu pai também se alegrou com a possibilidade de melhora da situação da filha e, quem sabe, da própria família no futuro. Chegando ao Rio de Janeiro, Sally foi recebida por outro tio e hospedou-se em casa de seus amigos. No início, tudo a agradou: da farta comida à beleza da cidade. No entanto, algo a inquietou: na mesma casa morava também um casal polonês cuja forma de vida ela não entendia. Em um determinado dia, Sally indagou:

> – Raquel, por que é que aquela mulher sai todas as noites e só volta no dia seguinte? Por que é que o marido dela não trabalha?
>
> Raquel começou a rir, divertida, e eu sem entender nada.
>
> – Vou dizer-lhe, Chaindel, mas não conte a ninguém! Ela é uma prostituta; sai todas as noites com homens e ganha dinheiro que entrega ao marido (Citado por Margareth Rago, "Nos bastidores da imigração", p. 165).

Mais tarde, Sally se deu conta da situação ao passar por outra experiência mais direta e amarga. Seu tio Joe, bem-apessoado, logo que alojara a sobrinha em sua casa, passou a assediá-la com galanteios e propostas amorosas que a jovem teve de ocultar da tia. Conseguiu escapar das garras do tio procurando uma instituição judaica para receber abrigo.

Estudos apurados revelaram os hábitos dos cafetões. Sabia-se que a organização Zwi Migdal controlava cerca de três mil mulheres em inúmeros prostíbulos espalhados por toda a Argentina. Os rufiões adestravam as garotas nos moldes da zona meretrícia, dando-lhes lições de como agradar aos fregueses, como vestir-se bem, como beber, etc. O escritor Ricardo Pinto comprovava essa transformação a partir de contatos pessoais. Observando as garotas francesas que desembarcavam no Rio de Janeiro, descrevia-as como "malvestidas, magras, desinteressantes mesmo. Um ano depois estão transfiguradas e muitas, até, tornam-se formosas".

Aos olhos de um cafetão da velha geração chamado Victor, os antigos rufiões é que sabiam cuidar de suas meretrizes: "Sem nós, que fazem as mulheres: fumam, bebem, dançam, tomam cocaína, entregam-se àqueles por quem têm queda, decaem, casam-se entre si". Em sua concepção, o antigo rufião se considerava tanto um protetor quanto um regenerador da garota perdida, agenciando-a no caminho certo do meretrício racionalizado, aos moldes de um negócio empresarial rendoso. Em suas memórias *Na rolança do tempo*, o ator e compositor Mário Lago, frequentador assíduo de um bordel na Lapa, em 1926, contava com humor o cinismo de uma cortesã francesa chamada Raymonda: "Mulher sem cafeton não travaia na minha casa, porrque não tem estímulo".

A vitória de Vargas, em 1930, significou forte ataque à imoralidade por todo o país. Se no passado as autoridades policiais foram facilmente coniventes, voltavam-se agora contra os cafetões e as meretrizes. No Rio de Janeiro e em São Paulo, as maiores cidades do país, dezenas de prostíbulos foram fechados violentamente pela polícia. Dezenas de proxenetas, responsabilizados pelo tráfico de escravas brancas e prostitutas, foram mandados de volta para os países ocupados pelos nazistas, onde a maioria pereceu nos campos de concentração. No decorrer das décadas de 1930 e 1940, as autoridades argentinas e brasileiras trabalharam em conjunto para evitar que cafetões judeus, que frequentemente viajavam entre os dois países para não ser localizados, permanecessem livres.

Não se tem ideia exata da quantidade de meretrizes que vieram da Europa nas condições descritas, embora se saiba que provavelmente o número de moças traficadas fosse grande. Albert Londres, ao longo de sua rigorosa investigação sobre o tráfico, concluía que 90% das prostitutas traficadas para a Argentina haviam optado por permanecer no meretrício e tinham vindo por espontânea vontade. Essa estatística abrangia todas as nacionalidades, não se restringindo apenas às polacas. Mesmo tendo escolhido esse tipo de vida, teriam de enfrentar muitos obstáculos se desejassem escapar das redes de poder chefiadas pelos cafetões. A perseguição mobilizada pela máfia conseguia levar ao fracasso quase todos os esforços das meretrizes de fugir por conta própria ou de recorrer à proteção da polícia. Exemplo de um crime que se tornou famoso no noticiário do Rio de Janeiro dos anos 1930 foi o da prostituta Ivonne C., conhecida como "Pierrot", que conseguira amealhar grande fortuna por conta própria. Acabou assassinada de maneira misteriosa por uma poderosa organização de rufiões.

Os cafetões franceses recrutavam suas "mercadorias" entre as operárias muito jovens da periferia das cidades, nos bares do submundo, entre as domésticas e vendedoras de lojas ou entre as desempregadas que encontravam vagando pelas ruas e praças. Usando outra estratégia, os judeus penetravam nas casas dos vilarejos miseráveis da Polônia e faziam seus contatos, não raro obtendo o apoio de uma antiga moradora da aldeia.

Vindo enganadas ou por livre vontade, as prostitutas, em sua maioria, participavam desse meio, conheciam suas regras e desejavam uma vida melhor como meretrizes nos principais mercados do prazer, apesar de não encontrarem as condições ideais de trabalho esperadas. Apesar dos dados e depoimentos das mulheres na Conferência Internacional sobre o Tráfico de Mulheres e Crianças promovida em 1921 pela Liga das Nações, em Genebra, integrantes de diversos países que participavam da conferência chegaram ao consenso de que "a avidez pelo dinheiro" e "a perspectiva de uma vida fácil e feliz" eram os principais incentivos que levavam as prostitutas a migrar para outros países. Segundo o relatório, "em pouquíssimos casos foi provado que estas mulheres foram enganadas em relação à natureza do emprego que lhes havia sido oferecido".

Uma das marcas da importância cultural da presença dessas jovens no Brasil foi a criação de palavras novas. A palavra *encrenca*, gíria brasileira para "problema", deriva do iídiche *ein krenk* – "um doente" – e era sussurrada entre as prostitutas para se referirem a clientes suspeitos de ter alguma doença venérea.

Nas raras estatísticas levantadas pela polícia, a porcentagem das prostitutas brasileiras em São Paulo sempre superava a das francesas e polacas. Segundo Margareth Rago, com dados de 1914, de 812 meretrizes fichadas pela polícia de costumes, 303 eram brasileiras, 186 russas, oitenta italianas, 52 alemãs, cinquenta francesas e as demais de outras nacionalidades. Esses números contradizem a versão mais corrente, segundo a qual as francesas e as polacas compunham a grande maioria das prostitutas. No entanto, ressalte-se que essas estatísticas são bastante precárias, já que não incluíam as "cortesãs" de luxo, as que viviam reclusas e as que exerciam esporadicamente a profissão.

A crise econômica e a miséria causada pela Primeira Guerra Mundial trouxeram ao Brasil novas levas de poloneses que aqui buscavam sobrevivência. Como eram grandes as dificuldades do mercado de trabalho, tornou-se comum o emprego de domésticas nas casas de família ou o aluguel do corpo nas casas de prostituição.

> Desta vez, derramaram-se as polacas também pelo Nordeste, Recife de preferência, onde tornariam famosa a rua das Flores. Pouco valorizadas pelos seus atributos físicos – muito altas, cor de neve e formas que fugiam aos padrões da clientela –, não eram as mais bem-dotadas, tinham de fazer mais e melhor e, por isto mesmo, marcaram presença na história da prostituição no Brasil, perante a concorrência, como modelo de versatilidade, desinibição e eficiência. Aos poucos, por extensão, polaca passou a ser qualquer prostituta branca (Max Araripe, *Linguagem sobre sexo no Brasil*, p. 59).

Intimidade devassada

Demonstrando certa xenofobia, as prostitutas brasileiras voltavam-se contra suas colegas judias. "Todas sabiam que as prostitutas judias eram depravadas", disse Edith, uma meretriz que trabalhava perto da praça Onze, no Rio de Janeiro. "Elas eram sujas. Trouxeram ao Brasil o sexo anal e o sadomasoquismo. As autoridades sabiam disso, por isso foram atrás delas." Segundo a jornalista Isabel Vincent, não se sabe por que as prostitutas brasileiras rejeitavam a presença das polacas; talvez, como quase todo mundo, elas tivessem sido influenciadas pelo preconceito antissemita da época, ou então tivessem ciúmes das mulheres polacas, que pareciam muito mais solidárias e um pouco mais bem-sucedidas. Com fama de mais versáteis, as estrangeiras podiam causar inveja nas prostitutas do país.

Gilberto Freyre, em um artigo na revista *Playboy* de dezembro de 1984, assinalou ter havido certa repulsa da "castiça" mulata brasileira, detentora de uma bunda avantajada, às investidas dos homens que desejavam práticas de coitos não convencionais. "Que fossem se acanalhar com polacas!", respondiam as brasileiras diante de tais propostas. Segundo Freyre, elas acabaram se rendendo às investidas dos brasileiros.

> Por algum tempo foi a bunda o chamariz, da parte das mulheres da vida, do tipo chamado indistintamente polaco, em ruas de ostensiva prostituição comercial, a homens ao alcance de suas vozes, que se consideravam cansados de coitos conjugais monotonamente normais. Tais mulheres anunciavam deixarem-se enrabar ou a praticar o sexo oral (Gilberto Freyre, "Uma preferência nacional").

Freyre tocou em outro tabu: o sexo oral. Parece que as prostitutas brasileiras não eram afeitas a esse tipo de modalidade. Talvez a explicação seja a mesma da que ocorreu com as prostitutas dos Estados Unidos. Lá, no início do século XX, essa variante de sexo era chamada de "estilo francês", e o preço cobrado podia chegar ao triplo do cobrado pelo sexo vaginal; atualmente, com a liberalização dos costumes, o preço está abaixo do praticado no sexo convencional. Os economistas americanos Levitt e Dubner, em *Super Freakonomics*, encontraram a possível explicação de que "a melhor resposta é que o sexo oral era onerado por uma espécie de ágio pelo tabu. Naquela época, a prática era considerada uma forma de perversão...", portanto repudiada pela influência puritana das mulheres americanas.

No Brasil, através da literatura erótica que circulava nas primeiras décadas do século XX, podemos ter uma ideia dos serviços oferecidos por prostitutas no interior dos aposentos. Em publicação de 1914, encontramos as peripécias de um personagem chamado Dom Felício, frequentador das "prostitutas de janela" da região da Lapa. Certo dia, ao percorrer o passeio público, foi chamado por um "psiu" de uma francesa que o convidou: "Mossiú, venhe cá, entre". Após negociações, ao optar pelo sexo oral, especialidade da meretriz, ela interrompeu o ato para perguntar-lhe:

> – Quer que põe fora ou engole?
>
> – Que diferença faz isso, madama?
>
> – Nós tem tabele. 5$ põe fora e 10$ engole.
>
> (Citado por Cristina Schettini, *Que tenhas teu corpo*, p. 231).

Com relação à versatilidade da mulher estrangeira, ainda jovem, Gilberto Freyre, em diário de 1922, contou sua experiência sexual com uma europeia e a queda pelo sexo oral. Para as inglesas, era prazeroso; para as francesas, uma modalidade comercial; para as brasileiras, não havia nenhum interesse:

> Parece-me uma tendência – a tendência para a sucção – ainda mais de inglesas que de francesas. E não por comercialismo, como às vezes é, em Paris, mas por pura preferência por essa especialidade de contato ou de gozo sexual tão repelido no Brasil, segundo me informam. [...] Dizem-me que no Brasil a felação é prática repelida pelas próprias prostitutas brasileiras, quando jovens; e por elas deixada só às "francesas" e às "polacas" velhas e demasiadamente gastas pelo tempo e pelo uso e abuso dos homens (Gilberto Freyre, *Tempo morto e outros tempos*, p. 95).

Contrariamente à desinibição das mulheres estrangeiras, parte das prostitutas brasileiras sofria forte influência da moralidade católica, embora não fossem recatadas "filhas de Maria". O jornalista Ricardo Noblat, em entrevista à *Playboy* de outubro de 2005, contou que no bairro de São José, no Recife, em meados dos anos 1960, as mulheres dos prostíbulos seguiam zelosamente as orações do findar do dia: "O que traumatizava era que às 6 da tarde tocava *Ave-Maria* no rádio e as meninas da pensão se agrupavam para rezar". Noblat havia se apaixonado – e era correspondido – por uma das garotas e, por isso, tinha o privilégio de trancar-se no quarto com ela bem mais cedo. Porém, "toda vez que começava a Ave-Maria, parava o chamego porque a religião pesava. Para mim, aquilo era pecado ao som da Ave-Maria".

O jornalista carioca Paulo Francis, em livro de memórias dos anos 1950 e meados de 1960, fez menção a um amigo diplomata que o convidou para conhecer um bordel francês. Ficou na lembrança uma encantadora "casa de tolerância" onde a eficiência das meninas estava em cativar "homens desajeitados, feios, gordos, sem charme de qualquer espécie", tratando-os como reis. Segundo Francis, "Os bordéis do Rio eram menos românticos. Pão, pão, queijo, queijo". Caso mais interessante no Brasil foi o de uma exímia francesa chamada Lili, com quem Francis teve contato, cuja especialidade era o sexo oral – ou *blow job* –, que pudicamente "os tradutores brasileiros chamam trabalho de sopro".

> Lili era bonita e jovem. Recusava contato de corpo. Só praticava o sexo oral. Era uma operação militar. As pessoas ficavam posicionadas em vários aposentos de uma casa de três andares, que ela visitava rapidamente, quando então aparecia uma nova leva de fregueses (Paulo Francis, *Trinta anos esta noite*, p. 120).

A uma pergunta de Francis, Lili disse, em poucas palavras, que estava fazendo um dote e que "quando chegasse aos trinta anos voltaria para sua cidade no interior da França e se casaria com um bom homem". Mas, como vimos, as histórias de sucesso eram raras entre as polacas e também entre as de outras nacionalidades. Passadas algumas décadas, a maioria das moças vindas dos vilarejos "simplesmente tinha se transformado em putas velhas, curvadas sobre suas bengalas, seus sonhos de América há muito desaparecidos enquanto ofereciam coloridos bilhetes de loteria nas esquinas para sobreviver", como afirmou a jornalista Isabel Vincent.

11

Da nossa belle époque aos anos 1940

Considera-se como belle époque brasileira um período que se iniciou em 1898, com a estabilidade econômica e política, transpôs o século XX e terminou em 1914, com a eclosão da Primeira Guerra Mundial. O Rio de Janeiro, então capital do país, era o centro da vida política e cultural desde o século XIX, tendo sido foco das reformas urbanas cuja finalidade era transformá-lo num modelo da civilização moderna. Grandes obras marcaram esse período que se beneficiou da estabilidade política conquistada durante o governo do presidente Campos Sales: a construção da avenida Central, o novo boulevard, as reformas urbanas e a modernização do porto da cidade. A capital federal foi durante muito tempo concebida como uma vitrine do que deveria ser uma cidade grande; tudo que lá acontecia era multiplicado pelo noticiário e se transformava numa espécie de espelho refletindo pelo Brasil afora.

Ao instalar-se a República, em 1889, o Rio de Janeiro atravessava uma fase de profundo crescimento populacional que se estendeu até 1920. Entre 1872 e 1890, sua população quase dobrou, tornando-se então a maior cidade do país, com cerca de 522 mil habitantes. Salvador vinha logo depois, com pouco mais de 200 mil pessoas.

No final do século XIX, cultuava-se, cada vez mais, o amor romântico. O sentimento da paixão transbordava mais do que em épocas anteriores; a decepção amorosa era uma das causas atribuídas a suicídios, conforme expresso em cartas ou bilhetes deixados ainda em vida e publicados com regularidade nos jornais. Para muitos, o amor paixão era visto como fraqueza, principalmente no homem, de quem se esperava o controle dos sentimentos. Segundo a historiadora Rosa Maria Araújo, a ação extremada do suicídio por amor era prova de irracionalismo, contrariamente ao que se esperava do comportamento adequado à personalidade masculina. Esse desvario foi resumido em um artigo de *O Paiz*, em 1893:

> Decididamente o suicídio é uma enfermidade mais contagiosa do que a varíola, uma praga mais alastradora do que a samambaia. Olhem que é todos os dias, a imprensa a noticiar suicídios e mais suicídios. Ainda ontem, o do Dr. Magarão, empregado na empresa do Teatro Variedades. Esse pobre moço apaixonou-se por uma dama, a qual mostrou-se insensível ao seu afeto. E à vista dessa indiferença, ele não hesitou – ingeriu uma forte dose de verde-paris e abalou desta para melhor. Parece incrível que neste vasquejar derradeiro do século XIX ainda haja quem se suicide por amor...

Nota-se com mais frequência a relevância dada ao amor romântico redefinindo o papel do casamento. Não se trata de afirmar a inexistência do amor anteriormente; no entanto, é certo que esse sentimento não tinha a importância e nem a posição que passamos a lhe atribuir a partir do final do século XIX.

A corte amorosa

A castidade feminina continuava a ter um valor inquestionável, sobretudo pelo fato de a população brasileira ser majoritariamente católica, na qual o culto a Virgem Maria eliminava a possibilidade de quebra do mito da pureza sexual. O professor de antropologia Thales de Azevedo afirmou que, no final do século XIX, o namoro no Brasil teria passado por transformações no sentido de se tornar mais romântico e menos ligado aos interesses das famílias. Já não predominava com tanta ênfase um tipo de casamento em que o pai escolhia o noivo à revelia da filha. A simpatia, a atração física e a afinidade afetiva passaram a ser fatores importantes, sem, no entanto, deixarem de estar subordinados a outros critérios.

O conceito ideal de namoro para uma família burguesa era o de uma série de preparativos formais que levavam ao casamento; as moças, cuidadosamente resguardadas, nunca poderiam ser deixadas a sós com homens que não fossem parentes próximos. Com olhos vigilantes, a mãe deveria sempre acompanhar as filhas às festas, observando-as enquanto dançavam, jamais as perdendo de vista.

Aos rapazes não era permitido visitar as moças, a não ser que estivesse estabelecido algum compromisso sério. Depois que um pretendente visitava a casa da moça várias vezes, os pais esperavam que ele se declarasse oficialmente. Decorrido algum tempo, o rapaz podia sentar-se junto de sua noiva em presença de alguma outra pessoa da família ou de uma empregada de confiança, e tinha permissão para passear com ela na praça à vista de todos. A moça preparava o enxoval, e o noivo trabalhava para conseguir estabilidade financeira e estar assim em condições de sustentar a família.

Depois da abertura de amplas avenidas, o footing, a nova moda de andar a pé sem destino, era apenas o contato inicial do namoro. Os encontros no portão só seriam permitidos depois de um período de namoro, e os bailes ou festas dançantes deveriam ser bem escolhidos. As eventuais escapadas ou encontros escondidos teriam de ocorrer longe dos olhares furtivos dos vizinhos. Apesar de todos esses cuidados, porém, algumas moças de elite cometiam "deslizes" e burlavam regras. No padrão urbano tradicional, os irmãos se sentiam obrigados a defender as irmãs contra rapazes mal-intencionados ou que assim fossem julgados, podendo até mesmo intimidar ou atacar fisicamente o malfeitor.

Uma moça "oferecida" era aquela que cedia fácil e rapidamente; já uma moça "séria" e "educada" deveria ser comedida e cautelosa, não precipitando a aproximação nem se expondo à indiscrição dos vizinhos e conhecidos. A moça que tivesse namorado mais de um rapaz, e principalmente a que tivesse estado noiva sem se casar, ficava de algum modo manchada em sua reputação, o que indicava que existia algo de impuro no namoro.

Muito comuns eram os "namoricos" e as "brincadeiras" entre primos dentro de casa, dada a proximidade e a facilidade para encontros às escondidas em ambientes mais íntimos. Como decorrência, vez ou outra poderia haver defloramentos e gravidez inesperada, que chocavam e provocavam graves crises nas famílias envolvidas.

Prova de dignidade e motivo de orgulho para a mulher era ter casado com seu primeiro namorado, demonstrando que não dividira sua afeição nem sua intimidade com outro homem. A frequente troca de namorado denunciava um ponto negativo da personalidade da moça, que a moralidade vigente rejeitava, considerando a jovem uma pessoa volúvel e inconstante.

Tratar e considerar a namorada ou a noiva de modo recatado e com cuidados para não manchar a sua pureza podem ser constatados de maneira excepcional em uma carta citada por Thales de Azevedo:

> Três Corações, 12 de fevereiro de 1907.
>
> Meu caro Timóteo.
>
> Anuncio-te o meu casamento, com uma bela, virtuosa, esmeradissimamente educada, inteligente e digníssima campesina desta cidade, a Exma. Srta. D. Ismênia dos Santos, que me é igual sob todos os respeitos e amo ardentemente.
>
> Afinal não pude continuar a viver órfão de afetos, comecei a ter horror do celibato e da solidão e senti que devia a mim mesmo, à sociedade e aos camaradas, em cujo seio vivo, cercar-me, como homem e como soldado, do respeito e do prestígio que advêm de se ter família. Pedi a mão de d. Ismênia no dia 8, em que ela completou 21 anos, e, sendo aceito, marcou-se nosso consórcio para 31 de maio.
>
> Foi uma grande surpresa para todos, mesmo para ela, cujo pudor ou recato virginal nunca ousei macular com declarações, alusões ou prévia consulta. No dia 4 chamei o Sr. Santos e pedi-lhe que me dissesse se d. Ismênia ainda não tinha algum compromisso de casamento e, nesse caso, se ele e toda a família aceitariam o meu pedido de casamento com ela, que eu desejava fazer no dia 8. Tive no dia 7 resposta satisfatória e a 8 fiz o pedido. É um casamento de inclinação e tenho fé que Deus há de abençoá-lo [...].
>
> Crê-me sempre
> teu camarada e amigo certo e muito grato,
>
> Martiniano da Silva Guimarães
>
> (Citado por Thales de Azevedo, *As regras do namoro à antiga*, p. 64).

Tal fato é verdadeiro, como confirmou Carlos Drummond de Andrade, que disse ser a carta "rigorosamente autêntica, e seu signatário faleceu há anos como desembargador do Tribunal da Relação de Minas Gerais". A romântica carta de Martiniano revela os rituais que deveriam ser cumpridos para se obter o desejado casamento.

Com o crescente processo de urbanização, esse conjunto de regras e normas que formavam o padrão tradicional de namoro, principalmente nos estratos superiores da sociedade, foi passando por modificações cada vez mais acentuadas, pois a mulher, tendo que sair de casa para a escola ou o trabalho, cada vez mais entrou em contato com estranhos. Além do mais, esses fatores estavam modificando a forma do vínculo ao passar dos pais para os filhos a iniciativa do casamento. Em cada fase do namoro também havia uma série de rituais a serem cumpridos; o primeiro deles seria o flerte, a grande novidade do início do século XX, desaprovado por muitos conservadores e moralistas. O flerte era um conjunto de olhares e gestos que demonstravam o interesse por alguém.

Para as moças da elite, segundo Thales de Azevedo, o período de flerte e aproximação do rapaz incluía passeio discreto em frente à casa da moça e envio de bilhetinhos antes do encontro. A iniciativa tinha de partir dos moços interessados; já as moças ficavam nas janelas e recebiam os olhares e os recados. Quanto à duração do namoro, havia certo padrão. Nem poderia caminhar muito rápido para o noivado, que já seria um caminho sem volta, ou seja, um compromisso difícil de ser rompido, nem convinha prolongar-se demais, pois poderia trazer intimidades inconvenientes. Do início do namoro até o casamento, em geral, o período era de um a três anos.

As moças das classes populares possuíam uma concepção de namoro diferente da usual entre as moças da elite. Geralmente, já nos primeiros contatos entre o casal, podia-se iniciar o namoro, sem, necessariamente, o demorado jogo de olhares e gestos. Talvez qualquer contato ou conversa já pudessem significar namoro, dispensando o flerte, convites ou propostas formais.

A vida amorosa rural

As proibições que cercavam o comportamento dos jovens no Brasil colonial foram reencontradas no interior de São Paulo, como verificou Antonio Candido em *Os parceiros do Rio Bonito*, estudo realizado no final da década de 1940. O autor investigou a vida do homem rural, comumente chamado de "caipira", cujo comportamento podia estender-se, de modo semelhante, além de São Paulo, para Minas Gerais, Goiás e até Mato Grosso. Tratava-se de uma população dispersa, cujas propriedades eram distantes e isoladas. Entre os caipiras, muito frequentemente se manifestavam traços como o desinteresse pela legalização da união ou pelas recomendações religiosas referentes à união dos sexos; ocorriam, ainda, casos de incesto, de que se tem notícia com relativa constância.

Candido observou que a corte amorosa não existia no setor rural. O padrão comumente seguido era o de a moça conhecer o noivo, com algum exagero, "ao pé do altar". Contavam-se muitas histórias e arranjos de antigos casamentos em que havia um buraco na parede pelo qual as moças viam seus futuros maridos. Nos meios familiares do lavrador humilde, persistia o padrão segundo o qual o casamento era uma necessidade do homem; condenava-se o celibato masculino. Na verdade, casar-se era indispensável não apenas por exigência do trabalho campesino, mas também pelas necessidades sexuais que prevaleciam no meio rural. Sem companheira, o lavrador pobre não tinha quem o pudesse auxiliar na lavoura, na alimentação regular e na satisfação sexual. Se não se casassem, os indivíduos ficavam à deriva quando os pais morriam. De todo modo, a opção por ficar solteiro representava uma raridade notável, ligada geralmente a doenças.

O modelo ideal de casamento nas comunidades rurais, já no século XX, atribuía ao pai a iniciativa de escolher os cônjuges para os filhos de ambos os sexos, sem que eles se conhecessem ou que tivessem apenas contatos esporádicos. Prevalecia a união através de acordos paternos. Dava-se preferência a parentes, e algumas vezes não podia mesmo ser de outro modo, por não haver fora do grupo grande margem de escolha, uma vez que em alguns vilarejos prevalecia a consanguinidade ou afinidade próxima.

A quase centenária Nhá Justina, nascida em meados do século XIX, contou a Candido "que o pai e os dois irmãos eram muito bravos; por isso casou já *velha passada*, com vinte anos feitos". A oportunidade se deu quando viera morar perto do sítio de sua família um pessoal de outro lugarejo, e um dos rapazes, Antônio, "cismou" de se casar com ela. As irmãs do rapaz, que ela também não conhecia, vieram sondar a sua mãe – "e ela ficou espiando por uma fresta da parede". A mãe gostou da ideia, discutiu a intenção junto ao pai, e este, tendo confiado no rapaz, inesperadamente concordou.

A família zelava pelo comportamento e pela reputação das jovens. Algum moço desembaraçado podia ir, de vez em quando, à casa da noiva, para ganhar a confiança dos futuros sogro e sogra. A noiva ficava olhando-o por alguma fresta da casa. Contra o pai, as filhas não ousariam decidir-se pelo casamento, e nesses casos a única alternativa era, para as mais inquietas, a fuga, seguida de casamento na polícia. Algumas vezes a fuga se fazia por esperteza, segundo diziam, para evitar o gasto financeiro do ato civil.

Antonio Candido contou um caso por ele presenciado: uma moça de nome Vicentina desejava casar com um moço que o pai rejeitara terminantemente, alegando que era mulato. Somado a maus tratos anteriores, isso levou Vicentina a abandonar a casa paterna e a ir morar com a irmã casada. No entanto, e apesar da afeição pelo ex-namorado, jamais lhe passou pela cabeça desobedecer ao pai, pois, em tais casos, a maldição paterna poderia "desgraçar" a pessoa. Vicentina continuava a tratar o pai com a maior consideração, visitava-o regularmente e dedicava-lhe todo respeito e submissão.

Com referência à supressão da corte amorosa, persistia o distanciamento do casal, mesmo nas visitas que o rapaz fazia à casa da moça, permanecendo o comportamento recatado após o noivado. À época, os pais nem sequer admitiam a hipótese do namoro, já tolerado pelas famílias da cidade, desde que com certa moderação. Segundo o padrão corrente nas comunidades rurais, a aproximação começava de "zôio", isto é, pela evidência universal do olhar, e muitas vezes passava daí para o noivado e o casamento. Quando ocorriam encontros ocasionais na roça, e a moça conversava com o rapaz, isso era motivo de escândalo entre os mais conservadores; nas festas, que podiam constar de cantos e danças exclusivamente masculinos, os noivos permaneciam separados.

Mesmo entre os pares mais livres e desembaraçados, o peso da tradição, nas situações mais diversas, tornava os casais intimidados depois de noivos, "fase em que as pessoas não se tocam, mal se olham e quase não trocam palavras". Os rapazes preferiam moças "sossegadas", isto é, que não tivessem tido namorados anteriormente. Mas isso já estava ficando mais difícil.

Era comum o noivado ser encurtado para quatro ou cinco meses, por pais mais severos, aos quais não agradava ver em casa um homem solteiro estranho. Muitas barreiras e precauções eram criadas para evitar que os noivos se encontrassem ao "acaso" em locais isolados, já que a vida da roça facilitava relações ocultas por matagais e grotas. Os pais não gostavam que as filhas aparecessem a estranhos. Em 1948, Candido observou o caso pouco frequente, e muito moderno, de um noivo, já próximo ao casamento, morar na casa do sogro. O resultado foi que se antecipou a união conjugal e por isso foi necessário apressar igualmente o matrimônio.

No campo, a idade mais comum para as mulheres se casarem era entre os quinze e dezesseis anos; já os homens casavam-se em média entre os dezoito e os 22; depois dos trinta, era mais difícil arranjar casamento. A festa de casamento era de grande importância na vida do caipira, e os pais esforçavam-se para realizar uma grande comemoração. Para ir ao cartório e em seguida à igreja, o cortejo, a cavalo e a pé, rumava para a vila com parentes, convidados e os noivos à frente de braços dados.

> É um momento ao mesmo tempo de provação e alegria, juntando-se à festa para dar ao indivíduo e à família o sentimento de sua posição. O consumo de álcool é grande, e não raro o noivo já casa sob o seu efeito, chegando a cair de bêbado ao fim da festa nupcial, o que levou certa informante a me dizer que o sofrimento da mulher começa durante esta (Antonio Candido, *Os parceiros do Rio Bonito*, p. 237).

Para evitar as despesas de casamento, igreja, certidão e festa, às vezes ocorria a junção pura e simples dos pares. A união singela era mais frequente nos casos de cônjuges separados e de viúvos.

Na zona rural, "tirar de casa" uma moça era sinônimo de defloramento e rapto, ou simplesmente de levar a pretendida, às escondidas, para a casa de parentes do candidato, que a guardavam até serem vencidas as resistências da família ao casamento desejado por ambos. Esse casamento forjado às pressas era a solução mais comum utilizada na área rural.

A ambiguidade das avaliações morais nos habitantes da área rural é ilustrada pelos casos de bigamia de fato, claramente aceitos pelo grupo e pelas partes interessadas. Exemplo foi o de Joaquim Marcelino que, de um lado da estrada, tinha mulher e filhos legítimos, e em frente, como amante, uma irmã de sua esposa e os filhos ilegítimos. As duas irmãs viviam bem, os respectivos filhos conviviam como irmãos, e Joaquim Marcelino transitava livremente de uma casa para outra, sem qualquer reprovação ou aborrecimento, "salvo alusões jocosas feitas às suas costas".

Quanto à intimidade das relações sexuais, não se conhece sua frequência, níveis de satisfação recíproca, etc. Aparentemente, pode-se supor que as uniões se ajustassem satisfatoriamente. Para a mulher, o casamento oferecia, sobretudo, condição de estabilidade e segurança caso ela ficasse órfã, pois a condição de solteira a deixava praticamente sem posição definida. Apesar das avaliações negativas e das dificuldades reais do casamento, a mulher o desejava, pois isso definia sua posição no grupo. Percebendo a idade avançar, algumas chegavam a violar as normas do recato, bastante acentuadas na sociedade caipira, e tomavam a iniciativa de arranjar um marido a qualquer custo. Antes fazer um mau casamento do que ficar solteirona. Viúvas e separadas procuravam casar-se novamente, mesmo com pouco tempo entre um e outro casamento, em uniões legais ou não.

O modelo da família no campo acabava acentuando a vida de penalização e sacrifício da mulher, o que todavia não parecia constituir qualquer obstáculo ao desejo de arranjar marido e casa. Mesmo as moças ditas *passadas*, ou seja, mais velhas, tomavam certa iniciativa amorosa procurando arranjar companheiro. Como exemplo, Antonio Candido citou o caso da filha já *velha*, com cerca de 25 anos, de um sitiante; ela se casara com um rapaz mais novo, que, segundo a irmã, fora mais ou menos induzido ao casamento pela insistência da pretendente. O rapaz deixou-se enredar num namoro indefinido, foi ficando sem jeito de terminar e cedeu ao casamento. Como decorrência, embriagou-se antes da cerimônia e, quando o vieram chamar, trancou-se numa latrina, bradando que não iria ao cartório ou ao cortejo matrimonial e que não queria saber da noiva, alegando que ela o forçara a se casar. Outra moça envolveu-se com um homem casado. Este abandonou a esposa e foi viver em sua companhia. Foram considerados pela comunidade como um casal legítimo.

Alguns anos depois de casadas, as mulheres de modo geral apresentavam sinais dolorosos dos desgastes físicos da labuta a que eram submetidas no campo, além do nascimento de um filho atrás do outro. Era grande a fecundidade das mulheres, bem como a mortalidade infantil.

Ao contrário da mulher, certamente para o homem o casamento só trazia vantagens. Os padrões comportamentais e morais permitiam que este continuasse tendo apreciável liberdade de movimentos, inclusive para eventuais traições. Mas essas regalias pareciam ser raras para o caipira de vida modesta, preso a tarefas pesadas e constantes, podendo-se dizer que no campo as possibilidades de satisfação sexual fora do casamento eram quase nulas. Quanto à prostituição, praticamente não havia. A única ruptura da norma era a perda da virgindade feminina, mas essa transgressão levava quase obrigatoriamente ao casamento, pois imperava a medida que repunha nos eixos, de forma ameaçadora, a ordem: "Quem deflora, casa".

No que diz respeito à masturbação, tudo levava a crer que era, certamente, menos praticada que nas cidades. Isso se devia ao fato de os meninos e os jovens caipiras terem menos estímulos eróticos e quase nenhum momento de ócio que os levasse a devaneios. Em sua labuta diária, acabavam despendendo uma enorme soma de energia física, restando-lhes pouca para o ato manipulatório; no entanto, quando arrebatados pelo desejo, restava-lhes uma saída, geralmente empregada por todos: o coito com animais.

Ao que tudo indica, essa forma de descarga sexual fincou raízes históricas nas profundas ligações entre homem e animal, surgidas desde as fases em que este foi domesticado e passou a depender do dono, numa proximidade física e afetiva que hoje mal podemos avaliar. Antonio Candido contou que, em 1951, o meio literário na França se interessou pelos escritos inéditos de um jovem pastor, escritor espontâneo, que narrava com singular candura seus amores e afetividade com as ovelhas, mostrando até que ponto a sexualidade podia ser estimulada pelo animal. Esse tipo de comportamento sexual parece constituir, de acordo com os estudiosos, uma prática difundida no mundo inteiro e em todos os tempos, raramente constituindo-se como vício e, menos ainda, tara. Pesquisadores como Kinsey e seus colaboradores assinalaram que a zoofilia era uma atividade sexual bastante frequente entre os adolescentes da zona rural americana.

Como vimos anteriormente, o coito com animais, comum nas zonas rurais, foi objeto de pesquisa de Freyre, que chamou a atenção dos estudiosos sobre a formação sexual do menino do engenho e do escravo. O próprio Freyre declarou em entrevista à *Playboy* que, quando menino, participara de brincadeiras sexuais com uma vaca. A ocorrência de relações com animais é tão comum no campo que não se pode atribuir a essa prática anormalidade de ordem psíquica. De fato, nos sítios e fazendas, a iniciação à vida do sexo dá-se muitas vezes com novilhas, potras e carneiras, as preferidas do erotismo infantil e juvenil. A expressão eufêmica "encostar no barranco", que se refere ao ato sexual em geral, deriva de tais práticas.

Na área estudada por Antonio Candido, meninos e jovens se utilizavam das criações domésticas mais acessíveis - como cabras, porcas e galinhas - para sua prática sexual. Pode-se dizer que isso configurava uma "masturbação compensadora", correspondendo apenas a uma etapa transitória da iniciação sexual, superada sem dificuldade com os primeiros contatos com mulher, estabelecidos cedo devido ao casamento precoce.

Na comunidade amazônica

Em 1948, o antropólogo norte-americano Charles Wagley fez um estudo sobre os moradores da pequena cidade de Gurupá, no Pará, que ele nomeou ficticiamente como Itá. Tratava-se de uma comunidade isolada, situada abaixo da confluência dos rios Negro e Solimões. O povoado com cerca de seiscentos habitantes, muito distante de Belém, embrenhado na selva e cercado por inúmeros rios, não tinha eletricidade e nem um único automóvel sequer. No início do século XX, com o advento da borracha, havia um pouco mais de moradores. Segundo o antropólogo, os mais idosos contavam histórias da vida alegre dos tempos em que o seringueiro podia gastar seu salário nas várias casas de jogo existentes; e, como vivia a idade de ouro da borracha, Itá vangloriava-se de possuir pelo menos uma casa de prostituição. O colapso da indústria da borracha na Amazônia foi um baque para aquela população rural, que teve de partir para a pequena agricultura como fonte de sobrevivência.

Quanto ao comportamento feminino, as moças eram cuidadosamente resguardadas e nunca deixadas a sós com homens que não fossem parentes próximos. As mulheres deveriam casar-se virgens e nada podiam saber sobre sexo. Na opinião dos homens, uma mulher aprenderia apenas com o marido tudo o que precisava saber a respeito de sexo, mantendo-se fiel a ele durante toda a vida. Caberia ao homem possuir grande experiência sexual, adquirida nos tempos de solteiro.

Sabia-se que os homens não sentiam desejo de se casar, passando a assumir a contragosto as pesadas responsabilidades de uma união e renunciando com relutância a suas aventuras sexuais. Tradicionalmente, considerava-se entre as moças que o noivo fora "finalmente pescado", por assim dizer; o casamento era a ocasião da vida em que a pessoa decidia sossegar e criar família.

Em Itá, os pais, provavelmente em virtude de sua própria experiência quando jovens, tinham absoluta convicção de que todos os rapazes que se aproximavam das filhas deveriam ser vistos com desconfiança, pois alimentavam más intenções.

Dada a pouca oportunidade que as moças tinham de ser cortejadas, grande parte delas namorava às escondidas e frequentemente acabava tendo relações sexuais pré-conjugais. Muitas vezes isso ocorria porque o rapaz não se achava em condições de "oficializar o noivado", postergando, então, o pedido de casamento; outras vezes isso ocorria devido ao fato de os pais não aprovarem o namoro com o rapaz. Houve um caso da filha que, diante da desaprovação paterna, fugiu com o rapaz, o que levou o pai a afirmar: "Ela não passa de uma prostituta". Só o tempo curava feridas como essas.

Era tão frequente os noivos serem forçados ao casamento que isso já se havia tornado quase uma prática normal. Em Itá, todos os cinco casamentos ocorridos durante a pesquisa foram "forçados pela polícia". Foram arranjados pelo pai da noiva, em colaboração com a polícia, depois de a moça ter sido deflorada. Dizia-se no povoado que três quartos dos casamentos de seringueiros e lavradores eram realizados "na polícia". Um dos fatores que contribuíam para isso era a despesa com o matrimônio civil: quando o casamento era ordenado pela polícia, o juiz de paz e o tabelião nada cobravam.

Os casos de defloramento de menor de idade nem sempre eram levados ao conhecimento do chefe de polícia. Muitas vezes, o casal já havia combinado o casamento e, se a moça engravidava, bastavam umas palavras duras do pai, clamando o rapaz à responsabilidade, para que a união se concretizasse. A família procurava manter os fatos em segredo. O casal passava então a viver junto e, às vezes, anos mais tarde, após o nascimento de vários filhos, é que se oficializava o casamento. Nessa região rural, 23 dos 91 casais confessaram que viviam "amasiados".

Era comum que o rapaz obrigado a um casamento que não desejava arranjasse qualquer desculpa para romper com a esposa. O marido encontrava um pretexto para sair da cidade à procura de emprego melhor, deixando para trás sua mulher. Às vezes os homens recusavam casar-se com mulheres com as quais viveram, alegando que não eram virgens quando as conheceram. Da mesma forma, um marido que descobrisse na noite de núpcias que sua mulher não era virgem, teria o direito de abandoná-la imediatamente. Foi o que aconteceu com Pedro Silva, que, na noite do casamento, percebeu que Clara não era virgem. "Ela já havia sido possuída", disse ele. Contam-se ainda outros casos de mulheres que "tinham sido devolvidas aos pais" por não serem virgens na ocasião do casamento. Em contrapartida, a ilegitimidade ou o fato de uma mulher ser mãe solteira não constituíam estigmas em Itá.

Quando, em 1948, um dos altos funcionários públicos do distrito contraiu núpcias, foram cumpridas todas as formalidades, mas dizia-se que a moça não era virgem e que o rapaz estava disposto a fazer vista grossa a essa falha indesculpável "porque o pai da noiva era rico".

Depois de casados, dentro de casa o esposo era, teoricamente, o chefe absoluto, e sua palavra deveria ser artigo de lei; ele não devia satisfação a ninguém sobre seus atos.

Os pais pareciam ter orgulho de sua prole. A taxa de natalidade era alta, mas poucos chegavam à idade adulta. Exemplo foi o caso de dona Efigênia, que teve nove filhos, mas apenas três atingiram a idade adulta.

> Um homem deve ter filhos do sexo masculino, pois estes são um símbolo de masculinidade. As atividades sexuais, extraconjugais, de um pai de família são toleradas e este poderá mesmo ter filhos ilegítimos. As mulheres sorriem e fazem alusões a essas atividades muito masculinas de seus maridos (Charles Wagley, *Uma comunidade amazônica*, p. 166).

Contraposta a esse tipo de marido e pai dominador e agressivo, a mulher e mãe, no conceito de Itá, deveria ser sossegada e passiva. Nunca deveria falar demais, pelo menos em presença do marido. Os assuntos econômicos eram da alçada masculina e só competia ao homem resolvê-los. Tanto dentro de casa quanto na roça, se necessário, a mulher trabalhava muito. Sua postura mantinha-se subserviente: "nunca se senta à mesa com o marido; fica de pé para o servir e aos demais homens presentes".

Mas muitos homens que representavam o papel de chefe do lar, dando ordens à mulher e aos filhos diante dos outros, na intimidade da família discutiam negócios com suas esposas.

Os maridos eram extremamente ciumentos e às vezes surravam as mulheres à mais tênue suspeita de traição. Em caso de adultério, esperava-se que o esposo matasse tanto a mulher quanto o amante. Como em todas as comunidades, há, entretanto, uma grande distância entre o que se prega e aquilo que se faz. Os ideais fornecem uma série de regras que todos almejam seguir, mas que nunca conseguem. Casemiro, para citar apenas um exemplo, muito embora sua mulher mantivesse abertamente uma aventura extraconjugal, não praticou qualquer violência. Fez com que ela saísse de casa, o que a levou a ir morar com o amante. Casemiro, no entanto, sentia que perdera a dignidade; sabia que riam-se dele e o chamavam de "cornudo"; recusava-se a aceitar a mulher de volta.

Mas também houve na comunidade um caso de duplo assassinato cometido pelo marido. Certa noite, ao voltar da roça, ele encontrou a mulher nos braços do amante. Ficou "cego" e matou ambos com uma faca, entregando-se posteriormente à polícia. Meses mais tarde, o júri o absolveu. Na opinião dos informantes do antropólogo, a mulher fora desonesta e "ele tinha todo o direito de fazer o que fez". No entanto, poucos homens em Itá eram violentos, mesmo quando ocorria adultério por parte das mulheres.

Falar de menstruação era um tabu entre as mulheres, e os homens achavam que elas eram pouco limpas durante esse período; por isso, as relações sexuais eram consideradas perigosas à saúde do homem. Alguns deles acreditavam que podiam contrair doenças venéreas se tivessem relações sexuais com uma mulher menstruada.

As pessoas dormiam em redes que, durante o dia, eram desarmadas e enroladas na parede. A cama era um móvel que dava muito prestígio e só era usada para as relações sexuais.

Na comunidade com forte traços indígenas, o homem negro, que se destacava por ser minoria, era famoso por sua suposta capacidade sexual e pelos avantajados órgãos genitais, razão por que diziam ser ele muito apreciado pelas mulheres. Estereótipo similar ocorria com a mulher negra e a morena escura, consideradas como portadoras de maior desejo sexual quando comparadas com a cabocla ou a mulher branca.

Quando os homens se ausentavam, passando meses a fio nos seringais, ou quando migravam à procura de trabalho, deixando para trás as famílias, as mulheres não tinham outro recurso senão assumir suas funções. Geralmente transformavam-se, então, na figura dominante do grupo familiar.

Os homens abandonavam com frequência suas companheiras, ou mesmo esposas com as quais haviam sido obrigados a se casar. A instabilidade econômica dos indivíduos da classe mais baixa fazia com que eles saíssem e nunca mais voltassem. Eis por que, em Itá, as mulheres desempenhavam geralmente o papel de chefe nas famílias que não tinham homens adultos. Chegavam a ter, às vezes, inúmeros companheiros pela vida afora, os quais iam partindo ou morrendo, deixando-as com filhos para criar e sustentar.

> A grande porcentagem de uniões ilegítimas, a quantidade de casamentos efetuados contra a vontade do noivo, às vezes sob pressão da polícia, e o grande valor que se dá à virgindade, talvez mesmo o "ato de devolver a noiva ao pai", fazem com que, em Itá, as relações conjugais sejam extremamente instáveis (Charles Wagley, *Uma comunidade amazônica*, p. 178).

Dentre as funções que a mulher passava a exercer estava a autoridade absoluta sobre os filhos. Foi o caso de dona Dora, que exercia sobre o filho constante vigilância. Ao saber que o rapaz mantinha uma aventura com uma mulher de um distrito rural das vizinhanças, proibiu-o de visitar a localidade em questão, além de ter mandado dizer à mulher que não se aproximasse do filho. Outro caso foi o da mãe de Enéas, que, quando soube dos encontros que o filho mantinha com uma prostituta de Itá – de quem havia contraído "doenças", no caso, gonorreia –, chamou-o e disse-lhe: "É hora de você se casar". Tomou providências imediatas, obrigando-o a falar com o pai de uma moça já em vista.

Chamava atenção em Itá a frequência com que os casais sem filhos adotavam crianças: todos as desejavam. O fato estava diretamente relacionado à sua utilidade. À medida que os meninos cresciam, contribuíam para o sustento da casa com o trabalho na roça.

Quase todas as famílias de certa estabilidade econômica em Itá possuíam filhos adotivos. Essas crianças eram geralmente muito bem tratadas, e os casais que as acolhiam consideravam-nas verdadeiros filhos. Já nas famílias da classe mais alta, nas quais havia filhos legítimos e adotivos, estes últimos ocupavam uma posição inferior e eram os que faziam o trabalho de casa.

A frequência da adoção de crianças na região amazônica estava diretamente ligada à pobreza e aos altos índices de mortalidade da população. Era comum marido e mulher morrerem subitamente de malária – ou de outra epidemia –, deixando dois ou três filhos pequenos. E também, as mulheres abandonadas pelos maridos muitas vezes tinham necessidade de "dar" um ou mais de seus filhos; algumas delas tinham filhos espalhados "por alguns distritos rurais, outros em Belém". Pessoas que viajaram para essas áreas da Amazônia chegaram a receber oferta de crianças. Caso inusitado de adoção ocorreu com Maria, de aproximadamente dezenove anos, abandonada pelo amante quando engravidou e que perdera a criança no parto:

> Uma mulher que ocupava o leito vizinho e que tivera sete filhos, compadeceu-se de Maria e acabou por lhe dizer que ela e seu marido "não podiam alimentar tantas crianças" e ofereceram-lhe o recém-nascido. Com surpresa dos médicos (recém-chegados do sul do Brasil), Maria aceitou a criança com maior entusiasmo. Voltou para Itá orgulhosa de seu bebê (Charles Wagley, *Uma comunidade amazônica*, p. 185).

Essas frequentes adoções e a facilidade com que os pais davam seus filhos em Itá não podem, no entanto, ser explicadas apenas pela extrema pobreza ou pelo serviço que essas crianças prestavam aos seus pais adotivos. A adoção tinha suas razões humanitárias. Na Amazônia, apesar de os pais amarem os filhos, davam a outros suas crianças, pois isso resultaria em benefícios futuros para elas, proporcionando-lhes felicidade.

Cuidados urbanos

Apesar da diferença, não eram apenas as mulheres os alvos da normatização da vida amorosa no campo ou na cidade. Os rapazes da cidade também eram visados, embora de maneira mais suave. Nas leituras dos estudantes ou em aulas de catecismo, orientava-se para o domínio dos instintos e a resistência à tentação carnal, de que adviriam as recompensas morais e espirituais da pureza e da fidelidade segundo os princípios éticos do catolicismo. Os positivistas de Porto Alegre, por exemplo, consideravam a masturbação uma prática que, além de ir contra os princípios morais apontados, provocava também efeitos maléficos no corpo dos indivíduos. As recomendações médicas alertavam para o vício, como se pode ler em *Possibilidades e dever da castidade antes do matrimônio*, de 1919, de Irineu Vasconcelos. O livro recomendava que os moços evitassem a masturbação, pois ela deixava sequelas no corpo, com o risco também de ocasionar envelhecimento prematuro. Para evitar tal desgaste, prescrevia:

> 1) ao deitar, esvaziar habitualmente a bexiga e, sentindo o desejo, evacuar;
> 2) ir para o leito com a firme resolução (tanto quanto possível) de não ter emissões ou excitações sexuais durante o sono;

> 3) a roupa de cama deve ser a mais leve que for compatível ao conforto;
> 4) habituar-se a deitar de lado (Citado por Joana M. Pedro, "Mulheres do Sul", p. 301).

Em suas memórias, Gilberto Freyre (1900-1987) contou como ele e outros meninos viviam atormentados pelo impulso masturbatório. E Freyre, aos quinze anos, ainda mais: fez a leitura do livro *Sexology*, dirigido a adolescentes, em que o autor, médico, apontava os perigos da masturbação, que podiam causar "perda da memória, indolência, declínio de inteligência". Outro personagem que expressou a mesma preocupação foi o escritor gaúcho Erico Verissimo (1905-1975). Além de sentir culpa pela prática do "pecado solitário", Verissimo afirmou ter sido voz corrente na época em que tais práticas recorrentes deixavam o indivíduo "sem memória, fraco da cabeça e até meio idiota".

Também no confessionário, os padres faziam insinuações referentes à masturbação e outras práticas, perguntando se havia ocorrido pecado com palavras, atos ou pensamentos. O ator e compositor popular Mário Lago (1911-2002), em seu livro de memórias *Na rolança do tempo*, contou que quando era aluno de um colégio religioso, ao se confessar, recebeu a seguinte penitência de um padre alemão: "Masturrbaçon é muiti feio, seu pecator. Teus non costa te menino que faz essas coissas. Tez padre-nossos, tez afe-marrias, e parra te facer isso, que focê fica tuperculosso". A extrema rigidez moral dos primeiros decênios do século XX fazia do sexo pecado e doença ao mesmo tempo. Outro memorialista do período, o sociólogo Paulo Duarte (1899-1984), narrou as dificuldades com que eram abordadas questões referentes ao sexo: "Eram para mim assuntos discretos que não deviam ser tratados em público". Concluiu que "no fundo o sexo era uma coisa indecente e era melhor deixá-lo de lado".

O médico e escritor mineiro Pedro Nava (1903-1984), em suas memórias do tempo do Colégio Pedro II, no Rio de Janeiro, afirmou que o seu professor de francês levava a sério os perigos do vício danoso da masturbação. Era sabido que os alunos se masturbavam muito, e até contavam vantagens entre os colegas, mas isso não era um grande delito: "Crime era ser apanhado em vergonhoso flagrante". Quando um aluno apresentava inexplicáveis lapsos de memória, o mestre olhava-o com "piedade, desprezo e nojo". Segundo Nava, esse professor, diante do aluno retraído, "chamava-o perto da mesa. Abria clinicamente sua pálpebra e verificava. Lá estava a prova da conjuntiva esbranquiçada". Irritado com a falta de memória dos alunos, o professor de francês, do alto de sua cátedra, despejava uma saraivada de termos chulos, chamando-os de onanistas, bronistas, punheteiros, porcalhões solitários, etc.

Apesar de as questões sexuais carregarem uma série de interditos, isso não impedia, por exemplo, sobretudo aos meninos, que tomassem conhecimento do assunto precocemente. O jornalista, escritor e teatrólogo Nelson Rodrigues (1912-1980), em entrevista à *Playboy* de novembro de 1979, relatou que, por volta dos sete anos de idade, chocou a professora ao fazer uma redação de cujo enredo ele se lembrava muitos anos depois: "O cara, um dia, chegava em casa e via um sujeito pulando a janela e correndo. Aí ele pegava a mulher e esfaqueava, e ela morria". Essa composição sobre o adultério deixou a professora abismada. Nelson afirmou ter descoberto o sexo (de forma tormentosa) naquela idade.

Pedro Nava, em sua longa experiência profissional como médico, verificou estupefato que, diferentemente das demais matérias escolares, não havia maus alunos de Educação Sexual. Todos entendiam e ouviam atentamente deleitados o que os mestres diziam sobre um assunto já de conhecimento prévio.

Nava, segundo seu relato em *Balão cativo*, foi aos dez anos de idade para o Internato Anglo-Mineiro, onde passou do amadorismo intermediário sobre sexo à promoção ao segundo grau da safadeza. Embora inicialmente chocado com o que os meninos diziam no colégio, logo dirimiu dúvidas que carregava consigo: "Entendi o casamento, os esbaldamentos da lua de mel e vi logo que disso só podia resultar mesmo barriga". Pelas conversas escancaradas de um certo Monsieur Vuille, soube que havia mulheres "dadeiras profissionais" e compreendeu bem o que queria dizer puta. Descobriu que uma parte admirável da cidade nunca fechava, funcionando ininterruptamente dia e noite; ali as alcovas eram reconhecidas pela iluminação de lâmpadas vermelhas. Era a Zona! De posse desses segredos, em casa, ele se fazia de desentendido quando os adultos conversavam em linguagem que acreditavam cifrada para o menino. Nava nasceu e foi criado num meio em que as palavras eram extremamente policiadas e onde não se permitiam desbocamentos.

Mudando-se para o Rio de Janeiro com treze anos incompletos, Pedro Nava entrou no tradicional Colégio Pedro II, em 1916, e, ao fim de quinze dias dessa "universidade intensiva", conquistou com louvor o que chamou de "diploma do terceiro grau" de sua educação pornográfica. Soube tudo do ato sexual, das posições e suas variantes, dos órgãos genitais e suas vulgaridades. Soube da bestialidade, de seus perigos e das doenças venéreas. Tomou conhecimento de que fazendo um orifício com um canivete, "as bananeiras também davam". Toda essa instrução avançada era aprendida no Internato Pedro II por meio de pilhéria, chalaça ou anedota. Os alunos enchiam as paredes do colégio, os banheiros, bem como suas carteiras, com inscrições a lápis, a pena, a giz, a canivete, de "representações fálicas, vaginais e anais, de mulheres nuas, gente trepando; de professores e inspetores de fraldas e comendo uns aos outros".

No colégio, circulavam também às escondidas os "livrinhos de putaria" comprados livremente nas bancas de jornais ou dos engraxates espalhados por toda a cidade. Para Nava, aquela "imundície" era perturbadora a ponto de deixá-lo "literalmente tonto, ofegante, pulso disparado, coração na boca". A visão e a leitura dos livrinhos tornavam-se irresistíveis, como uma droga; exasperava-se quando o vendedor não entregava logo a mercadoria. Não eram baratos: "a pornografia sempre foi cara", dizia Nava. O mais difícil era escondê-los em casa. Depois de mais crescido, Nava folheou-os também no colégio, onde circulavam dobrados de mão em mão, de bolso em bolso, ou dentro dos livros.

Havia três tipos de livrinhos. Em primeiro lugar, aqueles só de fotografias, algumas nítidas, outras, reproduções de reproduções; eram os mais diretos e os mais escancarados. Em segundo, os narrativos. Em terceiro, pequenas reportagens tendo como tema as aberrações cotidianas divulgadas pela imprensa. Toda essa literatura devorada no colégio entrava por contrabando, como os cigarros. Era lida em grupo, nos fundos dos pátios de recreio, atrás da garagem da casa de um colega, à sombra de uma árvore ou na reclusão dos estudos noturnos. Inegavelmente, segundo Nava, foi essa leitura que informou todos os moleques do Internato Pedro II das "agonias da carne".

Essa pornografia era, por assim dizer, a parte *teórica* do aprendizado luxurioso. Os alunos do internato passavam a ter as aulas práticas quando saíam para prestar exames finais no externato. Regalavam-se de ver em carne e osso, nas ruas da zona de meretrício e suas rótulas, todas as personagens que povoavam o imaginário pornográfico escolar. Naqueles apinhados logradouros, tinham a continuação do aprendizado iniciado nos livrinhos de sacanagem.

Era com saudade que Nava relembrava o Rio de Janeiro, desde sua entrada para o colégio, em 1916, até sua mocidade, na década de 1920. Além do cinema com sessões de fitas francesas picantes, havia também algumas máquinas caça-níqueis, movidas a manivela, com um orifício para bisbilhotar imagens pornográficas. Introduzia-se a moeda, soava a campainha, a lâmpada acendia-se, girava-se a engenhoca e assistia-se a uma pequena fita, que era repetida ininterruptamente. As imagens, ora desenhos, ora figuras ao vivo, sempre apresentavam um rápido intercurso sexual e suas variadas posições. Nesses locais, havia filas de estudantes e vagabundos, de homens circunspectos e funcionários relapsos, bem como de meninos e velhotes que se revezavam nas máquinas.

Nos grandes jornais matutinos, havia anúncios internos de oferta de serviços sexuais que satisfaziam o desejo dos clientes. Nava disse que nunca se esqueceu do anúncio de uma cortesã francesa que estampava

> seu nome, o endereço do seu bordel, que era à rua Joaquim Silva, seus horários e suas especialidades. Aquilo me deixou tal impressão que para sempre guardei o que posso repetir letra por letra. Decorei o que li. *Massage manuel et buccal - três cochon*! (Pedro Nava, *Balão cativo*, p. 311).

Nava tendia a acreditar que a inflação de pornografia nos colégios, como no Pedro II do seu tempo, era, no geral, uma espécie de compensação às frustrações que surgiam para todos na alvorada do contato com o mundo e, no seu caso, uma violenta reação ao recalque do meio familiar, muito opressivo nos verdes anos de sua geração. Os internatos e externatos, então, surgiram como descontração. O menino livrava-se do adulto castrador configurado no pai, no diretor da escola, no sacerdote; confraternizava com seus pares da mesma idade, igualava-se e se gratificava com o proibido. Masturbar-se profanando o ambiente sagrado, dizer e repetir obscenidades, tudo isso agia como descarga catártica, como compensação, uma utilíssima válvula a descomprimir a agressividade daquela idade perigosa. Segundo Nava, "os que passaram pelo casarão de São Cristóvão, de 1916 a 1920, devem lembrar".

Pedro Nava fez breve menção à homossexualidade no internato, mas é evidente que em todas as instituições fechadas isso pode ocorrer. Mais explícito, o jornalista Paulo Francis (1930-1997), em seu livro de memórias *O afeto que se encerra*, relatou que com sete anos, em 1937, entrou para o Internato de São Bento, no Rio de Janeiro, onde teve a oportunidade de conhecer os alunos "sodomizadores" de meninos desprevenidos. Francis disse que foi protegido pela "fidelidade tribal" dos colegas e também por não gostar que alguém o tocasse. O jornalista afirmou que se escreve muita "besteira" sobre homossexualidade: "Enfiem uma centena de meninos juntos e é fatal que haja contatos sexuais". Mas isso não marca a orientação sexual na vida adulta. Segundo ele, "homossexualismo certamente não é hábito, ou vício, que se adquira. Meninos vários que sei enrabados no São Bento se converteram em heterossexuais. Outros, 'homens' lá, se descobriram homossexuais, já adultos".

A repressão do corpo, uma das preocupações da espiritualidade católica herdada de séculos anteriores, modificou-se pouco até a década de 1950. Ao ser educada em moldes tradicionais, a juventude continuou aprendendo a considerar o corpo como algo impuro, devendo, na medida do possível, ser ocultado pela vestimenta e, mesmo, ser negado. Além disso, eram tidas como "inferiores", "vergonhosas", "baixas" e "sujas" as partes corporais vinculadas à sexualidade. Segundo essas normas morais, os órgãos genitais não deviam ser tocados e nem mesmo contemplados. Se possível, todo ser humano deveria comportar-se como se o sexo não fizesse parte de sua vida.

A iniciação sexual masculina

Até décadas atrás, acreditava-se que o despertar da sexualidade masculina merecia um tratamento diferenciado daquele reservado às mulheres. Contraposta ao ideal de castidade feminina, a virilidade masculina era demonstrada na precocidade da atividade sexual, com desprezo pela castidade. Enquanto os rapazes não conquistassem a namorada, a prenda desejada, poderiam ir aos prostíbulos para descarregar toda a libido aprisionada. A admissão de doenças venéreas, quase obrigatória, era valorizada como prova da iniciação sexual. Os valores morais vigentes, assentados numa visão machista e patriarcal da sociedade, permitiam que os rapazes usufruíssem da liberdade sexual negada às mulheres, e até incentivavam-na.

Em uma época em que as moças de condição mais elevada procuravam a todo custo preservar a virgindade, os filhos de boa família poderiam ter na empregada doméstica ou preceptora uma possibilidade de iniciação e de satisfação sexual. Tal fato foi representado em *Amar, verbo intransitivo*, de Mário de Andrade, em que *Fräulein* era a imagem ideal e especializada do papel a mais que a empregada (no caso excepcional, uma professora) desempenhava na intimidade dos lares.

Isso aconteceu também com Gilberto Freyre, que, aos quatorze anos, teve sua iniciação sexual no quarto de uma empregada da casa. A cama de dormir da mulatinha ficava no fundo do quintal da residência de seus pais. Em parte, ele lamentou não poder ter usufruído da gula de olhar para as partes genitais e a cor de pele da companheira, pois ela disse: "No escuro, para o pessoal não desconfiar". Além de o tato ter substituído os olhos, outra surpresa para Freyre foi que a penetração se deu de forma um tanto enviesada:

> Senti com as pontas dos dedos todas as suas curvas de corpo de mulher-sereia. Queria penetrá-la quando ela disse: "Por aí, não! Lembre-se que eu sou moça!" Por "moça" queria ela dizer virgem. Donzela. E besuntando-me o membro ardente de banha de cheiro, ela própria dirigiu o nosso corpo a corpo para onde quis, talvez menos por ser "moça" do que por ser aquele o centro de sua paixão. Ou do ardor de fêmea (Gilberto Freyre, *Tempo morto e outros tempos*, p. 14).

Oswald de Andrade (1890-1954), outro escritor, confessou em suas memórias que um de seus primeiros contatos sexuais ocorreu com uma "criadinha mulata, que não deveria ter mais que quatorze anos". E ainda que, por diversas vezes, "no silêncio noturno de casa, me encostei no corpo ofegante de nossa cozinheira negra que era moça e se chamava Júlia". Oswald relatou ter ficado apenas na bolinação.

O ator e compositor popular Mário Lago (1911-2002) contou em suas memórias *Na rolança do tempo* que seu despertar sexual em casa começou no olhar de excitação lançado à empregada novata que servia à mesa. Segundo Lago, em geral, a empregada "quase sempre percebe o jogo, pois é coisa que já lhe vem acontecendo em tantas outras casas". Sendo assim, quando se retirava para a cozinha, ela devolvia a sedução com um olhar malicioso. A sedução continuava no roçar de corpos, ao cruzar com ela no corredor, e nos apertões roubados na cozinha, com o coração saindo pela boca e a respiração ofegante. Finalmente, na calada da noite ou na ausência dos pais, a união acontecia.

No entender de Lago, os homens têm sido ingratos por não reconhecerem o papel desempenhado pelas empregadas; deveriam erguer um pedestal de ouro em homenagem "à doméstica desconhecida, primeira cama de todos nós, mestre-escola paciente e desinteressada que nos abre as pernas como se abrisse as páginas de uma enciclopédia para aprendermos do abc ao cálculo infinitesimal".

Paulo Francis, em entrevista à *Playboy* de março de 1983, também deixou claro como perdeu a virgindade: "Como todo menino de classe média, década de 1940, fui iniciado por uma empregadinha doméstica", cujo nome, Irene, ele nunca esqueceu. Francis foi além em suas memórias, afirmando:

> Me servi das empregadinhas, residentes e itinerantes. Estas apareciam ninguém sabe de onde e os meninos formavam fila, na escuridão da rua Icatu [...] e elas nos praticavam o que os padres da Idade Média resolveram desencorajadoramente apelidar de *fellatio*, sexo oral (Paulo Francis, *O afeto que se encerra*, p. 16).

Abrindo um parêntese, Francis generalizou o *fellatio* para todas as camadas sociais três décadas depois: "hoje, me asseguram, as brasileiras adoram fazer trabalho de sopro", embora o jornalista acreditasse que as mulheres o façam apenas para satisfazer os homens, com medo de perdê-los.

Retomando o tema das domésticas, o historiador Boris Fausto, ao analisar a situação das moças empregadas em casas de família que se queixavam na justiça do assédio sexual dos patrões ou de seus filhos, destacou:

> Independente da veracidade ou da inveracidade da acusação, a empregada doméstica encontra-se numa condição difícil de provar o alegado. As "brincadeiras" dos rapazes com as empregadas são vistas com indulgência pelos pais, elas próprias sabem que isso faz parte da "naturalidade" da vida; quando as brincadeiras dão origem a uma queixa na polícia, a família trata de proteger seus membros mais jovens (Boris Fausto, *Crime e cotidiano*, p. 194).

A moça de família humilde, que poderia tornar-se iniciadora sexual dos filhos dos patrões – resquícios do mandonismo escravocrata –, tinha de saber "o seu lugar" e era também responsável em refrear os abusos do patrão. Ficava claro: "Cedeu porque quis ceder". Sendo assim, não poderia exigir as devidas reparações do assédio patronal. O padrão moral da época considerava compreensível e natural que os rapazes dessem vazão a seus impulsos, tendo contatos sexuais com prostitutas, mulheres ou garotas fáceis.

Seduzir meninas inexperientes de condição social mais pobre constituía uma façanha e demonstração de masculinidade, proclamada com orgulho pelos "colecionadores de cabaços", como se dizia na rude linguagem da época. Exemplo dessa mentalidade está presente na carta de um rapaz carioca endereçada a um amigo, contando suas proezas amorosas, bem como a lembrança do prolongado prazer que mantivera meses antes:

> Rio de Janeiro, 22 de fevereiro de 1923
>
> Amigo Pias,
>
> [...] Em maio de 1922 amei uma pequena, mas pouco tempo. Depois deixei-a porque os pais queriam que eu casasse. Mas casar só pela Polícia! Em 7 de setembro principiei a amar outra, até que breve a vou deixar. Em 12 de outubro de 1922 principiei a amar outra, imagina fez ontem 130 dias, quer dizer 4 meses e dez dias pois Lucrécio peço-te que nunca confesses nada a ninguém, mas tirei os três vinténs dela! Aqui

> aplica-se o nome de cabaço. Hoje sinto o prazer ainda, mas ando com um medo que até me dói o coração. Farei sempre tudo para não me casar. Mas aqui é perigoso... (Citado por Sueann Caulfield, *Em defesa da honra*, p. 23).

Para azar do rapaz conquistador, a carta, antes de ser postada, foi apreendida pela polícia na pensão onde morava. Manoel Joaquim de Souza confessou o defloramento e, três semanas mais tarde, casou-se com Maria Imaculada Pereira. Pode-se imaginar quão problemática foi a convivência matrimonial desse casal!

Quando os rapazes não tinham sucesso com empregadas ou "garotas fáceis", as prostitutas, entre suas funções, tinham que proceder também à iniciação sexual dos filhos das "famílias distintas".

Em seu livro de memórias *Viagem de minha vida*, o pintor Emiliano Di Cavalcanti (1897-1976) relembrou com ternura e êxtase seu primeiro contato com uma prostituta. Segundo ele, em sua juventude, em meados da segunda década do século XX, grupos de rapazes saíam à noite em algazarras, perambulando "pelas ruas de má fama" com destino aos bordéis. Ao contrário de como faziam os arruaceiros, afirmou: "Quando me decidi a procurar uma prostituta, fui sozinho, como quem vai realizar uma coisa importante". Justamente nesse dia ocorreu uma violenta briga entre dois grupos de desordeiros, e Di Cavalcanti teve que se esgueirar em correria pelas estreitas calçadas da rua do pecado até uma rótula onde uma mulher com "cabelo de fogo", com forte sotaque estrangeiro, chamou-o para dentro. "Senti seu apelo maternal", afirmou ele.

Confiante naquela mulher que o chamava de "menino", deixou-se levar até o quarto, que foi trancado; as luzes foram apagadas e com voz mansa ela foi falando de sua origem polonesa, da família em Varsóvia, de como chegou ao Rio de Janeiro e de como, agora, vendia o corpo ainda com saúde:

> Sofia puxou-me para junto dela com um carinho suave, terminou de me despir, falando baixinho como que para não acordar o mundo depravado que nos cercava. Fazia questão de me dizer que era limpa, pediame que eu não andasse com as *sujas* que viviam em torno dela. Beijoume com um desvelo suave, e minhas mãos pequenas não podiam conter seus grandes seios brancos e duros. Todo o seu corpo tinha um calor de relva. Apertava-me muito, quase me sufocando até o fim do gozo, que para mim foi uma revelação magnífica. Era como conhecer a completa magnitude (Di Cavalcanti, *Viagem de minha vida*, p. 22).

Outro que teve sua primeira experiência sexual com prostituta foi o escritor gaúcho Erico Verissimo (1905-1975), que, aos dezoito anos, via com urgência a necessidade de saciar-se de amor físico, mas postergava a experiência por timidez e temor das doenças venéreas. Seu pai nunca cumpriu a promessa de levá-lo à casa de uma "mulher da vida". Numa noite, em 1923, segundo suas palavras: "Saí em busca de sexo pelas ruas chamadas 'de trás', onde a escassa iluminação pública era propícia aos caçadores tímidos". Viu encostada num poste uma "rapariga" morena, modestamente vestida como uma criadinha. Depois de breve troca de olhares e poucas palavras, Verissimo aceitou seu convite para entrar em uma pequena casa de madeira, em meio a um pomar. No singelo quarto da moça de Bagé, chamada Dea, havia um lavatório de ferro, um baú e um espelho barato, além da cama. Numa mesinha repousava um lampião a querosene que mal iluminava a alcova.

> Antes de deitar-se, Dea diminuiu a intensidade da luz do lampião. Deduzi que não queria despir-se com o quarto iluminado. Mas não se despiu. Estendida na cama, ergueu a saia e disse: "Vem!". Fui. Procurei portar-me como um veterano experimentado e não como um neófito. Tudo aconteceu muito depressa: o sonhado orgasmo veio, pálido, rápido, sem espasmos e quase sem gozo. Dea teve a honestidade de não fingir que sentia prazer comigo. Terminado o ato, levantei-me, coloquei discretamente duas cédulas de cinco mil-réis em cima do caixão, ao pé do lampião, pensando vagamente numa tradução que eu fizera aquele dia dum poema de Omar Khayyam (Erico Verissimo, *Solo de clarineta: Memórias*, p. 162).

Verissimo contava que essa experiência proporcionou-lhe dois sentimentos: um, o de alívio e satisfação por ter-se tornado um homem completo; e o outro, de frustração, pelo ínfimo prazer obtido com a moça de Bagé.

Como freguês das "mulheres públicas", o escritor Oswald de Andrade também fez seu aprendizado sexual em alguns bordéis, onde manteve contato com francesas, polacas, italianas, ainda nos primeiros anos do século XX. Segundo Oswald, referindo-se à rua Líbero Badaró,

> nessa viela central, concentrava-se o mulherio da vida que permanecia, da tarde à noite, seminu e apelativo nas janelas e nas portas abertas a qualquer um. Na venda do Ponzini, travei relações com mais de uma prostituta, sobretudo uma caftina gorda e maternal chamada Olga, que se sentava comigo em torno de uma mesa. Mas não foi aí que perdi minha virgindade, cautelosamente vigiada por mamãe (Oswald de Andrade, *Um homem sem profissão: memórias e confissões*, p. 42).

Diferentemente de Di Cavalcanti, a quem restou uma boa lembrança de sua primeira experiência sexual com uma prostituta, Oswald relatou como realmente se deu sua iniciação sexual: "Caí afinal num bordel da rua Líbero Badaró. Procurava, porém, dourar sempre de romantismo minhas visitas noturnas e rápidas. E muito me desgostei quando uma mulher que se desnudara no leito exclamou para mim: – Não precisa tirar as botinas!".

Foi para evitar constrangimentos como esses que um amigo do economista, diplomata e senador Roberto Campos (1917-2001) preparou a iniciação sexual deste ex-seminarista em uma grã-fina pensão na rua Conde de Laje, no Rio de Janeiro. Para Zé Rosa, o boêmio amigo de Campos, "a operação de defloramento deve realizar-se em condições ideais", e não em um "puteiro da ralé". Em 1941, Campos, com quase 25 anos, carregava uma "insuportável castidade seminarista". No bordel, a madame reservou-lhe uma esbelta polonesa loira fugida da guerra de Hitler.

> Entrei no quarto suando frio, com pernas bambas. O cheiro de álcool compunha-se com a sensação de pecado para me tornar enrubescido e trêmulo. Natasha esperou pacientemente que me despisse, mas a despeito de eu conjurar na imaginação todos os sonhos lúbricos acumulados ao longo dos anos de repressão sexual no seminário, consegui apenas uma semiereção com ejaculação precoce. Uma terrível sensação de impotência... (Roberto de Oliveira Campos, *Lanterna na popa*, p. 43).

Diante desse infortúnio, segundo Campos, Natasha foi paciente com ele, talvez por curiosidade, por saber de sua virgindade ou por tratar-se de "um começo de tarde sem freguesia". Como ela falava um português "balbuciante", entabularam um arranhado diálogo em alemão e francês. Mais calmo, Campos realizou a cópula com sucesso. Por falta de dinheiro e por querer diversificar o mulherio, viu-a apenas "duas ou três vezes", mas, como gratidão, enviou-lhe "um buquê de flores, com um bilhete cafonérrimo".

Declarando-se contumaz frequentador do meio, Oswald de Andrade elucidou as formas de manifestação da sexualidade masculina no começo do século XX ao explicar por que sua geração aderiu fortemente ao bordel:

> O bordel passou a ser um ideal para a mocidade do meu tempo. Das pensões, escapando à tirania das caftinas saíram inúmeras senhoras da nossa alta sociedade, pois as profissionais do amor sabiam prender

> muito mais os homens do que as sisudas sinhás da reza e da tradição. Casadas, as mulheres transbordavam de gordura em largas matinês, o que fazia os maridos, saudosos de carnes muscular e limpa, voltarem aos bordéis (Oswald de Andrade, *Um homem sem profissão: memórias e confissões*, p. 55).

Segundo Mário Lago, quase todo pai queria que o filho fosse precocemente um varão, chegando ao ponto de se orgulhar das proezas sexuais do garoto diante dos amigos. Nesse sentido, contou Lago, seu pai, com um tapinha nas costas, "deu a entender" que ele já estava na idade de conhecer uma mulher mais intimamente. Sem saber de sua iniciação com a empregada e do posterior refinamento das atividades sexuais com sua professora particular de francês, a balzaquiana madame Lucy, o pai deixou em sua mão uma nota de cinco mil-réis, quantia suficiente para pagar qualquer mundana "de melhor categoria". Por fim, em 1926, com quinze anos, Lago começou a faltar às aulas no período da tarde para ir a um bordel na Lapa, perto da escola. Quando adulto, por volta dos anos de 1930, tal costume perdurou pelas madrugadas adentro.

Apesar da "naturalidade" com que se recorria aos serviços prestados pelas "mulheres públicas", a elas eram atribuídos termos depreciativos como "mundanas", "horizontais", "trepadeiras", "decaídas", "rameiras", "mariposas", etc. A historiadora Margareth Rago constatou que, diferentemente da condenação da imprensa da época, frequentar o mundo da prostituição nas primeiras décadas do século, e provavelmente até os anos 1950, não era uma experiência tão deplorável, nem vista como imoral e desagregadora, ao menos para os homens. Nesse sentido, Gilberto Freyre comentou em diário sua ida aos bordéis juntamente com seus companheiros professores universitários, bem mais velhos do que ele. Cada um tinha sua preferência pela cor da pele e tempo de profissão das meninas-moças. A dona da casa sabia da preferência de Freyre pela mulata, "a cor do pecado"; também sabia apresentar a qualidade de cada uma, como, por exemplo, a que foi "deflorada há pouco" ou aquela que foi "desvirginizada não faz um mês".

Demonstrando ser conhecedor do meretrício, Oswald de Andrade afirmou que a virilidade deveria ser publicamente evidenciada. Ainda a esse respeito, escreveu:

> Nenhuma experiência tive, no entanto, de doenças venéreas. Por pura sorte. Pois tinha me atirado às *fêmeas* como todos os rapazes de minha geração. Muitos deles vi se orgulharem de um cancro duro – pura sífilis. Era um atestado de virilidade pegar uma boa gonorreia (Oswald de Andrade, *Um homem sem profissão: memórias e confissões*, p. 55).

O escritor baiano Jorge Amado (1912-2001), cuja literatura é carregada de sexualidade, era conhecedor de inúmeros prostíbulos, principalmente os de Salvador. Um crítico literário classificou-o, em tom de pilhéria, como "romancista de putas e de vagabundos". Nas palavras de Amado, "a classificação me agrada, passo a repeti-la para definir minha criação romanesca". Em suas memórias, *Navegação de cabotagem*, relatou sua vivência nesse mundo, no ano de 1943: na saída da redação do jornal partia com seus amigos para a farra, o cabaré, o jogo, o tango e "as senhoras putas". Segundo ele, "íamos às nacionais e às estrangeiras" e "não nos restringíamos às profissionais", encontrando-nos também com as chamadas "moças fáceis" ou as amadoras, filhas de família, etc.

12

Resguardando a honra da mulher

No Rio de Janeiro, durante as décadas de 1920 e 1930, a cada ano cerca de quinhentas famílias – a maioria pertencente à classe proletária – recorriam à polícia porque suas filhas haviam sido "defloradas". Embora fossem pouco comuns os desfechos sangrentos nos conflitos desse tipo, quando aconteciam despertavam grande interesse da imprensa. Em geral, os familiares acusados alegavam ter praticado o ato violento "num estado justificável de paixão incontrolável", ou, como era a expressão usual, "em defesa da honra", contou a historiadora Sueann Caulfield.

Para muitas autoridades religiosas da época, assim como para as elites políticas e profissionais, a honestidade sexual das mulheres era a base da família, e esta, a base da nação. Afirmava-se então que a dissolução moral da família causaria o aumento brutal da criminalidade e o caos social.

Durante as três primeiras décadas do século XX, os especialistas brasileiros em medicina legal – tendo produzido grande quantidade de estudos sobre a morfologia do hímen – passaram a constar entre a principal literatura mundial sobre o assunto. Segundo Afrânio Peixoto em *Sexologia forense*, enquanto os europeus seriam indiferentes a ele, "os latinos têm o fetichismo do hímen: morrem e matam por ele. Por isso, a perda eventual da prenda é logo reclamada". Tal preocupação levava à ocorrência de inúmeros casos de violência todos os anos.

Para certos juristas, a excessiva preocupação com a virgindade feminina e com a defesa da honra sexual da mulher era mostra do atraso nacional. Segundo o historiador Boris Fausto, a atenção dada ao crime de defloramento evidenciava a preocupação central da sociedade em materializar a honra em uma peça anatômica – o hímen. O acidente biológico veio a facilitar o controle da sexualidade feminina mediante a distinção entre mulheres puras e impuras. Diziam alguns que a natureza era sábia, dotando a mulher de um lacre ou selo que, rompido, levava consigo a honra.

Cabia à mulher interiorizar o dever de preservar a flor da virgindade, último reduto dos jogos sexuais mais ou menos admitidos. Ao homem cabia ficar sempre alerta ao risco representado pela ruptura do selo fora do leito conjugal. Ele temia expor-se ao ridículo casando-se com uma "mulher furada", como se dizia na rude linguagem da época.

Segundo os críticos, "a honra da mulher é uma membrana"; pouca atenção se dava à virgindade moral. A extremada associação da honra feminina à preservação do hímen encontra-se exemplificada em um processo de 1920, analisado por Boris Fausto, em que um jovem alfaiate de dezenove anos foi acusado de defloramento e atentado ao pudor contra sua ex-noiva da mesma idade. Com muita desenvoltura, o rapaz afirmou que "por muitas vezes praticou com sua noiva Isabel atos de libidinagem, pondo-lhe nas coxas, no ânus e até na boca o seu membro viril, porém não a desonrou".

A valorização da virgindade fazia parte de concepções enraizadas em todos os estratos sociais, não sendo, pois, de surpreender que o Código Penal tenha ainda mantido vestígios da moralidade medieval. Em *Sexologia forense*, o jurista Peixoto lamentava que a ignorância de muita gente sobre o hímen fosse responsável por tragédias. Noivas eram devolvidas à família ou até assassinadas porque o marido recém-casado havia considerado o "hímen complacente" (que não provoca sangramento) como virgindade perdida. Para Peixoto, a verificação fisiológica da honestidade baseada na ideia errônea de que o hímen era um "selo" era um absurdo.

Segundo o sociólogo e crítico literário Antonio Candido, com raras exceções, a moça que perdera a virgindade mantinha o ocorrido em segredo e tudo lhe corria bem, ou então recorria à mancebia. Caso contrário, teria de permanecer solteira ou adotar a prostituição discreta; ou, ainda pior, caso fosse pobre, assumir a prostituição declarada. Com a perda da virgindade, havia pelo menos duas alternativas: casar-se às pressas, antes que estourasse o escândalo, ou casar-se "a pulso", sob ameaça ao rapaz, às vezes preso "com a mão na grade".

Em vários dos processos estudados por Boris Fausto, o desvirginamento era indicativo do início de um caminho sem volta, uma vez que a mulher estava presa por intrincadas redes morais. Segundo Sueann Caulfield, o jurista Nelson Hungria descreveu um caso típico: "Abandonada pelo que a iniciou na lascívia, passa a entregar-se a uns e outros. É o gradativo caminho para o prostíbulo onde, afinal, vai ter a pobre criatura, transformada em cloaca de aluguel". Há quem argumente, como o especialista em medicina legal Hélio Gomes, que, embora fosse possível que uma moça solteira com o hímen rompido pudesse ser considerada digna, isso era exceção, uma vez que nenhum homem estaria disposto a se casar com uma mulher "já estragada" por um suposto corruptor.

Os especialistas brasileiros adotavam a posição de que o homem, se tirasse a virgindade de uma mulher honesta, deveria "reparar o mal" com o casamento, de modo a corrigir os danos causados à moça, à sua família e à sociedade, eliminando também a necessidade de punição criminal. Com o tempo, a violenta vingança contra o deflorador foi se tornando mais rara, ocorrendo ainda hoje apenas nas regiões rurais. A mulher deflorada era relegada ao duro desprezo na casa dos seus pais, ou expulsa do "lar ultrajado" e atirada a uma penosa luta pela sobrevivência. Pior seria se carregasse nos braços "o fruto do pecado", que a lançaria mais impiedosamente à mancebia ou à prostituição.

Diante da dificuldade de a mulher sustentar a família sozinha, tornavam-se frequentes os casos de suicídio, narrados de forma sensacionalista nos jornais diários, como este de *O Paiz* de 16 de maio de 1914:

> Belmira, parda, mineira de 21 anos, foi seduzida por um *chaufeur*, seu namorado. Bem depressa devia a infeliz arrepender-se do mau passo a que fora arrastada. O amante a maltratava tanto, que ela, cansada dele, acabou se interessando por outro. O novo amante, Euclides, não quis mais ficar com ela quando soube que estava grávida. Não acreditava que o filho fosse seu, Belmira, sem recursos financeiros, desesperada, suicidou-se.

Alguns jornais se especializaram em anúncios de "amigações" com rapazes se oferecendo a fazer companhia para donzelas ou viúvas desamparadas. O *Jornal do Brasil* de 9 de setembro de 1903 estampava: "Um moço precisa, para sua companhia, de uma mocinha branca, preferindo órfã, para protegê-la e dar uma mensalidade. É negócio sério". As mulheres, por sua vez, também se ofereciam na seção de classificados do jornal, o que deixava evidente a difícil situação feminina em todo o país no começo do século XX. Raramente a mulher podia conseguir por conta própria uma independência econômica. Sem recursos, escolaridade e habilidade profissional, só restavam a órfãs e viúvas as carreiras de empregada doméstica, lavadeira ou a prostituição. A solução era recorrer a homens de posses, como o caso de uma moça que em dificuldade financeira pedia "a proteção de um cavalheiro", mediante remuneração. Outra solicitava no anúncio um adiantamento pecuniário e deu como endereço para contato o escritório do jornal:

> Uma senhora de boa família, com 23 anos, chegada há pouco do Norte e tendo a infelicidade de ficar viúva e não tendo conhecimento aqui, deseja encontrar um senhor idoso de boa posição, de nacionalidade portuguesa ou de cor parda, que a possa proteger muito ocultamente com uma pensão de 300$000... (Citado por Dino Preti, *A linguagem proibida*, p. 39).

Testando a virgindade

Para conseguir o consentimento sexual, era comum o rapaz usar como argumento a necessidade de comprovar a pureza da namorada, posta em dúvida por um amigo ou parente, por exemplo. Uma vez alcançado o objetivo com a moça, as dúvidas ganhavam novo direcionamento: "Não seria arriscado casar-me com uma mulher que se revelou fácil, cedendo às propostas? Como assegurar a fidelidade dela após o matrimônio?". Muitas vezes os rapazes decidiam romper o compromisso de se casar partindo da suposição de que o consentimento sexual era sinal de experiências anteriores não confessadas, ou, pelo menos, de "facilidade em oferecer-se" e de possibilidades de traição no casamento.

Tudo se passava como se fosse necessário o ritual de o rapaz praticar o assalto à "fortaleza" e ser repudiado para que um casamento bem-sucedido pudesse acontecer. A historiadora Sueann Caulfield citou a visão de um jurista conservador, que afirmava que as mulheres se descuidavam da sua virgindade porque acreditavam todas "que a polícia, a lei, obriga o sedutor a casar-se e, entregando-se, ficarão mais garantidas. É um meio indireto de 'amarrar' o namorado indeciso". A crença de que a moça conseguiria se casar com o primeiro homem que a "possuísse" estava presente na mente de muitas jovens da classe trabalhadora. Essa concepção, porém, poderia colocá-las em situação desesperadora.

Analisando as queixas das moças na justiça pesquisadas pela historiadora Martha Esteves em *Meninas perdidas*, depreende-se que a promessa feita pelo rapaz na tentativa de manter relações sexuais, na maioria dos casos não significava um pedido oficial de casamento ou um noivado. Como a única forma de se iniciar um processo na justiça era a moça dizer que "cedeu porque ele prometeu casar", essa frase, proclamada sempre da mesma forma, provavelmente era instruída pelos funcionários da justiça.

Dentre os casais de namorados dos setores populares de uma amostra de sessenta processos estudados por Martha Esteves, predominavam jovens entre quatorze e vinte anos. Essa faixa etária é um indício de que as mulheres pobres que procuravam a justiça nem sempre buscavam, com a perda da virgindade, a ascensão social, pois não iriam querer prestar queixa contra namorados de idades tão próximas às suas, e que, decerto, não estariam tão bem de vida.

Não há dúvida de que o matrimônio era um desejo de muitas ofendidas e de suas preocupadas mães ou parentes, afinal o casamento aparecia constantemente nos depoimentos. Mas, para muitas jovens, o casamento não estava necessariamente ligado à perda de virgindade ou ao início das relações sexuais. A sexualidade das camadas populares não estava regulada apenas pelo desejo de casamento. Havia juristas que defendiam a tese de que mesmo as mulheres honestas possuíam desejos sexuais, ainda que latentes, caso em que a sedução poderia, portanto, ser interpretada como uma reação física, e não como simples consequência de um interesse casamenteiro.

Nos livros pesquisados, a intimidade sexual propriamente dita nunca foi discutida. Juristas, médicos e moralistas do período não se referiam a ela em seus estudos. Entretanto, é possível recolher exemplos em outras fontes, como este, extraído de um processo de 1907. Maria de Almeida, branca, portuguesa, quinze anos, moradora numa casa de cômodo, declarou namorar Oliveira há dois meses e que este prometera casar-se com ela em breve. Sendo namorado, ia quase diariamente a sua casa. Em setembro, "Oliveira depois de muito conversar com a declarante aproveitou um momento em que sua mãe estava cosendo e agarrou-a com promessas de casamento, levantou suas vestes e teve com a declarante contatos sexuais". Também alegou ter sentido muitas dores e que saíra sangue de "suas partes genitais". Depois do ocorrido, ela rapidamente lavou a camisa e em duas outras ocasiões ainda teve contatos com o namorado. Outra queixosa, Laura Maria de Sá, havia saído com Cardoso, sem sua irmã saber, e acabaram entrando em uma cocheira onde ele era empregado:

> Ali chegando ele fez a depoente deitar-se na cama e levantando-lhe as saias, *colocou-se sobre ela deflorando-a* com alguma relutância. A depoente fez Cardoso prometer-lhe casamento, sendo que então ela consentiu, sendo que sentiu muita dor e ficou com a camisa ensanguentada... (Citado por Martha de A. Esteves, *Meninas perdidas*, p. 173).

Outro caso foi o de Álvaro, conforme processo de 1908. Ao aproveitar-se de uma ocasião em que a Senhorinha Francisca, de quinze anos, foi a sua casa levar roupa lavada, "convidou-a a entrar no seu quarto e segurando-a, deitou-a na cama e tampando-lhe a boca para que não gritasse suspendeu-lhe as roupas e introduziu-lhe na vagina o membro viril causando-lhe dor e hemorragia". Também em 1908, Adelina Campean Filha, brasileira, vinte anos, branca, relatou o desvirginamento em sua própria casa, onde "em certo momento Perestrello a agarrando, deitou-a no sofá da sala de visitas, levantou suas vestes e teve com a declarante cópula carnal". Também Agripina, que foi sozinha visitar a mãe de seu noivo, João Guedes, cedeu às emoções: "Guedes chamou-a a ir a sua casa a pedido de sua mãe; que lá sozinhos ele beijou-a voluptuosamente e convenceu-a a ceder naquilo". Agripina declarou também que naquele mesmo dia teve mais de uma relação sexual e retornou ao local outras três vezes para novas relações, conforme processo de 1910. Aqui fica evidente que a promessa de casamento não deveria ser o único pretexto da relação sexual. Em outro depoimento, Maria deixou escapar uma frase reveladora: "resolveu despir-se", demonstrando seu desejo pela relação, o que derruba a tão falada crença a respeito da passividade feminina. Vejamos seu relato, em 1913, de um passeio de automóvel com o namorado, que

> levou-a para um quarto que alugou e nesse quarto, mesmo vestida, Henrique atirando-a sobre o leito, levantou as suas vestes e introduziu em suas partes pudendas o membro viril, deflorando-a; que a declarante sentiu muita dor, perdeu sangue, viu-se manchada de um líquido de consistência gomenosa, quis gritar no que foi impedida por Henrique que a beijos e abraços pediu-lhe que não mais chorasse e gritasse porque casar-se-ia com a declarante, que então a declarante *resolveu despir-se* e com Henrique passou a noite nessa casa, tendo com ele tido mais de um contato sexual; que pela manhã saiu para a casa de Cecília... (Citado por Martha de A. Esteves, *Meninas perdidas*, p. 175).

Semelhanças nos relatos tornam repetitivas as descrições do ato sexual; as moças pareciam entender a relação sexual como um ato sem prazer, mecânico, no qual desempenhavam um papel passivo, cabendo ao homem a iniciativa.

Paradoxalmente, na ótica dos rapazes, se as moças se recusassem a manter relações sexuais, era porque não sentiam amor por eles, ou porque neles não confiavam o bastante. Por sua vez, elas afirmavam que haviam consentido na relação sexual porque o namorado exigira uma "prova de virgindade" como condição para o casamento. Algumas vezes os rapazes confirmavam essa alegação, como mostra o seguinte depoimento: "Tendo-lhe pedido o acusado uma prova de amizade, ela prontamente acedeu ao seu convite e o acompanhou até um mato existente na estação de Melhoramentos". Em uma cena típica, ocorrida em 1935,

Teonília Vieira afirmou que seu noivo a levara "para baixo de um telheiro existente em uma casa de cômodos"; em seguida, "propôs à declarante deixar-se deflorar, sob a alegação que somente assim com ela se casaria, pois queria ter certeza de que a declarante era virgem".

Grande parte dos rapazes parecia extremamente confiante em suas técnicas de verificação da virgindade. Foi o que ocorreu com um praça de 21 anos da polícia militar, que declarou em tom de desafio, em processo de 1921, que se casaria com a moça caso o exame médico confirmasse o defloramento recente, embora tivesse certeza de que isso não aconteceria, porque "quando teve relações com ela, achou-a bastante larga".

Ao saberem que a noiva havia sido deflorada por outro, todos achavam natural que o noivo desfizesse o pedido de casamento, comportamento internalizado também pelas ofendidas, por suas mães, namorados, defloradores e testemunhas.

Nos processos, os homens eram unânimes em afirmar sobre a jovem que não era mais virgem: "Ela deve ter feito algo", "Ela deve ter provocado", "Com as roupas que usa não poderia ser diferente". Assim, os juristas e advogados do início do século XX acabaram tendo suas teses preconceituosas confirmadas no fato de os próprios populares julgarem a moça pelo comportamento de "merecedor ou não" de ser estuprada. Maria Carolina, por exemplo, foi criticada por andar só e tarde da noite e por divertir-se mais livremente, diferentemente das moças da elite. Não era esse um comportamento de moça "séria", o qual poderia pôr em dúvida sua honra.

As moças que procuravam a polícia eram das camadas populares. Segundo Martha Esteves, havia a associação direta entre pobreza e comportamentos femininos tidos como pervertidos. Qualquer depoimento que mencionasse "saída à rua" era usado pelos advogados para provar de maneira inconteste a falta de honestidade da ofendida. Nas queixas de defloramento e nas negociações posteriores para reparação ao dano, o julgado não era o rapaz, mas a moça, de quem se exigia que fosse honesta, recatada, decente, etc. Trabalhar fora ou residir em habitações coletivas, frequentar bailes públicos ou usar maquiagem - atividades e comportamentos da nova era - depunham contra a vítima. Nesses casos, as moças pobres dificilmente podiam comprovar que tinham sido iludidas, o que era necessário para a condenação do agressor.

O promotor também não deixava de ter certa razão quando afirmava que, em alguns casos, a moça usava da sedução para agarrar o pretendente. De todo modo, era grande o número de casamentos realizados entre acusado e ofendida; em maior número, após a deliberação do promotor e do juiz.

O que os fatos sugerem é que os valores morais para muitas moças das camadas mais pobres não eram idênticos aos dos juristas. É de se supor que a virgindade não era valor tão fundamental para elas, embora o fato de uma jovem ser virgem aumentasse sua possibilidade de casamento com um homem de melhor situação econômica. Como dizia Viveiros de Castro, a castidade era a única riqueza de uma moça de família pobre. Não se pode negar que, para muitas moças, a manutenção da virgindade e da honra para o casamento eram riquezas a ser preservadas.

Uma forma rara de expressão de sentimentos foi dada por Aracy, ao concluir em seu depoimento que "ficou apaixonada pelo acusado, a quem continua a ter amor". Esse tipo de declaração se destaca entre os demais processos, pois não era frequente o uso de expressões como "ficar apaixonada" e "amor". Contudo, a se crer nos relatos, a repetição do ato sexual em dias posteriores dá mostras de que havia algo de prazeroso nisso. Em outro processo de 1910, embora ainda mantivesse no plano do discurso uma atitude passiva em relação à iniciativa de Enéas, Dalila, por exemplo, reconheceu que não resistiu aos encantos do sexo.

> [...] que ela recusou sempre, mas em dado momento Enéas *com afagos* foi subindo sobre ela abrindo-lhe as pernas entre as quais colocou seu membro em ereção, e forçou, que aí a declarante sentiu forte dor *que aguentava à proporção que Enéas forçava a introdução do membro*, quis gritar mas não pôde devido ter sido [...] por Enéas que impediu pondo-lhe a mão na boca [...] quando ela ia adormecendo Enéas realizou outra cópula, que já não lhe causou dor e foi com pleno assentimento seu... (Citado por Martha de A. Esteves, *Meninas perdidas*, p. 176).

Em outros depoimentos, a relação sexual resultou de uma convivência íntima que durou longo tempo. Por força das narrativas, é possível subentender-se uma sedução mútua e atração irresistível, sendo que, na maior parte dos casos, as ofendidas sabiam ou haviam sido instruídas que convinha afirmar que estavam vestidas, pelo menos na primeira relação sexual de suas vidas. Assim Laura Gonçalves Dias, branca e residente no emprego em que trabalhava como doméstica, próximo da praça Tiradentes, declarou, em 1910, que estando com seu namorado, acompanhou-o até uma hospedaria onde ele alugou um quarto, e que na hora de se despir "a declarante se opôs, envergonhada, sendo porém vencida pela promessa de Manoel de a não deixar prostituir casando-se com a declarante no mais breve prazo".

Outro caso semelhante foi o de Idalina, que afirmou só se ter despido após Joaquim a ter beijado e acariciado, pois estava envergonhada, ou melhor, "vexada". Contudo, tal recato não a impediu de ter tido ainda três relações sexuais no mesmo dia.

Com referência aos setores menos favorecidos da sociedade, a historiadora Martha Esteves resumiu os preconceitos e concepções discriminatórias dos juristas:

> Enfim, moças que eram suspeitas de receber dinheiro pela relação, ou que acusavam homens ricos com o propósito de receber indenização, moças que possuíam um vocabulário desconcertante e que haviam perdido há muito tempo o perfume da "flor de laranjeira"; moças que apresentavam uma conduta irregular, que tinham dado entrada em delegacias, que conviviam com vagabundos; moças que saíam sós (mesmo que fossem para o trabalho) para lugares suspeitos em horários avançados; mulheres que tinham que trabalhar na rua ou que não viam nela lugar de perigos; mulheres que se divertiam no Carnaval; moças que não escolhiam seus maridos de uma forma responsável e que se iludiam facilmente com promessas de casamento; moças que cediam às fraquezas sem reflexão; moças que não reduziam o prazer sexual ao casamento; moças que eram ativas e sedutoras e que não se escondiam na retórica do discurso da passividade; mulheres que eram de cor morena e se influenciavam pelo calor dos trópicos; moças que não haviam sentido dores (mesmo em dia posterior no trabalho) e jorrado sangue, ou, mesmo, que possuíssem hímen complacente; mulheres que tinham as partes sexuais de seu corpo flácidas e esqueciam a data da primeira noite, todas eram discriminadas e marginalizadas pelos nossos ilustres juristas (Martha de A. Esteves, *Meninas perdidas*, p. 66).

Rumo ao desconhecido

O desconhecimento a respeito do próprio corpo pode ser ilustrado com o relato de Eleuzina Gomes, branca, dezoito anos na ocasião do processo ocorrido em São Paulo em novembro de 1918. Quando tinha nove anos de idade, Eleuzina fora seduzida por um jovem empregado do botequim que funcionava no andar térreo do prédio onde ela morava. Este a forçou à prática sexual, mas ela não se recordava com detalhes até que ponto ele chegara. O acontecimento deixou-lhe marcas profundas e, a partir daí, sentiu-se indigna e obrigada a contar o fato, anos mais tarde, ao namorado Edson dos Santos, 21 anos, com quem iria casar-se. Edson, "a pretexto de querer verificar se a depoente já tinha sido ou não desvirginada, tentou por três ou quatro vezes ter relações sexuais com ela", não ficando esclarecido se consumou ou não o desvirginamento. Edson, em seguida, rompeu o noivado; em seu argumento, evidenciava-se o empenho em apresentar uma visão depreciativa de Eleuzina, que para ele já vinha apresentando traços comprometedores para uma moça decente.

A angústia de Eleuzina ante a falta de lembrança do que lhe havia ocorrido em termos sexuais levou-a a confessar à senhoria da residência onde morava que desejava "ser examinada para, no caso de já se achar de fato deflorada, arranjar um homem que a protegesse", uma vez que não teria mais condições de se casar. Assim, Eleuzina, ainda menor, foi apresentada a uma enfermeira que confirmou, em depoimento, ter sido procurada por uma moça acompanhada de Lucília de Oliveira, pessoa que estava sendo tratada na maternidade de uma moléstia de ovários. Disse que a referida moça insistiu em ser examinada a fim de verificar se estava ou não "deflorada", e que, embora relutante, concordou e "fê-la subir a uma mesa de exame e fingiu que a tinha examinado, sem que de fato o fizesse, visto que absolutamente não lhe tocou e nem viu as partes sexuais da menor referida".

A mãe de Eleuzina, queixando-se à polícia, declarou que Lucília de Oliveira, retornando da maternidade, afirmou que Eleuzina não estava deflorada totalmente, mas, depois, mudou de opinião, dizendo-lhe que não a devia enganar: Eleuzina não era mais virgem há muito tempo. O relato de Eleuzina deixa claro o desfecho de uma vida submetida a enganos e humilhações, frente a toda uma educação voltada para a averiguação de um órgão genital que ela desconhecia.

> Dona Lucília disse à depoente que conhecia um homem muito rico que podia protegê-la e que ia apresentá-lo à depoente nesse mesmo dia, à tarde, quando ele ficou de lá ir, recomendando que a depoente se preparasse para recebê-lo; que nesse mesmo dia lhe foi apresentado o tal homem que se chama Araújo, é português, moreno, alto e gordo; que no dia imediato à apresentação, Dona Lucília chamou a depoente para combinar o negócio da proteção com o senhor Araújo que lá tinha voltado e, entrando a depoente na sala em que ele estava e que ao mesmo tempo é o dormitório de Dona Lucília, esta retirou-se e fechou a porta, deixando a depoente a sós com ele; conversaram por algum tempo e ficou estabelecido ficar a depoente sob a proteção dele mediante a contribuição mensal de cento e cinquenta mil-réis; que dessa vez teve um contato sexual com ele na própria cama de Lucília sem que sentisse dor alguma ou perda de sangue (Citado por Rachel Soihet, "É proibido não ser mãe", p. 195).

Sendo muito pobre e sem marido, Eleuzina considerou ser necessário buscar uma forma de sobrevivência, reproduzindo a concepção de que, sem uma atividade profissional adequada, só havia a possibilidade de se manter em um emprego de baixa remuneração, como, por exemplo, o de doméstica ou lavadeira.

Com a educação da mulher baseada na ignorância, como se o sexo não fizesse parte da vida, as jovens eram mantidas numa redoma protetora. Muitas, conhecedoras dos meandros sexuais, preferiam assumir o papel de ingênuas; outras, ao demonstrarem desconhecimento dos segredos do sexo, adequavam-se a um modelo de pureza. Esse foi o caso de dona Leda, que se casou virgem aos dezenove anos com o primeiro e único namorado que teve. Começou a namorar aos treze, sendo que os seis anos foram cinco de namoro e um de noivado. Segundo ela, sua maior ousadia foram os furtivos beijos dados já com alguns anos de namoro. Contou, ainda, que na véspera do seu casamento teve um ataque de choro e nervosismo. Cercado de pudor e de tabus, eis seu depoimento:

> Para mim era tanta surpresa. Eu vou dizer para vocês uma coisa que vai parecer ridícula, eu não sabia que o membro do homem ficava duro... Palavra de honra. Eu ia fazer dezenove anos. Aquilo para mim foi uma coisa horrível, porque a gente namorava e não se esfregava, não se juntava. Não se tocava. Eu ficava imaginando... (Citado por Juliana Lins, *Quando éramos virgens*, p. 103).

Agrura maior passou a costureira Clotilde Dias, autodidata, moradora em uma "roça" no interior de São Paulo. Por volta dos anos 1920, ao desfazer um breve noivado por não sentir afeição maior pelo rapaz, ficou mal falada e desonrada entre amigas e parentes. Em seguida, aturou por um ano a perseguição de um boêmio apaixonado, que a ameaçou com uma arma (chegando a dar um tiro em sua direção) para que Clotilde se casasse com ele; caso contrário, morreriam ambos. Perseguida em todo lugar que ia, rendeu-se. Sem haver namoro, casou-se aos dezenove anos e foi morar num desolado e tosco casebre no meio do mato, que, de início, amedrontou-a. Em sua noite de núpcias, ficou no quarto por um tempo, sem coragem de deitar-se, enquanto seu marido a aguardava impaciente para consumar o ato.

> Agora tinha até medo do meu próprio marido. Onde não existe amor não há confiança, e eu não estava muito enganada. Meu marido nesta noite deu largas a seus instintos bestiais, cheios de luxúrias indecentes e insaciáveis, que em vez de gerar em mim amor, faziam-me sentir repugnância por ele (Clotilde do Carmo Dias, *Aluna no telhado*, p. 80).

Sedução e estupro

Para os juristas da época, o que importava no estupro não era a violência em si da ação exercida contra a mulher, mas a perda da virgindade. Aquele que estuprasse uma moça virgem cometeria um crime contra sua honra, e esse seria o dano maior que um homem indigno poderia causar à jovem honesta. Na opinião deles, aquele que atacasse uma prostituta atentaria apenas contra sua liberdade pessoal e não causava mal irreparável à vítima, pois ela já não possuiria honra. Fundamentado em sua longa experiência como promotor público e juiz criminal, Viveiros de Castro escreveu, em 1897, que, em casos de infrações contra a honra feminina, dois tipos de mulheres poderiam apresentar-se à justiça:

> Umas são em verdade dignas da proteção das leis e da severidade inflexível do juiz. Tímidas, ingênuas, incautas, foram realmente vítimas de atentados contra a sua honra. Mas há outras, corrompidas e ambiciosas que procuram fazer chantagem, especular com a fortuna ou com a posição social do homem, atribuindo-lhe a responsabilidade de uma sedução que não existiu, porque elas propositalmente a provocaram, ou uma suposta violência, imaginária, fictícia (Viveiros de Castro, *Os delitos contra a honra da mulher*, p. 25).

O Código Civil de 1916 não alterou as distinções legais entre mulheres "honestas" e "desonestas". O esforço dos advogados em processo-crime de sedução passava a ser o de demonstrar a desonestidade ou imoralidade das ofendidas e de sua família, apelando, por exemplo, para o ato de "andar só às ruas", que era reprovado como comportamento feminino honesto, virtuoso. Entretanto, cada vez mais ficava difícil manter a mulher numa redoma, distante da rua. Para Viveiros de Castro, os novos padrões culturais advindos com as transformações econômicas já ameaçavam desagregar as famílias das camadas sociais médias e das elites. Entre os setores populares, devido às necessidades de sobrevivência através do trabalho geradas pela ordem capitalista, a "morte" da família já podia ser considerada um fato. Afirmava o jurista sobre essas classes:

> [...] a fábrica matou a família, dissolvendo os laços que a prendem e unem. O marido trabalha em uma fábrica, a mulher em outra, separada dele, exposta a todas as seduções. Meninas de quinze anos vão sozinhas aos ateliês de costuras, voltam à noite sós para casa, tentadas, perseguidas (Viveiros de Castro, *Os delitos contra a honra da mulher*, p. 23).

O crescimento das cidades e a industrialização tornaram-se importantes fatores de alterações nos costumes matrimoniais. A esse respeito, Antonio Candido teceu, na década de 1950, o seguinte comentário: "Impondo a participação da mulher no trabalho da fábrica, da loja, do escritório, a urbanização rompe o isolamento tradicional da família brasileira, rica ou pobre, e altera de maneira decisiva o status das mulheres, trazendo-o cada vez mais para perto dos homens".

Algumas das consequências disso eram graves para as moças que, não raro, sofriam assédio de chefes e patrões. O depoimento da operária Luiza Ferreira de Medeiros deixa claro o cotidiano na Fábrica Têxtil Bangu, no subúrbio do Rio de Janeiro, na primeira década do século XX: "Mestre Cláudio fechava as moças no escritório para forçá-las à prática sexual. Muitas moças foram prostituídas por aquele canalha. Chegava a aplicar punições de dez a quinze dias pelas menores faltas, e até sem faltas, para obrigar as moças a ceder a seus intentos. As moças que faziam parte do sindicato eram vistas como meretrizes, ou pior do que isso: eram repugnantes".

Infidelidade conjugal

Como já estava prescrito pelo Código Penal de 1890, o homem podia pedir a anulação do casamento se constatasse que a mulher já não era virgem ou se tivesse qualquer outra evidência de desonestidade prévia. O marido podia exercer o ato sexual à força, pois era lícita a violência necessária para o exercício regular de um direito marital. O estupro constava dentre os "direitos conjugais" do marido, e a mulher casada, portanto, não podia dar queixa sob essa alegação, já que o estupro não era qualificado como crime, e sim como exercício de direito do esposo. O marido, porém, não tinha o direito de praticar a sodomia conjugal (a menos que houvesse o consentimento da mulher), um crime a ser punido como atentado ao pudor contra a esposa.

Um bom exemplo de desigualdade no tratamento entre os sexos está na questão de infidelidade conjugal. O Código Penal de 1890 previa a pena de prisão de um a três anos da mulher que cometesse adultério, enquanto o marido só seria punível se tivesse "concubina teúda e manteúda", ou seja, só quando fizesse do adultério um estado permanente simultâneo ao estado conjugal.

Ter fama de conquistador era outra atitude machista que garantia o sucesso masculino. É significativo que o prefeito do Rio de Janeiro, Pereira

Passos, empreendedor de grande reforma urbana da cidade (1903-1906), apesar de casado, pudesse passear publicamente com uma amante francesa pelas ruas do Rio, conforme apontou a historiadora Rosa de Araújo.

Dentre os rumorosos casos de tragédia ocorridos no período, o famoso episódio de adultério de Ana de Assis, esposa do escritor e jornalista Euclides da Cunha (1866-1909), é um dos mais conhecidos. Descoberta a traição, o escritor procurou o amante e este o matou. A enorme repercussão à época do assassinato do escritor se completou, mais tarde, com o assassinato do filho de Euclides, na tentativa de vingar o pai.

A honra dos maridos enganados só se lavava matando a mulher. Nessa ordem de ideias, não se cogitava a hipótese de os casais separarem-se por motivo de infidelidade. Um marido que chamasse a polícia para constatar a traição de sua mulher estaria correndo o risco de passar por uma situação constrangedora e inusitada. Em 1924, Galdino Siqueira, em seus comentários sobre o Código Penal, citou a afirmação de Viveiros de Castro: "Não conheço no Brasil um só exemplo de um processo desta ordem". Concluiu ele que o homem que recorresse às autoridades públicas para punir a infidelidade da mulher corria o risco de sofrer desprezo da sociedade e se tornar objeto de ridículo.

Normalmente, os homens exerciam sua própria autoridade em vez de delegá-la à polícia, como nos casos de espancamentos de esposas ou de seus amantes, tolerados pelas autoridades, que se mostravam relutantes em agir. Tido como responsável, o marido é quem deveria tomar providências para que a situação de infidelidade não ocorresse. Muitas vezes, um espancador de mulheres, ou mesmo um assassino de esposa, provavelmente receberia um tratamento mais compreensivo do que o dispensado àquele homem que apresentava uma queixa de adultério com base na lei.

O adultério feminino tinha mais visibilidade nos setores populares, já que a vizinhança exercia vigilância sobre a esposa que desrespeitasse o homem. Exemplo é o de uma mulher denunciada ao marido por uma carta anônima, anexada ao processo, em 1902.

> Sua ausência tem contribuído para a sua desonra. Sua mulher se acha fora de casa. Esteve no Hotel das Paineiras e agora está na travessa do Paço, número 22, em casa de um açougueiro na praça do mercado. O amante de sua mulher é um tal Luiz. É um rapaz moço, magro, baixo, de bigode preto e fino. Este sujeito é empregado ou interessado ou sócio numa farmácia à rua Direita. Indague ao madeireiro. Ele dirá que viu

> sua mulher entrar num sobrado da rua do Uruguai, onde se alugam quartos por hora. É a casa onde sua mulher costuma ir com os amantes (Citado por Rosa Maria B. de Araújo, *A vocação do prazer*, p. 147).

Os adultérios eram julgados com leis severas que penalizavam principalmente a mulher; no caso do homem, não havia adultério, tratando-se apenas de algumas escapadas. Essa carta anônima, aliada aos depoimentos de outras testemunhas que confirmavam a traição, deixa supor a influência da vizinhança na vida das pessoas e a reprovação generalizada ao comportamento feminino. Por outro lado, a manutenção da dupla moralidade acabava sendo incorporada por parte de muitas mulheres que faziam vista grossa aos deslizes dos maridos:

> Sempre fiz questão de ser uma mulher respeitável. Deixei muito claro, desde o início, que sou a esposa, a mãe. As porcarias, ele que procurasse fora de casa (Citado por Regina Navarro Lins, *A cama na varanda*, p. 135).

Os impulsos sexuais masculinos eram reconhecidos como integrantes de uma ordem natural; sendo assim, o marido deveria ser discreto em sua infidelidade, mantendo-a sob sigilo para não prejudicar a família. As relações sexuais extraconjugais do homem eram tratadas como problema de foro íntimo; já as da mulher eram consideradas crime e motivo de escândalo. Outro depoimento mostra como era normal para a sociedade da década de 1960, já na iminência da revolução sexual que se avizinhava, a frequente ida dos rapazes e homens casados às casas de prostituição. Foi o que contou uma dona de casa de Florianópolis:

> Depois de casada eu sofri muito por saber que meu marido continuava frequentando a Vila Palmira. Quando eu era menina e sonhava em casar de branco e ser feliz para sempre eu nem ligava. Era normal que ele como homem fosse para lá, afinal ele queria me preservar. Ele não podia fazer comigo, então fazia com as mulheres da vida (Citado por Maryana C. F. Fiorentin, "Vila Palmira – Prostituição em Florianópolis e São José: 1960-1980", p. 205).

Enfim, além da obsessão nacional pelo hímen, como vimos, havia a do adultério feminino, conforme palavras irônicas do jornalista e teatrólogo Nelson Rodrigues: "Tudo passa, menos a adúltera. Nos botecos e nos velórios, na esquina e nas farmácias, há sempre alguém falando nas senhoras que traem. O amor bem-sucedido não interessa a ninguém".

Uma pausa para o Carnaval

São de longa data as interpretações populares que veem no Carnaval uma festa em que a permissividade tenderia para o desregramento, em que as pessoas aproveitariam a suspensão das limitadas regras sociais para chegar à licenciosidade. No Brasil do século XIX, as festividades denominadas de *entrudo* já chamavam a atenção dos estrangeiros que por aqui aportavam. Segundo notas de viagem do nobre francês chamado conde de Suzannet, as mulheres baianas, ao contrário das cariocas, causaram-lhe melhores impressões, por serem mais cordiais, menos tímidas e por deixarem de lado o propalado recato, pelo menos em dias festivos:

> A cidade tem as suas festas, os seus dias de loucura e abandono, que são o Carnaval. É um estranho prazer este Carnaval da Bahia. Durante três dias, todas as atividades são suspensas. Na rua somos assediados por todos os lados por vasilhas de água que nos atiram à cabeça, e que machucam, molham e até ferem. Mas pode, também, acontecer que uma mulher bonita jogue sobre você uma bola de cera cheia de água perfumada, e então nada impede que você se embarafuste pela casa dela; pois todas as casas estarão abertas. Quantas ligações não terão começado durante o entrudo! (Conde de Suzannet, *O Brasil em 1845*, p. 185).

Comparadas às festas contemporâneas, as de 150 anos atrás podem parecer bastante inocentes; no entanto, foram, na época, acusadas de ultrapassar os limites da decência.

Todas essas celebrações, como se sabe, tinham como principal característica o fato de estabelecer determinados dias do ano como marcados pelo exagero, sendo bastante antiga a ideia de considerar como "carnaval" qualquer brincadeira, excesso ou inversão de valores. A festividade, enquanto Pré-Quaresma, marca os últimos dias de fartura (da carne, do sexo, do pecado) antes dos quarenta dias de penúria (de abstinência), então chamados de dias do "adeus à carne", ou *carnevale* em italiano.

As extravagâncias e os desregramentos eram atributos dos grandes bailes carnavalescos. A festa do exagero e do caos promovia a aproximação entre os sexos, era a inversão de todas as relações hierárquicas, e a pessoa, livre das restrições e regras da vida familiar, poderia se sentir apta a desfrutar de uma sensualidade e sexualidade sem comedimentos. Quase tudo era permitido. Após o Carnaval, nos demais dias restantes, a pessoa teria de se manter nos padrões estabelecidos pela sociedade – dentro dos limites do decoro –, ou sofrer as consequências.

O Carnaval era uma festa carregada mais de sensualidade do que de sexualidade. Contagiava todos e perturbava alguns. O jornal *Gazeta de Notícias* de 15 de fevereiro de 1915 tecia críticas às mulheres que se vestiam de forma comprometedora, no estilo *melindrosa*, alertando que elas não se davam conta de que esse era o traje das gigoletes, isto é, mulheres de má vida que sustentavam gigolôs. Um crítico alertava os pais para os perigos de uma festa de tanto desregramento. Outro lamentava, igualmente, essa "coisa hedionda de as mocinhas procurarem imitar as gigoletes", representantes da escala mais baixa da sociedade.

Numa direção mais analítica, a escritora Cecília Meireles (1901-1964), em artigo no *Diário de Notícias*, de São Paulo, em 1932, apontou o significado implícito nos modos de se vestir ao relacionar a escolha da fantasia às aspirações secretas de cada um, referindo-se às "senhoras tranquilas que sofrem silenciosamente o ano inteiro só com a esperança de aparecerem no Carnaval vestidas de gigoletes". Outra observação apurada feita pela escritora foi a de que "a fantasia carnavalesca revela muito mais do que esconde", visto que o traje representa desejos ocultos do fantasiado, "os papéis que representa e o que gostaria de representar".

Apesar da repressão sexual que recaía sobre as mulheres, visando nelas incutir "o estereótipo da frigidez feminina, das exigências da virgindade e de sobriedade de conduta", o momento vivido confirmava o pressuposto de que a sexualidade não podia ser facilmente descartada, afirmou a historiadora Rachel Soihet. Outros depoimentos comprovavam essa afirmação quando mulheres usualmente recatadas, à aproximação do Carnaval, deixavam aflorar seus desejos ocultos. O ator e letrista popular Mário Lago relatou em suas memórias que, nesses dias, até mesmo nas famílias mais austeras, nas quais incluía a sua, determinados comportamentos tradicionais eram relegados:

> O velho Lago e seus tios permitiam às esposas se pintarem com alguma exuberância, e até mesmo fazerem um sinalzinho no canto da boca ou um pouco abaixo dos olhos, coisa que nos restantes trezentos e sessenta e dois dias nem lhes podia passar pela cabeça, pois só era feita pelas mulheres da rua Vasco da Gama, desavergonhadas que usavam navalha na liga e sonhavam dormir uma noite com o Camisa Preta ou outro malandro qualquer. Mas um dia é um dia, bolas! E Carnaval é mesmo uma invenção do diabo (Mário Lago, *Na rolança do tempo*, p. 134).

Muitas mulheres sonhavam o ano inteiro em se tornar mais encantadoras e sedutoras durante os três dias festivos, mesmo que houvesse frequentes reclamações contra o exíguo vestuário.

13

O discurso médico-legal e a zona do meretrício

Desde o século XIX, os homens da ciência tratavam da sexualidade principalmente para condená-la. Dissecaram o corpo da prostituta, do cafetão, do homossexual. Percebendo a prostituição como *doença*, embora necessária para aplacar os desejos masculinos, o jurista Cândido Motta apoiava-se no modelo francês para justificar medidas de vigilância da vida das "mulheres públicas". Para ele, a prostituição, inevitável onde houvesse homens, tinha como função social dar vazão aos resíduos seminais masculinos, como ocorre com lixo e excrementos nos esgotos. Evidentemente, esse comportamento não respondia a nenhuma necessidade da mulher, pois, segundo o saber médico e jurídico do período, era baixa a intensidade de desejo sexual feminino. Ela não era considerada como um ser desejante, mas apenas como maternal reprodutora.

Com a finalidade de definir em termos de comportamento sexual o que era *normal* e o que era *patológico*, a sexologia, nova ciência ligada à medicina e à psiquiatria, surgiu na Europa em fins do século XIX. Era o discurso médico que constituía a matriz das interpretações cientificistas sobre a sexualidade. Sabe-se quanto esse discurso, instituidor das referências modernas sobre a sexualidade, era moralista e machista. Para os médicos do século XIX, o desejo sexual era visto como força ameaçadora e destrutiva que deveria ser contida e bem administrada pelo intelecto.

Ao lado dos médicos, juristas como Viveiros de Castro farejavam onanistas, pedófilos, homossexuais e pervertidos sexuais em quase todas as esquinas da cidade, principalmente nos bares, restaurantes, teatros e cafés-concerto. A masturbação, masculina e feminina, era considerada caminho certo para a loucura. Segundo o discurso médico da época, o grande mal da masturbação "reina como senhor entre a mocidade dos colégios e casas de educação".

O discurso médico havia tornado incompatíveis prazer sexual e maternidade, cindindo as duas imagens da mulher em verdadeira camisa de força. Assim, a santidade da família dependia da continuidade da prostituição, contanto que ela fosse regulamentada e higienizada, sujeita ao poder policial e médico. Nos debates que defendiam a regulamentação do meretrício explicitava-se que a rainha do lar não sobreviveria sem a existência da prostituta.

J. B. Moraes Leme, médico ligado à Faculdade de Medicina de São Paulo, afirmava, em 1926: "Na mulher domina *instinto materno* sobre o instinto sexual", ou ainda, o desejo sexual decorre do instinto materno, enquanto no homem o instinto paterno tem influência muito pequena no coito, pois aquilo que ele procura é o prazer. Segundo Leme, se a mulher optava pela prostituição, isso se devia menos à necessidade sexual e mais a outros motivos, como vaidade, desejo de ganho fácil, preguiça, fraqueza moral, vingança contra ex-namorado ou marido, etc. Segundo o jurista Viveiros de Castro, "a prostituta, a mulher que faz comércio de seu corpo, recebendo homens que a pagam, não tem sentimento de honra e de dignidade. Quem dela abusa contra sua vontade não lhe prejudica o futuro, não mancha o seu nome, sua reputação".

A prostituta, ao negar o destino do casamento e da maternidade, estava inserida no âmbito da anormalidade. Um memorialista disse sobre a prostituição: "Ela tem vivido e viverá sempre no seio de todas as sociedades, como um benefício à honra e probidade do lar das famílias, que têm aí como que uma válvula de segurança".

Juízes como Eurico Cruz, na década de 1920, tratavam a sexualidade feminina como uma aberração. No entanto, em 1936, um veredicto admitia na mulher o desejo sexual como um impulso instintivo de "pessoa normal", mas o juiz defendeu a interpretação de que a mulher que se deixava levar por esse instinto não deveria ser protegida por lei.

Alguns médicos reconheciam, explicitamente, a existência do desejo e do prazer sexual feminino, e que a ausência ou a insuficiência da vida sexual no casamento poderia resultar em graves consequências para as mulheres, como o adultério ou o hábito da masturbação, responsáveis pela esterilidade e pelo aborto, segundo eles.

Se, por um lado, a ausência de atividade sexual poderia ser prejudicial à mulher, por outro, os excessos na realização do desejo e do prazer fatalmente conduziriam aos mesmos temidos destinos ameaçadores da integridade física, mental e moral feminina. Os médicos estabeleciam íntima associação entre perturbações psíquicas e distúrbios da sexualidade em quase todos os tipos de doença mental, sendo a histeria um dos exemplos mais expressivos nesse sentido.

Os médicos procuravam mostrar cientificamente que o homem tinha o desejo sexual mais acentuado do que a mulher por sua própria constituição biológica, o que justificava a procura da meretriz pelo marido que, com tal atitude, afirmava sua virilidade sem que isso significasse que deixara de respeitar a esposa. O marido – que quando muito procurava sair da rotina e manter um relacionamento esporádico em um bordel, ou em algum hotel reservado – era visto com condescendência. Em casa, no aconchego do lar, tratado como santuário, mantinha a imagem de senhor austero, responsável, que se preocupava com a educação dos filhos e vigiava a moralidade das filhas.

Mas, com o perigo das doenças venéreas, que podiam ser levadas para o futuro lar, o correto seria o rapaz manter-se casto até o casamento. No entanto, a maioria dos médicos sustentava uma concepção naturalista da sexualidade, em cujos termos o sexo aparecia como função orgânica, tão imperativa quanto o sono, a fome, a sede. No final do século XIX, uma dupla concepção sobre a natureza da sexualidade propunha, por um lado, a ideia de ser ela uma imperiosa necessidade humana, e por outro, uma imoralidade.

Sendo impossível a erradicação da prostituição e o desejo sexual masculino considerado uma necessidade primária, juristas e médicos tendiam a tolerar tal prática, desde que sanitariamente controlada. Qual técnica de intervenção seria eficaz: lei repressiva ou educação? Eles acreditavam que, contida a prostituição e sanitariamente vigiada, ela teria até função social benéfica, pois canalizava os impulsos sexuais dos jovens e dos que não se haviam casado. Sem a prostituição, temiam que tais impulsos não satisfeitos acabassem por manchar a moral das famílias, atingindo a virgindade das filhas; ou ainda, que os homens se corromperiam, aumentando o rol dos depravados, estupradores, onanistas, homossexuais, etc.

Dois modelos de contenção do sexo

Na Idade Média, na tentativa de abolir o exercício da prostituição, o modelo mais adotado foi o proibicionismo. As meretrizes eram detidas e enviadas a casas especializadas em um trabalho de reeducação. Muitos países socialistas do século XX e alguns estados norte-americanos ainda mantêm a proibição da prostituição. No entanto, encontramos basicamente dois modelos de sistemas que buscaram normatizar a prostituição: o abolicionista e o regulamentarista.

O movimento abolicionista surgiu na Inglaterra em 1870, com grupos protestantes ligados à defesa dos direitos humanos e da emancipação feminina. A mulher era vista como uma vítima ("escrava") dos condicionamentos sociais. Apregoavam que era preciso agir sobre as causas sociais, morais e econômicas que impulsionavam a prostituição. Defendiam a abolição do controle do Estado sobre a vida sexual das prostitutas, acreditando ser possível delimitar claramente os espaços de liberdade para a manifestação da errância sexual. Isso fazia com que o movimento conquistasse adesões também entre as feministas, os anarquistas, os socialistas, etc.

O movimento regulamentarista retomava um modelo napoleônico. Mesmo existindo o controle em outros períodos da história, foi no início do século XIX, na França, com Napoleão, que o meretrício passou a ser controlado através de uma legislação regulamentar. Tratava-se de uma liberdade vigiada. Nas primeiras décadas do século XX, esse modelo influenciou a prática em outros países, incluindo o Brasil.

Ao se propor a intervenção do Estado no estabelecimento de uma norma do mercado de sexo, a preocupação com a saúde era maior do que com a moralidade. Não se buscou extinguir a prostituição em nenhum momento, mas em monitorá-la, de forma a disciplinar o prazer e manter a saúde da família resguardada. Com preocupação sanitária, o controle da prostituição reduziria o perigo das doenças venéreas; para tanto, as meretrizes eram proibidas de trabalhar nas ruas, sendo fichadas pela polícia e obrigadas a passar pela inspeção médica periódica no posto de saúde.

O Brasil adotou, em 1951, uma legislação de cunho abolicionista para combater aquele que explorava o meretrício, considerando e respeitando a pessoa da prostituta. Na realidade, o que ocorreu em diversas cidades, porém, foi a manutenção, mesmo na ilegalidade, das casas de tolerância, que continuaram a funcionar, muitas delas contando com a sutil proteção da própria polícia. As chamadas "mulheres da vida", perseguidas e presas quando se ofereciam nas ruas das cidades, tornavam-se reféns da exploração das cafetinas nas casas "autorizadas" pela polícia a funcionar, além de continuarem a ser obrigadas a fazer exames médicos periódicos.

A crítica que se faz ao regulamentarismo é a de ter transformado as prostitutas em reféns dos proxenetas, policiais e médicos. Os prostíbulos eram obrigados a se manter em bairros distantes, longe das igrejas, escolas, casas residenciais, etc.; às mulheres dava-se pouca liberdade de circulação, de entrada e saída, e deviam manter-se sempre longe dos olhares curiosos dos mais incautos e desprevenidos. Deveriam receber a visita das autoridades sanitárias em domicílio, semanalmente, tendo em vista "neutralizar a propagação da sífilis, o eterno flagelo da mocidade, o terrível inimigo da sanidade da raça".

Acreditando ser possível segregar o desejo sexual em locais autorizados, criminologistas, médicos e autoridades públicas defenderam o confinamento das "sexualidades perigosas" nos arredores das cidades. As tentativas de melhor controle delas pela saúde pública e pela polícia de costumes, implantadas em algumas das capitais brasileiras, como Rio de Janeiro, Paraná, São Paulo e Pará, serviram de modelo para as autoridades de outras capitais e do interior do país.

O modelo de controle do aluguel do corpo da mulher consagrou-se, no Brasil, a partir dos anos 1920, reproduzindo muitas das normas europeias de segregação da prostituição nas áreas periféricas, que assemelhavam-se a guetos, isolados e escondidos dos olhares da família cristã. Esse processo de isolamento alcançou seu ápice na Era Vargas, com a concentração do baixo meretrício na área do Mangue, no Rio de Janeiro, no Bom Retiro, em São Paulo, bem como em locais determinados das outras cidades do país. "Mal necessário", a prostituição deveria ser tolerada, porém controlada e subjugada aos saberes dos profissionais da saúde e, muitas vezes, da truculência policial. Assim nasceu a "zona do meretrício" de outrora, com grande circulação de pessoas e de oferta de todo tipo de prazer reunido em um só local.

Discurso médico-legal

O aumento da concentração populacional no século XIX contribuiu para maior disseminação da sífilis. Pode-se dizer que, durante aquele século, a doença praticamente renasceu, dada a importância social que passou a lhe ser atribuída. O significado moral da doença, considerada como castigo divino, vinculava-se também à trajetória moral do doente. Foi comum negar-se aos doentes (culpados por sua enfermidade) qualquer tipo de auxílio ou cuidado, pois o mal era atribuído a prostitutas e libertinos. Segundo norma de 1673 do Hospital Geral de Paris, para receber um complexo tratamento médico era necessário, inicialmente, que o doente passasse por confissões, purgações e jejuns; mesmo antes, para serem aceitos, tinham de se sujeitar à seguinte norma:

> Todos os acometidos pela doença venérea somente serão recebidos sob a condição de se sujeitarem à correção, antes de mais nada, e chicoteados, o que será certificado com a nota de envio (Citado por Michel Foucault, *História da loucura*, p. 84).

No século XX, surgiu uma grande questão: por que o Estado deveria se preocupar em gastar o dinheiro dos virtuosos cidadãos "honestos", a fim de sanar gratuitamente os males daqueles "libertinos" que conscientemente os haviam procurado? Doença vergonhosa, a sífilis era vista como um merecido castigo à libertinagem. O estigma impedia, assim, que a sífilis se transformasse, como outras endemias e epidemias, em preocupação e medida obrigatória de saúde pública. No entanto, era preciso preocupar-se com moças e inocentes donas de casa que, sem serem profissionais do sexo, poderiam ser infectadas pelos namorados ou maridos.

Até a descoberta da penicilina, cujo uso se disseminou a partir de 1940, acreditava-se que a sífilis era incurável, o que revela um engano. Os médicos afirmavam que desde o final do século XIX a cura da doença era possível a partir de técnicas que haviam desenvolvido ao longo do tempo. Como o tratamento era extremamente longo, penoso e às vezes letal ao doente, eram poucos os curados. Já para se evitar o contágio,

> desde meados do século XIX, pelo menos, os médicos sabiam que o uso dos "condons" (também chamados de "almofadinha" ou "camisa de vênus"), a emissão seminal durante o coito, ou, depois dele, a emissão de urina ou a lavagem dos órgãos sexuais com vinagre, água salgada, vinho, água e sabão, aguardente, etc., davam aos homens meios de evitar o contágio (Sérgio Carrara, *Tributo a Vênus*, p. 184).

Tais meios de prevenção assumiriam uma importância ainda maior depois de 1907, quando foi desenvolvida uma pomada que, aplicada pelos homens após o coito, seria bem mais eficaz que os métodos preventivos anteriormente utilizados.

A confecção de preservativos veio com a descoberta do processo de vulcanização da borracha, em 1839, que permitia sua transformação em matéria elástica resistente. No início, as chamadas "camisinhas" eram grossas e caras. Após o uso, podiam ser lavadas para reutilização até que a borracha arrebentasse. Nova solução surgiu em 1880, com o preservativo de látex que, porém, começou a ser mais difundido apenas a partir da década de 1930. Com seu aperfeiçoamento, os preservativos tornaram-se mais resistentes e bastante finos, propiciando maior sensibilidade peniana.

A doença também era objeto de preocupação de qualquer exército. No Brasil era prática corrente hospitalizar compulsoriamente, no quartel, como forma de castigo, o soldado que, apresentando-se infectado, não pudesse provar ter comparecido depois da cópula a um posto de desinfecção.

A agitação em torno do problema sexual e da doença parece ter incomodado também os círculos religiosos, cujas medidas deveriam ser a educação e a informação. A Igreja pretendia esclarecer que a prática da abstinência era a via mais segura de profilaxia antivenérea. Os homens deveriam ser mais contidos e aprender a controlar seus impulsos, moldando-os à nova realidade.

Segundo o pesquisador Sérgio Carrara, o sanitarista Souza Araújo inaugurou em Belém, em junho de 1921, o Instituto de Profilaxia das Doenças Venéreas. Para esse médico, se a mulher estivesse doente, não poderia continuar a praticar o meretrício, devendo ser isolada obrigatoriamente no Asilo das Madalenas. A política antivenérea que esse sanitarista implantou também no Paraná encontrou inicialmente oposição de certos setores médicos do estado. Souza Araújo criou o Serviço Higiênico-Policial das Meretrizes, com a função de recensear, identificar e fornecer às prostitutas uma "caderneta de identidade especial", que acompanhava seu estado de saúde. A polícia deveria impedir que as prostitutas identificadas como tais se deslocassem para fora da zona periférica designada para o exercício da prostituição, ou que faltassem aos exames médicos nos dias indicados nas "cadernetas".

As mulheres supostamente contaminadas por sífilis fugiam do teste para não ir ao confinamento forçado. Havia um debate acalorado, com grandes discordâncias quanto aos meios mais eficazes de ação, e também a resistência daquelas mulheres elegantes que exerciam a prostituição disfarçadamente. Muitas procuravam a justiça, pois se diziam coagidas pela polícia a tirar "caderneta de prostituta", e também por sofrer constrangimento ilegal referente à livre escolha de lugar para fixar residência.

No Rio de Janeiro, em 1938, foi criado um ambulatório para as mulheres contagiadas, especialmente para as prostitutas do Mangue.

Entretanto, para a maior parte dos homens, contrair a "doença da vida" continuava sendo sinal de virilidade, principalmente entre os mais pobres.

Era sobre o corpo da prostituta que recaía a preocupação maior, por isso o controle do sistema médico e jurídico acompanhado da vigilante moralidade da imprensa davam o tom da denúncia. No depoimento do médico José Eliomar, de Itajaí, em Santa Catarina, nos anos 1950, percebe-se como era exercido o controle do corpo da prostituta:

> [...] ela recebia um cartão vermelho com a fotografia dela e com assinatura ou dedão. E instruímos a população pobre, que antes de manter relação sexual, que exigissem a carteira, e quando era azul, ela era sadia, e quando era vermelha estava doente. E se não tivesse, não mantivesse relação, porque provavelmente ela estava com carteira vermelha, escondeu ou não tirou (Citado por Onice Sansonowicz, "Dona Josefa mudou-se. Aqui mora família", p. 141).

No pós-guerra, a influência dos médicos começou a enfraquecer. As doenças venéreas, em geral, e a sífilis, em particular, foram perdendo parte de seu caráter periculoso e deixaram de receber a enorme atenção de outrora. Em 1939, a descoberta da penicilina como uma medicação eficaz teve fundamental importância nessa rápida desvalorização da periculosidade da doença. Até mesmo o grande medo que provocara – era chamada de horrenda serpente da morte – foi sendo apagado da memória social.

No entanto, se a doença já não chegava a matar, em certos locais do Brasil ela ainda causava preocupação médica e levava a arbitrariedades extremadas dos setores de segurança pública. É esclarecedor o depoimento de um frequentador de prostíbulo em Florianópolis nos idos anos 1960:

> Eu me lembro de um dia em que cheguei à casa da Maria Barbosa, uma casa das melhores que tinha na Vila Palmira, e lá encontrei uma rapariga com o cabelo raspado e um lenço vermelho na cabeça. Era comum isso, as autoridades estavam de olho. Era uma maneira que nós, frequentadores, tínhamos de saber se aquela mulher podia ou não ser levada para os quartos. Se tava doente podia passar doença ruim para nós e nossa família e isso não podiam admitir (Citado por Maryana C. F. Fiorentin, "Vila Palmira – Prostituição em Florianópolis e São José: 1960-1980", p. 205).

Baixo meretrício do Mangue

Por volta de 1870, a presença das "mulheres da vida" no centro da cidade do Rio de Janeiro escandalizava as famílias cristãs, com o trottoir das ruas fazendo parte da paisagem de uma cidade em rápida transformação. Foi assim que o Mangue, desde essa época, pouco a pouco concentrou o baixo meretrício, expulso do centro da cidade pela atuação cada vez mais repressiva da polícia. As prostitutas da Zona do Mangue e seu entorno estiveram muito menos sujeitas à extorsão policial do que aquelas que exerciam suas atividades nas pensões da Lapa, Catete e Glória.

No Rio de Janeiro, durante muitos anos, em espaço que ia da Glória ao Catumbi, e das ruas centrais da cidade à praça da República e ao Mangue, enfileiravam-se inúmeras residências voltadas ao mercado do sexo. Ali alguns satisfaziam seus desejos e fantasias, outros se iniciavam na vida sexual, combatiam as tristezas e reuniam-se com outros homens e mulheres em alegres noitadas, tão ao gosto da época.

O médico e escritor Pedro Nava escreveu em suas memórias um relato sobre os internos do tradicional colégio Pedro II do Rio de Janeiro, no qual se matriculou em 1916. Quando os alunos saíam para prestar exames finais no externato, muitos davam um jeito de fazer uma visita às meretrizes. Ele nomeou inúmeras ruas do centro velho da então capital federal em que "o povaréu" de todos os tipos subia e descia as ruas para avaliar a qualidade das prostitutas:

> As fêmeas eram legião. Havia velhas hediondas e meninas de uma beleza radiante e apodrecida. Louras, morenas, mulatas, negras. Hiperbolicamente pintadas, seminuas, exibindo todas as variedades de tetas: altos e duros seios (com *bico de pera* ou *bico de cabra*), vastas mamas, ubres repletos, muxibas gastas ou peito chato que nem de macho. Debruçadas nas rótulas ou sentadas diante da portinhola que abriam e fechavam [...]. Dentro dos lupanares saía um cheiro de água morna, incenso, sabonete, arruda, ácido fênico, sarro, funcho, defumação e extrato barato. Elas chamavam ora só badalando as bochechas com a língua exímia, ora só com um movimento de cabeça, com palavras cochichadas de confessionário ou bradadas como num leilão. Ficavam repetindo como gramofones o seu vencá-vencá-vencá, o seu entrrrassimpát-entrrrassimpát, vencá-vencá, ou fástud-fástud, vencá, fástud, porcarriegostoze, vencá. Aquilo era uma litania retomada pelos papagaios nos poleiros pendurados às soleiras (Pedro Nava, *Balão cativo*, p. 316).

O Mangue era o ancoradouro de muitas meretrizes estrangeiras recém-chegadas e meretrizes brasileiras negras, uma vez que lá a polícia permitia que elas trabalhassem com mais desenvoltura para atrair a clientela. Dessa forma, elas compensavam os baixos preços cobrados atendendo a um maior número de fregueses. As que tinham melhor comportamento, "de cor mais clara" e mais atraentes ganhavam espaço nos bordéis mais discretos e de mais alto nível, e geralmente evitavam a área do Mangue; outras trabalhavam em domicílios particulares, conhecidos como rendez-vous, na Lapa ou na Glória.

A historiadora Sueann Caulfield apontou que em uma campanha de "moralização", em 1925, a polícia transferiu 1.300 prostitutas da Lapa e do centro da cidade para o Mangue. Uma enfermeira americana chamada Betty Rice, contrariada com a remoção, descreveu em relatório o local como "a pior secção da cidade, pardieiros pobremente construídos com pouca luz, mal ventilados, quase em ruína, cobrindo uma área de nove ruas com 125 casas e já ali morando seiscentas mulheres, e da pior casta, na maioria de raça negra". Ela ficou chocada com as condições de trabalho oferecidas às prostitutas.

Havia, no entanto, aqueles que não compartilhavam das sombrias opiniões de Rice. No final dos anos 1920, o intelectual Nelson Werneck Sodré (1911-1999), um jovem oficial militar que frequentava a zona naquela época, numa breve passagem de suas memórias relembrou:

> O Mangue atravessava, então, fase esplendorosa, apresentando aspectos tão destacados e pitorescos que chegaram a torná-lo atração turística; Fujita, o pintor japonês revelado na França, percorreu-o, fascinado, de esposa a tiracolo. Os mais velhos ou mais abonados iam às pensões da Lapa, na Mem de Sá, na Conde de Lage. Havia riscos, particularmente no Mangue, com os conflitos costumeiros e a participação de marujos e soldados (Nelson Werneck Sodré, *Memórias de um soldado*, p. 40).

Calcula-se que nesse período glorioso, na década de 1930, aproximadamente três mil meretrizes das mais diversas nacionalidades concentravam-se naquela área. Esse número diminuiu na década de 1940, quando, segundo estimativas, havia cerca de 1.400 mulheres.

Até os anos 1950, o Mangue caracterizava-se como um local onde frutificavam as mais diversas manifestações populares da época. Foi fonte de inspiração para músicos, poetas, pintores e escritores – dentre eles Manuel Bandeira, Cartola, Luiz Gonzaga, Antônio Fraga. Em entrevista à *Playboy* de março de 1998, Nelson Gonçalves afirmou que, antes de decolar sua carreira como cantor, chegou a ser cafetão de dez mulheres.

Pedro Nava contou que, em 1924, ao visitar o Mangue com a caravana modernista, o poeta e escritor francês Blaise Cendrars ficou "bestificado", dizendo que não tinha visto nada igual em outros prostíbulos do mundo que conhecera. Certa vez, Vinicius de Moraes levou um jornalista americano para conhecer o local e, como inspiração, escreveu a "Balada do Mangue". Segundo o jornalista Alexandre Augusto, em *Moreira da Silva: o último dos malandros*, este sambista carioca teve como amante, por quase dezoito anos, uma judia russa que administrava um bordel no Mangue; o compositor fez uma música em sua homenagem. O local chegou a ser, também, ponto de encontro de cafetões, travestis, ladrões, bicheiros, otários, boêmios e dos malandros cantados em prosa e verso que produziam uma cultura e um modo de vida originais.

O escritor judeu austríaco Stefan Zweig, que veio ao Brasil para escapar da perseguição nazista – e que cometeu suicídio em 1942 –, ficou fascinado com as prostitutas que observou atuando na zona do meretrício do Mangue, região decadente de casas coloniais perto do porto. Em suas memórias daquela época, escreveu que as mulheres prometiam as mais excitantes perversões. Entre agosto e setembro de 1936, Zweig escreveu um diário dessa viagem ao Rio de Janeiro, narrando como era o prostíbulo. No dia 21 de agosto, fez uma visita ao local, após jantar com seu editor brasileiro. Tratava-se de um passeio comum para a intelectualidade da época, o que também resultou nas pinturas de Lasar Segall e Di Cavalcanti. Enfim, "as ruas das mulheres" foram assim descritas por Zweig, já ao final da noite, em 1936:

> [...] é inacreditável. Em lojas iluminadas, revestidas de verde e amarelo, as mulheres são expostas como em vitrines, onde cada uma põe seu *nom de guerre*: Coonne, Leonie, Gaúcha, Paquita – uma mistura colorida como jamais vi. Negras, escuras como breu, de cabelos crespos e seios à mostra, olham secas e indiferentes como estátuas de madeira; francesas maquiadas, em blusas sumárias de cores gritantes ou shorts provocantes, cantam e gritam, aliciando clientes; judias da Europa do Leste prometem as mais excitantes perversidades; entre elas as mulatas em todos os tons de café com leite; cerca de quinhentas mulheres, entre jovens e desgastadas, meigas e rudes, prostradas porta a porta, como uma iluminação de todas as raças e classes, e no fundo a cama irrecusável.
>
> Algumas são indolentes, outras buscam atrair fregueses com movimentos de dança, outras ainda, de olhar cansado e fixo, mostram indiferença, à maneira das orientais. Para nós, o mais impressionante é a total mistura, a ausência de preocupações com qualquer ideia de raça, o que é característico deste país. Negros escolhem as brancas, brancos

> dirigem-se a negras, a rua vibra com o intenso movimento, mas prevalece rigorosamente disciplinada, mantida por uma tropa da polícia, e à meia-noite cessa de repente a agitação; casas e apartamentos são alugados apenas para fins de trabalho, o grande shopping de carne humana está sendo fechado.
>
> Que caminhos de longe, que destinos reúnem essas judias e francesas, até terminarem aqui, pelo preço de três mil-réis (cerca de três francos franceses)! Que cenário para a satisfação do mais banal e animal dos prazeres rápidos – raramente vi algo tão fascinante como essas quatro ruas cintilantes, que dentro de seus muros inquietantes servem a um único propósito e exclusivamente a ele. Algumas mulheres são realmente belas, sobretudo as mestiças de origem indígena, com seus corpos meigos e cabelos lisos e negros metálicos; uma discreta melancolia paira sobre todas e por isso a sua humilhação, sua exposição na vitrine nem parece vulgar, comove mais do que excita. Uma visão inesquecível (Stefan Zweig, *Amok e Xadrez*, p. 170).

No início da década de 1940, o Mangue começou a entrar em decadência e foi perdendo os seus atrativos para os fregueses de maior poder aquisitivo. Parte desse declínio pode ser atribuído à atuação repressora da polícia da Era Vargas, mas também refletia as transformações urbanas da capital.

Em agosto de 1959, o Mangue era habitado por nada menos que 2.635 prostitutas, que se dividiam nos 193 quartos dos 21 bordéis. Isso representava quatorze mulheres para cada quarto. A grandiosidade do Mangue rendeu reportagem à revista *Time*, em meados dos anos 1950. Carlos Drummond de Andrade, em um poema intitulado *A festa no Mangue*, descreveu o local como um "manguezal de vulva exposta", onde ocorre o "amor de poucos minutos" no qual muitos bebem "na mesma fonte", mas que, para o poeta, não deixa de ser uma forma de amor, e nem por isso triste.

No ano em que o Rio de Janeiro comemorou o quarto centenário de sua fundação, em 1965, o repórter Sylvan Paezzo divulgou o resultado de suas investigações sobre o lado doloroso da vida no Mangue. "Aqui não há escolha. Os homens que desfilam em grupos nas portas dos cubículos são todos caçadores de estranhos prazeres que só estas mulheres podem oferecer. E veja como elas olham. Estão atordoadas de bebida ou de entorpecentes. Do contrário não se sujeitariam a tantas baixezas." Numa triste descrição, concluiu: "São cadáveres à espera de sepultura. São velas se extinguindo num longo desgastar".

Segundo o repórter, o Mangue, antes da tentativa de sua erradicação, era um mercado de sexo até certo ponto organizado, com mulheres bonitas, sadias e honestas profissionalmente. E não era nada demais. Até que se perdeu o controle. Mas, em 1942, quando era chefe de polícia, o general Alcides Etchgoyen decidiu enviar seus auxiliares ao Mangue, dando prazo de uma semana para que todos que lá estivessem se retirassem. Tal medida pulverizou o meretrício para os demais bairros, principalmente para Copacabana, onde hotéis suspeitos eram obrigados a exigir "certidão de casamento" aos casais que não portavam bagagem. Consequentemente, essa explosão causou o crescimento do poder do lenocínio e a expansão da prostituição por toda a cidade.

Ao ser reaberto, três anos depois, o Mangue já não era mais o mesmo. Segundo o relato, as garotas mais bonitas, mais saudáveis, já se haviam instalado em apartamentos, não voltando aos prostíbulos. O Mangue foi então ocupado por mulheres envelhecidas. E com a crise econômica e o desemprego, o número de prostitutas tinha aumentado assustadoramente.

Em 1965, o baixo meretrício contava com 36 bordéis, com 324 quartos para mais de três mil mulheres. E dentro das casas velhas, com odor de incenso, prostitutas entre dezessete e cinquenta anos aguardavam pela escolha dos clientes.

> Quando ainda são jovens, fazem apenas o lendário *papai-e-mamãe*, depois, à proporção que a idade vai chegando e outras que tinham a sua idade de chegada vão roubando os fregueses, topam qualquer parada, sujeitando-se a todas as taras. É a lei. [...] Repare bem nos olhos das mulheres. Embora não seja profundo conhecedor, você pode notar que há algo diferente em cada uma delas. Estão bêbadas ou cheias de narcóticos e maconha. E não deve haver em você nenhum sentimento de nojo ou revolta. Você deve compreender, meu caro, que é infinitamente impossível expor-se assim e aceitar qualquer um na cama, quantas vezes for necessário. É preciso respeitar essas pobres mulheres mortas-vivas que também amam, comem, dormem, vestem-se (Sylvan Paezzo, "As ruas do amor livre", p. 82).

O jornalista narrou um episódio violento sofrido pela prostituta Maria Bonita. Talvez outrora bonita, ela "comera milho", isto é, "a mulher dera dinheiro a um malandro para que ele dormisse com ela". Não havia nada de anormal, disse o repórter. "Mas acontece que ela deu o dinheiro para um malandro que não era dela, que não a protegia nem a levava pra casa, entendeu? É a lei." Como o malandro beneficiado contou o ocorrido para o cafetão de Maria Bonita, ela foi levada a um determinado local para receber um corte de navalha nas nádegas, castigo comum naquele meio.

> Experimentaremos entrar num bordel. Não precisa escolher. Todos têm uma varanda, com uma porção de mulheres em exposição, uma sala antiga, um bar clandestino, está vendo? O mesmo cheiro de mijo e um novo: esperma. Cada portinha dessas é um quarto. As paredes, de madeira, têm apenas dois metros de altura. A mesma lâmpada ilumina de seis a oito quartos – desculpe chamar isso de quarto. Abra uma porta e entre. É aqui que elas *trabalham*. Uma cama dura, uma bacia para a higiene, um prego para as roupas e um espaço de 20 cm para que a mulher e seu *desafeto* possam se mexer. Ouça a voz do homossexual que, da porta do inferno, chama os homens que passam ao largo, carregando repulsa ou timidez; a conversa banal entre duas mulheres por ora desocupadas e a reclamação de uma outra que, batendo na porta vulnerável de um quarto, reclama que tem freguês e precisa da cama (Sylvan Paezzo, "As ruas do amor livre", p. 84).

Era comum ouvir a voz da cafetina conclamando ao trabalho: "Meninas, meninas, andem. Os homens estão na sala". Segundo Paezzo, a cafetina normalmente passava de explorada a exploradora, embora ainda fosse explorada. O autor apontou uma disputada lourinha de aproximadamente quinze anos, com sutiã branco e calcinha preta. "Mas não tenha pena, ou melhor, não deixe que ela repare que está com pena. Para aquela menina o melhor será pensar que nós a desejamos." O expediente era das 8 às 16 horas e das 16 às 24 horas. Para levantar uma boa renda diária, a mulher tinha de fazer muitos sacrifícios.

> Nenhuma, aqui no Mangue, fica menstruada uma vez por mês, como é normal. E para evitar isso, sabe o que fazem? Introduzem esponjas ou algodão, acabando com o corrimento. Essa operação é feita cada vez que vão para a cama. Elas não podem parar. E, não pense que estou exagerando: em muitos casos a prostituta faz um aborto e, no dia seguinte, lá está, usando pedaços de esponja ou algodão (Sylvan Paezzo, "As ruas do amor livre", p. 86).

O repórter observou que, em um muro, escorria urina como um rio – efeito, talvez, das cervejas. "Dizem que se o homem urinar logo depois que tem relações sexuais com a prostituta está imune a qualquer doença venérea. Não é verdade, mas eles continuam urinando nas paredes, nos muros, nos postes."

Referindo-se ao ano de 1967, outro estudioso, o jurista e delegado Armando Pereira, constatou naquele local a existência de 854 mulheres, com idades variando de dezoito a 78 anos. Havia as que trabalhavam grávidas de até sete meses, podendo atrair o interesse de determinados clientes; outras, quando as filhas atingiam a maioridade, chegavam a trabalhar na mesma casa com elas. As mulheres mais bonitas ficavam mais expostas aos transeuntes, enquanto as mais velhas preferiam as janelas, onde apenas o busto e o rosto exageradamente pintado apareciam, e quem as procurava muitas vezes poderia tê-las por baixo preço ou, quem sabe, por "complexo maternal":

> As *vovós* lutam mais para disfarçar as rugas e as pelancas do que para convencer transeuntes irresolutos. Atuam nas manhãs. Muitas madrugam no prostíbulo e procuram atrair aqueles que ali vão antes da hora da entrada nas fábricas, lojas e escritórios. Indagamos do movimento delas e, então, esclareceram-nos que não havia razão para muita queixa. Há paladar para todos os gêneros, fregueses que as preferem, pois são atenciosas e maternais. São maternais... eis aí tudo (Armando Pereira, *Sexo e prostituição*, p. 156).

Comentando os áureos tempos da praça Onze, no centro velho do Rio de Janeiro, o jornalista carioca Roberto M. Moura referiu-se a um prostíbulo no qual figurava "Tia Laura", considerada a cafetina mais famosa do Rio de Janeiro nos anos 1960. Segundo ele: "Era um sobrado típico e, certa noite, chegando lá, vi uma ambulância na porta, a maca trazendo a Maria Bundão escada abaixo. Diagnóstico: hemorragia causada por um recorde de 38 relações anais". Embora não mencionado pelo jornalista, sabia-se que para atenuar possíveis dores de constantes relações sexuais, algumas mulheres aplicavam nas partes íntimas algumas pomadas anestésicas, como xilocaína, talvez.

Por volta dos anos 1970, as obras do metrô desapropriaram as casas na região do Mangue. Em seu lugar, foi criada a Vila Mimosa. Essa vila, nos anos 1980, era ainda chamada de "Mangue". Levantamento realizado nos anos 1989 e 1990 registrou a média de oitocentas mulheres trabalhando na vila.

Profissões perigosas

Um homem que buscasse diversão e encontros amorosos na primeira metade do século XX poderia efetivá-los em salões previamente preparados para tais intentos, como era o caso dos cabarés. No Rio de Janeiro, esse ambiente foi descrito em 26 de junho de 1928 no diário do escritor maranhense Humberto de Campos (1886-1934): ao redor das mesas, estão os homens brasileiros e as mulheres estrangeiras. "Poucas, entre elas, têm dono certo. O cavalheiro que quer dançar faz um sinal da sua mesa e a 'dama' sai ao seu encontro. Mesmo as que se acham acompanhadas pelos *amant du coeur* não recusam convite." Por não haver necessidade de o dançarino forçar a conquista, reina perfeita ordem no ambiente, pois "a facilidade em levar para o leito qualquer uma daquelas raparigas afasta dali a menor ideia de abuso".

"Foi num cabaré da Lapa que eu conheci você." Assim Noel Rosa se referiu à jovem dançarina Ceci, por quem ele, em 1934, já casado, apaixonou-se, e que serviu-lhe de fonte de inspiração para algumas canções. Segundo os pesquisadores João Máximo e Carlos Didier, para fazer companhia aos clientes, Ceci, como toda garota, ganhava uma quantia por noite, além da comissão pelo consumo de bebidas dos boêmios. Noel se remoía de ciúmes por ela. Mário Lago foi um dos que trocou intimidades com Ceci.

Caracterizada pela lógica do "quem tem ofício, tem benefício", a política trabalhista do Estado Novo do governo Vargas tinha como intenção estabelecer nítida fronteira entre o trabalho realizado por dançarinas, bailarinas e atrizes, e a "vadiagem" que representava a prostituição, o que atingia principalmente o grupo de fronteira formado pelas prostitutas que misturavam essas profissões.

A partir de 1943, as profissionais das casas de diversão poderiam ser autuadas fazendo trottoir ou exercendo atividades em casas de tolerância ou lugares suspeitos. Elas corriam o risco de cassação de qualquer registro profissional, ainda que fosse difícil para o Estado controlar a atividade do meretrício, até mesmo pela dificuldade de defini-la para além de determinados contornos e conceituações. Cabia à polícia, contando com a colaboração dos empresários da área, zelar pelas normas de funcionamento de dancings, cabarés, teatros de revista e demais casas de diversões.

Segundo a historiadora Lená de Menezes, a versão brasileira dos cabarés não seguiu exatamente o modelo original francês, que se caracterizava como local destinado a espetáculos. No Brasil, desde suas origens, os cabarés assumiram a forma genérica de estabelecimentos onde o homem encontrava companhia para beber e dançar; sua expansão ocorreu das primeiras décadas do século XX até os anos 1950. Nesses locais, cabia às mulheres oferecerem companhia aos clientes com a intenção principal de fazer com que eles gastassem com bebidas, e a dança era o complemento necessário da noitada. No caso dos dancings, tratava-se de lugares para as mulheres servirem de companhia eventual aos clientes em busca de diversão. De acordo com depoimento de um assíduo frequentador das noites cariocas à historiadora Lená de Menezes, as diferenças entre dancings e cabarés, no período em questão, podiam assim ser sintetizadas:

> Os cabarés visavam ao consumo de bebidas nas mesas. As meninas que lá trabalhavam tinham o objetivo de intensificar o consumo. Não havia cartão para ser marcado para as danças, enquanto, nos dancings, a preocupação maior girava em torno da quantidade de furos que o freguês possuía no cartão que recebia ao entrar nesse tipo de estabelecimento. Nestes, o consumo de bebidas não estava ligado, necessariamente, ao trabalho das dançarinas (Citado por Lená Medeiros de Menezes, "Dancings e cabarés: trabalho e disciplina na noite carioca", p. 267).

A localização dos dancings tendeu a priorizar áreas mais nobres e atendia uma clientela mais exigente. Segundo frequentadores, "não havia prostituição propriamente dita" dentro dos cabarés, e muito menos nos dancings. Regra geral, o que ocorria era a possibilidade de acerto de encontros a serem realizados nos hotéis das redondezas. Nessa perspectiva, os cabarés e os dancings tenderam a funcionar como antessalas dos bordéis, hotéis e pensões da área.

O teatro de revista, que apresentava comédias picantes que até grandes personalidades da então capital federal assistiam, foi outra forma de diversão noturna.

A dançarina Luz del Fuego (cognome que remetia a um batom muito conhecido na época), cujo nome verdadeiro era Dora Vivacqua (1917-1967), natural do Espírito Santo que viveu em Minas Gerais e se estabeleceu no Rio de Janeiro, tornou-se figura emblemática desse tipo de teatro e de diversos circos: ela dançava contracenando com uma jiboia. Apesar do controle da família, que chegou a interná-la em hospital psiquiátrico por dois meses, Luz del Fuego prosseguiu sua trajetória de liberdade sexual e causou escândalo quando apareceu nua na praia de Copacabana, numa estratégia para divulgar seu nome.

Com o intento de fundar o Partido Naturista, fez comícios seminua e foi processada várias vezes por atentado ao pudor. Publicou dois livros para divulgar suas ideias (*A verdade nua* foi um deles), vivia acompanhada de homossexuais que se travestiam no palco e teve casos amorosos com homens capazes de sustentar sua companhia teatral e um futuro projeto de uma colônia de nudismo. Políticos, banqueiros, ministros, fazendeiros, industriais, etc. tinham suas propostas analisadas por ela, que só aceitava as mais vantajosas financeiramente. Ela anotava com zelo os detalhes de suas relações com os amantes, muitas vezes praticadas a contragosto, e incluía outras informações que posteriormente poderiam ser-lhe úteis. Assim relatou uma de suas biógrafas:

> Não foram poucas as circunstâncias de difícil digestão que ela se viu obrigada a engolir. Algumas até divertidas, como a de um fazendeiro de Uberaba que não tirava o chapéu e as botas nem na cama e que a entediava com uma lengalenga sobre bois, vacas paridas e bezerros. Ou o industrial paulista que na hora do gozo gritava: "Petrópolis, Petrópolis!". Outros tantos se masturbavam enquanto ela dançava com as cobras. Houve um político, conhecido pela pose empertigada e pela fama de conquistador inveterado que, no final das contas, não passava de um "mole", comprazendo-se em ser açoitado com um chicote de cabo folheado a ouro. E as taras sexuais não paravam aí. Um casal milionário, assíduo nas colunas sociais de Jacinto Thormes, pagou uma volumosa quantia à Luz para que ela presenciasse o marido trepando com uma bicha, enquanto a mulher deleitava-se com a cena (Cristina Agostinho, *Luz del Fuego: a bailarina do povo*, p. 186).

Luz del Fuego manteve por três anos um caso com um banqueiro casado, de meia-idade, que lhe deu de presente uma mansão na avenida Niemeyer com todo o mobiliário importado. Conseguiu por fim realizar seu sonho de criar uma colônia de nudismo, que foi chamada Ilha do Sol, cuja melhor fase foi o período de 1956 a 1961. Teve casos amorosos também com pessoas simples que a ajudavam na ilha. Desentendeu-se com pescadores que rondavam sua propriedade e foi assassinada, em 1967, por dois deles, um dos quais afirmou, com forte carga de ressentimento: "Aquela puta preferiu me escorraçar a receber os meus carinhos".

Baixo meretrício em São Paulo

Com a industrialização e o crescimento acelerado de São Paulo, o espaço urbano tornou-se palco privilegiado de lutas e contradições sociais. Por motivos diversos, nem todos conseguiam inserir-se nesse novo mundo; a muitas restava a prostituição. Junto com o crescimento urbano, apareceu também a figura do cafetão profissional. No bairro do Brás, em 1891, próximo à Hospedaria do Imigrante, "os cáftens instalavam escritórios de locação de serviços e aliciavam jovens recém-chegadas e inexperientes para o meretrício".

Quanto à composição numérica, a polícia registrara, em 1915, entre 269 prostitutas fichadas, 177 brancas, 55 negras e 37 pardas. Em estatística de 1936, segundo o Gabinete de Investigações, havia, entre as 10.008 mulheres, 8.077 brancas, 1.150 pardas, 647 negras e 134 amarelas.

Diferentemente do que ocorria nos prostíbulos mais pobres, as meretrizes francesas atendiam menor quantidade de clientes, embora a média fosse bastante elevada, segundo alguns depoimentos. Parte do público colaborava nas denúncias contra o comportamento imoral. Vizinhos reclamavam dos trajes sumários das prostitutas, que deixavam quase à mostra regiões do corpo, tornando impossível às famílias chegarem às janelas; e também de mulheres acusadas de vida irregular, que recebiam em casa muitos homens suspeitos.

A ação da polícia e a pressão da sociedade se insurgiam não contra a figura da meretriz, mas principalmente contra o mundo de algazarra e dos desocupados que giravam à sua volta. Mas houve casos de meretrizes queixando-se de maus tratos, causados pela recusa de dar dinheiro a amantes ou pela denúncia de roubo.

Além de as meretrizes serem vítimas de malandros com fácil acesso aos seus aposentos, também nas pensões ou hotéis alguns homens varavam a noite com prostitutas e quando acordavam se davam conta de que tinham sido roubados. O golpe era chamado de "suadouro". Essas pendengas envolvendo paixão, sexo e dinheiro podiam resultar em luta corporal; nos prostíbulos, esses conflitos sempre atraíam muitos curiosos. Áreas de concentração de bordéis traziam muitos desordeiros que a polícia se preocupava particularmente em controlar.

No decorrer da década de 1920, a polícia passou a associar a prostituição ao novo crime de tráfico de entorpecentes. Mesmo antes de ser enquadrada como crime, a venda já era denunciada. A polícia recebia denúncias de drogarias que vendiam cocaína livremente para prostitutas. Por suportarem as agruras da profissão, elas eram consideradas as principais clientes dos traficantes de tóxicos. Realizavam-se muitas prisões nas zonas de meretrício, muitas vezes sob a acusação de "vender cocaína a prostitutas". Esse elemento se somava à já negativa imagem dessas mulheres construída pela imprensa:

> Cocainômana contumaz, Edith Moniz é uma dessas venenosas e fatais flores da orgia, que arrastam para o abismo da perdição e da morte os rapazes incautos que tão facilmente se deixam levar na vertigem dos pecados "chics" e das abominações elegantes [...]. Horácio Martins devia ser mais uma vítima da mulher demoníaca (Citado por Margareth Rago, *Os prazeres da noite*, p. 204).

Nos casos de morte, o cliente era completamente vitimizado por sua fragilidade, e a meretriz recebia toda a carga negativa que a estigmatizava como poderosa e mortal. Constatou-se que o moralismo repressor era muito maior nos meios pobres do que nas altas esferas da prostituição, em que não só clientes e meretrizes dispunham de um tempo maior para cada encontro, como também tinham maior acesso a bebidas afrodisíacas e a drogas como cocaína, morfina, ópio, e também a outros produtos de excitação dos sentidos.

Em 1928, as prostitutas de São Paulo passaram a ser controladas também pela guarda-civil, e todas as delegacias deveriam ter o livro de registro de exercício da profissão. O estabelecimento de zonas do meretrício fez com que estas se transformassem com o decorrer do tempo em guetos, ou seja, espécie de territórios sitiados proibidos. Quase sempre, o novo logradouro nascia distante do centro, longe das residências familiares, porém próximo do olhar vigilante da polícia. Confiná-las em um mesmo local facilitava o trabalho de controle por parte das autoridades públicas, encarregadas de preservar os bons costumes da sociedade frente aos atos obscenos e imorais das "mulheres da vida".

Para se ter ideia da magnitude da repressão, segundo registros da Delegacia de Costumes, três mil prostitutas foram presas em 1940; em 1941, 3.306 e, no ano seguinte, 2.077.

Os principais problemas enfrentados pelas meretrizes no dia a dia eram as brigas com os frequentadores, a violência emocional, além da concorrência entre elas, da exploração econômica exercida pela cafetina e da constante perseguição policial. Eram frequentes os abortos, certamente realizados nas mais precárias condições.

Difícil medir o grau de responsabilidade das próprias prostitutas na construção negativa de sua imagem, e como isso contribuiu para a sua exclusão social.

> Se o mundo da prostituição chique pode ser metaforizado através de imagens que evocam prazer e tranquilidade, ao mesmo tempo que violência e depravação, o baixo meretrício vem inevitavelmente associado à ideia da animalidade da carne, da bestialidade do sexo, do gozo irrefreável e da orgia sem limites, atestando o último degrau de degradação atingido pela humanidade. Tudo aí passa pelo crivo do negativo, do sombrio, da brutalidade humana (Margareth Rago, *Os prazeres da noite*, p. 242).

Diante de ameaças externas, as mulheres, acionando seu espírito de pertencimento, podiam ser solidárias em alguns momentos; em outros, tornavam-se extremamente violentas em suas querelas e rixas. Vale destacar, no entanto, a maneira pela qual a justiça manipulava o significado da imagem da prostituta negra, do baixo meretrício, tradução de tudo o que a sociedade podia ter de mais execrável e degradante:

> Trata-se de uma cena de cortiço entre meretrizes de baixo calão. As baixas (sic) do prédio nr 38, da rua Tamandaré, estão transformadas num verdadeiro *quilombo de pretas vagabundas* e de rameiras desonradas, e por mais que se lhes dê em cima, sempre praticam desordens. [...] Dizem mais que ela (Mariana) é desordeira de grande marca, e traz, continuamente o cortiço em polvorosa. E nem podia ser outro o seu procedimento, porque é uma prostituta de cortiço, vivendo numa promiscuidade repelente, num meio esquálido, cuja atmosfera só tresanda a bafio de cachaça e a *fartura de corpos sujos*, que se espolinham num *orgasmo desordenado*, num *furor genésico* que atormenta o cérebro [...]. Merece ser castigada (Citado por Margareth Rago, *Os prazeres da noite*, p. 242).

O conflito entre prostitutas surgiu no discurso moralista e repressivo da justiça, contribuindo para reafirmar o confinamento dos pobres pelo baixo índice de decência que lhes era atribuído. O cortiço, habitação delas, era comparado a um antro de perdição, onde os corpos se misturavam sem dignidade, ao mesmo tempo que designava um espaço de rebeldia e prazer dos pretos pobres.

A prostituição nos meios pobres, marginalizada, era objeto de uma imagem de sordidez maldita, de descontrole desenfreado, de excesso sexual que assustava as classes mais abastadas. Num momento em que grande parte das prostitutas de São Paulo era constituída por mulheres brancas e estrangeiras, segundo as informações disponíveis, as negras recebiam toda a carga negativa da degradação sexual e de sujeira. Era no asseio que a polícia atuava mais energicamente quando ocorriam alguns conflitos, levando presos as "mulheres da vida" e demais participantes: "As mulheres, na maioria negras, recebiam uma ducha de água fria, por vezes uma surra e, quase sempre, saíam de lá com a cabeça raspada", contou o memorialista Jacob Penteado.

A política de confinamento

Durante a ditadura do Estado Novo, por volta de 1940, ocorreu uma verdadeira política de segregação da prostituição em São Paulo, quando o governador Adhemar de Barros empreendeu o confinamento das prostitutas no bairro de comerciantes judeus do Bom Retiro, principalmente nas ruas Aimorés e Itaboca. As ruas escolhidas para instalar a zona eram espremidas vias sem saída que terminavam na parede da linha férrea, formando uma barreira física que delimitava com clareza o território do comércio sexual. A instalação da zona desencadeou protestos por parte de moradores do bairro.

Dentro dos princípios higienistas do século XIX, não se propunha a eliminação ou a regeneração da prostituta, mas se determinavam seu lugar e limites à sua circulação. Aderido a esses ideais, o confinamento contava com cerca de 150 casas de encontros, abrigando em torno de 1.400 mulheres; havia também três postos antivenéreos, uma Delegacia de Polícia, além de alguns bares e restaurantes. Nos limites da zona, as mulheres tinham direito às janelas, à rua; seus apelos de sedução não eram coibidos.

A criação desse meio fechado de delinquência explícita permitia a interação grupal que ocorria, dada a frequência de clientes vindos de outros bairros da cidade. Muito rapidamente, esse local se tornou um dos mais agitados e também um dos mais movimentados da cidade, com vários tipos de problemas agravados principalmente nas noites de sábado e vésperas de feriados, quando era enorme a presença de homens provenientes de todos os bairros.

Alguns desses problemas, não previstos pelos encarregados da política de confinamento, parecem-nos inusitados. O jornal *A Plateia* de 4 de dezembro de 1940 informava que os profissionais responsáveis pelo policiamento da zona não sabiam como agir diante do "escândalo que se vem verificando, especialmente aos sábados e quando a extraordinária multidão que desfila por essas ruas da boemia na falta total de mictórios despeja as urinas pelas ruas".

Durante o dia, a região era uma tranquila rua como outra qualquer; ao entardecer, no entanto, as meretrizes iam se postando junto às portas e janelas, como em "mostruários" à espera da romaria de fregueses que ia crescendo com a entrada da noite. Seduziam os passantes com convites e gestos ousados: palavras lascivas, sedutoras e chulas eram proferidas, criando o clima de algazarra.

Dados de 1948 apontam que o maior segmento de prostitutas era formado de ex-empregadas domésticas, operárias e comerciárias. Algumas recebiam em uma só noite mais do que num mês de trabalho. Para tanto, mantinham relações sexuais com muitos homens, havendo mulheres que se entregavam a mais de cinquenta clientes em um só dia. Segundo Guido Fonseca, estudioso do assunto, antigos fregueses contavam ter presenciado na zona do Bom Retiro, com alguma frequência, filas de homens saindo de determinadas casas e esparramando-se pelas calçadas.

"Os mais ingênuos quando indagavam das razões daquilo eram informados que se tratava de indivíduos esperando a vez para ter relações com mulher recém-entrada no meretrício ou com alguma jovem menor de idade."

Em estudo sociológico de Barruel de Lagenest sobre a zona do Bom Retiro, referindo-se a um relatório feito em 1954, foi constatado que para multiplicar o número de aposentos, aproveitou-se todo e qualquer canto, vão de escada, corredor, entrada ou fundo de quintal. Também os cômodos maiores foram divididos em dois ou três, a fim de aumentar o número de quartos. De forma improvisada, alguns corredores foram cobertos para se transformar em bares.

Na maioria das casas, constatou-se a falta de janelas nos dormitórios, acarretando ausência de corrente de ar e luz do sol. Muitas das paredes, principalmente as de tabique, eram recobertas por calendários, páginas de revistas de nus e recortes com cenas pornográficas. As unidades sanitárias, uma para cada casa, instaladas no quintal, não possuíam lavabos e pias. As prostitutas retiravam água para sua higiene pessoal em bacias, baldes ou jarros, tendo como única fonte uma torneira no quintal. À precariedade das construções e à deficiência das instalações, somava-se a promiscuidade decorrente do grande número de mulheres em cada casa. O rádio, onipresente, possibilitava ouvir as novelas e servia também para abafar sussurros, gemidos e ranger de camas.

Nas salas de exibição onde as prostitutas eram escolhidas pelos clientes, havia quadros indicando o "regulamento" da casa, preços de bebidas, etc. A existência de imagens toscas de santos populares, ao lado de vasos de plantas e lamparinas acesas, chamava a atenção, provocando estranhamento de alguns visitantes.

A promiscuidade favorecia a disseminação de moléstias venéreas. Das mil mulheres examinadas pelo serviço médico, em 1948, embora com métodos de averiguação duvidosos, foram encontradas reações positivas para infecções sifilíticas em nada menos de 836 prostitutas. Além disso, havia tuberculosas e portadoras de outros males.

De acordo com o memorialista Jacob Penteado, "a escória" das prostitutas que atendia a preços baixos encontrava-se também no Brás, nas proximidades das estações do norte, de onde vinham os melhores clientes, homens do interior que corriam o risco de contrair uma "carga de doenças venéreas, pois ali não havia a menor noção de asseio nem fiscalização".

O trottoir, ou seja, o ato de se expor na via pública, não era ainda uma prática constante de "caça" das prostitutas. Apenas a partir de 1954, com o fim da concentração da zona do meretrício durante o governo de Lucas N. Garcez, é que as prostitutas se espalharam pelas calçadas das ruas de outros bairros da cidade, de onde se fez jus a popular expressão "rodar a bolsinha". Noticiava-se que, na noite de 2 de janeiro de 1954, as últimas mulheres que relutavam em sair do Bom Retiro promoveram desordens protestando contra a decisão governamental. O ambiente transformado numa praça de guerra era conhecido pelo contista João Antônio, íntimo do bas-fond paulistano. Ele descreveu como se deu a chegada dos policiais, Exército e força pública:

> Como loucos, tantãs de muita zonzeira, acabam com a zona. Vão esvaziando. Inundam as casas, tocam fogo nos colchões, entortam janelas, com guinchos arrebentam as portas. Estraçalham, estuporam, quebram. Atacam as minas, arrancadas do sono e quase nuas. Batem e chutam como se surrassem homens. Sapateiam nos corpos das mulheres. [...] Voa de tudo pelas janelas. Quebram cama, cadeira, oratórios... [...] No meio da rua, os invertidos choram, gritam e se descabelam (João Antônio, *Leão-de-chácara*, p. 115).

Na verdade, durante a vigência da zona no Bom Retiro, outros bairros como Santa Efigênia e Brás persistiram enquanto território camuflado do comércio do sexo. A partir de 1954 o bairro de Campos Elíseos foi incorporado como local de meretrício.

No mesmo ano, com o fim do confinamento, iniciou-se um período em que passaram a predominar os estabelecimentos camuflados de prostituição, mantendo-se o controle policial sobre eles. A permanência da prostituta na rua era assegurada pelo pagamento de propina não só à polícia como também ao "protetor" da mulher.

A paixão de um cliente pela prostituta, fato comum, foi bem retratada no bolero caipira *Boneca Cobiçada*, da dupla Biá e Bolinha, enorme sucesso em 1956. Uma mulher fatal, frequentadora da noite, desiludida no amor, encontrou alguém que deu novo alento à sua vida, fazendo com que ambos vivessem dois meses com ternura e paixão. Mas seu amante já desconfiava, ou melhor, já sabia que o fim estava próximo: "pois tu não conseguias viver só para mim". Esse amor compartilhado com outros homens fez com que o amante lançasse uma magoada acusação:

> Boneca cobiçada,
> Das noites de sereno,
> Teu corpo não tem dono,
> Teus lábios têm veneno.

Segundo a pesquisadora Sarah Feldman, entre as décadas de 1950 e 1960 a Boca do Lixo foi configurando-se também enquanto área de lazer erótico. Pelas ruas de Santa Efigênia e Campos Elíseos, aglomeravam-se bares com toca-discos, restaurantes, dancings e cabarés. Eram os chamados "inferninhos". Os cinemas do bas-fond paulista chegavam a ter sessão corrida até as 4 horas da madrugada. A vida noturna concentrava nos mesmos espaços prostitutas, malandros, boêmios e policiais. Nos fins de semana, o passeio público ficava intransitável.

A construção da Estação Rodoviária da Luz, no início dos anos 1960, recrudesceu o esquema repressivo: a ronda policial passou a ser ostensiva e as prisões por "vadiagem" atingiam, indiscriminadamente, prostitutas e malandros. Entre 1966 e 1970, a polícia restringiu o exercício da prostituição entre Santa Efigênia e Campos Elíseos a cerca de dez grandes prédios com vários andares, cujos apartamentos eram alugados para prostitutas. Os edifícios passaram a ser chamados de "treme-treme", e os hotéis de curta permanência de "entra e sai". Em 1968, segundo a revista *Realidade*, estimava-se, com certo exagero, a presença de dez mil prostitutas na Boca do Lixo.

A desativação da zona do Bom Retiro marcou também o fim de uma fase da história da prostituição em São Paulo e propiciou sua pulverização para outras regiões. Na década de 1960, a prostituição se espalhou próxima à Estação da Luz e à avenida São João. O chamado "quadrilátero do pecado" foi retratado no livro *Boca do Lixo* por seu maior frequentador, o "Rei da Boca", Hiroito de Moraes Joanides, figura frequente na crônica policial por suas atividades como cafetão, traficante, ladrão, entre outras atividades ilícitas praticadas por um marginal que ainda mantinha aura romântica.

Perto do centro da cidade ficavam as casas noturnas que exploravam o meretrício mais sofisticado, denominado de "Boca do Luxo". Com horário de funcionamento exclusivamente noturno, a Boca do Luxo se sustentava em torno de boates, hotéis e apartamentos. O contato inicial entre clientes e prostitutas ocorria nas boates, locais fechados que serviam como antessala de hotéis e apartamentos. A rua Major Sertório, no Bairro de Vila Buarque, com a maior concentração de boates, constituía o principal polo da Boca do Luxo; os hotéis predominavam nas ruas Bento Freitas e General Jardim.

Gradativamente, as casas noturnas "chiques" foram transformando-se em pontos de prostituição, como ocorreu com a boate Michel, que, em 1960, era um estabelecimento boêmio elegante onde se apresentavam

Tom Jobim, Norma Bengell e Silvinha Telles; outros fecharam suas portas, como o Juan Sebastian Bar, onde se ouvia bossa-nova e foram lançados alguns expoentes da Música Popular Brasileira.

Nesse processo expansivo, a boate La Licorne, criada em 1967 a partir de um grande investimento de capital, constituiu um marco. Localizada na extremidade da rua Major Sertório, que faz limite com Higienópolis, o La Licorne inaugurou um novo padrão de boate: um espaço para 650 pessoas e cerca de cem prostitutas à disposição. Essa casa noturna introduziu a fase de ouro do prazer articulado ao profissionalismo no mercado erótico. Na sequência, surgiram outras boates de padrão semelhante, instaladas próximas ao hotel Hilton. Essas casas eram frequentadas por executivos de grandes empresas que, ao passarem por São Paulo, não deixavam de ir ao La Licorne, por exemplo, tornando-se assíduos fregueses. Em 1968, concentravam-se na Vila Buarque cerca de oitenta "inferninhos" e outros tantos hotéis.

14

A homossexualidade torna-se visível

Uma das áreas da sexualidade humana mais marcada por preconceitos é, sem dúvida, a homossexualidade. Embora em outras culturas e em outras épocas tenha sido até mesmo exaltada, em nossa sociedade foi por muito tempo – e em menor escala continua sendo – estigmatizada como desvio, doença, aberração, crime, pecado. Teses de medicina desenvolvidas a partir da metade do século XIX expressavam preocupação com o crescimento do "homossexualismo", fato observado pelo aumento dos registros policiais em que se prendiam homens vestidos como mulher.

No Brasil colonial, como vimos, as leis portuguesas definiam como sodomia a penetração anal de um homem ou de uma mulher. Em 1830, d. Pedro I promulgou o Código Penal Imperial, que, entre outras medidas, eliminava qualquer referência à sodomia. No entanto, o art. 280 do mesmo punia comportamentos públicos de indecência com dez a quarenta dias de prisão e uma multa de acordo com a suposta gravidade do delito.

No Código Penal de 1890, que se estendeu pelo regime republicano, a homossexualidade em si mesma não era considerada ilegal, mas puniam-se as práticas homossexuais entre homens, ainda que de forma indireta, em decorrência dos termos vagos de alguns artigos. Havia infrações que permitiam a repressão policial, dentre as quais o atentado ao pudor e a vadiagem, principalmente quando nos estratos mais pobres da sociedade.

Como agiam os "invertidos"

Rio de Janeiro e São Paulo, juntas, estabeleceram vários padrões culturais para o país todo. Em ambas as cidades, as experiências de homossexualidade assemelhavam-se em muitos aspectos.

Em 1872, de acordo com o médico Francisco Ferraz de Macedo em sua tese *Da prostituição em geral e em particular em relação à cidade do Rio de Janeiro, profilaxia da sífilis*, os locais mais frequentados pelos "sodomitas" eram os porões dos teatros em dias de espetáculo, os cafés, os restaurantes, os bilhares, os botequins, as portarias dos internatos, as escadarias das igrejas, as casas de banho e as praças públicas, onde eram vistos sentados em bancos ou passeando aos pares e trios, fumando "e proferindo indecências". Não era raro encontrar pelas ruas da cidade do Rio de Janeiro, principalmente nas portas dos teatros, rapazes de doze a vinte anos trajando fina bota de verniz, calça do mais refinado tecido ajustado ao corpo, assim feita intencionalmente para desenhar-lhes as formas elegantes, paletó justo, camisa bordada e, pendente, um lencinho de seda de cor geralmente vermelha ou azul; o traje era encimado por um chapéu alto de castor branco.

Ainda no Rio de Janeiro do século XIX, já se noticiava a existência de alguns recintos voltados exclusivamente ao público homossexual, com destaque para o conhecido Palácio de Cristal, que se passava por uma cara hospedaria em pleno centro da cidade. Apesar de pouco conhecidos, prostíbulos masculinos, disfarçados ou não, existiam em outras capitais brasileiras. "Bagaxas" era o nome que se dava aos homossexuais que exerciam a prostituição masculina. Também se usava o termo "uranista", derivado da Afrodite Urânia, a musa que, no Banquete de Platão, era a inspiradora dos amores homoeróticos.

Segundo o doutor Ferraz de Macedo, não era difícil reconhecer um "sodomita passivo" ou um "bagaxa", pois eles tinham hábitos, gestos e maneiras inconfundíveis de se comportar em público. Esse médico tentou explicar as razões que levavam os internatos e os colégios a se transformarem em verdadeiros locais de degradação:

> Os internatos, salvo honrosas exceções, são verdadeiros focos de onanistas, sodomitas ativos e passivos. Esse vício pernicioso é provocado não pela índole dos colegiais, mas grandemente pela prisão a que obrigam os rapazes de idade viril; pois que são impossibilitados de transpor os estatutos regulamentares dos colégios que lhes proíbem a saída, entregam-se ao onanismo, ou pervertem os colegas subalternos e

> mesmo menores, a fim de praticarem atos tais. Não poucos são também os professores de costumes depravados que, abusando de sua autoridade, instigam os alunos ao cometimento da infame sodomia. Estas crianças cedem ora com medo do castigo com que as ameaçam, ora ao contrário pelo prometimento de prêmios (Citado por Luiz C. Soares, *Rameiras, ilhoas e polacas*, p. 77).

O doutor Pires de Almeida, em seu livro *Homossexualismo (Libertinagem no Rio de Janeiro)*, de 1906, mencionou também o exercício da "pederastia coletiva", aquela praticada em grupo por "indivíduos habituados ao deboche", a qual se realizava mediante um ato cujo nome popular era "curro" (também chamado de "curra", isto é, cópula violenta): um grupo de rapazes agarrava um indivíduo – na maioria dos casos, as vítimas eram "meninos vagabundos e engraxates" – e o levava para as "casas de dormida", becos ou "corredores e porões das casas em construção", onde ele era violentado.

Esse mesmo médico criou uma pequena lista dos "mais famosos pederastas", dentre os quais havia um certo brigadeiro que o médico menciona apenas com as iniciais L.P., tido por ele como "figura marcial", um tipo "insinuante e eterno solteirão", que chegou a organizar um "lupanar de belos rapagões em um sobradinho do largo de São Domingos". O autor argumentou, em seu estudo de 1906, que a pederastia era uma degenerescência, ao contrário da prostituição feminina, que, além de ajudar a preservar a pureza das moças decentes, era também necessária para competir com a pederastia, uma "prostituição incomparavelmente pior, a prostituição masculina". Disse ainda que "hoje, como se vê, a prostituição masculina diminuiu sensivelmente, tendo por causa única o vertiginoso desenvolvimento da prostituição feminina", em decorrência, segundo ele, do grande número de prostitutas de origem europeia que aqui havia aportado nos quarenta anos anteriores para saciar esses rapazes. Referindo-se à última década do século XIX, Pires de Almeida afirmou:

> Até dez anos passados, os uranistas entregavam-se aos prazeres lúbricos em hospedarias, em casa de alugar quartos por hora, ou em domicílio próprio, sendo todos esses lugares de rendez-vous mais ou menos conhecidos pela polícia, toleradora do exercício da libertinagem masculina, que tão afrontosamente campeava de fronte erguida à luz do sol e ao sombrio da noite (Citado por James N. Green e Ronald Polito, *Frescos trópicos*, p. 31).

Enquadrar o desvio

Na década de 1930, havia uma íntima troca de informações entre polícia e médicos: os delinquentes "invertidos" de baixo poder aquisitivo eram encaminhados ao Laboratório de Antropologia Criminal do Instituto de Identificações de São Paulo, onde os médicos desenvolviam pesquisas sobre as causas sociais e biológicas da homossexualidade, com ênfase na aparência física e no ambiente social dos indivíduos em questão. Além disso, os médicos procuravam também causas hereditárias, psíquicas, biotipológicas ou endocrinológicas para explicar o comportamento de homens homossexuais, e buscavam rotulá-los como passivos, ativos ou mistos. Essa última classificação devia-se ao fato de que nem sempre o comportamento se enquadrava ao modelo "ativo-passivo", e os médicos ficavam um tanto espantados quando os homens se declaravam tanto "ativos" quanto "passivos".

Sexólogos, psicólogos e outros peritos médico-legais publicaram exaustivos trabalhos sobre o assunto nos anos 1930 e no início da década seguinte. Continuaram a fazê-lo após a Segunda Guerra, posicionando-se contrários aos ensinamentos da Igreja Católica sobre a imoralidade do homoerotismo e argumentando que eram necessárias atitudes mais tolerantes para com os indivíduos portadores de "desvios sexuais" sobre os quais escreviam.

Já os religiosos alertavam para o pecado que adolescentes e adultos cometiam quando sentiam atração sexual por pessoas do mesmo sexo, reforçando, assim, as normas sociais vigentes e incutindo profundo sentimento de culpa em seus fiéis. No caso de padres flagrados infligindo as regras da Igreja, eram repreendidos às escondidas e transferidos para outras paróquias antes que os escândalos se tornassem públicos. Em *Padres, celibato e conflito social*, o historiador americano Kenneth P. Serbin revelou como a hierarquia da Igreja brasileira nos anos 1930 e 1940 se esforçava ao máximo para esconder do conhecimento público as aventuras sexuais de alguns de seus sacerdotes.

Em geral, a criminalização da homossexualidade aparecia nos registros policiais em situação de um assédio indesejado e terminantemente recusado; às vezes, também era indicada como comportamento contrário à moral vigente, como aconteceu quando dois estivadores foram encontrados com dois rapazes nos fundos da Escola de Belas Artes, no Rio de Janeiro. Outra ocorrência se deu quando o guarda-jardim 78, vigilante do

Campo de Santana, trouxe preso o praça 189 do 4.º Batalhão da Polícia Militar, "encontrado na cascata existente naquele campo praticando atos imoralíssimos com o menor Mário de Avelar". O soldado que falhou em seu dever foi levado até a delegacia e em seguida enviado a seu quartel.

> O menor Mário, que tem quatorze anos, aqui no distrito declarou que só acompanhou o soldado 189 e lhe masturbou prodigalizando gozos, devido ao receio que tinha de ser recolhido ao xadrez por seu algoz, caso não lhe quisesse atender aos seus desejos bestiais (Citado por Marcos Luiz Bretas, *Ordem na cidade*, p. 175).

O jogo de assédio e propostas podia dar errado, não sendo assim tão simples para policiais convidarem jovens para a sodomia. Houve o caso de outro soldado que fez propostas libidinosas a um grupo de garotos, os quais resolveram pregar-lhe uma peça: um deles concordou em acompanhar o soldado aos fundos de um terreno, "uma vez ali pediu ao soldado que lhe desse o seu quepe, o que este fez; uma vez de posse do quepe deu um empurrão no sedutor e correu conduzindo o quepe", levando-o à delegacia como prova do assédio.

Havia ainda outras formas de enquadramento dos homossexuais. O art. 379 do Código Penal de 1890 permitia encarcerar homossexuais que se travestiam, mesmo que isso ocorresse no período do Carnaval, se a polícia considerasse como atentatório vestir-se com roupas do sexo feminino. O Poder Público também podia prender sob alegação de vadiagem, conforme o art. 399: "Deixar de exercitar profissão, ofício, ou qualquer mister em que ganhe a vida, não possuindo meios de subsistência e domicílio certo em que habite". Este artigo era utilizado pelas autoridades públicas para controlar as pessoas que praticavam a pederastia e, portanto, não tinham como provar o exercício de uma profissão. Tais mecanismos de repressão não impediam, contudo, que a prática prosperasse. Em publicação de 1917, encontramos os seguintes dados:

> A prostituição masculina chegou ao ponto de criar, até, casas apropriadas para esses encontros. No Rio de Janeiro, na Bahia, em Pernambuco, São Paulo e Porto Alegre, existiam estabelecimentos que contaram grande freguesia. Atualmente aqui no Rio os invertidos permanecem pelas imediações do Teatro Municipal à noite [...]. Proliferam muito em Copacabana (Hernani de Irajá, *Psicoses do amor*, p. 193).

Caminhos tortuosos

A partir de meados do século XIX, pode-se dizer que a medicina vinha tentando ou propondo as mais diversas teorias e experimentos para a "cura" dos homossexuais. Todo tipo de experiência foi testado, do confinamento aos choques elétricos, da camisa de força ao transplante de testículos, além da medicação pesada, passando pelo tratamento psiquiátrico. Ou seja, estudos e técnicas de intervenção foram realizados na mente e no corpo daqueles homens que preferiam se relacionar sexual e afetivamente com outros homens.

Um caso rumoroso foi o de José Augusto do Amaral (1871-1927), apelidado de "Preto Amaral", que envolveu acusação de homossexualidade, sadismo e necrofilia. Tornou-se famoso em sua época em razão dos assassinatos brutais que cometeu e das declarações que prestou. Fatos como esses eram aproveitados para se relacionar homossexualidade e sadismo, como fez o doutor Viriato F. Nunes, que, em ensaio jurídico de 1928, afirmou que as perversões morais, homossexualismo, sadomasoquismo e bestialismo "atentam violentamente contra as normas sociais". O médico estava se referindo a dois casos de crimes sexuais amplamente divulgados em 1927: o assassinato premeditado de quatro jovens por Preto Amaral, e o suposto assassinato premeditado de três garotos por Febrônio Índio do Brasil.

Em 1938, foi publicado o "Estudo biográfico dos homossexuais (pederastas passivos) da capital de São Paulo", de Edmur de Aguiar Whitaker. Nessa pesquisa, nove homossexuais foram analisados a partir de um questionário, do qual resultou um conjunto de fichas detalhadas e valiosas para se saber como os homossexuais viviam à época. Além das fichas, dois rapazes fizeram seus próprios relatos por escrito. Um deles foi Zazá, cuja ficha foi elaborada nos seguintes termos.

> *Nome*: Z. B. G. *Vulgo*: Zazá. *Profissão*: não tem profissão definida. *Idade*: [24] anos. *Estado civil*: solteiro. *Nacionalidade*: brasileira (São Carlos – Estado de São Paulo). *Cor*: branca. *Modo de abordar*: como os demais, no parque do Anhangabaú, espera ser abordado pelos ativos. [...] Gosta de cinema, "cabarets", "dancings", etc. Porém, de todos os divertimentos, os de que mais gosta são os que lhe proporcionam o Carnaval: fantasias, bailes públicos, etc. Já teve várias moléstias venéreas e faz anualmente o tratamento de sífilis (Citado por James N. Green e Ronald Polito, *Frescos trópicos*, p. 130).

Em seguida começou o relato do próprio Zazá, a partir de sua vinda do interior para a cidade de São Paulo, em 1927, onde conseguiu emprego como ajudante de limpeza em escritórios e apartamentos:

> Nesse emprego eu notava, porém, a delicadeza e a bondade interesseira dos requintados donos dos apartamentos e dos escritórios, sendo que diversos desses senhores tinham o cinismo de dizerem a mim: "Você, garoto tão bonitinho, querendo morar por minha conta, não precisa mais trabalhar. Garoto bonito em São Paulo não precisa sacrificar-se tanto assim". E eu timidamente esquivava-me, sem lhes responder sequer uma palavra.
>
> Mas aquelas palavras ficavam em minha memória; palavras aquelas que seriam, mais tarde, a minha desgraça e que me tornariam um defeituoso físico e um defeituoso moral.
>
> O tempo ia passando e eu com o tempo fui compreendendo todos aqueles senhores interesseiros. Um deles, o mais incansável, um senhor já dos seus 40 anos, queria, por toda força, deturpar-me, comprando-me presentes lindos, dando-me dinheiro que eu nem sabia em que gastar.
>
> Mas... se eu os aceitava, era porque já estava cedendo a ele o que ele desejava.
>
> Foi então, isto já em princípios de 1928, que numa noite ele agarrou-me e beijando-me com frenesi a minha boca virgem, fez com que eu tivesse a impressão de que se desmoronava tudo em mim. Ao seu calor, ao sentir os seus lábios quentes que colaram aos meus, entreguei-me de corpo e alma e ele fez de minhas carnes ainda jovens o que entendeu que devia fazer.
>
> Eu poderia resistir por mais tempo, sem fazer esta loucura... Mas o beijo em minha boca... Senti que era incapaz de defender-me de suas garras...
>
> [...] Chegou 1930... De novo volto à Pauliceia e já bastante saudoso, comecei a prostituir-me com todos os homens que me faziam a corte. Tornei-me vaidoso, chegando ao ponto de julgar-me mulher. Já depilava as sobrancelhas, empoava-me, passava "batom" nos lábios e saía para a rua à cata de homens, que logo me seguiam. E não era um; eram muitos.
>
> Escolhia, então, aquele que mais me agradava e continuava eu a fazer de minhas carnes o mesmo que fazem as mulheres que vendem o seu corpo (p. 133).

Zazá deixou São Paulo e partiu para o Rio de Janeiro, onde foi bem-sucedido financeiramente na entrega de seu cobiçado corpo por ser jovem e novo no lugar. No entanto, via aquele mundo ilusório negativamente, empregando palavras depreciativas como lodo, podridão e imundície.

> Havia dias que eu recebia tantos membros, que o meu ânus ficava tão dolorido, a ponto de precisar banhar-me em água quente e sal grosso, a fim de poder estar bom à noite para recomeçar a vida de que eu gostava tanto... E a minha cabecinha oca achava que aquilo era uma coisa do outro mundo!
>
> [...]
>
> Uma ou duas vezes por mês eu tomava de dois a três dias de prisão. Nesta eu ficava quase que sem comer, só me alimentando de água e pão, por não querer me alimentar com comida de preso.
>
> As tristezas e as desilusões já estavam aparecendo em minha vida. Porém, eu sempre firme, resistia a tudo. Nada me desacoroçoava e nada fazia com que eu abandonasse esta vida.
>
> Volto a São Paulo. 1933. De novo a mesma vida, porém agora mais sossegada, por não ter aqui tantos pederastas ativos como no Rio. Procurei, então, o meu homem, que tinha feito em minha carne a vacina da pederastia, da desgraça e da desonra.
>
> Ele cinicamente pegou no meu membro, fez com que ele se endurecesse e exigiu, depois, que eu colocasse no seu ânus. Eu, então, gozei nele e fiquei boquiaberto ao perceber que havia me entregado a um homem que não era completamente macho e que era, sim, um passivo como eu. Compreendam-se estes homens, pensei eu... (Citado por James N. Green e Ronald Polito, *Frescos trópicos*, p. 135).

Do que foi transcrito, é curioso como na narrativa de Zazá sobressaiu a questão da passividade sexual, que ele não esperava do seu parceiro, o que acabou confundindo suas noções preconcebidas da sexualidade. O desfecho de seu relato, como bem observou Whitaker, é também valioso, pois Zazá, desejando continuar nas práticas que "lhe causam extraordinário prazer", proclama com entusiasmo as suas tendências.

> Estou com 24 anos e acho que estou envelhecendo antes do tempo, devido às muitas prisões injustas, amores loucos e desenfreados que eu tive para poder cumprir o meu destino e sentir o que as mulheres sentem, isto é, o prazer de gozar com o membro do homem, o membro que ainda adoro como adoro a minha liberdade.
>
> The End.
>
> Zazá – Z. B. G.

Outra trajetória instigante foi a de João Francisco dos Santos, conhecido como Madame Satã (1900-1976), que se identificava como "bicha" e se orgulhava disso. Ao contrário de Zazá, que se passava por delicado, Satã era um homossexual viril, o que efetivamente confundia os rígidos estereótipos de gênero, não se encaixando na imagem popular da bicha passiva e indefesa. A necessidade de sobrevivência e as humilhações em função de suas preferências sexuais foram formando-lhe uma couraça de virilidade, e sua vida atribulada deixou uma extensa ficha criminal: 27 anos e 8 meses de prisão, treze agressões, quatro resistências à prisão, dois furtos, duas recepções de furtos, um porte de arma, uma ofensa pública ao pudor. Em depoimento publicado em 1972, ele relatou:

> Comecei minha vida sexual aos treze anos, quando as mulheres da Lapa organizavam bacanais dos quais participavam homens e mulheres e bichas. Com essa idade de treze anos eu fui convidado para alguns, e funcionei como homem e como bicha e gostei mais de ser bicha e por isso fui bicha (Citado por Sylvan Paezzo, *Memórias de Madame Satã*, p. 156).

Ele afirmava que os jornais davam maior destaque para suas façanhas "exatamente pelo mesmo motivo de eu ser homossexual. Mas o que devia fazer?". Considerava natural sua escolha: "Eu achava que ser bicha era uma coisa que não tinha nada demais. Eu era porque queria, mas não deixava de ser homem por causa disso. E me tornei bicha por livre vontade e não fui forçado pelos outros".

O apelido de Madame Satã adveio durante uma ocorrência em prisão, em 1938. Quando o escrivão de polícia pediu que mencionasse seu apelido, João Francisco declarou não possuir nenhum. O oficial lembrou, então, de tê-lo visto fantasiado no Carnaval com roupas que se assemelhavam à da atriz de um filme que estreou no Rio intitulado *Madame Satã:* "Não foi você que se fantasiou de Madame Satã e ganhou o desfile das bichas no República esse ano?". Daí a origem do apelido que o tornou célebre e ao qual se habituou: "E então fui-me conformando aos poucos".

O encarceramento como "solução"

O caso de Febrônio Índio do Brasil, iniciado em 1927, pode ilustrar a crescente manipulação da homossexualidade pelo aparato jurídico-psiquiátrico. Segundo estudo de João Silvério Trevisan em *Devassos no paraíso*, Febrônio foi condenado como "louco moral", diagnóstico que, para juristas e psiquiatras, poderia abranger qualquer violação da norma estabelecida. Quando de sua visita ao Brasil na década de 1920, o poeta franco-suíço Blaise Cendrars entrevistou Febrônio na cadeia, encontrando-o totalmente nu em uma solitária; descreveu-o como um mulato de cabeleira ondulada e olhos tristes.

Ao ser preso em agosto de 1927, com 32 anos de idade, sob acusação de estupro e morte de um menor, Febrônio já tinha inúmeras passagens pela polícia, principalmente em razão de sua vida de andarilho. Nascido em São Miguel de Jequitinhonha, Minas Gerais, o menino Febrônio fugiu da casa do pai, um açougueiro que costumava surrar os filhos, aprendeu a ler por conta própria e, aos quatorze anos de idade, foi preso no Rio de Janeiro por um pequeno furto. Nas instituições prisionais por onde passou, teve a fama de insubordinado e aprendeu a ser benzedor e dentista prático.

Segundo o diretor da Casa de Detenção, Febrônio costumava praticar o "vício da pederastia". Contava-se que escolhia suas vítimas entre os pequenos vendedores, engraxates, ambulantes e jornaleiros, tendo atraído também um estudante da escola militar, um grumete e um jovem recruta. Com a finalidade de levá-los para o mato, oferecia-lhes presentes. Em uma dessas ocasiões, foi preso, completamente nu, com uma espada ensanguentada nas mãos, ao lado do cadáver de um menino; porém, não era sempre que se comportava com tal violência. Álvaro Ferreira, de dezoito anos, uma das alegadas vítimas, contou que Febrônio submeteu-o ao coito anal e só o deixou ir embora depois de tatuá-lo com letras sagradas.

Para a imprensa, tratava-se de uma aberração, como se vê na revista *Fon-Fon* de 17 de setembro de 1927: "No caso desse monstro, lamentamos profundamente não existir a pena de morte". Posteriormente, Febrônio passou a negar insistentemente a validade da confissão de um de seus crimes, afirmando ter sido obtida mediante torturas. Seu advogado, além de denunciar as notícias preconceituosas da imprensa, alegou que Febrônio, em vez de monstro, era um doente mental. Ao livrá-lo da condenação da justiça, porém, o advogado o lançou "às garras da psiquiatria", como afirmou João Silvério Trevisan.

Data de 1956 o último laudo médico sobre Febrônio, selando, portanto, 29 anos ininterruptos de confinamento na mesma instituição. Permaneceu no mesmo manicômio judicial, onde foi o primeiro interno, desde 1927 até sua morte, em 1984, tendo vivido recluso 57 anos. Morreu com 89 anos, já quase cego e surdo, mas ainda lúcido. Em nosso país, Febrônio foi um dos prisioneiros que mais tempo ficou encarcerado sob a "condenação" de "louco moral".

Com ele se foi consolidando no Brasil o estigma da homossexualidade enquanto doença. Qualificado de "louco furioso", "negro delirante", com "imaginação desregrada", ignorante e sem cultura, sua imagem resultou em uma música de Carnaval que fez sucesso na década de 1920, como apontou Trevisan:

> Eu fui ao mato, crioula
> Buscar cipó, crioula,
> Eu vi um bicho, crioula,
> d'um olho só!
> Não era bicho,
> não era nada.
> Era o Febrônio
> de calças largas...

Ao comentar a canção, o escritor Pedro Nava apontou o emprego de o "olho só" como uma referência simbólica ao ânus; de "calças largas", última moda entre os almofadinhas da época, seria uma alusão aos homossexuais daquele tempo.

Houve ainda casos de personagens anônimos que também pagaram um alto preço por serem homossexuais. Para sanarem o "mal", as famílias paulistas recorriam ao Hospital Psiquiátrico do Juquery, considerado uma instituição modelo por todo o país. No início da década de 1930, o principal método "terapêutico" para controlar a homossexualidade era o confinamento físico. O Sanatório Pinel de São Paulo recebeu, nos anos 1930, diversos pacientes cuja "doença" era ser homossexual. Em novembro de 1930, o padre Macário S. redigiu uma carta em alemão ao abade, que foi traduzida e se encontra na documentação hospitalar:

> Já há dez semanas que estou aqui e a minha situação se tem tornado insuportável. Todos aqui sabem por que estou aqui, e sou, por isso, alvo de escárnio e desprezo; sou obrigado a ouvir as mais torpes obscenidades e gracejos, e sou assim a causa de escândalo e nojo. (O Senhor sabe que já nos primeiros dias divulguei tudo, desonrando-me assim e perdendo toda a minha autoridade e dignidade de sacerdote.) Assim não posso mais dirigir aos internados palavra alguma de Deus e de religião, nem tratar com alguém; a todos sou um escândalo, e isto cresce dia por dia sem que eu possa repará-lo. Assim estou perdido para agora e para a eternidade. Que horror! (Citado por James N. Green e Ronald Polito, *Frescos trópicos*, p. 124).

Em tom dramático, o religioso pedia ao abade que intercedesse por ele, transferindo-o para outro estabelecimento onde fosse desconhecido, porque "em São Paulo não pode mostrar-se e tem de esconder-se de vergonha".

> O Senhor me deixou aqui para a penitência, num verdadeiro purgatório, gosto antecipado das torturas do inferno; porém, o sentimento de estar abandonado de Deus é a coisa mais terrível. Os médicos dizem também que é tempo de retirar-me para eu recuperar em outro lugar calmo o sossego perdido. Eu sei que aqui não é o lugar, mas sim o meu estado de alma que deve ser tranquilizado. A experiência de quase três meses demonstra que isto não se consegue aqui por completo e que os tormentos da consciência não podem ser curados por remédios médicos. E assim eu pereço aqui miseravelmente! O Senhor dirá que fui eu mesmo quem propus um instituto deste gênero [...]. Quanto mais tempo eu fico aqui, tanto pior se torna meu estado (Citado por James N. Green e Ronald Polito, *Frescos trópicos*, p. 125).

Discurso médico

O saber médico, na tentativa de elucidar a ocorrência da homossexualidade, esquadrinhou os indivíduos anotando detalhadamente seus pensamentos, palavras e atos. No fim da década de 1930, a discussão sobre as causas da homossexualidade e de seu tratamento tornou-se uma questão de poder. Ainda estava muito viva a teoria do criminalista italiano Cesare Lombroso (1836-1909), um dos pioneiros no campo da antropologia criminal, que defendia a tese do delinquente nato, cujo fragilizado sistema nervoso seria capaz de predispô-lo a um comportamento degenerado, incluindo o homossexual. Lombroso e seus seguidores procuravam determinar a degeneração criminosa por meio da aparência física. Tais teorias tiveram grande influência em todas as elaborações do direito penal de outrora. Havia, contudo, aqueles que defendiam ser a condição genética apenas uma predisposição à homossexualidade, e que fatores culturais, tais como moral e religião, poderiam moderá-la ou erradicá-la.

A maior fração dos considerados "sodomitas" ativos era composta por homens de negócios, artistas e soldados, mas disseminaram-se também por toda a classe militar. Supunha-se que o confinamento dos soldados nos quartéis ou nos navios dificultasse o acesso às mulheres; "por falta de tempo ou por falta de meios", desviavam-se para a sodomia.

O médico Francisco Ferraz de Macedo estendeu sua teoria para além do celibato forçado dos militares, argumentando que a sodomia resultava de circunstâncias propícias, e não de inclinação própria do indivíduo. Aliás, um ousado livro de literatura naturalista sobre a homossexualidade foi escrito em 1895 pelo oficial da marinha Adolfo Caminha. *Bom-crioulo,* baseado em fato real, tratava do relacionamento amoroso entre o negro Amaro e o grumete Aleixo.

Na atualidade, as teorias e métodos de pesquisas envolvendo crime, racismo e homossexualidade, divulgados no fim da década de 1920 e na década de 1930, são considerados inconsistentes. Sobre o coito entre pessoas do mesmo sexo, o médico Afrânio Peixoto argumentava: "Não é pecado, um crime, um vício a punir, mas um desvio orgânico, uma malformação interna, a diagnosticar, reconhecer, e corrigir". Para ele, a homossexualidade não era um caso a ser resolvido pela religião ou pelo direito, e sim um caso de "higiene, medicina, cirurgia talvez, para repor o homem desviado, a mulher pervertida, na sua saúde normal".

Um estudo realizado pelo médico Leonídio Ribeiro, em 1935, dizia que a homossexualidade estava além do controle individual; haveria "disfunção do sistema endócrino" capaz de impelir a esse comportamento desviante. Portanto, esses inocentes, na condição de enfermos, só poderiam ser salvos da humilhação pela medicina, concluiu o historiador James N. Green. Esses pobres indivíduos, vítimas de suas taras e anomalias, não deveriam ser responsabilizados por seu comportamento. Em outras palavras, mereciam compaixão por sua doença.

Para seu estudo, Leonídio Ribeiro contou com a ajuda de um oficial da polícia do Rio de Janeiro, que levou um contingente de 195 homossexuais "profissionais" ao laboratório de antropologia criminal para serem medidos e fotografados, com o intuito de determinar se havia alguma relação entre aparência física e homossexualidade. Do total, 183 confirmavam ser homossexuais, enquanto doze o negavam; 98% eram solteiros e apenas 2% casados; mais de 60% dos homossexuais catalogados eram brancos e apenas 4,6% identificados como negros.

Dividiam-se as atividades sexuais em parâmetros tradicionais de gênero: ou o indivíduo era penetrado, receptor "passivo", efeminado, ou era um homem "verdadeiro", que assumia o papel de penetrador durante o sexo. Entretanto, como se verificou, a prática sexual de muitos indivíduos era bem mais complexa do que esse modelo dual normativo, pois havia aqueles que praticavam tanto o sexo "ativo" quanto o "passivo".

Em julho de 1938, um estudante do Instituto de Criminologia de São Paulo, Aldo Sinisgalli, que no ano anterior entrevistara oito homossexuais no Vale do Anhangabaú, apresentou seu estudo em um congresso paulista, resumindo as conclusões a que chegara sobre como "resolver o problema": num texto curto e sintético, propunha o confinamento, o tratamento e a cura dos homossexuais do Brasil:

> Os homossexuais, os pederastas, não são homens normais.
> Como anormais precisam de tratamento adequado.
> A punição, reclusão em presídios, é injustiça e não traz o mínimo resultado prático.
> Deixar em liberdade elementos perniciosos é perigoso e prejudicial à sociedade.
> Logo, um instituto para pederastas se faz necessário.
> Far-se-ia a seleção profissional, gozando os invertidos de uma relativa liberdade.
> Propugnamos por um dispositivo legal permitindo a internação dos pederastas perniciosos ao meio social nesse instituto.
> Desse modo beneficiaremos a sociedade e os invertidos.
> Desse modo resolveremos, científica e humanamente, esse problema social.
> Desse modo – tenho a certeza – glorificaremos a nossa terra e a nossa gente (Citado por James N. Green, *Além do Carnaval*, p. 217).

Como hoje se sabe, a experiência homossexual em alguns casos pode ser meramente casual, motivada por curiosidade ou outros fatores. Entende-se ser o homossexual não aquele que porventura teve relação esporádica com alguém do mesmo sexo, mas sim aquele que tem forte e permanente atração por alguém de seu próprio sexo. O despertar da sexualidade e as primeiras experiências furtivas na infância e na adolescência muitas vezes se dão através do chamado "troca-troca" com colegas do mesmo sexo. Mais presentes no mundo masculino, tais brincadeiras vêm sendo postas em prática também por meninas. As concepções sobre sexualidade derivam também dos valores sociais e da experiência pessoal.

Luiz Alberto Mendes, ex-interno da antiga Febem e da antiga Casa de Detenção do Carandiru, registrou em seu livro *Memórias de um sobrevivente* que, beirando os oito anos, já se julgava sabedor de tudo sobre sexo, andando só com meninos mais velhos que ele. Seu conhecimento sobre o assunto, obviamente, era totalmente deturpado, considerando o sexo como algo sujo, proibido e, por isso mesmo, "mais interessante ainda".

Ele não se recordava como aprendeu, mas por volta dos nove anos já vivia atrás dos garotos menores para manter relações sexuais, mesmo que anatomicamente mal fosse competente para o ato. Seduzia os garotos oferecendo-lhes gibis que roubava de seu pai, doces comprados com dinheiro ganho da tia ou quando furtava das gavetas das casas aonde ia.

> Ficava roçando o quase-nada que possuía nas bundinhas rosadas dos meninos. Havia uns três deles que até me procuravam para se venderem. Tinha um, em especial, que hoje é casado, pai de família, que eu precisava pagar. Cresceu comigo, usei-o por muitos anos. Dominava-o, sei lá como (Luiz Alberto Mendes, *Memórias de um sobrevivente*, p. 21).

Outro caso exemplar de "curiosidade" ocorreu na juventude do sociólogo Gilberto Freyre. Na revista *Playboy* de março de 1980, relatou:

> Freyre – [...] Nunca tive aventuras homossexuais na infância, sabe?
>
> Playboy – E depois?
>
> Freyre – Bem, depois eu tive, é claro. Você pode imaginar alguém como eu, interessado em tudo o que é humano... e, portanto, tive a curiosidade de ver o que era o amor não heterossexual; tive umas poucas e não satisfatórias aventuras homossexuais. Mas aí eu já tinha mais de vinte anos...
>
> Playboy – E onde aconteceram?
>
> Freyre – Na Europa. Mas foram experiências pálidas, não satisfatórias. Porque nenhuma fez de mim um homossexual...

Essas pálidas experiências mencionadas por Freyre vieram a público em detalhes com a recente publicação de seu diário *De menino a homem*, no qual além de se gabar do fato de ser um latino conquistado por uma "linda californiana" em Stanford, mencionou também ter tido experiência homossexual em Oxford, sendo "dois casos, rápidos e experimentais, por pura iniciativa deles". Citou ainda a ocorrência de um caso com um michê em Berlim, em 1922: "Eu próprio, diante de lindo efebo louro, não resistira aos seus encantos. Deixara-me masturbar por ele, com Vicente do Rego Monteiro servindo de tapume".

Questões complexas

Segundo o sociólogo José Fábio Barbosa da Silva, no Brasil dos anos 1950 as pessoas tinham pouco acesso a estudos em português sobre a homossexualidade. Ele mencionou como exemplo o pesquisador francês

Max Jurth, que, ao visitar nosso país em 1956, realizou uma pesquisa na Biblioteca Municipal de São Paulo movido pela seguinte questão: "O que um estudante de direito ou de medicina encontraria sobre o assunto?". Sua resposta foi que, de acordo com o levantamento feito no catálogo principal, o pesquisador teria sido conduzido da palavra "homossexualidade" para o título "aberrações sexuais".

Nesse sentido, foi pioneira a pesquisa de Barbosa da Silva, que tentou traçar o perfil do homossexual nos anos 1950, em São Paulo, embora sua amostra seja reduzida e voltada principalmente para homens de classe média e de comportamento discreto. O sociólogo constatou, por exemplo, que quase todos informaram ter tido a primeira experiência homossexual entre as idades de oito e doze anos. O dado revelou semelhança com os relatos da prática do homoerotismo entre garotos encontrados em *O Ateneu*, de Raul Pompéia, nas análises de Gilberto Freyre sobre a vida rural do Nordeste brasileiro no final do século XIX e em estudos mais recentes a respeito dos sistemas sexuais brasileiros.

Entre os setenta homens entrevistados por Barbosa da Silva, 10% admitiam-se "ativos" e 63%, "passivos"; os restantes 27% eram classificados como "duplos", isto é, no coito anal tanto penetravam quanto eram penetrados. Com referência à orientação sexual dos parceiros de seus pesquisados, Barbosa da Silva asseverou que havia uma clara diversidade, que ia dos homossexuais sempre passivos, mais efeminados nas relações sexuais, até aqueles tidos como machos, verdadeiros prostitutos, e que cobravam dos homossexuais efeminados por favores sexuais.

Segundo o pesquisador, a tradição brasileira do footing foi adaptada à paisagem urbana homoerótica, sendo a facilidade de encontrar homens "verdadeiros" uma das atrações do centro da cidade. O desafio era conquistar garotos ou rapazes sexualmente "quentes", pagando-lhes algumas bebidas ou tentando atraí-los sutilmente ao sexo. Os banheiros públicos da praça da República eram um dos locais de encontros sexuais, tanto para office-boys quanto para executivos. Outro local era a praça do Jardim da Luz, assim como o seu banheiro público, na Estação da Luz. O movimentado tráfego de homens à procura de contatos sexuais fazia deste um local privilegiado para encontros rápidos e anônimos. Os métodos consistiam em demorar-se nos mictórios, tocando ou estimulando o pênis e manifestando sinais de interesse e disponibilidade.

Paraíso das maravilhas – nome dado ao Parque Municipal de Belo Horizonte pelos frequentadores em busca de parceiros sexuais – é também o título do livro de Luiz Morando, que pesquisou o comportamento sexual nessa cidade entre as décadas de 1940 e 1960. Além da última sessão nos cinemas, esse parque era o local preferido pelos chamados "invertidos", servindo-lhes como ponto de encontro. A partir das informações surgidas pelas tentativas de desvendar um crime ocorrido naquele local, em 1946, tomou-se conhecimento do ambiente gay daquela época e da visão social hostil a ele. Assim, um jornalista noticiou:

> O recanto do Parque Municipal de Belo Horizonte onde [Luiz] Delgado foi assassinado era conhecido na sua roda como o Paraíso das Maravilhas. Era ali que, em horas tardias, reuniam-se vários anormais de "elite" de Belo Horizonte, entregando-se aos caprichos de seus desvios sexuais. Nesta roda, os frequentadores tinham denominações artísticas, como qualquer vedete do teatro de revista. Luiz, por exemplo, era o Dorian Gray; Décio, o Perfume da Madrugada. Outros se chamavam Madame Satã, Suspiro da Noite, Vitória Régia, Dorothy, etc., numa sucessão de nomes que, só por si, valia para traduzir a personalidade de seus estranhos portadores.
>
> Os amigos mais íntimos de Delgado eram, como dissemos, pertencentes à mais alta sociedade local. Tanto assim que a opinião pública não duvida em afirmar que o Crime do Parque só não foi desvendado até hoje em virtude de poderosas influências que interferiram repetidas vezes no curso do processo (Citado por Luiz Morando, *Paraíso das maravilhas*, p. 167).

A penumbra das modernas salas de cinema e os amplos saguões de espera e banheiros característicos da arquitetura de então eram também ambientes propícios para aventuras sexuais. Os contatos eróticos anônimos podiam resultar em masturbação mútua, em intercurso, se as condições o permitissem, ou em ida a um hotel barato nos arredores das salas de diversão. Em Porto Alegre, os encontros ocorriam no Parque da Redenção.

Os diários íntimos deixados pelo escritor e dramaturgo argentino Tulio Carella nos oferece uma boa pista de como agiam os homossexuais em Recife, em 1960. De Buenos Aires, onde mantinha um relacionamento de quase trinta anos com sua esposa, Carella foi a Recife para dar aulas de teatro; logo que chegou ao hotel, manteve relação sexual com uma moça que o procurou. Em seguida, o contraste cultural e a novidade da pele negra e mulata dos rapazes fascinaram-no; ele também agradou o olhar dos passantes pelo avantajado corpo branco de quase dois metros de altura e a roupa um tanto exótica para um lugar em que a maior parte da população era pobre.

Para aplacar a solidão, Carella percorreu as ruas da cidade e logo passou a ser reconhecido por tipos populares em bares, ônibus, becos, mictórios públicos e no cais. Esse estrangeiro de 47 anos foi assediado pelos homens. Segundo suas palavras: "Quando saio, me seguem, me tocam, me falam, olham-me, acariciam-me, roçam em mim, oferecem-se. De repente, parece que voltei aos meus 25 anos". Alguns ofereciam sexo por prazer, outros, por dinheiro, cigarro, bebida, passagem de ônibus, etc. A abordagem dos "sodomitas" acontecia ao se pedir fogo, um cigarro, apalpar ou mostrar à distância a protuberância do órgão sexual, etc. "Cada vez que saio à rua forma-se uma espécie de cortejo atrás de mim." Ele passou a sentir prazer de ser desejado. O gosto de ser assediado foi-se tornando um vício e, por fim, Carella cedeu às investidas, mergulhando no submundo do sexo a ponto de conhecer dezenas e mais dezenas dos diferentes tipos masculinos, de solteiros a casados, de negros retintos a cabras sararás.

> Na atmosfera do Recife respira-se sexo puro e eu estou me intoxicando. Mas não posso perder tempo sentindo-me culpado; é preciso viver. De repente, vejo que sei muito menos acerca dos homens do que supunha. [...] Esses morenos se sentem orgulhosos por darem aos brancos o que têm de melhor. O melhor: seu pênis (Tulio Carella, *Orgias*, p. 154).

Atingindo um alto grau de erotismo, descreveu no diário, com minúcias, suas conquistas sexuais. Nesse ínterim, teve ainda relações prazerosas com duas mulheres, embora constatasse a preferência por homens. Sua constante ida ao porto para encontrar-se com marinheiros e outros tipos fez a polícia confundi-lo como um contrabandista de armas de Cuba. Constatado o engano, após prisão e tortura, foi deportado para a Argentina, onde se reencontrou com a esposa.

Algumas licenciosidades

Nas décadas de 1950 e 1960, embora a maioria dos frequentadores dos bailes de Carnaval não se vestisse de mulher nem manifestasse quaisquer sinais de efeminação, os homens travestidos eram focalizados pela imprensa, que obtinha fotos exóticas. Nas matérias, as revistas preferiam destacar imagens de homens vestidos de mulher, mas o conjunto do ambiente, registrado nas fotografias tiradas dentro dos salões, mostrava que a maior parte dos foliões usava roupas masculinas. Ao atuar dessa forma, uma parcela da imprensa pretendia criar a falsa impressão de que os foliões de certos bailes eram quase exclusivamente travestis.

As imagens alegres e diversificadas dos homossexuais brasileiros, que expressavam licenciosidade, sensualidade, sexualidade liberada ou a atitude extrovertida durante o Carnaval, "acabavam sendo confundidas com uma suposta tolerância da homossexualidade e da bissexualidade nesse país", afirmou James N. Green em *Além do Carnaval*. Ainda segundo o autor, quando se retiravam as máscaras e fantasias do Carnaval e a vida retomava seu curso normal, "surgia um quadro um tanto diferente da tolerância em relação aos homossexuais no Brasil".

O Brasil, segundo certa ótica estrangeira, é uma espécie de paraíso tropical: calor, sensualidade, descontração. Estudos recentes, porém, têm posto em dúvida essa concepção ideológico-paradisíaca, destacando a contradição alarmante entre as imagens das festas permissivas do Carnaval e a brutalidade dos assassinatos. Na verdade, as tensões entre tolerância e repressão, aceitação e desprezo, estão profundamente entranhadas na história e na cultura do país. Nas últimas décadas, o Brasil tem sido um dos países do mundo com maiores índices de assassinatos de homossexuais, embora também seja longa a sua tradição de tolerância. O transformista Valéria Lander, participante de bailes a fantasia, lembrou a violência de que os travestis eram vítimas em 1957: "... éramos apedrejados na rua. Um horror. A gente tinha que sair do carro e entrar correndo pro baile". Até 1940, constituía violação do Código Penal aparecer travestido em público com acessórios excessivamente femininos ou maquiagem; os infratores corriam o risco de detenção e de longa permanência na cadeia.

Nas décadas de 1950 e 1960, as atitudes dúbias e às vezes hostis da imprensa, do público e da polícia em relação a esses bailes de Carnaval em que havia travestis, bem como as exibições ostensivas dos homossexuais, revelavam a permanente tensão entre duas vertentes de moralidade. Por um lado, a moralidade religiosa tradicional, que associava o "homossexualismo" a uma aberração antinatural; por outro, a tolerância ou aceitação relutante da existência de homens efeminados – as "bichas" – e travestis como algo inevitável e como personagens relativamente inofensivos do cenário carnavalesco.

Apenas alguns bares e parques públicos, além dos banheiros públicos, podiam dar lugar à manifestação de um estilo de vida homossexual, que, assim, fechava-se em guetos. Assim como no Rio de Janeiro, na São Paulo dos anos 1950 ainda não havia hotéis voltados para gays, nem bares exclusivos para esse público, que, então, dividia espaços com outros frequentadores da vida noturna.

Como nos anos 1950 não se produzia no país nenhuma pornografia masculina, e a importação de materiais estrangeiros era dificultada, havia aqueles que desfrutavam de prazeres eróticos mediante revistas de homens musculosos e concursos de fisiculturismo muito populares à época. Segundo James N. Green, a alternativa mais próxima para o estímulo erótico do público leitor interessado eram as revistas de homens másculos com roupas de banho sumárias e justas, com tiras de couro cruzadas no corpo acentuando suas poses. Os editores dessas publicações captavam a dualidade de seu público e se valiam disso para suas vendagens.

Uma boa renda era capaz de fornecer a privacidade necessária para encontros românticos ou sexuais, e gays de um padrão econômico alto poderiam até mesmo pagar, discretamente, favores sexuais quando assim o desejavam. O jornalista Paulo Francis afirmava que entre seu grupo de amigos em Botafogo, no Rio de Janeiro dos anos 1950, não havia nítida separação entre "hetero e homos", pois, para os rapazes que estavam em busca de conforto, "homossexuais ricos ou socialmente eminentes eram os preferidos, porque abriam a esses companheiros de classe média luxos e situações que conheciam de cinema". Já um rapaz excessivamente efeminado, de origem humilde, sem nenhum apoio financeiro da família, tinha poucas opções de emprego e se tornava mais vulnerável aos abusos policiais. Muitos deles, portanto, empregavam-se nas pensões, onde assumiam tarefas normalmente atribuídas às mulheres, como cozinheiros, garçons e faxineiros. Jovens homossexuais, em geral, eram contratados pelas donas de bordéis para trabalhar na recepção dos clientes, ou como cozinheiros, camareiros e, ocasionalmente, também como prostitutos, caso algum cliente assim desejasse.

O ato de se travestir no Brasil tornou-se mais explícito a partir das décadas de 1960 e 1970; antes disso era esparsa a sua ocorrência nas grandes cidades. Armando Pereira, delegado de polícia e autor de diversos livros sobre sexualidade, descreveu, com linguagem carregada de preconceitos, um caso ocorrido em um apartamento no antigo estado da Guanabara, em que todos os integrantes foram presos:

> Em 1963, tivemos conhecimento de uma diligência deveras curiosa, realizada por policiais da Delegacia de Costumes da Guanabara. Em determinado edifício de Copacabana funcionava um *conventilho* de invertidos, sob égide de conhecido homossexual, muito citado nas colunas de certa imprensa. Havia disciplina no *estabelecimento*, frequentado por gente de boa estirpe, alguns, sem dúvida, apenas em busca de "cor local", de pitoresco. Diariamente, ali pela tarde, começavam a chegar ao apartamento em questão as *meninas* para o trabalho, que para "elas" era diversão, não obrigação, ao contrário do que acontece com as verdadeiras prostitutas. De quinze a vinte súcubos, com as mais variadas características, ostentando cabeleiras alentadas, roupas floridas, palreavam no "salão", bebericando "cubas" à espera da clientela, não raro, fraca. Rapazes de boas famílias gostavam de frequentar a casa, muitos somente para gozar o espetáculo circense. Outros, porém,

> iam ali ver seus *queridos*, habituavam-se às suas carícias malsãs, pagavam o serviço prestado. Em meio às criaturas presas – por força de reiteradas denúncias da vizinhança escandalizada – observamos tipos curiosos. [...] Vestidos com roupas femininas, finas vestes, decotadas e colantes, forneciam, verdadeiramente, a ilusão do sexo fraco. Outros, ainda que ostentassem poses e gestos estudados e roupas apropriadas a seu mister, não iludiam ninguém. Eram apenas homens travestidos (Armando Pereira, *Sexo e prostituição*, p. 113).

Sociedades tribais

Não há como negar a presença homossexual em todas as épocas e em todos os continentes, em todas as raças e em todas as religiões. Estudos revelam que, em muitas sociedades, a homossexualidade era e é considerada um comportamento sexual normal e socialmente aceito. De uma sociedade a outra, o que varia é o aparecimento de subculturas homossexuais, quando a população é maior, e sua relativa discrição em sociedades tribais. Pierre Clastres, antropólogo francês, apontou que na tribo Guayaki, no Paraguai, os papéis masculinos e femininos eram rigidamente definidos: os homens caçavam (o arco) e as mulheres coletavam (o cesto). No entanto, um índio que assumisse as atribuições femininas era plenamente aceito por aquela sociedade.

A presença homossexual foi encontrada entre os tupinambás no início da Colônia, passando pelos guaicurus e bororos mencionados por viajantes naturalistas do século XIX, e culminando no século XX, conforme apontaram antropólogos como Darcy Ribeiro. O também antropólogo franco-belga Claude Lévi-Strauss, em expedição de 1938, constatou, em livro de memórias, a homossexualidade entre os índios da tribo Nambiquara, no Mato Grosso. Ao referir-se aos rapazes que permaneciam solteiros por escassez momentânea de moças para se casarem, afirmou:

> Os Nambiquara também resolvem o problema de outra forma: pelas relações homossexuais, que chamam poeticamente de *taminkige kihandige*, isto é, "o amor-mentira". Essas relações são correntes entre gente jovem e merecem publicidade muito maior do que as relações normais. Os parceiros não se retiram para o mato, como os adultos de sexos opostos. O incidente dá lugar a brincadeiras geralmente discretas; são relações consideradas como infantis, e quase ninguém lhes dá atenção. Permanece incerta a questão de saber se esses exercícios são levados

> até a satisfação completa ou limitam-se a efusões sentimentais acompanhadas por brincadeiras eróticas tais como as que caracterizam, em sua maioria, as relações entre cônjuges.
>
> As relações homossexuais são permitidas apenas entre adolescentes que se incluem na categoria de primos cruzados, ou seja, na qual um está em geral destinado a se casar com a irmã do outro, para quem, por conseguinte, o irmão serve provisoriamente de substituto. Quando nos informamos com um indígena sobre as ligações desse tipo, a resposta é sempre a mesma: "São primos (ou cunhados) que fazem amor". Na idade adulta, os cunhados continuam a manifestar grande liberdade. Não é raro ver dois ou três homens, casados e pais de família, passeando à noite carinhosamente abraçados (Claude Lévi-Strauss, *Tristes trópicos*, p. 296).

A professora Carmen Junqueira, em pesquisas antropológicas iniciadas em 1965, encontrou a presença homossexual numa tribo do alto do Xingu, no Mato Grosso, em que um personagem usava a tanga feminina e costumava

> se pintar e adornar como mulher, e os homens o "trabalhavam" como se fora uma mulher. Consta que todos encararam com naturalidade o fato e ele se adaptou perfeitamente ao novo papel. Entre os Nahukuá aconteceu o mesmo com um rapaz que também não enfrentou resistências sociais, vindo a desempenhar muito bem as tarefas femininas (Carmen Junqueira, *Sexo e desigualdade entre os Kamaiurá e os Cinta Larga*, p. 44).

Com base na citação de Lévi-Strauss, Délcio Monteiro de Lima, em *Os homoeróticos*, de 1983, afirmou ter ido em busca de maiores informações junto aos sertanistas e antropólogos da Funai, que viveram em contato permanente com as tribos indígenas. Todos foram unânimes em negar a existência de prática homossexual entre os vários grupos indígenas conhecidos, chegando a pôr em dúvida a breve referência de Lévi-Strauss. Trata-se, como se vê, de um assunto delicado para o universo dos pesquisadores e ainda pouco estudado. Mas a orientação homossexual é confirmada, no entanto, quando o índio aculturado se distancia dos valores identitários de sua aldeia. Em 27 de julho de 2008, por exemplo, a *Folha de S. Paulo* dava destaque ao preconceito com que eram tratados alguns índios jovens da etnia Ticuna de uma aldeia em Tabatinga, no Amazonas, que, por serem homossexuais, estavam sofrendo agressões e eram chamados pejorativamente de "meia coisa".

Nomeando o inefável

Da linguagem popular, tanto em Portugal quanto no Brasil colonial, o termo "puto" indicava o "moço, que se prostitui ao vício dos sodomitas, ou a molície". O termo sodomita, como vimos, de origem bíblica, era inicialmente empregado nos meios religioso e jurídico para descrever aqueles que praticavam sexo anal com homens e mulheres. Posteriormente, no caso de homem que praticava sexo com outro homem, outros termos se disseminaram: bagaxa, uranista, pederasta, invertido, etc. Em algum momento no final do século XIX, tornou-se popular no país uma nova expressão pejorativa: "fresco".

Por volta da década de 1920, ou mesmo antes, o termo "viado" (vem da palavra veado) associou-se aos termos "puto" e "fresco", no linguajar popular, como outra variante depreciativa para referir-se àqueles efeminados que praticavam sexo com outros homens. Segundo James N. Green, não se sabe por que e como o termo "viado" se disseminou. Outra palavra empregada para o homem tipicamente efeminado foi "bicha", surgida nos anos 1930, que designava o pederasta passivo.

Como se sabe, se considerarmos tradicionalmente os papéis sexuais, a sociedade divide os indivíduos em duas modalidades: o homem é ativo; a mulher, passiva. A separação sexual nesses dois tipos encontra-se reproduzida também nas relações homossexuais: o homem classifica-se como "bofe" ativo ou "bicha" passivo, reforçando também relações de dominação e estereotipias de masculino e feminino.

O termo "homossexualismo" surgiu na Alemanha em 1869; foi criado pelo médico Karol Maria Kertbeny com a finalidade de abordar com precisão e rigor aspectos da sexualidade tida como desviante. A partir do final do século XX, surgiu a preocupação de descartar o emprego do termo homossexualismo, visto que o sufixo "ismo" nos remete à categoria de patologia. A palavra original deu lugar a homossexualidade, por ser menos discriminatória, mais isenta e ampla. Foi proposto, em seguida, o emprego de homoerotismo como mais adequado para descrever as práticas ou desejos dos sujeitos em sua pluralidade, afastando-se da noção de que a orientação sexual de um homoerótico possa ser desvio, anomalia, degeneração, doença, ou mesmo um conjunto de comportamentos predeterminados pela sociedade.

Houve momento em que se tendeu a classificar os indivíduos que praticavam relação homossexual na condição de ativos como heterossexuais viris, sem comprometimento de sua masculinidade; isso, porém, é cada vez mais discutível à medida que se ampliam os estudos sobre o comportamento sexual. A tendência atual é de classificar o comportamento sexual distribuindo-lhe em uma gradação ou continuidade, na qual os polos seriam: de um lado, máximo heterossexual; de outro, máximo homossexual; entre esses polos uma multiplicidade de dimensões.

Em livro sobre homossexualidade publicado em São Francisco, nos Estados Unidos, foi incluído um artigo de Allen Young; "Gay gringo in Brasil" - primeiro trabalho de um americano sobre a homossexualidade masculina entre nós - abordou as diversas formas de preconceito em nosso país:

> A hierarquia entre o homossexual viril e o efeminado é ainda mais clara no Brasil do que nos Estados Unidos. No Brasil, a pessoa média nem reconhece ainda a existência do homossexual viril. Por exemplo, entre os operários, considera-se tudo bem comer uma bicha, e façanha trivial, tal como comer uma mulher. [...]. Esse tipo de homossexualidade obviamente não costuma envolver compromisso emocional, pelo menos da parte do bofe (Citado por James N. Green e Ronald Polito, *Frescos trópicos*, p. 165).

Trajetórias travestis

Segundo Luiz Mott, o primeiro "travesti" de que se tem notícia na história do Brasil foi de Salvador, em 1591 - o escravo Francisco Manicongo, que se "recusava a usar roupa de homem"; esse foi, porém, um caso isolado. O jurista Viveiros de Castro, em *Atentados ao pudor*, livro escrito em 1880, mencionou um frequentador de baile de Carnaval no Rio de Janeiro: "Um destes frescos, como eram eles conhecidos na gíria popular, tornou-se célebre pelo nome de Panela de Bronze. Vestia-se admiravelmente de mulher, a ponto de enganar os mais perspicazes. Dizem que chegou a adquirir alguma fortuna por meio de sua torpe indústria e que era tão grande o número de seus frequentadores, pessoas de posição social, que era necessário pedir com antecedência a entrevista".

Até os anos 1950 e 1960, o termo "travesti" significava apenas um homem vestido com roupa de mulher, sem associá-lo a alguém que trabalhasse como profissional do sexo. No decorrer dos anos 1970, ocorreu uma proliferação acelerada de travestis pelas calçadas do Rio de Janeiro, de São Paulo e de outras capitais. Data desse período a prostituição masculina como uma das saídas encontradas por jovens efeminados para conseguir emprego, bem como a ida de travestis brasileiros para a Europa, inicialmente Espanha e França, e mais tarde Itália.

Até os idos de 1960, na concepção da maioria das pessoas, praticamente só existia a "bicha", e, como já vimos, quem praticava o ato viril (ativo) não se considerava homossexual. No entanto, grupos e subdivisões sexuais tornam insuficientes as definições tradicionais. Na tentativa de esclarecimento, Luiz Mott delimitou o campo dessas práticas homoeróticas. Segundo sua classificação, há o gay "assumido" e o gay "enrustido" (que seria a grande maioria); existem ainda a bicha efeminada e o travesti (um homem com mentalidade de mulher, mais do que aquele que simplesmente usa roupas femininas). Do outro lado, isto é, da perspectiva "viril", há tanto os "bofes", aqueles que dizem atuar apenas como ativos, bem como os garotos de programas. Decerto outras subdivisões poderiam ser apresentadas.

Estudo pioneiro nos anos 1980 foi realizado pelo antropólogo Néstor Perlongher, que abordava o comportamento dos "michês", rapazes que praticavam a prostituição viril no centro de São Paulo. Segundo o autor, esses indivíduos prostituíam-se para homossexuais maduros, "sem se abdicar da sua masculinidade". Tal prática se disseminou para diversas capitais do país décadas mais tarde.

Nos anos 1980, fez sucesso na mídia brasileira o caso de Roberta Close, erroneamente considerada travesti. Ela era de fato um transexual que, posteriormente, passou por cirurgia para mudança de sexo. Em sua biografia reivindicou a condição de hermafrodita:

> Além de não ter testículos aparentes, nunca tive sêmen, nem mesmo ereção. O que eu tinha era um pênis do tamanho do de um recém-nascido pelo qual urinava. Com doze anos, com alguma ajuda de hormônios, os meus seios começaram a se desenvolver. Nunca tive pelos nas pernas, nem barba, nem bigode, nem pomo de adão. A minha voz nunca mudou (Citado por Lucia Rito, *Muito prazer, Roberta Close*, p. 164).

Aceitos no mundo das fantasias eróticas masculinas – e algumas vezes femininas –, os travestis são rejeitados durante o dia pelos mesmos clientes que os procuram à noite. Desde o início dos anos 1980, o fenômeno cresceu de modo espantoso, e hoje os travestis dominam as noites nas calçadas, não só das grandes e médias cidades brasileiras, mas também de muitas cidades europeias. Nos últimos anos, cada vez mais se vem empregando "a travesti", com o artigo feminino antes da palavra.

A princesa, autobiografia de um travesti, revelou esse mundo em seu interior. Apesar da crueza e da violência do conteúdo, o leitor não deixa de se aproximar da sensibilidade de Fernanda ou de se emocionar com sua solidão. "Duas metades de coco foram os meus primeiros peitos", disse Fernanda, que construiu uma identidade feminina contra todas as certezas anatômicas e fabricou para si um corpo de mulher com hormônios e silicone. Do Nordeste brasileiro, chegou às calçadas europeias.

Sua vida começou com as brincadeiras infantis, nas quais se passava por "menina" e era ridicularizado pelos meninos. Quando adolescente, chamado de "mulherzinha", era objeto de perguntas insistentes: "Você é viado?". Na zona rural, ainda ingênuo, pedia para ver o órgão sexual dos homens passantes. Com oito anos, em brincadeiras infantis, acabou sendo penetrado por um garoto de dezesseis. Posteriormente vieram outros garotos, e em seguida, os adultos. Um frágil menino, apenas realizava jogos sexuais; não definira uma orientação sexual explícita.

> Eu tinha nove anos. Lá estavam todos e com eles a minha difamação: seu Dias, o senhor viu o Fernandinho? Anda feito mulher! Rildo gritava feito maluco. Izael Dias me chamou: Fernandinho, ande, mostre para a gente como você anda! Fiquei vermelho de vergonha, mas dei o meu show. Viu, professor? Anda feito mulher, feito veadinho! Eh, meninos, quando Fernandinho for grande vai para São Paulo ou para o Rio – dinheiro fácil para ele!, dizia Izael Dias, o professor, e todos gargalhavam. "Veado, toma vergonha, aprende a ser homem", "Veado gosta de tomar no cu". Voavam bolinhas de papel, me bombardeavam com bilhetinhos escritos em folhas amassadas (Fernanda F. de Albuquerque, *A princesa*, p. 35).

Objeto de chacota, era agarrado pelos meninos no banheiro masculino da escola, apanhava da mãe para se tornar homem e, mesmo assim, gostava de vestir-se como mulher. Buscava-se explicação sobre seu comportamento; dizia-se, na escola, que era assim porque não tinha pai. Passou a sair mais cedo da escola, antes dos outros garotos, e a usar o banheiro sob vigilância da professora. No caminho para casa, mantinha relações sexuais com cinco ou seis caçadores encontrados pelo mato. Dos quatorze aos dezesseis anos, foram "centenas de encontros, reencontros".

Ridicularizado ao se apresentar no Exército, foi dispensado de imediato. Mudou-se para Campina Grande, onde dava suas escapadas à noite, vestido como mulher, para alguns casos amorosos. Resolveu ir para Recife, onde trabalhou em uma pensão, mas, durante a noite, saía para ganhar alguns trocados; como fazia ponto em lugar inadequado, foi expulso pelas prostitutas. Um colega indicou-lhe doses de hormônio para desenvolver os seios. Amedrontado e fascinado, passou a ganhar dinheiro com o corpo. Para ter abrigo e sobreviver, passou a executar serviços domésticos em um prostíbulo com nove mulheres. Eventualmente fazia programa com clientes, embora tivesse o cuidado de não tomar os fregueses das meninas. Uma prostituta lésbica se apaixonou perdidamente por ele, que a repudiou violentamente. Largou o bordel e voltou para as ruas.

Mudando-se para Salvador, trabalhou como cozinheiro, e lá o patrão o chamou de "princesinha", alcunha que acabou por adotar. Durante a noite, fazia programas, apanhava da polícia, dos fregueses, era roubado, etc. À época, a aids estava no auge; por isso, pessoas como ele agravavam o ódio da população. Partiu para o Rio de Janeiro em 1985. Ao conseguir aumentar os seios, sentiu-se de fato mulher. Viu uma sequência de companheiros morrendo devido à aids, a atos violentos ou a suicídios, bem como o retorno dos que haviam sido deportados da Europa. São Paulo foi seu novo endereço, onde também, por causa da aids, o clima era de hostilidade e perseguição.

O frio das ruas era o grande inimigo dos travestis e Fernanda credita o consumo de bebidas alcoólicas às agruras da noite. Para escapar disso, partiu para Madri sem conhecer ninguém. Por ser novidade no local e possuir um sorriso à Sonia Braga, em sua primeira noite fez 38 programas, entre sexo oral e anal, e ganhou muito dinheiro. Mas, sentindo-se perseguido também na Espanha, foi para a Itália, onde ganhou dinheiro, mas viciou-se em cocaína e outras drogas pesadas. Desentendeu-se com a dona do hotel onde morava, matando-a. Na prisão, descobriu ser portador do vírus da aids, e lá deu seu depoimento a um líder da facção política Brigadas Vermelhas.

Androginia desvelada

"Realce, realce. Quanto mais purpurina, melhor", cantava Gilberto Gil em 1979, numa sutil alusão às drogas, mas também marcando nova atitude diante do reluzente mundo gay. Também durante os anos 1970, um novo estilo de se apresentar em público e seduzir os homens foi personificado pelo transformista Rogéria, famosa estrela dos espetáculos de travestis.

Para o escritor João Silvério Trevisan, talvez tenha sido no início dessa década, com a volta de Caetano Veloso da Europa, que a androginia passou a receber outro tratamento na performance artística. Ao retornar de Londres, Caetano subiu aos palcos nacionais com bustiê e batom nos lábios, requebrando com os trejeitos assemelhados aos de Carmen Miranda. O espetáculo causou escândalo e polêmica.

Mais tarde, em uma canção em homenagem a um jovem surfista frequentador das praias de Ipanema, Caetano exaltava a beleza masculina desse desejado *Menino do Rio* cujo calor "provoca arrepio".

O comportamento homossexual também começou a sair dos recintos fechados para tornar-se público. Surgiram os dançarinos Dzi Croquettes e o grupo musical Secos e Molhados, com o cantor Ney Matogrosso, que embaralhava as tradicionais linhas demarcatórias entre os sexos. Em marcante entrevista concedida à revista *Interview* de março de 1978, o cantor afirmou que para ele sua atuação "é uma missão, acabar com essa coisa de que homossexual é uma coisa triste, sofrida, que tem que ficar se escondendo. Nunca perguntaram o que a pessoa faz, o que produz, se ela trabalha. Sempre querem saber se é ou não é viado".

Nessa década, iniciou-se a moda de "sair do armário" e, como ainda hoje, falava-se em "assumir" ou "não assumir" o desejo homossexual. Homens de classe média e alta que ultrapassavam os limites de gênero eram descritos como andróginos, enquanto as pessoas pobres que portavam adereços femininos eram chamadas de travestis. Esse termo, cada vez mais, passou a ser associado com a vida nas ruas, com prostituição e marginalidade.

Na onda da androginia, Gilberto Gil confessava em melodia: "Minha porção mulher / Que até então se resguardara / É a porção melhor que trago em mim agora, / É o que me faz viver". Gal Costa e Maria Bethânia foram fotografadas, ao final de um show, beijando-se na boca – o que, de certo modo, veio propiciar um clima de liberalidade também entre as mulheres. Já no rock, Pepeu Gomes afirmava que "ser um homem feminino" não afetava seu lado masculino. "Se Deus é menina e menino / Sou masculino e feminino..." E, por fim, Milton Nascimento cantava: "qualquer maneira de amor vale a pena / Qualquer maneira de amor vale amar".

No jornal *Última Hora*, de São Paulo, o primeiro a tratar na mídia o tema da homossexualidade com certo humor foi Celso Curi. Já no final da década de 1970, um grupo de experientes jornalistas e intelectuais lançava o jornal mensal *Lampião da Esquina*, destinado a um público gay e simpatizante, cuja tiragem inicial, de dez mil exemplares, era distribuída pelo Brasil inteiro.

Do lado oposto, as reações eram violentas. Em 1977, em São Paulo, o delegado Wilson Richetti chegou a prender desde humildes passantes até profissionais liberais, como médicos e advogados, bem como homossexuais, sob a alegação de que eram "desocupados" por frequentarem lugares de "badalação". A imprensa denunciava a ação da polícia, que prendia qualquer um sob o pretexto de vadiagem ou quem estivesse sem carteira de trabalho assinada. Segundo o antropólogo Edward MacRae, num só final de semana, por exemplo, foram detidas mais de quinhentas pessoas, das quais nem dez eram procuradas. A violenta operação atemorizou não apenas os homossexuais, mas também outros frequentadores da noite paulistana. Felizmente, vários setores da sociedade se opuseram a essas ações, resultando daí diversas respostas políticas de protestos.

Em 1974, a Associação Americana de Psiquiatria excluiu o "homossexualismo" como modalidade de doença mental, desferindo um golpe decisivo nos preconceitos que a própria ciência mantivera para caracterizar essa condição sexual como intrinsecamente patológica. Uma das reivindicações do movimento no Brasil da década de 1970 foi a exigência da abolição do código 302.0, da antiga sigla de saúde e previdência, o INPS, que considerava o "homossexualismo" desvio sexual. As edições seguintes das normas da instituição deixaram de rotular a homossexualidade como doença; atualmente, essa orientação sexual é considerada apenas uma simples variação no amplo espectro normalmente presente no comportamento sexual humano.

Nos últimos anos, porém, vêm crescendo formas de religiosidade evangélica e pentecostal, que reativaram preconceitos no cenário brasileiro. As crenças fundamentalistas de certos grupos evangélicos fortaleceram o discurso tradicional anti-homossexual outrora muito presente na Igreja Católica. Entre as religiões, o candomblé parece ter sido o único culto a oferecer aos homossexuais um ambiente espiritual, religioso e social alternativo. Recentemente, grupos homofóbicos como os skinheads têm-se destacado como intolerantes à presença dos gays na sociedade.

Hoje, em metrópoles como São Paulo e Rio de Janeiro, a comunidade gay conta com uma infraestrutura econômica que oferece bares, agências de viagens, discotecas (inclusive com shows gays), cinemas pornográficos, clubes privados, saunas e associações políticas. Criaram-se, assim, um espaço maior para os homossexuais, uma sociedade mais aberta e uma maior liberdade de expressão.

Ampliaram-se os grupos de luta pelos direitos dos homossexuais, bem como a realização anual em diversas partes do país da Parada do Orgulho LGBT (Lésbicas, Gays, Bissexuais, Travestis e Transexuais).

15

O despertar lésbico e seus enigmas

Pouco se sabe a respeito do universo amoroso das mulheres homossexuais no Brasil. Mesmo o antropólogo Luiz Mott, autor do primeiro livro abrangente sobre o assunto, reconheceu a precariedade das informações. As práticas sexuais entre homens são bem mais visíveis, enquanto as mulheres têm muito menos opções de se identificar ou de se encontrar com outras da mesma preferência sexual. Uma historiadora advertiu sobre a aproximação íntima entre as mulheres:

> Antes do século XIX, as mulheres que se envolviam em relações sexuais com outras mulheres eram incapazes de perceber-se a si mesmas como um grupo distinto sexual e social e não eram vistas assim pelos outros. O confinamento das mulheres à esfera privada bloqueava tal percepção, porque prevenia a formação de subculturas homossexuais do tipo das que foram criadas, por exemplo, entre os homens. A não ser nos conventos e nas irmandades, a vida das mulheres e suas identidades sexuais ficavam circunscritas às suas famílias e aos muros de suas casas (Judith C. Brown, *Atos impuros*, p. 220).

Ao desembarcarem na Terra de Santa Cruz, os colonizadores portugueses notaram a presença, principalmente nas aldeias dos tupinambás, de algumas mulheres masculinizadas que em tudo imitavam a maneira de ser dos homens. Manejavam com coragem ímpar o arco e a flecha, tinham outra mulher com quem viviam, eram musculosas e, segundo Gandavo, um dos primeiros cronistas, "a maior injúria que lhes podiam fazer era chamá-las de mulher". Essas são evidências de que a homossexualidade feminina esteve presente no país desde os primórdios de nossa história.

O sinônimo de lésbica é "tríbade", também palavra grega que significa o ato de uma mulher manter relações sexuais com outra. O termo mais empregado, lésbica, deriva do nome da ilha grega Lesbos, no mar Egeu, onde viveu a poetisa Safo, que teria mulheres como amantes. Como sinônimo de homossexual feminina, lésbica só apareceu na literatura francesa por volta de 1842; na inglesa, em 1870; e no Brasil, ao menos desde 1894, quando o criminalista Viveiros de Castro empregou a palavra "lésbia" como sinônimo de "invertida sexual"; seu uso, porém, era pouco empregado, restringindo-se sobretudo às pessoas mais cultas.

Como equivalente ao homoerotismo lésbico, o emprego de "roçadinho" vem registrado no Brasil desde 1907, no livro *Homossexualismo: a libertinagem no Rio de Janeiro,* de Pires de Almeida. Contudo, até a década de 1980 ainda havia dicionário que evitava mencionar a homossexualidade feminina. No entanto, Luiz Mott afirmou que já em 1621 o *Vocabulário da Língua Brasílica,* dos jesuítas, traduzia o tupi *çacoaïmbeguira* como "machão, mulher que não conhece homem e tem mulher, falando e pelejando como homem".

O fato de ser lésbica não levou mulher alguma para a fogueira desde 1646, ano em que a Inquisição portuguesa não mais considerou o tribadismo como "verdadeira sodomia".

Anos de 1591, 1593, 1646, 1759...

Como vimos no período colonial, as informações que temos sobre o homoerotismo feminino estão registradas nos livros das *Denúncias e Confissões do Santo Ofício*, que vigoraram a partir de 1591 até meados do século seguinte, quando a Inquisição por diversas vezes devassou as principais capitanias do Nordeste, interrogando e punindo os acusados em pecados contra a fé e a moral sexual. Foi sobretudo na Bahia que os inquisidores encontraram maior número de lésbicas, consideradas muito ousadas. Como a prática do condenável crime de sodomia era passível de morte, pode-se imaginar o medo sentido por aquelas mulheres denunciadas. Contudo, uma vez que o Santo Ofício se mostrava misericordioso com os pecadores que tomassem iniciativa de se acusar, as denunciadas apresentaram-se "espontaneamente" ao padre Heitor Furtado de Mendonça. Vejamos, resumidamente, os casos de algumas delas.

Paula de Siqueira: portuguesa de quarenta anos, foi a primeira a se confessar perante o visitador em agosto de 1591. Afirmava que havia dois anos vinha recebendo cartas de amor de uma viúva chamada Felipa de Souza, com a qual trocara alguns abraços e beijos, chegando a terem união carnal uma com a outra, roçando suas vaginas e tendo gozo. Certamente por causa de perguntas do inquisidor, acrescentou que ela atuava como se fosse homem, pondo-se em cima.

Felipa de Souza: contou a Paula de Siqueira que tinha pecado da mesma forma com Paula Antunes, Maria de Peralto e com muitas outras moças e mulheres, altas e baixas, inclusive dentro de um mosteiro.

Maria Lourenço: com quarenta anos, casada, confessou em 1591 que, estando na roça, Felipa de Souza se fechou em um quarto com ela e começou a falar-lhe de amores com palavras lascivas, dando-lhe muitos abraços e beijos; enfim lançou-se sobre sua cama e "deitou sobre ela de bruços com as fraldas ambas arregaçadas e assim com os seus vasos dianteiros ajuntados se estiveram ambas deleitando até que a dita Felipa, que de cima estava, gozou".

Guiomar Pinheiro: mameluca de 38 anos, filha de um português com uma índia escrava de Ilhéus, do sul da Bahia, contou que, quando tinha oito anos de idade, por duas vezes a mulher do administrador da vila de São Jorge, Quitéria Sequa, tomou-a nos braços, lançou-a em cima de uma cama, levantou-lhe a camisa e se pôs em cima, juntando sua vagina com a dela, fazendo o mesmo que um homem faria com uma mulher. Confessou que teve prazer.

Maria Rangel: ainda adolescente, Maria Rangel e uma tal "Saboeira" tinham treze ou quatorze anos quando, aproveitando-se de ser vizinhas, estando sós em casa, fecharam a porta por dentro e se deitaram sobre uma cama. Tiveram relacionamento carnal em um período de quinze minutos. Maria Rangel contou ainda que na sua cidade natal, no Porto, tivera ajuntamento carnal com várias outras donzelas.

Guiomar Piscara: aos doze ou treze anos, quando na praia do Rio Vermelho, em Salvador, teve pecaminosa amizade com Mécia, negra de dezoito anos, duas ou três vezes em diferentes dias. Relacionaram-se em pé, "com as fraldas levantadas", abraçando-se e combinando suas genitálias uma com a outra. Assim se deleitavam.

Isabel Marques: a mameluca contou que quando tinha dez anos teve "brincos desonestos" com sua vizinha Catarina Baroa, de quinze anos. Ambas realizaram o ajuntamento, fazendo exatamente o que meninos e meninas sempre praticaram desde todo o sempre: "ajuntaram seus vasos dianteiros como se fora homem com mulher".

Isabel Antônia: solteira, chegara à Bahia por volta de 1579, degredada do Porto e, "ao que diziam", por "pecados nefandos" com outras mulheres. Na Bahia, recebeu o apelido de "a do veludo", que aludia ao falo aveludado usado por ela em suas relações sexuais. Sua ciumenta amiga e amante, Francisca Luiz, negra separada do marido, era dada a provocar escândalos públicos, o que fez quando Isabel Antônia saiu com um homem coxo, ao que parece. Enciumada, Francisca Luiz confrontou-a na porta de casa aos gritos de "velhaca", puxando-a pelos cabelos e levando-a porta adentro, na frente dos vizinhos, com açoites e bofetões, e vociferando "quantos beijos dás a seu coxo e abraços não me dás, não sabes que quero mais um cono [vagina] do que a quantos caralhos aqui há?".

Além dos registrados na Bahia, também ocorreram casos de confissão de amor lésbico, entre 1593 e 1595, mencionados nas *Denunciações de Pernambuco.* Algumas mulheres daquela capitania foram acusadas por praticar o "abominável pecado da sodomia", conforme estudo de Vainfas em *Trópicos do pecado.*

Maria de Lucena: em uma fazenda em Olinda, essa mameluca foi vista duas vezes deitada sobre as índias escravas Vitória e Margarida, fazendo movimentos típicos de um ato sexual. Logo que se perceberam descobertas por uma indiscreta bisbilhoteira, diz o documento "que rogaram que se calasse". Maria de Lucena foi denunciada por uma índia sertaneja chamada Mônica, que disse ser a mameluca famosa por "dormir carnalmente com as negras da casa". Numa noite, a própria Mônica foi espiá-la e encontrou Maria de Lucena com Margarida "no chão, uma sobre a outra, fazendo movimentos", tendo a denunciante a certeza de que ambas estavam "tendo ajuntamento carnal". Sua reação foi de intolerância: "Não podendo sofrer aquela torpeza, cuspiu nelas, dizendo-lhes que não faziam aquilo por falta de homens". Pela manhã, Lucena lhe teria rogado para não mais tocar em tal assunto.

Maria Róis: casada, em 10 de novembro de 1593 foi flagrada pelo lavrador Manuel Fernandes, português, cinquenta anos. Ele disse que "foi espreitar por um buraco da porta da casa de seu vizinho" e viu Maria Róis "deitada de costas e sobre ela deitada de bruços Ana, moça parda, onze ou doze anos de idade, filha de seu vizinho". Foram pegas "ambas com as fraldas arregaçadas, fazendo uma com a outra como se fossem com homem".

De todas essas mulheres arroladas no delito de sodomia, apenas Felipa de Souza foi levada às barras do Tribunal do Santo Ofício. Ao ser inquirida, afirmou realmente ter tido "ajuntamento torpe" com Maria

Lourenço, Maria Peralta e Ana Fiel. Declarou também que sua presença na pequena Salvador era motivo de grande inquietação, como prova o episódio contado por sua ex-amante Paula de Siqueira, que disse ter ouvido dizer de uma comadre sua

> [...] que diziam que a dita Felipa de Souza namorava mulheres e tinha damas, e que perseguia muito a uma moça casada com um alcorcovado, ferreiro, moradora junto a São Bento, cometendo-a por palavras claras que queria dormir com ela, e que sabendo isto, o dito alcorcovado, por lhe dizer a dita moça sua mulher, andou para tomar a dita Felipa de Sousa em sua casa por manhã para a espancar e, por lhe darem mais aviso, ela se afastou (*Confissões da Bahia*, p. 108).

Felipa escapou de apanhar do corcunda, mas não da condenação do Santo Ofício. Processada, seu castigo foi, porém, relativamente brando, se levarmos em consideração que na França e na Alemanha várias lésbicas, na mesma época, e por pecados graves, receberam a punição da fogueira. A sentença de Felipa saiu em 4 de janeiro de 1592: degredo fora da Bahia. Vestida apenas com uma túnica, descalça, segurando uma vela acesa, foi antes açoitada pelas ruas de Salvador, certamente sob os olhares dos moradores às janelas e nas sacadas das moradias. O suplício público servia de lição às outras pecadoras.

Segundo Luiz Mott, entre três dezenas de lésbicas do Brasil denunciadas à Inquisição, nenhuma citou ter praticado cunilíngua, isto é, sexo oral. Algumas sequer tiravam suas saias ou vestidos, contentando-se na cama em esfregar seus corpos, "como os homens fazem quando fornicam com as mulheres". Curioso que, ao serem presas e examinadas pelos inquisidores, eles costumavam perguntar-lhes se elas haviam utilizado algum instrumento de penetração. Quase todas respondiam que não, exceção, como vimos, de Isabel Antônia, conhecida como "a do veludo", negra degredada de Portugal para o Brasil por suas libertinagens.

Em 22 de março de 1646, o Conselho Geral da Inquisição de Lisboa decidiu que o Santo Ofício "não devia tomar conhecimento dos atos sodomíticos entre mulheres". Pode-se concluir que em Portugal a homossexualidade feminina sempre gozou de muito maior clemência e tolerância do que a masculina. A partir dessa data, apenas esporadicamente surgiram informações sobre o amor entre mulheres, que, apesar de não ser crime, continuava sendo pecado mortal contra o sexto mandamento da Lei de Deus: "Não pecar contra a castidade".

Outros registros

Nos estudos sobre os poucos recolhimentos e conventos no Brasil, são raros os casos encontrados envolvendo amores entre mulheres. Foram constatados episódios de amizades ilícitas das monjas do Convento do Desterro das Clarissas, de Salvador, com pessoas do outro sexo, os famosos "freiráticos", também denunciados por Gregório de Matos no século XVII. Nada existe, porém, sobre o homoerotismo lésbico.

Na visita episcopal de 1733-34 em Minas Gerais, no Recolhimento das Macaúbas, denunciava-se que foram encontradas até quatro jovens freiras alojadas na mesma cela, "algumas dormindo juntas com outras na mesma cama". Os documentos não chegam, contudo, a revelar algum detalhe sobre o assunto.

No Rio de Janeiro, no Recolhimento de Nossa Senhora do Parto, encontra-se uma referência ao sexo a três no ano de 1758. A irmã Rosa Maria Egipcíaca da Vera Cruz, negra da nação Courana, ex-prostituta nas Minas Gerais, foi denunciada por ter ido para a cama do confessor do recolhimento, já altas horas, levando consigo uma menina de oito anos. O bispo d. Antonio do Desterro, ao tomar conhecimento de tal escândalo, ordenou a expulsão da libidinosa recolhida.

De forma mais explícita, ainda no século XVIII, encontra-se no Brasil outra referência a uma lésbica residente num recolhimento: Anna Joaquina, mulher desquitada do capitão Joaquim Tomás Gomes, de Salvador. O ouvidor do crime, Dantas Mendonça, por ordem do governador da Bahia, abriu uma sindicância em 1778 para investigar os costumes dessa mulher, acusada de práticas imorais.

Segundo a historiadora Ligia Bellini, o ouvidor informou que Anna Joaquina estava enclausurada no Recolhimento da Misericórdia, onde levava "vida escandalosa pelas excessivas amizades que contrai com outras mulheres do mesmo recolhimento, chegando até a meter e ocultar dentro da cela outras mulheres para o mesmo pecaminoso fim". O parecer do ouvidor do crime apontava para duas medidas: manter a lésbica enclausurada ou transferi-la para o Recolhimento de São Raimundo, já que o Recolhimento da Misericórdia tinha antiga má fama em razão do procedimento de suas reclusas, as quais, das grades de suas janelas, chamavam os passantes para conversações, nem sempre as mais edificantes.

No decorrer do século XIX, tem-se notícia do amor entre mulheres envolvendo nada menos que Sua Alteza Imperial D. Maria Leopoldina Josefa Carolina (1797-1824), a primeira imperatriz do Brasil, esposa de d. Pedro I e mãe de Pedro II, apontada até em registros no exterior como amante da viúva inglesa Maria Graham (1785-1842). A suspeita de que mantivessem algo mais do que platônica "amizade particular" teve origem nas cartas trocadas entre as duas, mas não há comprovação documental de que a amizade se tenha consumado em volúpia compartilhada.

O caso da imperatriz Leopoldina é um bom exemplo da impossibilidade de comprovação dos dados, pois nada há além de uma série de pistas biográficas. Em suas inúmeras cartas para a outrora governanta Maria Graham, bem como as respostas desta, revelam, com pouca margem a dúvidas, que ambas mantiveram profundo afeto e fortes emoções uma pela outra, a ponto de a imperatriz declarar em 4 de novembro de 1824:

> Quantas vezes, com saudades, penso em vossas conversas diárias, persuadindo-me com a esperança de vos rever ainda na Europa, onde nenhuma pessoa do mundo será capaz de me forçar a deixar de vos ver diariamente e dizer, de viva voz, que sou para toda vida, vossa amiga afetuosa e dedicada... (Citado por Carlos Figari, *As outras cariocas*, p. 169).

Apesar dos sete filhos, Leopoldina cultivou abertamente comportamentos tidos como masculinos. Segundo o historiador Pedro Calmon, Leopoldina, "de espírito masculino", ostentava vaidade discreta e "a partir de 1821 não se enfeitou mais, passando a usar curiosas vestes meio masculinas que não fizeram moda". Além disso, gostava de caça, equitação e exercícios desportivos, preferências pouco adequadas à suposta fragilidade do seu sexo e de sua condição de princesa.

Consta do diário da viúva Maria Graham: "A familiaridade com que a imperatriz me tratava excitava violentos ciúmes entre as damas" da corte. A permanência de Maria Graham na corte não durou um mês, pois a 10 de outubro de 1826 foi simplesmente despedida pelo imperador. Segundo Mott, na Europa, longe de d. Pedro I, Leopoldina sonhava ser senhora de seu destino e de seus passos, ao contrário do que ocorria no Rio de Janeiro, onde fora obrigada a aceitar, em meio a lágrimas, a decisão de seu marido e senhor de despedir do palácio sua melhor amiga. Dois anos depois, Leopoldina morreu sem realizar o reencontro.

Com referência a Maria Quitéria (1792-1853), a grande heroína baiana das guerras da Independência, embora haja suspeitas sobre sua preferência homossexual, não há documentos comprobatórios. Ela trocou a vida doméstica pela espingarda, e as saias pela farda de soldado emprestada do cunhado; alistou-se no Exército e se fez passar por homem, com o nome de "Soldado Medeiros". Não há documentos que comprovem ter tido envolvimento com alguma mulher. Montava, caçava, manejava armas de fogo e dançava lundu com os escravos. Durante sua estada na corte, recebeu elogios da tutora Maria Grahan. Finda a guerra, casou-se e teve uma filha.

Para o ato de se travestir com roupas masculinas, havia pena severa. Em 22 de fevereiro de 1854, o *Jornal da Bahia* noticiava: "Foi encontrada na rua, às duas horas da madrugada, em trajes de homem", a meretriz de dezessete anos Carolina Maria Ferreira Maia. Em 25 de agosto de 1871, o mesmo jornal mencionava a lavadeira Maria Arcanjo da Conceição, "presa por estar vestida de homem". Em 4 de abril de 1877, o *Correio Paulistano* noticiava: "Mulher-homem - Comunicam-nos que às 9 horas da noite de anteontem para ontem foi presa na rua da Imperatriz uma mulher de nacionalidade italiana que vagava disfarçada com vestes masculinas". Em 21 de maio de 1904, outra notícia do mesmo jornal destacava a prisão de uma prostituta - por andar vestida de "sexo forte" - com os seguintes dizeres: "Foi presa na rua Líbero Badaró, a horizontal Ana Ferreira, conhecida pela alcunha de *Menina*, por estar vestida de homem e não explicar à autoridade a razão desse travesti".

O discurso de juristas e médicos

Em 1894, o jurista José Viveiros de Castro publicou o agora clássico *Atentados ao pudor*, talvez um dos pioneiros a divulgar no país os termos tríbade, lésbia, sáfico e outros. Pouco tempo depois, foi lançado o livro de Aluísio Azevedo, *O cortiço*, o qual o jurista referiu ser um perigoso estímulo à curiosidade nociva das mulheres. O estudioso criminalista comentou a situação moral do Rio de Janeiro:

> Apesar de ser uma cidade cosmopolita, cheia de estrangeiros, que trazem os requintes e os vícios de além-mar, apesar de seu prurido de macaquear Paris, a Capital Federal ainda não está minada pelo tribadismo.
>
> Na sociedade burguesa pode existir algum caso isolado, mas encoberto, envergonhado, sem essa audácia com que se exibe em Paris. Ouvi a este respeito algumas alusões vagas, pálidas, sem suspeitas sérias que as justificassem (Viveiros de Castro, *Atentados ao pudor*, p. 202).

O jurista apontava uma educada e fina francesa, estrela da casa de espetáculos Alcazar, que não fazia segredo de sua preferência sexual; também se referia ao vício de dois casais de moças no Rio de Janeiro. Mencionou:

> A outra é nacional, alta, mulata, sacudida, bem-falante, dona de uma *maison de tolerance* na rua do Riachuelo. Faz garbo de suas conquistas e capricha em seduzir mulheres *entretenues*, que resistem aos moços. A um de meus amigos contou ela, ufana e vaidosa, que no tempo da jogatina da Bolsa, os moços galantes que frequentavam o El-Dorado lutavam debalde para conquistar a primeira bailarina que aqui exibiu a dança do ventre; mais audaciosa, mais feliz, ela conseguiu fazer essa conquista e juntos aproaram a Lesbos (Viveiros de Castro, *Atentados ao pudor*, p. 203).

No ano de 1906, o doutor José Ricardo Pires de Almeida lançou *Homossexualismo: a libertinagem no Rio de Janeiro*, primeira publicação dedicada inteiramente à homossexualidade. Embora esse médico consagrasse a obra ao relacionamento sexual entre homens, encontram-se diversas passagens sobre o homoerotismo feminino. Lamentava o silêncio dessa minoria sexual que se recusava a fornecer-lhe informações necessárias à pesquisa:

> As lesbianistas mais do que os uranistas [pederastas] se encerram em uma discrição que se lhes honra o sentimento do pudor, prejudica em todo caso à ciência. Cumpre notar que este vexame que têm elas de confessar suas inclinações não é peculiar nem exclusivo às classes elevadas e educadas: as mundanas, mesmo as mais libertinas, guardam esse segredo com o mesmo recato (Citado por Luiz Mott, *O lesbianismo no Brasil*, p. 47).

O médico descreveu como se processa a relação entre duas mulheres, referindo-se à masturbação clitoriana, mamária e a outras formas de contato carnal buscado pelas lésbicas; empregou como sinônimo do atrito genital de duas mulheres o termo vulgar "roçadinho", denominando "chupadinho" a relação bucal das mulheres mais voluptuosas. Segundo o autor, esta é, aliás, a posição erótica predileta das mulheres. Com conhecimento apurado, Pires de Almeida contestava a distinção entre lésbicas "ativas" e "passivas", justificando que "ambas se satisfazem por igual e nesta satisfação que está o gozo mútuo. Atividade em quê? Passividade em quê?".

Segundo Luiz Mott, Pires de Almeida, mais atualizado em suas pesquisas, era da opinião de que "entre as casadas se encontra o maior número de mulheres acometidas da inversão sexual", e construiu pequenas biografias de lésbicas do Rio de Janeiro nos primeiros anos do século XX. Narrou o caso de uma atriz viúva pouco conhecida; sua condição de lésbica não era segredo de todos; também não era segredo que, quando ia encenar, por ciúme, trancava suas amantes dentro de casa. Ainda mencionou outra, viva à época da pesquisa de seu livro, Suzana C., muito dedicada a obras de assistência social e muito venerada pelos abolicionistas.

Referiu-se, também, a uma tal Blanche, "pedófila", cuja preferência erótica era seduzir meninas virgens impúberes e levá-las ao gozo. Na trajetória amorosa dessa lésbica, constava a sedução de sua vizinha de quinze anos, com a qual manteve tórrida relação. Nas palavras de Pires de Almeida, "naqueles enlevos de luxúria, imprimia-lhe nos lábios, ora nos olhos, ora nas pomas, e por fim na taça mesmo de Vênus, ardentes beijos, caindo ao cabo de alguns minutos em gostoso delíquio". Dizia-se que ela sugava tanto "os seios empinados da virgem", que esta donzela – disse o doutor ironicamente –, ao chegar à casa paterna, "não conseguia apertar os espartilhos nem os cordões do corpinho", por estarem doloridos. Ao tornar escandaloso o ajuntamento carnal, foram separadas violentamente, sendo a garota transferida para outra residência e Blanche "extraditada ilegalmente".

Outro caso curioso foi o de "Barbada", cafetina negra, famosa como dona de um dos mais concorridos bordéis do Rio de Janeiro, que na sua aparência fisionômica em nada lembrava uma mulher.

Tanto médicos quanto criminalistas brasileiros do início do século XX reforçavam o caráter agressivo de certas lésbicas quando suas amantes as traíam entregando-se a romances com homens. O conhecido professor de medicina legal no Rio durante o Estado Novo, Afrânio Peixoto, autor de várias publicações sobre o tema, relatou, em *Sexologia forense*, que "há viragos que se impõem como homens, têm ciúmes e se suicidam ou matam quando não logram a preferência das amadas, ou não atingem seu desejo". Como exemplo, contou que em 1912 "suicidou-se no Rio de Janeiro uma conhecida mundana deixando declarado que o fazia porque a sua preferida a abandonara por um homem".

Há presença marcante e singular de mulheres estrangeiras na história do envolvimento lésbico no Brasil. Além das portuguesas, denunciadas nos tempos da Inquisição, tem-se conhecimento de francesas, espanholas, além de uma tal de Maria Uruguaia. Outra estrangeira que aqui provocou grande polêmica foi Maria Perez, de nacionalidade espanhola, mulher impetuosa que, em setembro de 1931, acabou tornando públicas suas aventuras amorosas com moças e meninas. Sempre usando nomes masculinos, Maria Perez teve várias esposas, envolveu-se em um caso amoroso em Jaú, no estado de São Paulo, fugiu para a capital paulista e em seguida para Belo Horizonte; a última notícia que se teve dela é que por lá fora presa. Inicialmente em sua terra natal:

> Aí enamorou-se de duas meninas que lhe corresponderam os afetos. Foi internada em colégio de freiras. Depois fizeram-na regressar à sua pátria para seguir carreira convencional. A sua vida como religiosa foi cheia de lances interessantes sob o ponto de vista do seu amor facilmente desenvolvido junto a moças que lhe caíssem nas simpatias. Saiu com 21 anos dessa reclusão para voltar ao Brasil. Vestida de homem, apaixonou-se por uma donzela da melhor sociedade de Jaú. Seus amores eram intensamente correspondidos e isso causou certa impressão no lugar. Conta-nos Maria Perez que a família dessa senhorita foi obrigada a intervir no caso [...]. Saindo de Jaú, esteve em Bica de Pedra, onde também foi amante de uma linda menina de dezesseis anos, filha da casa onde estava residindo. Esta menina fugiu com a mulher-homem para São Paulo (Citado por Luiz Mott, *O lesbianismo no Brasil*, p. 51).

Um caso que mereceu atenção das autoridades médicas foi o de uma cozinheira negra de 25 anos, solteira, alfabetizada, residente em São Paulo, denominada apenas pelas iniciais E. R. A personagem em questão foi estudada pelo famoso psiquiatra clínico Antônio Pacheco e Silva, diretor do Hospital Psiquiátrico do Juquery. Seu estudo, datado de 1939, considerou E. R. "doente" por se envolver com mulheres. Anatomicamente nada de anormal foi encontrado em seu corpo e, no relacionamento com homem, tivera desilusão. Além dos cabelos curtos, gostava de usar chapéu ou boné, tinha facilidade para conquistas e seu desejo era prestar serviço militar para envergar uma farda.

> Veste terno e logra imiscuir-se em roda de rapazes, com os quais percorre conventilhos [prostíbulos], bebendo em companhia de mulheres, contando proezas e vangloriando-se das valentias, sem que desperte a menor suspeita do seu verdadeiro sexo, quer por parte dos homens, quer das mulheres. [...] Estava em tratamento na Santa Casa, mas de lá foi expulsa pelas irmãs, a qual foi denunciada por uma companheira de enfermaria, que não quis prestar-se às suas libidinagens (Antônio Pacheco e Silva, *Psiquiatria clínica e forense*, p. 453).

Na literatura e na imprensa

Na ficção literária, pouco se escreveu sobre o assunto. Apenas na última década do século XIX um escritor brasileiro discorreu, com todo realismo, sobre uma relação sexual entre duas mulheres. Trata-se de Aluísio Azevedo (1859-1913) e do romance *O cortiço*, de 1890, considerado uma das principais obras do naturalismo literário. As poucas páginas dedicadas ao êxtase erótico da cafetina Léonie com a donzela Pombinha constituem um bom registro de como provavelmente ocorriam tais relações envolvendo duas mulheres bem diferentes quanto à idade, condição socioeconômica e experiência sexual.

O jornalista, teatrólogo e romancista Nelson Rodrigues (1912-1980), em 1946, em *Álbum de família*, descreveu uma situação perfeitamente enquadrada nas cuidadosas recomendações dos manuais de "educação sexual". Na peça teatral, alunas de um internato, Glória e Tereza, fazem um pacto de amor exclusivo e eterno entre beijos e juras. Descoberto o romance lésbico, as duas são expulsas para evitar o contágio das demais "inocentes". O teatrólogo causou outro escândalo ao retratar, em *Os sete gatinhos*, de 1958, as perversões de uma família: as filhas (uma delas lésbica) se revoltam contra o pai. Também em *As meninas*, de Lygia Fagundes Telles, encontramos a temática homossexual, tendo agora como cenário um colégio de freiras em São Paulo.

Dentre os autores nacionais que abordaram abertamente o amor sáfico, Cassandra Rios (1932-2002) foi a mais popular, e certamente a que escreveu maior número de livros sobre o tabu. Apontada pelos leitores como lésbica, ela, no entanto, negava: "Não faço nada daquilo que escrevo", declarou a romancista ao jornal *Lampião* em outubro de 1980. Fortemente criticada, seja por quem considerava seus livros literatura menor, seja por quem acusava a imoralidade de suas histórias, Cassandra Rios recebeu elogios de Jorge Amado: ela seria "mestre no ofício do romance". Com mais de três dezenas de livros publicados, geralmente incluía na contracapa de algumas de suas obras a epígrafe: "A autora mais proibida do Brasil".

No final da década de 1970, o primeiro livro da autora, *A volúpia do pecado*, de 1948, teve inúmeras reedições; foram também publicados dezenas de outros cujo tema central era o amor lésbico. Seus romances eróticos, que causaram escândalo junto a certo público e que muitos consideraram pornográficos, conquistaram milhares de leitores, apesar das sérias perseguições da censura e dos ataques da crítica.

Adelaide Carraro (1936-1992), escritora contemporânea também especializada em temas eróticos bem ao gosto popular, incluiu em quase todas as suas histórias picantes situações de homoerotismo lésbico.

Na enorme coleção de folhetos de cordel da Biblioteca Central da Bahia, Luiz Mott encontrou apenas quatro títulos que tratam de mulheres lésbicas; o gênero parece não constituir grande fonte de inspiração para repentistas e trovadores nordestinos. O mais antigo impresso localizado é de autoria do famoso cordelista baiano Cuíca de Santo Amaro;

escrito provavelmente na década de 1950, tem o sugestivo título *A mulher que casou com outra* e descreve um fato ocorrido no interior do estado da Bahia.

Outro tipo de publicação em que a "sodomia" feminina aparecia algumas vezes eram os "catecismos", de Carlos Zéfiro, nas quais desenhos rudimentares mostravam detalhes aumentados das partes íntimas dos diferentes casais em ação, bem como de mulheres mantendo relações entre si. Apesar de apresentar uma visão falocêntrica, Zéfiro tratou o envolvimento homoerótico feminino com certa simpatia e disse que os protagonistas masculinos, como na vida real, gostam de ver duas mulheres transando. Suas mulheres, embora gostassem de vagina, não dispensavam também o pênis.

Nas décadas de 1950 e 1960, mulheres brilhantes, como a arquiteta e urbanista Lota de Macedo Soares (1910-1967) e a poetisa americana Elizabeth Bishop (1911-1979), tiveram de viver sua relação amorosa às escondidas. Lota, que participou ativamente na urbanização do aterro do Flamengo, rompeu com os preconceitos de sua época, vivendo vários anos com a poetisa americana no Brasil. Após a separação do casal, Lota viajou para Nova York na tentativa de reconciliação; no entanto, lá faleceu, na noite de sua chegada, em 1967, em circunstâncias mal esclarecidas.

Em fins da década de 1970, começaram a aparecer matérias especificamente destinadas à comunidade lésbica em nosso país. Contudo, foi no primeiro número do *Journal Gay International*, de fevereiro de 1980, no artigo "Nós mulheres gays", que surgiu a primeira coluna assinada por uma lésbica chamada Marlene W. Vieira. Luiz Mott considerou a coluna como uma bela página de exaltação ao amor entre duas mulheres:

> O lesbianismo é algo sentido, que apenas pode ser compreendido pelas lésbicas. Muita tolice se falou sobre o assunto, pouca coisa verdadeira foi dita: a realidade é que continuamos misteriosas para quase todos os leigos. A sociedade machista, que foi dividida em macho e fêmea e bicha, não reservou lugar para nós. Bicha pode ser (injustamente) definida: vai ser cabeleireiro, decorador, costureiro ou travesti de boate. Mas não existe no gueto da civilização ocidental capitalista uma profissão destinada para as lésbicas. Zombeteiramente nos atribuem as profissões mais varonis, como motorista de caminhão, estivadoras, asfaltadoras de estrada, etc. Tudo isso é inútil: nós nunca deixaremos de ter fragilidade feminina. Nosso delicado funcionamento orgânico jamais nos permitiria realizar trabalhos mais pesados... Nosso tipo de amor, nossa sensibilidade é um sentimento que não se explica com palavras, mas se experimenta com todos os sentidos. É feito mágica ternura e entusiasmado enlevo. Respeitamos todas as formas de amor: entre

> os héteros, entre os homossexuais masculinos; mas o relacionamento entre duas mulheres que se amam excede qualquer outro sentimento, pelo que encerra em si de abnegação, de heroísmo e de beleza (Citado por Luiz Mott, *O lesbianismo no Brasil*, p. 130).

Uma das ideologias falocráticas e preconceituosas é a de que o prazer feminino só se completa com a penetração vaginal. Na vida real, contudo, relatos da grande maioria das lésbicas mostram o contrário: "Após terem frustrantes experiências sexuais com homens, foi nos braços de outra mulher que encontraram a plena realização erótico-afetiva", afirmou Luiz Mott. Desde os documentos do Santo Ofício ficava evidente o desconhecimento dos visitadores com referência ao relacionamento homoerótico entre duas mulheres. Também os homens de ciência do início do século XX ficavam surpresos com relação ao funcionamento da libido feminina sem penetração peniana.

O depoimento da carioca Marina, 35 anos, publicado em 1981, que já tivera anteriormente dois namorados e passou a preferir o relacionamento amoroso com mulheres, derrubou a crença de certos homens de que as mulheres só se realizam sexualmente com o seu oposto:

> A gente era aberta. Fazíamos de tudo. Mas o de que eu mais gostava mesmo, ou pelo menos uma coisa de que gostava (e ainda adoro) muito era a seguinte: a gente se beijava muito na boca, se beijava muito, com língua e tudo, se molhava toda nos lábios. Depois uma chupava a outra, tocava no clitóris, lambia todo o sexo, encharcava mesmo de secreção e saliva. Quando estava tudo úmido, fervendo de vontade, aí a gente se trançava, sexo no sexo, um roçando no outro, uma ma-ra-vilha! Ora abraçando a coxa da outra, ora levantando-se um pouco e abraçando-se no peito. Era cada orgasmo! Eu também lambi-lhe o ânus, às vezes com tal fúria que parecia que ia entrar com língua e tudo. Claro que ela adorava. Era isso aí... (Citado por Fernando Batinga, *A outra banda da mulher*, p. 143).

Com referência a pontos de encontro em São Paulo desde o início dos anos 1970, o Ferro's Bar era o local predileto das lésbicas da cidade. O *Jornal do Gay*, em 1978, apontou-o como "um dos pontos tradicionais de encontro das ladies de São Paulo".

Em termos de militância local, uma das grandes façanhas do Grupo de Ação Lésbica Feminista ocorreu em 1984, quando um grupo de ousadas mulheres enfrentou o porteiro do Ferro's Bar e, empunhando o jornal *Chana com chana*, subiu nas mesas do bar proferindo inflamado discurso para denunciar a discriminação e a proibição, por parte do proprietário do estabelecimento, da venda do boletim dessas lésbicas feministas no local. Os policiais foram chamados para estabelecer a ordem e, para surpresa geral, decidiram que "os direitos são para todos os brasileiros", consolidando a vitória das militantes homossexuais.

Em Salvador, data de 1972 a abertura da primeira "casa de lésbica" noticiada pela imprensa.

Na política, uma forte acusação de orientação lésbica foi proferida pela imprensa marrom, em 1982, contra a candidata a governadora do Rio de Janeiro, Sandra Cavalcanti, tratada em manchete de jornal de "Sandra Sapatão".

Outro exemplo contra a homossexualidade, utilizado como desmoralização pública e como chantagem, ocorreu nas eleições na Bahia, em 1986, quando um candidato inimigo de Antônio Carlos Magalhães publicou matéria paga na *Tribuna da Bahia* onde acusava ACM de ser pederasta passivo e sua filha adepta do homoerotismo.

Segundo Luiz Mott, não era segredo em Salvador que Ana Magalhães era homossexual: já quando frequentava o colégio, ela provocava comentários por sua maneira decidida, suas roupas, suas amizades femininas. No dia 12 de novembro, às vésperas da eleição, um novo ataque à sexualidade da moça foi feito em uma praça na zona comercial de Salvador. Numa manifestação com grande público, um orador de um partido político de oposição bradava no alto-falante, de dentro de uma Kombi: "Não vamos permitir que ACM continue dominando a Bahia! Não vamos deixar que uma sapatona mande em nosso estado".

Em 25 de novembro, a revista *Afinal*, de distribuição nacional, divulgou o que até então ficara reduzido a insinuações da imprensa baiana ou a insultos de microfone: "ACM tem uma filha lésbica". A jovem executiva, que se entregara de corpo e alma à campanha eleitoral, matou-se exatamente na mesma data da publicação da revista. Naquela noite, Ana Lúcia Magalhães, de 29 anos, a caçula dos Magalhães, desferiu um tiro na cabeça. Foi enterrada da forma como gostava de se vestir: de terno escuro, camisa branca de colarinho. Gesto sensível e simpático da família, disse Mott. A interpretação de Luiz Mott sobre esse suicídio foi: "Ana Lúcia Magalhães matou-se porque não suportou a intolerância e a discriminação à sua homossexualidade, talvez agravadas por se culpar ou por ser inculpada pela derrota política de seu partido, atribuída à publicidade que se deu a seu lesbianismo".

Assim como a homossexualidade masculina pode ser classificada como "ativa" e "passiva", as mulheres também são identificadas como "fanchona", ativa, e "lady", passiva, reproduzindo-se, desse modo, as relações de dominação vigentes entre homem e mulher. Entre as lésbicas, também ocorre a predominância das divisões de papéis tradicionais de ativa e passiva, o que leva, às vezes, a situações caricaturais, em que a "fanchona" adota o comportamento promíscuo, socialmente reservado ao homem, e exige fidelidade absoluta de "*sua* mulher". Muitas mulheres lastimam que algumas lésbicas, ao assumirem o estereótipo da ativa, adotem não apenas a indumentária, mas também o que de pior existe no machismo: violência, agressividade, competição, dominação. A jornalista Iara Reis, de *O Repórter*, afirmou:

> O que realmente muda entre homossexuais ricas e pobres é, sem dúvida, o comportamento. As lésbicas pobres assumem marcadamente a posição macho/fêmea, ativa/passiva. As ativas denominam-se fanchonas, sapatão, e comportam-se de forma a deixarem dúvidas quanto ao seu sexo. São do tipo que se olha mais de uma vez para conferir se é homem ou mulher. Sempre têm os cabelos curtos e às vezes óculos de aro preto é o toque final da indumentária que inclui camisa social e sapatos masculinos. As mulheres que se relacionam com as fanchonas são verdadeiras bonecas... (Citado por Luiz Mott, *O lesbianismo no Brasil*, p. 203).

Nem a Constituição Brasileira nem nosso Código Penal referem-se à homossexualidade, que, assim, não pode ser associada a crime ou delito. Em fevereiro de 1985, o Conselho Federal de Medicina decretou que no Brasil a homossexualidade não pode mais ser classificada sequer como "desvio sexual", o que vale dizer que, além de legal, é uma prática normal.

Um caso trágico

Sandra Mara Herzer, nascida no interior do Paraná em 1962, ficou órfã de pai, assassinado quando ela mal completara três anos. Órfã de mãe aos oito, criada por parentes, mostrou-se uma criança revoltada, precocemente viciada em bebidas alcoólicas, no remédio Optalidon e no consumo de maconha. Sua trajetória de vida foi carregada de agonia e paixão, finalizando na morte trágica. Nômade, vivendo de uma a outra cidade, em São Paulo foi presa na Febem (Fundação Estadual do Bem-Estar do Menor, atual Fundação Casa), instituição de menores infratores, onde sofreu todas as violências e amarguras características dessas instituições correcionais. No livro póstumo *A queda para o alto,* revelou que foi no pátio da Febem que presenciou pela primeira vez uma relação amorosa entre duas meninas:

> Uma noite, por exemplo, estava sentada no pátio, quando meus olhos depararam com o ato amoroso de duas meninas que se beijavam e se abraçavam carinhosamente; fiquei olhando, até que alguém as alertou de que o inspetor se aproximava. Elas se separaram imediatamente. [...] Aquilo não me assustou, embora eu não soubesse de tal existência. De outro lado, sempre, desde a minha infância eu tive jeito de menino, chegando inclusive, numa festa familiar, a ser confundida com um garoto. Dentro de mim tinha um grande desejo de ter nascido menino.
>
> Portanto, para mim, pelo meu modo de agir, foi uma grande descoberta saber que para se ter uma mulher, para se vestir como um homem, não seria necessário ser um. Aquilo me cativou desde o início. (Anderson Herzer, *Queda para o alto*, p. 65).

Após uma fuga bem-sucedida, Sandra ficou com remorso ao deixar sua namorada Rosana na Febem. Sofreu uma decepção ao ser recapturada com a conivência de sua mãe adotiva. Aceitou retornar à Febem, tendo como motivo íntimo reencontrar Rosana, seu primeiro amor. Decidiu cortar seus cabelos bem curtos, como se fosse um rapaz; após inúmeros castigos na instituição, encarnou novo papel: passou a identificar-se totalmente com o sexo oposto.

Depois de humilhada na instituição, quando solta, desentendeu-se com os parentes. Após mil e uma peripécias amorosas e policiais, conseguiu entrar em contato com a presidente do Movimento de Defesa do Menor, Lia Junqueira, e através dela com o então deputado Eduardo Suplicy, do Partido dos Trabalhadores; ambos lhe deram apoio. Já com emprego certo, Sandra adotou definitivamente vestimentas e nome masculino, Anderson Herzer. Foi com esse nome que assinou o livro que discorre sobre sua trajetória de vida e apresenta seus poemas. Sandra, ou "Bigode" – seu apelido –, não teve condições psíquicas para aguardar o lançamento do livro: vinte dias antes, atirou-se de um viaduto em São Paulo.

Poéticas divas

Olhando em retrospecto, foram grandes os avanços e conquistas da mulher no final do século XX. A mobilização lésbica no Brasil, por exemplo, tem-se mostrado particularmente significativa, sobretudo entre jovens, como atestam inúmeros eventos, encontros e manifestos ocorridos nos últimos anos. Já se pode dizer que há uma produção cultural sobre as lésbicas, sobre suas formas de amor e de solidariedade.

Cabe ressaltar que nos últimos anos se vem empregando o termo "lesbiandade" ou "lesbianidade" para evitar o sufixo "ismo", presente em lesbianismo, por referir-se, na origem, a patologia ou comportamento desviante.

Na área musical, toda uma geração de cantoras e intérpretes da MPB rompeu o silêncio, assegurando a presença feminina no cenário artístico, reinventando imagens, sons e políticas na produção de uma identidade lésbica. Segundo as historiadoras Karlla da Trindade e Elisa Nóbrega, a atuação dessas artistas contribuiu para um efetivo abrandamento da homofobia e para criar o respeito pelo outro, abrindo-se assim mais um caminho para a inclusão dos marginalizados pela sociedade.

Duas das maiores representantes da música popular brasileira, Maria Bethânia e Gal Costa ousaram falar em suas canções sobre o amor entre as mulheres e ousaram também expor a sensualidade de seus corpos e a forma como interagiam no palco. De autoria de Caetano Veloso, na voz de Gal, a canção *Tigresa* remete ao imaginário homoerótico feminino:

> Uma tigresa de unhas negras e íris cor de mel
> Uma mulher, uma beleza que me aconteceu
> Esfregando a pele de ouro marrom
> Do seu corpo contra o meu...

Maria Bethânia e Gal Costa abriram espaço para que outras cantoras também prosseguissem nessa trajetória do amor proibido. Algumas das letras de músicas cantadas por elas ainda falavam em segredo, mas o interdito em torno do amor sáfico começava a ser desvelado.

Contudo, foi a partir da década de 1980 que letras mais abertas se consolidaram e romperam com esses segredos, revelando novas maneiras de amar de mulheres que se relacionavam eroticamente com outras, principalmente aquelas que vivem em centros urbanos, mais livres, mais destemidas e donas de si. Em meio a esse contexto, irrompeu nas rádios a música de uma novata chamada Marina Lima cantando *Nosso estranho amor*, de autoria de Caetano Veloso:

> Oh! Mainha!
> Deixa o ciúme chegar
> Deixa o ciúme passar
> E sigamos juntos...
> Oh! Neguinha!
> Deixa eu gostar de você

Ao tematizar os amores marginais, essa canção foi um importante marco na produção musical brasileira. Com sua irreverência, o "estranho amor" causou forte impacto e fez de Marina Lima um sucesso nacional.

Nessa década de 1980, ainda era muito utilizada a produção musical do universo lírico masculino como fonte para se aproveitar a ambiguidade da emergente cultura unissex e para se criar uma tradição de amores sáficos na música popular. Marina Lima, no rock, tratava do sexo de maneira leve, própria de sua geração. Na música *Difícil*, de 1985, ela exaltou as delícias do sexo, narrando a história de sua paquera com uma menina. Esse foi um período muito criativo que se veio consolidar na década seguinte.

Com a cantora Simone foram-se de vez os antigos pudores: "Ela me olha/ E já subo nas paredes/ Se ela me chama,/ Eu sou peixe na rede". Para o jornalista pesquisador Rodrigo Faour, em *História sexual da MPB*, com Ângela Rô Rô a irreverência se materializou não apenas naquilo que era cantado, mas também num estilo de vida que passou a se tornar público. Atitudes e canções se tornaram signos de uma geração e também de uma nova tradição musical. Rompendo os padrões estabelecidos, elas ajudaram a construir uma crítica social.

De 1990 em diante, com o advento de um mercado de consumo específico para a comunidade gay – tais como livros, filmes, dramaturgias, etc. –, ocorreu nova mudança no que diz respeito à produção musical veiculada por essas cantoras. Surgiu na MPB uma geração delas, como Zizi Possi, Ana Carolina, Adriana Calcanhoto, Zélia Duncan, Cássia Eller, entre outras, que questionaram os lugares convencionados do gênero feminino.

A revelação do desejo e a forma de dar vazão a ele passaram a fazer parte da trajetória de algumas intérpretes, as quais minaram os padrões identitários sexuais e de gênero, fazendo da denúncia uma forma de atuação. Tal presença musical não só rompeu o silêncio em torno de algumas condutas de amar, interditas na sociedade, como também exigiu novos direitos de atuar no campo político do desejo, sem ter esquecido de interpretar amores felizes, provocantes, irreverentes e menos atormentados.

16

O desbunde da contracultura

Em meados do século XX, a sociedade brasileira passou a vivenciar profundas transformações com a grande migração do campo para a cidade e o surto de urbanização daí decorrente. Cresceu o número de espaços de sociabilidade, como cinemas, dancings, clubes, etc. Cada vez mais as mulheres foram trabalhar fora. O crescimento da vida social trouxe consigo maior apreensão dos pais e familiares em relação ao comportamento dos jovens. Evitar que a menina se "perdesse" e que houvesse um desastre antes do casamento era a grande preocupação.

É importante recordar que nas décadas de 1940 e 1950 ainda havia o tabu da virgindade, e raros eram os rapazes que se casavam com moças "defloradas" por outro, provendo-se no próprio Código Civil a anulação do casamento caso o noivo, "induzido a erro essencial", tivesse sido enganado. Em 1942, foi introduzido nesse documento o art. 315, que disciplinou a separação do casal sem dissolução de vínculo. Única possibilidade de rompimento dos casais, o desquite, além de não dissolver os vínculos conjugais, também não permitia novos casamentos. "Largada do marido", a mulher desquitada sofria com o estigma de "manchar o nome do cônjuge" ao carregar o seu sobrenome; era vista como má companhia e corria o risco de ver recusada a matrícula dos filhos em certos colégios.

Em fins da década de 1940, uma escritora nascida no interior de Minas Gerais, quando ainda menor de idade e com um filho, contou como era vista pelas pessoas em seu entorno ao separar-se do marido:

> Os homens se aproximavam violentos, certos de que eu deveria ceder: "Por que não, se já foi casada?". Moças de "boas" famílias me evitavam. Mulheres casadas me acusavam de lhes estar tentando roubar os maridos. Os tais maridos tentavam roubar-me de mim mesma: avançavam. Eu tinha medo (Maura Lopes Cançado, *Hospício é Deus*, p. 26).

Foi com a intenção de reparar esse estigma que, em 1968, o "rebelde" cantor Roberto Carlos, no auge da Jovem Guarda, deu mostras de ser um "bom rapaz" ao fazer questão de se casar, na Bolívia, com a desquitada Cleonice Rossi. Em 1950, a letra de *Errei, sim,* de Ataulfo Alves (1909-1969), cantada por Dalva de Oliveira (1917-1972), expõe com ousadia os motivos pelos quais uma mulher se separava e reivindicava o direito de expressão a ela negado propriamente. Ao manchar o nome do marido pelos erros supostamente cometidos, a esposa atribuía a ele a responsabilidade pelo ocorrido:

> Lembro-te agora que não é só casa e comida
> Que prende por toda vida o coração de uma mulher
> As joias que me davas não tinham nenhum valor
> Mas se existe ainda quem queira me condenar
> Que venha logo a primeira pedra me atirar

A ordem de outrora era manter o casamento a qualquer preço. Revistas como *Querida, Vida Doméstica, Você,* ou as sessões femininas em *O Cruzeiro*, tinham enorme impacto como formadoras de opinião e veiculavam sugestões, como este teste de bom senso do *Jornal das Moças* de 17/04/1952:

> Suponhamos que você venha a saber que seu marido a engana, mas tudo não passa de uma aventura banal, como há tantas na vida dos homens. Que faria você?
>
> 1. Uma violenta cena de ciúme?
> 2. Fingiria ignorar tudo e esmerar-se-ia no cuidado pessoal para atraí-lo?
> 3. Deixaria a casa imediatamente?
>
> Resposta:
>
> 1. A primeira resposta revela um temperamento incontrolado e com isso se arrisca a perder o marido, que, após uma dessas pequenas infidelidades, volta mais carinhoso e com certo senso de remorso.

> 2. A segunda resposta é a mais acertada. Com isso atrairia novamente seu marido e tudo se solucionaria mais inteligentemente.
> 3. A terceira é a mais insensata. Qual mulher inteligente que deixa o marido só porque sabe de uma infidelidade? O temperamento poligâmico do homem é uma verdade; portanto, é inútil combatê-lo. Trata-se de um fato biológico que para ele não tem importância (Citado por Carla Bassanezi, *Virando as páginas, revendo as mulheres*, p. 284).

Liberação sem culpa

Porém, em meados do século XX, nem tudo era repressão sexual e conservadorismo. Antecipando uma liberdade que viria mais tarde, já havia certa abertura para a "licenciosidade". Contava o escritor baiano Jorge Amado que, na boêmia noturna, suas relações sexuais não se limitavam às profissionais do sexo; havia meninas que, segundo ele, "davam de graça" aos integrantes dos círculos literários e da militância política antifascista. Eis seu relato sobre uma farra ocorrida em Salvador, em 1943:

> Nas areias de Mar Grande, em fins de semana, diante do oceano, despíamos Maria do Cabula [...]. Fosse na praia, fosse no consultório de Mirabeau, Maria do Cabula se fazia acompanhar por uma corriola de amigas, cada qual mais cativante. Uma delas, funcionária pública, feia de cara, ótima de corpo, noiva virgem, *habitué* do consultório de Mirabeau, gostava de tomar na bunda diante das janelas que davam para o mar e a cidade baixa, dali avistava a matriz do Banco onde o noivo labutava de escriturário. Na hora do enrabanço debruçava-se na janela, arrebitava as ancas, ao sentir a estrovenga penetrar, gritava em direção ao futuro esposo: "tou tomando no cu, seu corno!". Com o que atingia o orgasmo, o delírio. Esqueci-lhe o nome... (Jorge Amado, *Navegação de cabotagem*, p. 505).

Em São Paulo, Flávio de Carvalho (1899-1973), escritor, arquiteto e artista plástico, amigo de Jorge Amado, também era conhecido pelos casos amorosos. Considerava-se sua casa de fazenda em Valinhos como uma escancarada academia de ginástica sexual, cenário de recepções e alegres fins de semana, mesa luxuriante e regada ao melhor vinho. Vivia cercado por lindas mulheres que, além de implantarem com ímpeto a moda do topless, também desfilavam completamente nuas pela paisagem, obrigando o artista a cercar de cuidados sua propriedade. Uma placa afixada na porteira e outras pequenas tabuletas espalhadas pelas cercas alertavam os incautos e curiosos sobre a "cuidadosa devassidão" que lá acontecia, proibindo terminantemente a entrada de estranhos. Em passagem de suas memórias, Jorge Amado recordou esse clima de liberalidade:

> Convidado, carregando violão e maleta, Dorival Caymmi desembarcou do carro, entrou na calçada que levava à porta do paraíso, deparou com a pianista Mercês da Silva Telles, alta, torneada, beleza grega, nua na piscina, doirando ao sol o corpo de estátua. Dorival largou mala e violão, exclamou: – Está pra mim! Começou a executar o passo do siriboceta... (Jorge Amado, *Navegação de cabotagem*, p. 355).

Em meados dos anos 1940, Flávio de Carvalho passou a receber famosos nomes mundiais das mais variadas áreas artísticas, como cinema, teatro, artes plásticas, balé, poesia, literatura, que, vindos ao Brasil, invariavelmente eram recebidos na sua exótica casa da fazenda e sempre desfrutavam de um lugar confortável e discreto para encontros sexuais. Disseminou-se pela provinciana comunidade uma verdadeira lenda que falava de devassidão na propriedade, onde estariam presentes as mais belas "cortesãs" do Brasil e onde se realizavam as maiores "orgias".

A vida amorosa de Flávio era tumultuada e quase sempre marcada por "brigas e ciúmes de inúmeras namoradas descartáveis, amantes famosas e passageiras", disse seu biógrafo J. Toledo. A fama de casanova de Flávio era grande. De todos os seus amigos, só ele permanecia sozinho e tido como temível "solteirão arruaceiro" e "ginasta sexual", malvisto pela recatada e tradicionalista família bandeirante. Era belo, rico e genial, e manifestava ferrenha resistência ao casamento, considerando-o uma farsa. Uma das namoradas, Lydia, engravidou, mas, certamente não sentindo intenções matrimoniais no artista e alegando radicais "diferenças de opinião sobre a moral", decidiu retornar para o Rio de Janeiro, ter a criança e enfrentar os conhecidos problemas familiares de criar um filho, sozinha. Assim, a 24 de julho de 1944, nasceu no Rio uma menina, batizada de Sônia Maria, a esquecida filha do artista.

Em princípio de 1961, a pedido de Lydia, o antigo amor dos anos quarenta, Flávio concordou alegremente em hospedar a filha de dezessete anos que não conhecia e que se tornara, com o tempo, uma bela moça, gentil e ambiciosa aspirante a pintora que, admirada ao extremo com a mitificação pública do pai, interessara-se por sua obra. Surpreendentemente, desse encontro nasceu uma forte intimidade que os faria perder o controle da situação. Assim, "de forma mansa e silenciosa, uma estranha e carinhosa relação se estabeleceu", disse J. Toledo, e um dia, aflorou a inesperada e extraordinária revelação: pai e filha estavam intensamente apaixonados um pelo outro.

> O caso ainda teria fantásticos e dramáticos desdobramentos futuros, quando, anos mais tarde, se iniciara o rumoroso envolvimento incestuoso do artista com a própria filha... (J. Toledo, *Flávio de Carvalho: o comedor de emoções*, p. 366).

O caso provocou profunda repulsa na atriz de cinema Eva Harms, que morava com Flávio desde 1959. Sentindo-se aviltada e agredida, ameaçava-os com coléricas cenas de ciúme, rasgando furiosamente vários desenhos que Flávio havia feito da filha. A exótica ligação acabou minando furtivamente o equilíbrio psicológico da jovem, que, desorientada, alegava não estar emocionalmente bem, resolvendo deixá-lo e submeter-se a um delicado e demorado tratamento psiquiátrico no Rio. Ela partiu para sempre de sua vida. No Rio, ao saber de toda a verdade, irada ao extremo, Lydia se revoltou e jurou eterno ódio ao pintor. No dia do enterro de Flávio, em 5 de junho de 1973, a filha reapareceu e foi hostilizada por muitos, inclusive pelos parentes do pai morto. Assim terminou um caso fora dos padrões.

Embora excepcional, a história ilustra como, à época, não somente alguns homens tinham vida amorosa desprendida de valores morais de parte do acanhado mundo burguês, como também havia mulheres fatais, impetuosas, que tomavam iniciativas e eram donas de seus desejos, embora elas deixassem poucos registros de suas vidas íntimas e, talvez, nem contassem suas proezas sexuais, como o fazem os homens.

Para ficarmos apenas em um exemplo, o escritor Oswald de Andrade, antes de conhecer sua musa Patrícia Galvão, a Pagu, apaixonou-se, em 1917, por uma inteligente normalista de dezessete anos, moradora do bairro operário do Brás. Deisi, como era chamada, misteriosa em suas andanças, fora considerada "a mulher moderna, em busca de liberdade, de afirmação, de independência". Os encontros se davam em uma garçonnière alugada por Oswald, situada no terceiro andar de um prédio da rua Líbero Badaró. Esse local de encontros era frequentado, também, por Monteiro Lobato, Menotti del Pichia, Guilherme de Almeida e mais outros cinco amigos intelectuais. Seduzidos pela irreverente garota, eles deixaram expresso em diário um secreto amor platônico por Miss Cíclone, apelido de Deisi, publicado com o título *O perfeito cozinheiro das almas deste mundo*. Por infelicidade, Deisi morreu aos dezenove anos devido a complicações de um aborto, cujo filho Oswald não tinha certeza se era seu. Oswald casou com ela uma semana antes de sua morte, em 1919.

Segundo Ruy Castro, em *Ela é carioca*, no pós-guerra já havia uma aura de pecado envolvendo, por exemplo, o Arpoador, no Rio de Janeiro. Para a moral vigente, suas frequentadoras eram moças "fáceis", pois, irreverentes, usavam minúsculos maiôs, iam descalças à praia, consultavam-se regularmente com ginecologistas e, entre outras farras, saíam de automóvel com os rapazes a fim de "patrulhar" a costa com eles. As mães mais conservadoras da então capital federal proibiam suas filhas de ir à praia no Arpoador, onde o traje de banho passou a ser o de duas peças, com o atrevimento de deixar o umbigo à mostra numa época em que as mulheres brasileiras ainda se escondiam em maiôs inteiros. Tal irreverência já podia ser vista desde pelo menos 1951.

Valorizando a beleza e o conhecimento, essa geração chegou de forma espontânea e sem alarde à liberdade sexual aparentemente sem culpa. Essa foi a grande revolução do Arpoador na segunda metade dos anos 1950, disse Ruy Castro, quando rapazes e moças namoravam "firme", faziam sexo e, com poucas exceções, ninguém se culpava ou era culpado. Para ele, as moças do Arpoador não tinham nada de "fáceis", nem com elas funcionavam as ultrapassadas cantadas dos rapazes de Copacabana. Ao contrário do que se tornou lenda, Leila Diniz não era a única, nem foi a primeira em Ipanema a ser "livre", a falar palavrão e a escolher com quem ir para a cama. A atriz "foi o resultado final de uma longa linhagem de moças que, nos anos 1940/50, lutaram por sua independência, adiantaram-se em relação à moral vigente e quebraram tabus". Porém, ainda eram minoria.

Essa mesma liberdade foi confirmada pelo jornalista carioca Paulo Francis. Com seu estilo de escrita direto, sem rodeios, Francis, em suas memórias *O afeto que se encerra*, afirmou: "Alguns mitos merecem ser desfeitos. É uma suposição frequente que as chamadas moças de família começaram a dar nos anos 60. Devo ter conhecido todas as exceções dos anos 40 e 50, portanto, porque desconheço a que não desse, nesse meio". A diferença do seu tempo para o dos anos 1980, disse Francis, é que havia discrição, as pessoas não faziam publicidade: "Os de hoje mal se contêm enquanto não nos contam as aventuras sexuais, que julgam cheias de originalidade e interesse a estranhos, o que é mais um indício do triunfo do narcisismo na nossa cultura de comerciais".

Salvo algumas poucas ilhas de liberdade, o resto do país era de um provincianismo atroz. O educador Rubem Alves afirmou que "naqueles tempos" as pessoas evitavam palavras diretas para se referir a determinados assuntos de natureza sexual. Quase ninguém dizia "ela está grávida", pois isso traria a imagem de algo obsceno, chulo. O certo era afirmar que "ela está num estado interessante". As igrejas continuavam separando, durante a missa, os homens das mulheres. O militante estudantil José Dirceu afirmou que, em meados da década de 1960, o curso de direito da Universidade Católica, em São Paulo, separava os rapazes das moças em sala de aula. O antropólogo Hélio R. S. Silva lembrou que, se um rapaz deixasse o cabelo crescer naquela época, "seria uma temeridade". Aqueles primeiros cabeludos da década foram premiados com a marchinha carnavalesca "olha a cabeleira do Zezé, será que ele é, será que ele é?...". A ordem era clara: "Corta o cabelo dele / Corta o cabelo dele". Quase todo homem tinha vergonha de pedir uma camisinha na farmácia, e as mulheres, absorventes femininos. Além disso, havia o pavor de se saber que uma jovem estava menstruada. O poeta Décio Pignatari, ao ser indagado por um jornalista sobre o que restou das lutas de sua geração nos anos 1950/60, respondeu:

> Ficou o que você desfruta hoje. Ficou um outro Brasil. Já é um outro Brasil, ainda em nível de C para B. Mas é um outro Brasil. Você não tem ideia do que era. Não tem nem ideia do que era namorar e casar naquele tempo. Não tem ideia da estupidez, dos preconceitos em relação a tabus sexuais, tabus da virgindade (*Folha de S. Paulo*, 4/8/2007).

O jornalista Zuenir Ventura afirmou em seu livro *1968: o que fizemos de nós*, que as meninas de hoje em dia, ao poderem passar as noites num botequim, sozinhas ou acompanhadas, "não desconfiam que houve uma década não muito distante em que no Rio de Janeiro, cidade já com fama de liberal, uma mulher não podia frequentar um bar sozinha". A atriz Tônia Carrero e uma amiga foram impedidas de entrar desacompanhadas num "descolado" bar do Leblon.

A falsa moralidade e o puritanismo exagerado tinham que escoar para a válvula de escape da perversão, na sexualidade reprimida. Quem melhor expressou essa contradição foi o jornalista, escritor e teatrólogo Nelson Rodrigues (1912-1980), que escancarou as depravações – "taras", como eram chamadas – que ocorriam surdamente nos lares burgueses dos anos 1950 e 1960. No seio da santa e respeitável família burguesa, irrompiam adultérios, incestos, volúpias, perversões, paixões proibidas, preconceitos. Também o fez o teatrólogo Plínio Marcos (1935-1999) nos anos 1960 e 1970, mas, ao contrário do primeiro, as taras escancaradas pelo teatrólogo estavam no lugar presumivelmente reservado a elas, ou seja, nas celas de prisões, nos bordéis e prostíbulos baratos, com personagens considerados a escória da sociedade.

Contracultura unissex

Apesar de o sexo ser um fator tão importante para o bem-estar do indivíduo, a ciência demorou muito para entender a sua fisiologia. Até os anos 1950, consideravam-se "bizarros" comportamentos que para muitos, hoje, seriam reconhecidos como "normais", se é possível estabelecer o que é normalidade. Somente com a publicação dos primeiros trabalhos sobre fisiologia sexual, após a década de 1960, é que foi introduzido o estudo da sexualidade humana no currículo das escolas médicas americanas. No Brasil, contudo, pouco se estudava o assunto nas escolas da área da saúde.

Durante décadas, parte da literatura científica considerava a mulher verdadeiramente feminina como uma pessoa fria, passiva e, no extremo, frígida. O que se viu no decorrer da década de 1960 foi uma transição que levou da interdição ao direito ao prazer, deixando para trás os manuais de confessor que tudo proibia, bem como os casamentos arranjados, com namoros vigiados, acompanhados passo a passo por zelosos familiares.

A partir da década de 1970, numerosas transformações ocorridas no campo dos costumes e da vida privada não deixam dúvidas quanto à emergência de maior liberdade sexual. O feminismo, a pílula anticoncepcional, as discussões sobre aborto na mídia, a sensualidade exposta na publicidade, a liberação da palavra e o redirecionamento do olhar mudaram a vida das pessoas e sua maneira de ver o sexo. A revolução nos costumes ao fim da década de 1960 percorreu mundo afora com lemas como: "Faça amor, não faça guerra", "Ereção, insurreição" ou "Amai-vos uns sobre os outros", sem contar o movimento de contracultura hippie com o lema "Paz e amor". A partir de então, o amor e o prazer tornaram-se quase obrigatórios, a ponto de, hoje, o interdito se inverter, impondo a ditadura do orgasmo.

Lucy Dias, em *Anos 70: enquanto corria a barca*, traçou um painel da geração que viveu a experiência literal de sexo, drogas e rock and roll nos anos 1960/70. Segundo a jornalista, vivia-se sob o impacto do novo. A cada edição do irreverente *Pasquim*, por exemplo, surgiam novas provocações, como a entrevista de Leila Diniz (1945-1972), publicada em novembro de 1969. A jovem atriz carioca tocou em assuntos proibidos em público – como amor livre, virgindade, casos com homens casados – numa fala pontuada por uma sequência de palavrões. A entrevista mexeu com a moral e os bons costumes da época a ponto de o então ministro da justiça, Alfredo Buzaid, assinar, dias depois, o apelidado "decreto Leila Diniz", reinstaurando a censura prévia no Brasil. A atriz passou a sofrer perseguições políticas e foi vetada para atuar na televisão, a ponto de uma autora dizer que "não haveria na próxima novela papel de puta".

Para os padrões atuais, Leila não fazia nada assim de tão extraordinário, além de ser franca e falar tudo o que lhe vinha à cabeça, o que incluía, obviamente, sexo. Só que à época ninguém declarava isso em jornais e revistas. O cineasta Luiz Carlos Lacerda, que se tornou amigo da atriz desde quando ela tinha quatorze anos, contou: "Até as mulheres que eu conhecia no Partido pareciam umas freiras perto dela, apesar de todo o discurso revolucionário". Para ele, as mulheres do Partido eram todas comunistas inseguras, submissas ou então extremamente agressivas, diferentes de Leila.

Segundo Lacerda, uma das grandes dificuldades naqueles anos de "piração" foi conseguir estabelecer vínculos afetivos mais estáveis; o padrão de comportamento criado foi chamado de "inflação sexual" e atravessou a década. "Ou seja, podíamos transar à vontade e sem-cerimônia, mas ai de quem, na sequência, tentasse chegar mais perto, em busca de uma intimidade maior. Isso criava o maior constrangimento porque, na época, todo mundo tinha horror a compromisso." Se alguém estivesse interessado no parceiro, era aconselhável não demonstrá-lo claramente para não afugentar "a presa". E acrescentou: "A gente até fazia sexo grupal, surubas, mas isso era muito mais uma coisa dessa viagem experimental. A gente tinha as nossas relações fixas, as nossas paixões". Eis o depoimento de uma "libertina" daquele período:

> A sexualidade também *rolava* solta, entre amigos, *à trois, à quatre,* os cambau [...]. Não tinha nada assim de "somos namorados", lembra Alice. Quando pintava, a gente ia pro motel. Porque ele morava com a mulher e eu com meu marido (Citado por Lucy Dias, *Anos 70: enquanto corria a barca*, p. 44).

Comumente se diz que sexo a três é ménage à trois, com quatro pessoas é suingue e acima disso é suruba, orgia ou bacanal. Bem antes da geração "paz e amor", já se praticava essa modalidade de prazer grupal. Como vimos, o frequentador da malandragem, Madame Satã, já falava em bacanais na Lapa, no Rio, no início do século XX. O jornalista Paulo Francis, em *O afeto que se encerra,* mencionou que, em seu tempo de juventude, no início da década de 1950, ele e um amigo aproveitaram bastante a libertinagem em um sítio próximo a Petrópolis: "na ausência da família, Marcello promovia bacanais, a maioria das moças se chamando 'May', 'Stuart', etc. Não eram inglesas. Vinham do teatro de revista".

Em *O diário de Antônio Maria,* este boêmio pernambucano, cronista na imprensa carioca e compositor musical, deixou registrado, no dia 13 de março de 1957, sua presença na boate Sacha's, no Leme, onde acabava de chegar, já bêbado, o pintor Di Cavalcanti, que "voltava de uma 'suruba' oferecida por Oscar Niemeyer aos arquitetos que vieram, da Europa, julgar o plano urbanístico de Brasília. Dez mulheres nuas. Di desenhou duas delas".

O ator Jece Valadão (1930-2006), que se dizia "cafajeste", em entrevista à *Playboy* de janeiro de 2007, publicada meses após sua morte, afirmou ter participado de diversas surubas no início dos anos 1960: "Teve uma vez, na casa do [ator] Daniel Filho – os pais dele foram para a Argentina e ele ficou morando sozinho num apartamento grande, no Leblon, em que tinham uns quatro homens e umas oito mulheres".

Sobre essa devassidão, Francis ironizou a inveja daqueles leitores "que sabem dessas coisas apenas devorando revista de sexo", bem como a de alguns "moralistas convencidos que o sexo livre destruirá o mundo". Para ambos ele tranquilizou: sexo em demasia "é um tédio", satura e "gera indiferença". Enfim, o que diferenciava a antiga geração da geração "paz e amor" é que esta considerava tal comportamento como uma "manifestação afetiva grupal", e aquela como atitude "pecaminosa" e, algumas vezes, carregada de culpa.

Na irreverência psicodélica daquela época, ambiguidade sexual e vastas cabeleiras confundiam os papéis e anunciavam o declínio do macho. A moda era unissex. Segundo o depoimento de um integrante daquela geração à jornalista Lucy Dias, "as pessoas entravam no mar e batizavam umas às outras e ficava todo mundo nu. O consumo do ácido envolvia uma sexualidade à vida, então as pessoas ficavam nuas sem nenhuma maldade, sem nenhuma sacanagem". Arembepe, na Bahia, era a mais clara expressão da existência de uma tribo de hippies brasileiros. Apesar da forte perseguição policial e do preconceito geral contra os cabeludos "alienados", o ideal de uma vida alternativa, fora do chamado "sistema", estava sendo posto em prática por aqueles jovens que vivenciavam o convívio comunitário.

Segundo Rogério, outro depoente de Lucy Dias e um dos andarilhos da vida alternativa, era uma época em que "todo mundo tinha uma enorme curiosidade sobre o outro, fosse o outro quem fosse". Rogério partiu para a vida em uma comunidade rural, no alto da montanha em Piraí, no estado do Rio, onde havia sempre gente chegando e partindo. E ele, que ficou quatro anos na comunidade, assim relatou:

> As relações eram uma coisa simples: quem estava com alguém, estava junto e ponto. Se aparecia outra pessoa e te seduzia, você ia. Claro que as encrencas eram grandes. Teve vezes em que eu estava transando com alguém no quarto, minha namorada no outro, com outro [...]. Depois pintava um climazinho. Mas você tinha que manter a linha, engolia e ficava quieto – e não chegava a passar mal. Só quando era uma traição, feita por trás, às escondidas... Mas isso não ocorria entre a gente, nas comunidades. A coisa era escancarada. Para nós, a mentira era um pecado capital (Citado por Lucy Dias, *Anos 70: enquanto corria a barca*, p. 115).

A tentativa de experimentar o "casamento aberto" e a formação de uma comunidade fraterna eram características daquela época. Poder-se-ia chamá-la de "sociedade alternativa". À semelhança do que pensava o militante anarquista Giovanni Rossi ao fundar a Colônia Cecília em 1890, no Paraná, para Rogério:

> O fundamento hippie era a não família. A ideia era os filhos serem criados coletivamente, a família era todo o grupo. Quando se começou a discutir: "Não, isso é para mim e meus filhos", o núcleo se fechou e o grupo se dividiu. Surgiram as brigas entre as mulheres. Aí cada um foi para um lado. Dançou o amor livre e a minha experiência no sítio (Citado por Lucy Dias, *Anos 70: enquanto corria a barca*, p. 116).

A transgressão de valores se dava num momento em que a ditadura política interferia até na vida íntima das pessoas. Para a nascente geração do amor livre, o prazer sexual era a expressão máxima da liberdade. O lema era enfrentar o "sistema", termo muito empregado na época. Hilda, estudante da Universidade de São Paulo, aos dezenove anos já estava "com o complexo de ser virgem" e, para solucionar o problema, contou com a ajuda das amigas. O plano foi arquitetado e muito bem realizado:

> Era um trepar sem fim [...]. Era uma coisa de experimentar. Mas eu não chamaria de promiscuidade. Não era. Porque havia tanto amor, amor mesmo. Carinho. Eu participei de duas surubas, coisa que também havia na época. Em nenhuma das duas houve promiscuidade. Éramos umas cinco pessoas e, sempre, no final, alguém ficava de fora. Mas éramos todos amigos, ninguém machucaria um ao outro, ninguém seguraria no ombro e diria "agora eu vou fazer à força", não! Era um chupar-se geral e muito aceito por todos. Eram práticas, era a época, era *pós-nouvelle vague*. Era o existencialismo. Era uma experimentação. Inclusive esse rapaz – que não digo o nome –, me lembro certa vez dele do lado de fora do quarto de uma mulher que ele gostava muito, que ele amava e,

> dentro, tinha um outro sujeito transando com ela, ele estava lá fazendo o exercício de vencer o ciúme (Citado por Lucy Dias, *Anos 70: enquanto corria a barca*, p. 216).

Maria Lúcia, que ficou casada por cerca de cinco anos, também contou sua história. O casal moderno, vanguarda já nos anos 1960, propunha-se a ter um casamento sem restrições de cunho sexual. "A proposta era para ser um casamento aberto, já que todo mundo namorava todo mundo. A proposta foi dele, eu nunca tinha ouvido falar naquilo." Mas, como o marido propôs e começou a praticar, Maria Lúcia disse: "Não vou ficar plantada em casa, esperando, enquanto ele sai com todo mundo. Era uma proposta muito libertária, maravilhosa". No entanto, segundo ela, a atitude era ideal para que os homens não se sentissem culpados. "Porque a gente, a cada vez que saía, chegava em casa e tinha que contar tudo. Era esse o trato. Mas eles não contavam nada. Então era uma sacanagem total." Alegou, então, "ter entrado de gaiata" nessa relação.

Outra que confidenciou a Lucy Dias foi Anaís, que, aos dezoito anos, disposta a trocar de valores comportamentais, queria ser da turma dos mais avançados e achou que o lugar ideal para isso era a famosa Escola de Comunicação e Artes, da Universidade de São Paulo, à qual chegou em 1972 para cursar artes plásticas. "No meu primeiro ano na ECA eu via as orgias acontecendo. Era uma loucura total – e eu era virgem. Assim fiquei durante seis meses e depois acabei transando com um cara da faculdade, por quem nem estava apaixonada." Anaís e seu namorado Júlio eram radicalmente fiéis aos princípios contraculturais, como o casamento aberto, mas, disse ela, "na prática isso não acontecia".

Na época, o psicanalista José Ângelo Gaiarsa era o maior divulgador, para um público amplo, da psicologia de Wilhelm Reich (1897-1957), autor de *A revolução sexual*. A partir de Reich, em 1968 acreditava-se que o prazer levava à revolução. Com sua visão libertária do corpo, Gaiarsa era um assumido transgressor das regras burguesas, preferindo tratar de pacientes que tivessem uma visão de mundo que combinasse com a dele.

Perguntado pela jornalista Lucy Dias se era verdade que namorava as pacientes, respondeu: "Com toda certeza, não. Aliás, também essa imagem de moças prafrentex da época não correspondia aos fatos. Porque com duas dessas moças, eu cheguei mais perto. Elas que se diziam libertas porque transavam. Foi uma catástrofe, as duas". E prosseguiu: "Continuo a dizer que a repressão sexual não era pior, era igual à de hoje, nas consequências. Quer dizer, muita pose de liberado sexual quando se falava em grupo. Todos pareciam doutores e doutoras no assunto. Mas, na intimidade, não era nada disso". Para ele, tudo não passava de uma revolução de fachada - com risco da avaliação superficial.

Ainda para Gaiarsa, as pessoas fazem do sexo uma coisa complicada. "O que as pessoas fazem não tem nada a ver com o que elas pensam, com as dúvidas que elas têm e com o que elas dizem. É uma dissociação monstruosa na cabeça das pessoas e isso tem sido a minha batalha básica." Também ele sofreu com seus complexos, alguns não solucionados. "O sexo poderia dar um prazer indescritível à maioria de nós", mas não é isso que ocorre, embora haja mudanças: "A relação sexual se tornou muito mais fácil e muito mais frequente, mas nem de longe ficou melhor do que era".

Outra figura emblemática dessa época foi o médico psiquiatra e escritor Roberto Freire (1927-2008), autor de inúmeras obras, sendo a mais conhecida o *Sem tesão não há solução*. O significado de tesão para Freire dizia respeito a qualquer coisa que despertasse prazer, não somente erótico, mas no sentido de algo ser experimentado com intensidade, afinco e paixão, remetendo à alegria e beleza.

Diante do quadro apresentado, convém lembrar que não se deve tomar pensamentos, palavras e atos da juventude como exemplo da totalidade. Havia uma minúscula vanguarda ruidosa e uma maioria silenciosa chamada de "careta". A revista *Realidade*, sucesso editorial do final dos anos 1960 e início dos 1970, ao realizar pesquisas ao longo dessas décadas sobre o perfil do jovem brasileiro com referência ao sexo, invariavelmente comprovava seu conservadorismo. Em reportagem de janeiro de 1973, a matéria de capa destacava: "Nossos jovens são quadrados". Colhendo opiniões da juventude de São Paulo e do Rio de Janeiro acerca da sexualidade, a revista chegou à conclusão de que "a rebeldia deles é apenas de linguagem e só chega aos cabelos compridos e às roupas berrantes".

No que diz respeito à tão discutível revolução sexual, o jornalista carioca Zuenir Ventura discorreu na mesma linha de pensamento sobre a geração de 1968. "Vista à distância, ela lembra mais uma explosão de vontade e intenções do que de realizações. Provavelmente, falava-se e escrevia-se mais do que se fazia sexo." Mas isso já era um avanço.

Se para alguns o comportamento sexual dessa geração estava aquém do propalado, para outros estava além dos padrões morais estabelecidos. Zuenir citou o conservador Nelson Rodrigues, um dos maiores críticos dos novos costumes, que dizia terem as coisas chegado a tal ponto que a liberdade sexual abolira o ciúme das relações amorosas e que o sexo agora só matava nas manchetes dos jornais populares. Segundo ele, o marido moderno não só era "o primeiro a saber", como às vezes sabia "antes do pecado". Com relação à onda do biquíni (que ainda nem chegara ao minúsculo "fio dental" que veio mais tarde), na visão conservadora e provocadora de Nelson Rodrigues, a nudez mostrada pela exígua peça acabava com o interesse pelo corpo feminino:

> Como é triste o nu que ninguém pediu, que ninguém quer ver, que não espanta ninguém. O biquíni vai comprar grapete e o crioulo da carrocinha tem o maior tédio visual pela plástica nada misteriosa (Citado por Zuenir Ventura, *1968, o ano que não terminou*, p. 34).

Todo o clima de liberdade ecoando entre pessoas e grupos, no entanto, levava a uma cobrança de comportamento, de atitude e postura que, às vezes, de maneira nada sutil, funcionava como verdadeira *patrulha*. Segundo Zuenir, as mulheres tinham que ser liberadas e assumidas, mas era preciso criar estratégias para não se darem mal: "A gente tem que fingir que dá para os caras, mas a gente não tem que dar para os caras", falava Heloísa Buarque de Hollanda para suas amigas, ecoando o ponto de vista de Gaiarsa.

O teatro era o meio artístico mais transgressor e, até certo ponto, mais tolerado pela ditadura militar; por ser um ambiente frequentado por um pequeno público mais esclarecido, trazia menos risco de ideias subversivas contaminarem o resto da população. Mas a peça *Roda Viva* surgiu num momento em que expor a nudez era um gesto contestador, e isso incomodava grupos paramilitares e o Departamento de Censura que, mais tarde, proibiu definitivamente sua apresentação. Sob a acusação de que os atores não respeitavam as marcações aprovadas, o Departamento de Censura fez o seguinte relatório em 4 de outubro de 1968:

> A peça *Roda Viva* transformou-se, assim, em autêntico show depravado, numa constante sucessão de cenas atentatórias à moral e aos bons costumes. Toda a gama de atos libidinosos e de mímica pornográfica era apresentada no palco, culminando com um indiscutível ato sexual (*O Estado de S. Paulo*, 14/12/2008).

Ainda no teatro, o desejo de todos era ver a ópera pop *Hair*, sob a temática hippie, cujos atores se despiam completamente no palco e que, durante oito meses, levou mais de 170 mil pessoas ao Teatro Aquarius, em São Paulo.

Seguindo na contramão da liberalização que viria, a atuante atriz Ruth Escobar relatou em livro de memórias um inusitado pacto de amor selado com seu marido, cuja cláusula era o uso de um cinto de castidade. Segundo ela, "após uma delirante relação sexual", em 1967, seu marido propôs como prova de amor eterno o uso de tal peça de subjugação.

> Na manhã seguinte nós deparávamos com a solução objetiva de cumprimento do pacto. Certamente ele não pretendia me colocar um cinto medieval de couro e ferro. Nós dois, cúmplices, organizamos o artefato. O cinto seria adaptado em todas as minhas calcinhas, com cadeado, cuja chave ele carregava no pescoço. É claro que as minhas calcinhas não eram biquínis pornográficos, mas calcinhas de filhas de Maria que iam até a cintura. A partir daquele dia eu, pessoalmente, improvisei em todas elas várias aberturas caseadas, quatro na frente e quatro atrás, por onde o cinto atravessava rente à cintura (Ruth Escobar, *Maria Ruth*, p. 132).

Durou meses essa prova de devoção de uma mulher que, "quando fora das quatro paredes do quarto, era uma fera"; houve problemas para tomar banho, ir ao banheiro, trocar-se no camarim na frente dos outros atores. Ao confidenciar tal desvario à sua amiga, a atriz Cacilda Becker, esta lhe fez ver a "exótica anomalia" de submissão e a obrigou a se desfazer da peça. Houve relutância de Ruth por algum tempo, mas posteriormente ela reconheceu: "Eu me flagro no meu ressentimento de agora, desse instante, aviltada que me enxergo na minha cumplicidade". A tomada de consciência feminista da situação opressora veio em retrospecto: "Acaso sabia eu, naquele tempo, que o privado é político, que o que acontece entre quatro paredes é reflexo inevitável de uma sociedade doente?".

Pornografia tolerada

No fim do século XIX, junto com o importado estilo de vida moderno francês, chegaram as imagens de nus femininos, provavelmente por intermédio de cartões-postais clandestinos. Posteriormente apareceram as primeiras revistas eróticas ou pornográficas chamadas de "galantes". Em 1894, o jurista Viveiros de Castro constatava que os livros pornográficos eram muito vendidos, e muitos faziam bons negócios vendendo gravuras e objetos imorais, que circulavam às escondidas entre os rapazes, principalmente entre os internos dos colégios.

Grande sucesso como revista semanal foi a *Rio nu*, surgida em 1898 e que perdurou até 1916. Seu forte estava nas fotos eróticas de mulheres seminuas reproduzidas em cartões-postais. Essas primeiras revistas ainda estavam voltadas mais para publicações satíricas de humor malicioso do que para provocar a excitação sexual do leitor.

Com certa ousadia e inspirando-se nos modelos europeus de publicação, surgiu, em 1925, *Shimmy - Revista da vida moderna,* que durou até 1933. Segundo o antropólogo Jorge Leite Jr., talvez essa tenha sido a primeira revista erótica brasileira, que estampava fotos de nu completo. Além de mostrar "melindrosas" totalmente nuas, tal como suas antecessoras, publicava contos eróticos, piadas picantes e ilustrações que satirizavam o novo estilo de vida trazido da França e seus personagens sociais. Durante o Estado Novo de Vargas, a censura oficial, já atuante desde 1932, proibiu a venda das revistas "galantes", levando à extinção ou à ilegalidade as poucas que ainda circulavam.

Nos idos das décadas de 1950 e 1960, havia certa "literatura marginal" direcionada para temas eróticos, vertente na qual pontificava o desconhecido e misterioso Carlos Zéfiro, mentor dos disputados livrinhos de sacanagem que circulavam camufladamente de mão em mão entre colegiais e adolescentes. Segundo o antropólogo Roberto da Matta, Zéfiro foi quem melhor exprimiu a importante junção da sexualidade de casa com a da rua, sexualidade marcada profundamente por diversas nuances. Mais tarde soube-se que Zéfiro era o sambista e funcionário público Alcides Caminha (1921-1992).

A pornografia feita no Brasil naquela época, a exemplo dos quadrinhos de Zéfiro, era graficamente rudimentar e com desenhos grotescos. Circulava praticamente às escondidas. Utilizando uma linguagem conservadora que reafirmava a moral sexual repressiva, ironicamente passou a ser denominada de "catecismo", funcionando como a contrapartida pornográfica dos livretos de educação religiosa católica. Foram editados 862 originais com tiragens de cinco a trinta mil exemplares.

No final da década de 1960, as primeiras revistas masculinas eram ainda muito tímidas, senão pudicas, vistas sob a ótica contemporânea. No início dos anos 1970, as revistas de nus femininos começaram a ocupar maior espaço nas bancas de jornal, mas ainda eram pouco ousadas: a revista *Fairplay* (1966-1971) se aventurava em incursões por seios nus e, por esse motivo, sofreu muitas apreensões; na revista *Ele & Ela* (1969), as garotas estavam sempre de braços cruzados para ocultar os seios e, naturalmente, usando biquíni. Pouco a pouco essas barreiras foram caindo.

Sob a ditadura militar, em janeiro de 1977, o diretor da censura, com base em decreto presidencial, assinou portaria explicitando as proibições às revistas masculinas e alertando que não seriam permitidas fotografias de:

> a) atos sexuais
> b) nádegas completamente nuas
> c) seios totalmente à mostra
> d) região pública descoberta (desprovida de sunga, tanga, biquíni ou qualquer peça de vestuário)
> e) modelos em poses lascivas
> f) relacionamento homossexual
> g) indumentárias transparentes permitindo visualizar partes íntimas do corpo.

Apesar das normas da censura serem minuciosas, revistas como *Homem*, *Playboy*, *Status* e *Ele & Ela* tornaram-se, pouco a pouco, grandes negócios na área editorial. Em quase todas, seguia-se o estilo criado pela *Playboy* americana: modelos bonitas e textos de qualidade.

A onda de publicações erótico-pornôs começou a ganhar impulso a partir do final da década de 1970, no governo Ernesto Geisel (1974-1979), quando ocorreu o abrandamento da censura. Em 1980, cerca de 160 títulos circulavam no país, vendendo algo em torno de sete milhões de exemplares. O primeiro nu frontal foi publicado pela *Ele & Ela* em 1980: a edição esgotou em 48 horas e a tiragem da revista passou de 170 mil para 420 mil exemplares mensais. O movimento logo foi acompanhado por publicações como *Playboy*, *Status* e outras de menor circulação.

No final da década de 1980, já era comum outro tipo de revista de nus: os masculinos, dedicados aos gays e às mulheres, bem como aquelas de menor tiragem que exibiam a pornografia tida como "bizarra", fetichista e sadomasoquista. Grande acontecimento na imprensa escrita foi a aparição do *Pasquim* com sua linguagem desbocada. Objeto de dezenas de estudos acadêmicos, o *Pasquim* foi assim definido pelo jornalista Paulo Francis:

> A subversão da linguagem foi obra do *Pasquim*. É difícil lembrar hoje nos nossos tempos permissivos a sensação que a publicação da palavra bicha causou em 1969. Não o uso da palavra, com que todo juiz de futebol era alcunhado, mas a publicação em letra de forma.

Uma outra linha editorial se pautava pela liberdade da mulher moderna, caso da revista *Nova* (*Cosmopolitan*), que chegou a sofrer censura pelas reportagens ousadas sobre liberação sexual da mulher "emancipada" ou independente que reivindicava o direito ao prazer. O feminismo então emergente via a liberdade sexual como instrumento de afirmação da mulher.

Com o abrandamento da censura no governo Geisel e sua abolição na década de 1980 durante o governo João Figueiredo (1979-1985), já se podia respirar, pelo menos nos centros urbanos, com mais liberdade. O rock nacional explorava letras com teores eróticos típicos da irreverência juvenil. As danças sensuais estavam nos corpos de Sidney Magal e Gretchen. No teatro podia-se ver *A gaiola das loucas*, e, no cinema, havia a corrida para assistir a *Calígula, Saló, Os 120 dias de Sodoma, O último tango em Paris, O império dos sentidos*. As ingênuas pornochanchadas brasileiras foram engolidas por ousados filmes eróticos estrangeiros como *Garganta profunda*. O outrora familiar "teatro de revista", que se havia transformado em "teatro rebolado", escancarou para "teatro pornô" explícito. No mundo do espetáculo infantojuvenil, Os Menudos incitavam seu público com o refrão "Não se reprima, não se reprima". Nos programas de TV, a acusação de erotização precoce vinha com certas apresentadoras de programas infantis; nos quadros humorísticos, imperava a exploração de personagens gays.

Alguns travestis, que antes viviam restritos ao gueto, começaram a participar de programas de TV transmitidos semanalmente em cadeia nacional, como no SBT, com *Os transformistas* no Programa Sílvio Santos, e na Bandeirantes, em Bolinha e seu programa de calouros. Atuando como comentaristas ou juradas em programas populares de TV, destacaram-se Rogéria, Roberta Close, Patrício Bisso, Thelma Lipp e Laura de Vison – verdadeiras celebridades nacionais. A população aceitava essas personagens da mídia, mas desprezava os que trabalhavam nas noites de sereno. Nos anos 1970 e 1980, era grande, também, o número de boates gays com shows de travestis, principalmente no eixo Rio-São Paulo. Nos anos 1990, os símbolos sexuais foram as dançarinas de grupos de pagode e mulheres provocantes, como Carla Perez, Tiazinha e Feiticeira.

O problema do onde

Segundo Ruy Castro, um dos problemas dos rapazes da geração de 1968 em diante não era namorar, mas transar – não que faltasse com quem, o grande problema era o local. A pílula já estava presente, e, no final daquela década, no Rio de Janeiro, pelo menos em certos círculos, a virgindade feminina se tornara um tabu invertido: uma garota de dezenove anos, virgem, ficava envergonhada ao admiti-lo para as colegas. Assim, a maior dificuldade dos rapazes era arranjar um lugar para transar com essas moças.

> Os rapazes estavam sempre dispostos a ir ao sacrifício. Mas onde? Os motéis ainda não existiam, os poucos hotéis para encontros ficavam na longínqua São Conrado e quase ninguém tinha carro. No desespero, ia-se para a praia à noite, principalmente a do Leblon, então escura e deserta. O risco era o achaque dos Cosme e Damião. Mais seguras eram as garçonnières dos amigos. Garçonnières eram quarto e sala mantidos por homens casados para suas piruetas extraconjugais. Como não as usavam todo dia, às vezes emprestavam-nas por algumas horas aos amigos (*Folha de S. Paulo*, 21/05/2008).

Mesmo numa sociedade ainda conservadora que valorizava a virgindade feminina até o dia do casamento, havia alguns casais de namorados que faziam mundos e fundos para manter relações sexuais. A dificuldade aumentava quando eram jovens de baixo poder aquisitivo. Bernadete, funcionária pública, contou que a tentativa de sua primeira relação, no início dos anos 1970, era para acontecer em um "apartamento alugado pra uma porção de gente", com o inconveniente de os vizinhos saberem. Ainda fazendo colegial, seu erro foi ter ido ao local de uniforme escolar. Já deitados na cama, uma vizinha, seguida do porteiro, tocou a campainha e ameaçou chamar a polícia. Além da relação frustrada e da vergonha, teve de descer pela escada para se livrar dos olhares de outros moradores despertados pela confusão. Outra personagem, Sofia, narrou situações constrangedoras:

> O que eu achava desagradável na verdade era o lugar que se transava. Era um matadouro. Uma garçonnière específica para isso. Quer dizer, um quarto, um conjugado com banheiro, né? Nem um quadro na parede, uma cama [...], quer dizer, era um lugar só de transar. E eram dois ou três rapazes que levavam as suas pessoas para lá. E então, várias coisas me chocavam. Lençol, nem sempre tinha lençol, essas coisas (Depoimento de Sofia, Grupo Ceres, *Espelho de Vênus*, p. 179).

Além dos locais escuros, elevadores, sofás da sala, atrás da igreja, cinema, etc., com a onda naturalista hippie as areias da praia ou a barraca de camping eram locais alternativos para uma relação ou bolinação. A atriz Vera Fischer afirmou ter perdido a virgindade com quinze anos, em 1967, em uma praia distante de Blumenau. Disse ela à revista *Playboy* de junho de 1981: "Não existia motel, a garotada não tinha apartamento pra ir, pra onde é que a gente ia? Ia para a praia, ou então dentro dos carros. Transar dentro de carro sempre foi uma coisa que detestei".

Com o recorde de venda de automóveis no período do "milagre econômico", o carro conhecido como "Fusca" tornou-se o primeiro "motel" do brasileiro médio. Os drive-ins – forma simples, barata e rápida de ter intimidade no namoro e no ato sexual – proliferaram, mas passada a febre, entraram em decadência; foram utilizados por prostitutas que ficavam à porta, nas amplas avenidas, oferecendo-se aos motoristas, e logo elas deram lugar aos travestis ou foram por eles escorraçadas de algumas ruas.

No Brasil, principalmente nas grandes capitais, multiplicaram-se as saunas mistas e casas de massagens, surgidas em 1973, em sua grande maioria locais de prostituição. Autodenominando-se clínicas, passavam a anunciar seus serviços abertamente em revistas e jornais. Em quase todas as publicações eróticas nacionais, surgiram anúncios sofisticados convidando os casais a relaxarem nos lugares refinados da moda: os motéis, nos quais havia novidades, como projeções de filmes pornográficos (com o advento do videocassete), camas vibratórias, quartos espelhados e piscinas de hidromassagem.

A partir dos anos 1980, grande parte das pessoas que não frequentava as salas voltadas à exibição de filmes pornôs passou a comprar ou alugar esses mesmos filmes, levando para a comodidade e intimidade do lar as imagens obscenas que, até então, só estavam disponíveis em recintos públicos.

O sexo e a mulher na MPB

Até o final dos anos 1950, a quase totalidade das músicas da MPB eram assinadas e interpretadas por homens. Para cada música de exaltação à mulher, havia inúmeras outras em que ela era tratada com desconfiança e, muitas vezes, olhada como vulnerável e traiçoeira. O jornalista e pesquisador Rodrigo Faour, em *História sexual da MPB*, notou que uma grande quantidade de músicas da época falava na mulher que apanhava, gostando ou não, indicando que tal atitude deveria ser uma prática corrente dos casais brasileiros. Minoria na área musical, a mulher realmente levava quase sempre a pior. As poucas cantoras dessa época seguiam a cartilha moral vigente, não se importando em cantar músicas deliberadamente machistas, pois era o que havia. A partir dos anos 1960, porém, a mulher começava a ser tratada de igual para igual em relação ao homem, ou pelo menos aparecia nas letras das músicas como mais meiga e mimosa, já não sendo mais a grande responsável pelas separações.

Ainda que predominassem as canções românticas, mais populares, com a dor do amor mal resolvido, o lamento dos amores fracassados deixou de ser recorrente na MPB após os anos 1960. Depois veio a fase do samba-canção, com letras elaboradas, como as de Antônio Maria (1921-1964) e as gravações de Nora Ney (1922-2003), expressando uma tristeza elegante, que ficou como inspiração para a bossa nova. Havia, no entanto, divas que foram efetivamente as rainhas do samba-canção e as mensageiras do sofrimento, por amor, de uma época.

Os temas amorosos da bossa nova começaram a modificar o quadro. A partir do que viam em Ipanema, Vinicius de Moraes (1913-1980) e Tom Jobim (1927-1994) transformaram a mulher convencional na menina, na namorada, na garota moderna, dourada de praia, meiga mas decidida, embora haja quem considere parte da obra de Vinicius ainda um pouco machista. A canção *Garota de Ipanema*, de 1963, foi a obra-prima de Jobim. A sociedade passou a ter uma outra concepção da mulher carioca, cujo paradigma tornou-se a beleza, a inteligência, o perfume e um malicioso senso de humor: "Moça do corpo dourado do sol de Ipanema / O seu balançado é mais que um poema / É coisa mais linda que eu já vi passar".

Segundo o pesquisador Rodrigo Faour, a partir dos anos 1960 foi efetiva a mudança nas letras das músicas em relação à mulher, que já não era mais a culpada por tudo, a vagabunda, a infiel. Impunha-se nos compositores homens um sentimento de autocrítica, influenciado pela mudança cultural por que o país estava passando; a mulher, mais do que um perigo, aparecia como a companheira de jornada. Elas já eram ao menos mais confiáveis, menos vilãs, e a culpa por tudo que havia de errado na relação amorosa já não era exclusivamente feminina. É claro que outras variantes das canções as apresentavam como ingênuas ou pretensiosas.

Nos anos 1970, ainda timidamente, letristas e intérpretes femininas como Joyce e Vanusa expressaram músicas que incentivavam a liberação da mulher, questionavam a apatia de casamentos fracassados ou a mulher que se anulava por causa do homem e denunciavam a violência contra ela. Alguns homens também fizeram canções exaltando essa nova mulher, a começar por Chico Buarque, que pouco antes mostrara a *Carolina* como ela se acomodara, sem ver o tempo passar na janela. Em 1970, Chico fez um samba mostrando que *Essa moça tá diferente*, isto é, ela já não estava quietinha como a de outrora. *Olhos nos olhos*, composta por ele para a intérprete Maria Bethânia, em 1976, era uma canção em que a mulher, abandonada pelo marido, amante ou namorado, dava a volta por cima e afirmava ser mais feliz sem ele, com outros amores.

> Olhos nos olhos
> Quero ver o que você faz
> Ao sentir que sem você eu passo bem demais...

Com o tempo, Chico Buarque foi além, apresentando em suas canções as mulheres cada vez mais donas de si, ousadas, cheias de opinião, provocantes e sem temor ao corpo. Os desejos mais secretos da mulher e sua sensualidade desconcertante passaram também a ocupar seus versos, transformando o compositor num grande intérprete da alma feminina. Em *Ópera do Malandro*, uma das mulheres entoa: "O terceiro me chegou / Como quem chega do nada / Se deitou na minha cama / E me chama de mulher".

As canções de Roberto Carlos, Erasmo Carlos, Rita Lee, além de outros, abusaram do envolvimento sensual em suas melodias. Para Rodrigo Faour, a sensualidade como tema antes deles era rara, sendo muito recente a música brasileira falar de corpos suados, enlace de pernas na cama, beijos e lambidas, desejos ardentes sem maiores culpas ou da necessidade de posse em relação ao outro. Nota-se que o próprio vocabulário foi ficando mais alegre e coloquial. Antes era muito raro ouvir algumas palavras ditas mais pesadas, consideradas palavrões, como tesão, sexo, amante, aborto, orgasmo, gay, bunda, peitos, etc. Esses temas ficaram mais explícitos na virada dos anos 1970 para 1980, ainda que de forma sutil. Em pouco tempo esses tabus foram sendo quebrados e já não causavam tanto espanto.

Foi um momento de músicas alegres na MPB, sensuais, eróticas e irônicas, revelando que os tempos eram outros e que a mulher já podia cantar o que queria; a virgindade deixava de ser a grande tormenta social. Quando Wando escreveu *Moça*, em meados dos anos 1970, a virgindade ainda era tratada como um tabu: "Moça, sei que já não és pura / Teu passado é tão forte, pode até machucar...", mas o amor do personagem superava este estigma.

Chegou-se ao auge com *Vou tirar você desse lugar,* de Odair José, com o tema do amor de um homem pela prostituta e a aceitação masculina de uma amável mundana. Com a abertura dos anos 1980, foi possível ir além e abordar a novidade do "michê" ou do "prostituto". Entrava em cena, em 1985, o *Amante profissional* do Herva Doce, cujo personagem propunha o amor sem preconceito e com sigilo total: "Moreno alto, bonito e sensual / Talvez eu seja a solução do seu problema". Ao exaltar as qualidades de inteligência, disponibilidade, discrição, etc., o personagem finaliza com o bordão: "Realize seu sonho sexual".

Com o abrandamento da censura, a partir de 1979, os compositores começaram a abordar de tudo no campo sexual: de masturbação a sexo anal, passando pelo detalhado desnudamento do corpo da mulher, de situações de impotência a menopausa, suingue e outras manifestações do gênero. Alguns desses temas, encontrados nas letras de forró, foram explorados também por diferentes artistas, dos mais bregas aos mais sofisticados. Chegou-se à fronteira entre o erotismo, a pornografia e a sacanagem, disse o crítico Rodrigo Faour.

Na verdade, o quesito sensualidade na MPB atingiu seu ponto-limite, pois os novos atores da safra apelaram descaradamente para o brega ou simplesmente abandonaram a temática erótica. Era constante o emprego do duplo sentido: *Ela deu o rádio e nem me disse nada* ou *Mate o veio.* Havia outra sobre um gato do qual Maria não se desfazia de jeito nenhum e que era danado para miar: "Tico mia na sala / Tico mia no chão / Tico mia na cozinha / Tico mia no fogão". Outras músicas: *Dá o cuco e passa, Toco cru pegando fogo* e ainda *Só quero nambu, Zetinha.* Outra vertente, o funk, com mais explicitação e não mais com duplo sentido, chegou para escancarar de vez o escracho da sexualidade.

Evidentemente as músicas de abordagem conformista e machista continuavam a brotar, como ocorre até hoje. Ainda fazem sucesso na música mais popular aquelas histórias em que o indivíduo foi enganado, traído, com personagens mulheres culpadas, malvadas, e homens cheios de razão. Isso também indicia que parte da sociedade brasileira se modernizou apenas na superfície. Mas, mesmo assim, de acordo com o cantor e compositor Paulo Sérgio Valle, mudamos para melhor; o homem foi afetado positivamente pela liberação da mulher:

> Com essa mudança da mulher na sociedade nos últimos anos, quem mais mudou foi o homem. Antigamente, se ela fosse embora ou se transasse com outro, ele já ameaçava bater nela ou coisa pior, é como se sua dignidade, sua honra, fosse embora. Hoje já vejo o homem contemporizar. Muitas vezes ele perdoa, sabe que a mulher fez aquilo e continua a viver com ela (Citado por Rodrigo Faour, *História sexual da MPB*, p. 465).

Adaptando-se aos novos tempos

Com a legalização do divórcio em 1977, originando um número crescente de homens e mulheres descasados, a família passou por grande transformação. Na esteira da recém-conquistada separação legal, em 1979 surgiu o ousado seriado *Malu Mulher*, na TV Globo, tendo como protagonista Regina Duarte, a "namoradinha do Brasil", representando a trajetória da mãe no novo modelo familiar. Além de diálogos entre mãe e filha sobre perda da virgindade, num dos episódios a televisão mostrou, pela primeira vez, ainda que de forma sutil, o orgasmo feminino, numa cena em que a mão de Malu apareceu se contraindo quando ela atingiu o clímax.

Nas grandes cidades, tornou-se cada vez mais comum a presença da mulher sozinha frequentando, à noite, bares, restaurantes ou até mesmo clubes próprios para encontros. A liberação sexual e a difusão do consumo de drogas marcaram o Brasil de 1970, mas a década assistiu também a muitos casos de crimes associados à violência sexual, às drogas e aos conflitos entre padrões de comportamento: sexualidade livre, ou considerada livre, versus "preservação da honra". No dia 25 de julho de 1977, o corpo de Cláudia Lessin Rodriges foi encontrado caído no penhasco da avenida Niemeyer, no Rio de Janeiro. O laudo pericial constatou que ela morrera por estrangulamento, além de ter sofrido violências sexuais, embora o cabeleireiro George Khour, cúmplice do crime cometido pelo milionário Michel Frank, tenha declarado que Cláudia morrera devido a overdose de drogas. Antes, em 1973, outro crime chocara a opinião pública: a menina Aracelli, de nove anos, foi drogada, estuprada e assassinada por membros da elite capixaba.

Causaram grande impacto na década os "assassinatos passionais", cometidos nas classes mais abastadas e tratados com "benevolência" pela justiça. Esse foi o caso de Ângela Diniz, uma "pantera" da alta sociedade mineira, assassinada aos 32 anos, em dezembro de 1976, em sua casa de praia em Búzios. Com seu comportamento livre, desprezo pelas convenções morais e sua vontade de viver um grande amor, tornou-se uma espécie de ovelha desgarrada do pacato rebanho da tradicional família mineira. O assassino, Raul Fernando do Amaral Street, o "Doca", estava de caso com Ângela. Numa discussão, ao ser expulso da casa, matou-a com quatro tiros no rosto e fugiu no próprio carro da vítima. "Doca" contou sua versão do crime:

> Ela estava sentada num banco de cimento na varanda interna da casa. Cheguei até ela e falei: "[...] Quero lhe pedir para ficar..." [...] Mas Ângela resolveu ditar suas condições: "Você vai ter que dividir meu amor com

> homens e mulheres". Não aguentei. [...] Soube pelos jornais que havia alvejado Ângela [...]. Não lembro nem a posição em que estava quando atirei (Citado em *Nosso Século, 1960/1980*, p. 287).

Com muita polêmica e grande publicidade, o julgamento de Doca Street dividiu a opinião pública: em Cabo Frio, onde foi realizado, a população chegou a fazer manifestações a favor de Doca, criticando o "desregramento moral" de Ângela. A defesa de Doca esforçou-se em denunciar o mau comportamento da vítima: permissividade, "lesbianismo" e consumo de maconha. Doca acabou condenado a uma pena leve: dois anos, com direito a sursis. Desconsolada, a família da vítima perguntava se a conduta de Doca, que vivia às custas de Ângela, era mais "moral". Houve intensa campanha contra Ângela, que de vítima passou a culpada, mas setores da opinião pública, movimentos feministas, sobretudo, reagiram indignados, e, em 1981, Doca foi submetido a novo julgamento, que o condenou a quinze anos de cadeia.

Em 1980, seis maridos mineiros "de bom nível social" mataram suas esposas a tiros, sob a alegação de que estavam defendendo a própria honra. As mulheres mineiras reagiram com pichações de protesto nos muros de Belo Horizonte com o bordão que ficou famoso: "Quem ama não mata". Pouco a pouco reduziu-se a tolerância da sociedade com relação à opressão imposta à mulher.

Carnavais despudorados

Como uma festa carregada de sensualidade, o Carnaval não poderia passar despercebido por seus aficionados. A apropriação sexual do Carnaval pelos homossexuais iniciou-se na virada do século XIX, quando, durante as festas, homens vestidos de mulher invadiam os bailes de máscaras. Em 8 de fevereiro de 1915, o jornal *Gazeta de notícias* reclamava de uma multidão de moços que enchia as ruas quase em completa nudez. Muitos deles, em ruidosos cordões na avenida Rio Branco, no Rio de Janeiro, só traziam como vestimenta a cueca coberta por umas franjas de papel ou palha. Na década de 1940, centenas de homens saíam às ruas do Rio vestidos com saias rodadas e reluzentes turbantes parodiando Carmen Miranda; nos anos seguintes, em número cada vez maior, os homossexuais frequentavam os bailes de Carnaval nos teatros da Lapa.

Até a década de 1950, no Carnaval, as mulheres vestiam-se para as festividades de forma comedida, fantasiadas ou não, de modo que a quase nudez esperou até a década de 1970 para se consolidar e se tornar costumeira. Nos anos 1950, a jovem vedete do teatro de revista Elvira Pagã

(1920-2003), considerada mito sexual no seu tempo, participou de um desfile carnavalesco pelas ruas de Copacabana com um biquíni dourado, coberta apenas com uma capa de toureiro. Primeira rainha do Carnaval carioca, seus exíguos trajes sempre provocaram comoção.

No fim dos anos 1960, o desfile de escolas de samba foi se transformando num espetáculo de ostentação, com passistas - com biquínis e fantasias brilhantes - montadas em suntuosos carros alegóricos. Como consequência da profissionalização do Carnaval, a mulata, exibindo suas formas sensuais e requebrando freneticamente ao som da bateria, tornou-se a figura máxima do que passou a ser projetado no mundo como "o maior espetáculo da Terra".

Nas últimas décadas do século XX, os bailes de travestis alcançaram um status elevado no Carnaval, ocupando cada vez mais espaço nos concursos de fantasias - onde exerciam com relativa liberdade o desejo de travestir-se - e nos salões. Os homossexuais apropriaram-se das festividades do Carnaval como um meio ideal para expressar suas transgressões de gênero e manifestar sua sensualidade e sexualidade.

Na imprensa, a cobertura dos bailes oscilava entre a admiração divertida e a depreciação. Como constatou James N. Green em *Além do Carnaval*, o tratamento que davam aos homossexuais nos demais dias do ano era bem menos favorável. Na verdade, o Carnaval representava para os travestis uma oportunidade de ultrapassar os limites de gênero, de ignorar a "moral e os bons costumes" e de desafiar as regras da conduta pública "apropriada"; além disso, servia para, cercados por seus pares, se divertirem nas pistas de dança.

Quanto à nudez feminina, algumas reações contrárias já se vinham esboçando, e justamente em anos seguintes, a partir de 1980, surgiu nos bailes a prática do topless. A ousadia feminina representada pela nudez do busto instalou-se na rotina cotidiana das praias antes de se apresentar no período excepcional da festa. Embora terminantemente proibido, o topless surgira; sem considerar a orientação de conter os abusos, mulheres desfilavam de seios à mostra nos carnavais de clubes e nos blocos de rua.

Durante décadas, os festejos de Carnaval nas inúmeras cidades do país eram divididos em bailes "familiares" e bailes "quentes"; dos últimos se dizia "de frequência baixa". Nos anos 1980, algumas emissoras de televisão passaram a transmitir bailes de clubes mais liberais, com mulheres dançando sensualmente, muitas vezes contratadas para "esquentar" a festa e aumentar a audiência, o que configurava um falso ambiente de loucura carnavalesca.

Também jornais e revistas populares estampavam na quarta-feira fotos ousadas, criando a falsa noção de uma festa carregada de orgia. Isso persistiu e as imagens de licenciosidade e devassidão tropical marcaram a ideia que se tem do Brasil no exterior. Quer se trate de reportagens de décadas anteriores ou de descrições atuais, os bailes são sempre caracterizados, na linguagem dos observadores, pelo entusiasmo e pela eliminação das barreiras sociais e morais, e até mesmo pelo frenesi sensual dos foliões. Em meio à profusão de luzes e cores, o mulherio alegre ostenta seios fartos, que saltam quase num delírio luxurioso pelos amplos decotes das ricas e sumárias roupas. No entanto, grupos conservadores se insurgem contra o vestuário cada vez mais "indecente" das mulheres, o abuso do álcool e desregramentos de todo tipo.

Sobre a festividade carnavalesca como época de sexualidade aflorada, pesquisas põem em dúvida a íntima associação entre folia e sexo, tão comum que leva à intensificação da propaganda sobre o uso de camisinha nessa época do ano. Porém, estudo divulgado pela Universidade Federal Fluminense em 2006 mostrou que, apesar da maciça publicidade, não houve indícios de que as pessoas fizessem mais sexo nesse período, tampouco observou-se aumento significativo do número de casos de doenças sexualmente transmissíveis após as festividades.

A descoberta do corpo e a onda do topless

A grande moda em meados dos anos 1970 foi a exaltação do corpo. Mais do que isso, o corpo foi cortejado, estimulado, aprimorado nas academias de ginástica e dança, nos testes de Cooper, na ginástica canadense, nos exercícios de emagrecimento e de ioga, nas terapias corporais e sessões de psicologia reichiana, entre outros. Todos andavam para cima e para baixo com agasalhos Adidas de três listras. Para uma parte da sociedade brasileira, o mundo de antes, cheio de culpa e proibições, ficava para trás. Adeus ao pecado, adeus partes genitais intocadas, adeus à condenação da masturbação e da atividade sexual excessiva.

As areias das badaladas praias do Rio de Janeiro serviram de cenário revelador da evolução do modo de se vestir naquela cidade que acabou se tornando modelo para o resto do país. O biquíni asa-delta e o fio dental surgiram nos anos 1980, consolidando, em definitivo, o corpo bronzeado como um dos cartões-postais do país. Só faltava minar a resistência ao topless.

A onda do topless nas passarelas de moda, que só aportou no Brasil para valer no verão de 1980 e ganhou destaque nas praias brasileiras, foi reprimida com rigor pela polícia sob a acusação de prática de atos obscenos. Vivia-se uma fase de transição entre a ditadura e a abertura política. A reação popular deu mostra de que o país ainda não estava preparado para aceitar tal novidade. No Rio de Janeiro ocorreu um fato emblemático com a gaúcha Verônica Mieski como protagonista. Ela foi escorraçada de Ipanema sob vaias e xingada de "Geni", a prostituta da música de Chico Buarque. Em outro episódio de conservadorismo popular, Isabel Cristina Rosa Amorim deparou com banhistas que, incomodados com seus seios à mostra, atiraram-lhe latas de bebidas, copos e areia.

Vinte anos depois, em janeiro de 2000, ocorreu outra escaramuça envolvendo a falta da peça superior do biquíni. Para prender a comerciante Rosemari Moura da Costa, os policiais basearam-se no Código Penal de 1940, cujo art. 233 previa pena de detenção para aquele que praticasse ato obsceno, embora não houvesse nenhuma intenção sexual (atentado ao pudor) no ato de exposição do corpo ao sol. Desde esse episódio, porém, as autoridades chegaram a um consenso de que essa simples exibição do corpo não era crime. Nesse quesito, os baianos já estavam mais à frente, pois, no sul do estado, principalmente em Trancoso, topless era prática normal, o que levou o governo daquele estado a veicular anúncio na imprensa com os seguintes dizeres: "Topless na Bahia pode desde 1500".

Muitos acreditam que proibir o topless seja uma atitude contraditória num país que exporta imagens de mulheres quase nuas nos desfiles de Carnaval e em programas de TV. Em praias da Europa, o topless é coisa natural desde o início de 1970; aqui, porém, sua prática muitas vezes provoca constrangimento e rejeição, contrariando a crença comum que apresenta o Brasil como país da liberdade sexual e da tolerância para os excessos de luxúria.

17

O prazer domesticado e aprisionado

Enquanto uma minúscula parcela da população falava em derrubar as barreiras que impediam o livre direito da busca do prazer, uma maioria dita silenciosa mantinha arraigados costumes e, diante de uma possível mudança, tornava-se ruidosa na defesa da "moral e dos bons costumes", permanecendo presa aos rígidos valores de outrora. Mas os ventos modernizadores já se faziam presentes nos meios de comunicação.

Em abril de 1980, a psicóloga Marta Suplicy apresentava um quadro em *TV Mulher*, programa da TV Globo. O momento era de difusão do feminismo na cultura de massas. O programa chegou a atingir dois milhões de espectadores. Respondendo a cartas da população, Marta Suplicy difundia para as grandes massas a política do corpo, restrita até então a círculos alternativos.

Antes daquele período, nos anos de 1978 e 1979, o Grupo Ceres, em *Espelho de Vênus*, ligado à atuação feminista, vinha fazendo entrevistas sobre sexualidade com mulheres do Rio de Janeiro. O resultado revelava ignorância a respeito do que acontecia com o corpo já na primeira menstruação. No depoimento de algumas mulheres constatava-se seu completo desconhecimento diante do ato sexual, etapa marcante da vida, que, na maioria das vezes, vinha carregado pela desinformação e pelo silêncio. A enfermeira Neusa - que viveu dezessete anos com o marido, teve três filhos e praticou quatro abortos - confidenciou: "Nunca tive prazer sexual com ele". Seu marido dizia que "ela era fria", mas segundo Neusa, no décimo dia de casamento, "eu fui, abracei, beijei, procurei ter relações com ele, e ele me disse que isso era papel de mulher de zona, que uma mulher de família jamais procuraria um homem".

Havia casos como o da empregada doméstica Elisa: "Eu tinha prazer com ele na cama"; no entanto, meses depois, o marido mudou de comportamento dizendo-lhe "que mulher depois que ela tem filho... ela fica assim muito aberta... não presta mais. Então ele queria botar por trás. Então como eu não aceitava, ele passava a me ofender, entende?". Outro depoimento bastante emblemático testemunhava o extremo pudor ainda vigente. A dona de casa Delza afirmou que ela e o marido não gostavam de certas liberdades: "Nós somos muito tolhidos. Não temos liberdade, não. Eu nunca vi meu marido nu, nem ele nunca me viu. A gente sempre se cobre, se deita no escuro". Uma mulher como Delza, anterior à era feminista, ainda estava submetida aos preconceitos sociais e reproduzia os mesmos valores que a subestimavam, não se vendo como uma pessoa dotada de pensamentos e desejos. Achava que isso era decorrência de suas próprias "limitações naturais", tornando-se difícil questioná-las. Nesse sentido, a operária Suely resumiu: "O meu pai sempre dizia que: mulher, merda e muleta se escrevem com a mesma letra. Eu reconheço que ele tinha razão".

Diante de tudo isso, tentar esclarecer algo sobre sexo na TV era mexer num vespeiro, mesmo com o avanço que o programa *TV Mulher* despertava. Certa vez, contou Rose Marie Muraro, às 8 horas da manhã, Marta Suplicy ensinou as mulheres a se masturbar: "Você levanta a roupa e procura um grãozinho". Isso em rede nacional! Pela novidade, as pessoas ficavam chocadas, interessadas, curiosas. Cada vez que Marta ensinava uma técnica nova, no dia seguinte, em algumas delegacias do país, apareciam mulheres com o rosto ferido. Mulheres do povo que assistiam aquilo na televisão eram surradas pelos maridos, que lhes diziam: "Sua puta! Onde é que você aprendeu isso?". A delicadeza do assunto dividia opiniões, sendo que a maior parte das mulheres agradecia a oportunidade de ser esclarecida e, muitas vezes, de ter sua vida transformada. Vejam-se quatro cartas:

> – Marta, assisto todos os dias o seu programa, cada dia aprendo alguma coisa sobre sexo, pena que é alguns minutos só que você fala, eu gostaria que fosse pelo menos meia hora... (p. 239).
>
> – Quando eu estudava jamais tive orientação sexual. Livros sexuais só de Adelaide Carraro (besterentos)... (p. 242).

Outras telespectadoras, em sinal de desaprovação, escreviam cartas indignadas:

> – Custa-me crer que a maravilha do sexo seja explorada de maneira tão vil. Eu classifico este quadro como um telecurso para a prostituição... (p. 141).
>
> – Que necessidade tem uma criança, como minha filha (dez anos) de saber o que é orgasmo, ejaculação, pênis erecto, pavor ao ato sexual (que aliás, indiretamente, está promovendo), relação anal, masturbação, etc... (Citado por Marta Suplicy, *De Mariazinha a Maria*, p. 146).

O quadro esteve prestes a ser retirado do ar por pressão de setores da sociedade e de órgãos oficiais, mas a solidariedade das organizações feministas e civis, através de manifestações públicas, inibiu a atuação dos censores. Certa vez, Marta Suplicy teve de travar um duelo com a censura federal, que proibira o uso da palavra pênis na TV, propondo membro. Ao ser questionado pela amplitude e grosseria do termo, o censor sugeriu o emprego da palavra fálus, de difícil entendimento público. Por fim, a contragosto, o censor permitiu o uso do termo pênis. O quadro foi cativando um público resistente ao tema, como uma espectadora relatou pessoalmente a Marta Suplicy no primeiro aniversário do programa:

> No começo deste programa sobre sexo eu tinha horror. Desligava logo a televisão e ficava com raiva, imaginando como é que deixavam tanta imoralidade ir ao ar. Com o tempo, às vezes, eu estava na cozinha, e não dava para desligar a televisão e eu tinha que ouvir. Fui ouvindo, ouvindo, e não percebi como ou quando eu já ficava aguardando aquela hora. Depois já chamava as filhas para assistir e contava tudo para o marido quando ele chegava. Aí eu vim aqui hoje para dizer isto (Citado por Marta Suplicy, *Conversando sobre sexo*, p. 35).

A vinheta do programa contava com a animação do cartunista Henfil, importante ativista da luta pela abertura das mentalidades, e a música *Cor de rosa choque*, de Rita Lee, que apontava a extinção da "dondoca" e exaltava a força da mulher nas duas faces presentes em Eva: "a Bela e a Fera".

Depois de longa batalha, o movimento feminista e de mulheres, no Brasil, obteve sucesso na aprovação de algumas leis, como quando conseguiu, em 1996, a exclusão do termo "virgindade" do Código Penal, e quando se obteve o reconhecimento legal da união estável como entidade familiar. Em 2005, o movimento obteve a vitória de eliminar o termo "mulher honesta" do Código Penal.

Corpos (mal)tratados

Com o abrandamento e posterior suspensão da censura, os meios de comunicação passaram a ousar mais em temas eróticos, tanto em novelas quanto em comerciais. Diariamente, através da TV, milhões de brasileiros se familiarizavam com o modo de vida burguesa do Rio de Janeiro e assistiam às reportagens sobre a sensualidade do verão carioca, o erotismo, a nudez nas praias. Foi enorme o impacto disso sobre as culturas regionais, principalmente nas populações de pequenas cidades do interior do país.

No início dos anos 1980, Rose Muraro, partidária do movimento feminista, coordenou pesquisa para analisar o comportamento sexual da burguesia carioca, por ser dela que emanavam, através dos meios de comunicação, os padrões e as normas de comportamento para os outros estratos sociais do resto do Brasil. Assim, buscava-se compreender, também, como setores da burguesia e da classe média carioca, o operariado em São Paulo e o campesinato em Pernambuco se viam ou não representados nas novelas da TV e o quanto estas impactavam a vida dessas pessoas.

A pesquisa resultou no livro *Sexualidade da mulher brasileira,* onde se revelaram diferentes padrões de comportamento sexual, e mesmo de tratar o corpo, diretamente relacionados à classe social - existe uma sexualidade *de classe* e um corpo *de classe.* A classe média, por exemplo, mais liberal, apresentava comportamentos bastante diferentes daqueles da burguesia e, em muitos pontos, se lhe opunha frontalmente. As camadas médias da sociedade, segundo a pesquisa, tinham menos interditos e preconceitos que as demais.

O conjunto de dados mostrou que existiam também significativas diferenças entre a sexualidade dos operários e a dos camponeses. No mundo urbano, começavam a cair os tabus da virgindade e do aborto. O amor e o prazer já não estavam mais tão dissociados, indicando, assim, a transformação do duplo padrão da moralidade, uma das características do machismo tradicional. Já se aceitava um pouco mais a homossexualidade, e a masturbação continuava praticada, ou declarada, mais pelos homens do que pelas mulheres.

Marta Suplicy, fazendo coro aos dados colhidos por Rose Muraro, também confirmava que entre todas as mulheres da amostra, a sertaneja pobre era a mais sofrida e reprimida sexualmente:

> É ainda comum no Nordeste, na roça principalmente, a mulher perguntar ao marido "o senhor vai me usar essa noite?". Caso ele diga que não, ela deita na sua esteira enquanto ele dorme na sua rede. Essa situação

> já é rejeitada por muitas mulheres que também se recusam a buscar água para o marido tomar banho (Marta Suplicy, *De Mariazinha a Maria*, p. 31).

Em 1983, a socióloga Fátima Quintas também realizou um estudo sobre a sexualidade feminina em camadas de baixa renda de Pernambuco. O resultado, relatado em seu livro *Sexo e marginalidade*, indicou que o comportamento das pesquisadas contrastava radicalmente com o da classe média urbana de alta escolaridade das décadas de 1960/70 que descrevemos.

As mulheres entrevistadas moravam numa favela de Recife e mostravam grande desconhecimento sobre a sexualidade. Mais da metade das entrevistadas se revelou incapaz de dar uma resposta clara sobre o assunto, e 25% delas conceituaram o sexo fazendo uso de um discurso religioso, no qual a relação sexual se misturava com ideias pecaminosas e condenáveis. Vera da Conceição disse: "Estou por fora disso. Não sei o que é 'sesso'. Nunca me ensinaram. Cresci como um bicho. Ninguém explica nada pra gente". Para Severina Antônia, sexo era "a vontade da carne. A Igreja diz que é pecado. As mulheres de hoje andam nuas mostrando o que têm. E vivem aperriando a cabeça dos homens. Não sabem se comportar. São desavergonhadas".

Diante da constatação do resguardo de preceitos rígidos adotados nos dias da menstruação, a pesquisadora indagou sobre a atividade sexual nesse período. A pergunta claramente surpreendeu as mulheres e soou a desrespeito. Maria José respondeu: "Não tenho relações sessuais nesses dias. Faço dieta de tudo. A mulher fica arisca. E o homem também despreza". Julieta Neves: "Dona, isto é pergunta que não se faz! Meu marido não está nem doido de tocar em mim. É falta de respeito. Tenho uma brabeza dentro de mim". E Josefa Alves: "Isto é que é uma pergunta danada! Nós fica confusa, mas vou dizer a verdade. Deus me livre de abusar do corpo".

Todas as entrevistadas – 100% – ignoravam a palavra orgasmo. Depois de esclarecido o seu significado, elas achavam graça e concluíam que o "povo que estuda é muito complicado", ou: "Ah! Gozar!?". Belmira Maria disse: "Nunca gozo. Depois que liguei as trompas me tornei fria. Para mim não faz falta ter relação. Acho muito aborrecido. Meu marido fica danado". Josefa Alves afirmou: "Raramente sinto prazer. A gente abusa. Todo dia a mesma coisa. Não acho graça nisto". Para Angelita Ferreira, "o meu tempo já passou. Tenho 39 anos. Já estou velha e desgostosa. Não tenho prazer. Me lembro de muito poucas vezes ter gozado. Isto era quando eu era jovem". Foi alto o percentual de mulheres que confessaram não sentir prazer nas relações sexuais. Cerca de 80%. Para Filomena, "antes de ligar as trompas era uma mulher quente. Hoje tenho horror a sexo". Fala que se repetiu em Edilma: "Sou uma mulher fria por causa da ligação de trompas. Perdi o desejo".

Com referência à masturbação, apesar de receosas, as mulheres revelaram o segredo. Para as entrevistadas, a satisfação individual não significa gozo, acreditando que o orgasmo só é possível em uma relação a dois, o que demonstrou a não aceitação do prazer conquistado solitariamente. Reclamaram da precariedade das relações; justificaram o fracasso pela falta de expectativa em relação ao ato e pela frieza do parceiro, somente preocupado com a sua própria satisfação. Não se encontrou quem aprovasse integralmente a masturbação como compensação do prazer na impossibilidade da relação entre homem/mulher. Ela era considerada apenas uma substituição precária, sem gratificação pessoal relevante.

Fátima Quintas constatou ainda que 40% das entrevistadas negavam a prática da masturbação e a condenavam de forma taxativa, quase que feridas na sua dignidade. Lúcia Evangelista, indignada, afirmou: "Não sei como a senhora tem paciência de trabalhar com estes nomes complicados [orgasmo, masturbação, homossexualismo]. Os ricos são assim. Às vezes acho que eles também sofrem". Amarina Josefa declarou: "Acho isto horrível. Deus me livre de usar estas coisas. Raramente gozo e fica por isto mesmo". Para Rita Amélia, "o mundo está mesmo perdido. Será que existem mulheres que fazem isto? O homem... eu sei, mas a mulher!". E Filomena: "Existe gente pra tudo. Até pra fazer essa mast... Deus me livre".

Como resultado, a relação sexual acabava sendo prazerosa para o homem e uma obrigação para a mulher. Maria do Socorro confessou: "Meu marido é muito ignorante. Quando chega em casa, janta, descansa um pouco e pronto. Não tem cansaço que impeça. Nunca tenho vontade. Mas tenho que satisfazer a ele". E Angelita Ferreira: "Sou geladeira para homem. É um sacrifício ter relações sem vontade. Não me animo com isto. Prefiro dormir em paz". Glória Maria disse não saber "por que o homem gosta tanto desse negócio. O meu, não dá descanso. A animação dele é sempre para o sesso".

Em demonstração clara de indiferença pelo ato sexual ou de insatisfação, a maioria manifestou dissabor com a frequência das relações, e somente uma reduzida fatia da população pesquisada, perfazendo 20%, creditou ao sexo sensações de êxtase. Parece que nesse caso o prazer compensava as desvantagens da fome, pois aquelas que alegaram dar prioridade ao sexo em suas vidas situavam-se nas faixas de maior penúria e miséria, como Ruth Silva, que disse: "O prazer me traz a sensação da vida. Enquanto existir esta sensação vou usá-la como quem usa os olhos para enxergar".

Em meio à indiferença predominante, a pesquisadora captou algumas poucas manifestações exaltadas referentes ao prazer, embora isso não tenha significado apropriação da sexualidade a partir de um modelo humanístico e igualitário entre os parceiros: "Sou osso. Adoro trepar. Se a doutora perguntar por quê? Não sei. Todo ano estou parindo. Tenho sete filhos e vou me encaminhando para o próximo", disse Severina Antônia, 28 anos, pele enrugada, mãos envelhecidas, rosto marcado pelo tempo e pelos revezes da pobreza.

Apesar de essas mulheres representarem um percentual reduzido na pesquisa, suas argumentações pareceram agudas e convincentes, como a de Raquel Antônia: "Passo fome porque isto independe de mim. O sesso, ao contrário, é a minha vontade. Isto ninguém pode me roubar". Mais adiante disse: "O sesso é gratuito, ninguém pode me impedir de fazer". Ou de Josefa, que declarou: "O meu corpo grita de vontade. Sou assim. Não importa a fome. Apelo para o prazer e encontro nele todas as alegrias de viver". Nesse sentido, para esse grupo, se a fome era sinônimo de privação, o sexo era sinônimo de fartura.

O sexo cativo

Constatações históricas evidenciam que instituições correcionais em que se concentram pessoas do mesmo sexo tendem a favorecer e fazer frutificarem relações homossexuais, principalmente quando seus internos são jovens, com hormônios à flor da pele, vivendo confinados e inativos durante longos períodos. É difícil acreditar que instituições destinadas a regenerar pessoas possam servir apenas como depósito humano.

Na ala masculina dos menores da antiga Febem, em São Paulo, também ocorriam semelhantes episódios de natureza sexual. Luiz Alberto Mendes, que passou por aquela unidade no final da década de 1960, afirmou em suas memórias que, quando chegavam os novatos, os internos os viam apanhar como bichos; considerava isso justo, já que todos levavam uma surra quando chegavam. Mais tarde viriam as ameaças e as primeiras surras aplicadas pelos internos mais velhos. Aquele que fraquejasse, no primeiro dia já era possuído pelos maiores e até obrigado a escolher um deles como "marido". Havia vários "casados", mas, quando os donos iam embora, "emancipavam-se e não permitiam que os abusassem mais". Luiz

Mendes afirmou, porém, que nunca pensou em possuir alguém. Além de ter pena dos menores, precisava cuidar de seu próprio corpo, que os valentões queriam possuir. Para ele, "a moral estava na bunda, e a minha era o meu tesouro".

Já adulto, certo dia Mendes presenciou o despejo dos detidos num pátio da carceragem, que depois foram levados a um sinistro xadrez para a triagem. Ao observar um tumulto, percebeu que não era briga, como pensara. Um rapaz, além de apanhar, era violentado por três homens:

> Deitaram-no no chão de bruços, e um dos homens com um membro enorme, subiu-lhe nas costas, enquanto os outros dois seguravam braços e pernas. De repente o rapazinho começou a grunhir com a boca tapada, e o gajo em suas costas subia e descia.
>
> Todo mundo observava aquele estupro, e ninguém fazia nada. Parecia que todos temiam que aquilo virasse contra si próprios, e então ignoravam, com medo de serem as próximas vítimas. Logo o sujeito saiu de cima do rapaz, com o membro pingando, e saiu rindo, como se tivesse feito a maior façanha de sua vida. Outro tomou seu lugar, e o rapaz estremecia, gemia de dar arrepios na gente, a cada investida do homem às suas costas. Enquanto permanecemos ali na triagem, esse rapaz foi violentado consecutivamente (Luiz Alberto Mendes, *Memórias de um sobrevivente*, p. 222).

Comentava-se que esse rapaz não aguentara a tortura policial e entregara todos os seus companheiros de assalto. Acompanhara a polícia na busca dos membros da quadrilha, de casa em casa. Mas todos, por fim, encontraram-se na mesma cela. Esse grupo que dominava o presídio passou a noite batendo em outros recém-chegados, e não apenas os violava, mas também os humilhava, obrigando-os a desfilar vestidos com calcinha.

Durante a estadia de Luiz Mendes na antiga prisão do Carandiru, um amigo o alertou de que ele estava sendo alvo de comentários na cadeia. Dizia que os malandros o achavam bonito e que ele teria de ser firme se não quisesse "casar" ali. Mendes ficou apavorado; não esperava passar por aquilo. Já notara que um sujeito o olhava de modo até ofensivo. O malandro via nele um garoto bonito, liso, sem pelo no corpo, por quem estava cheio de desejos.

Luiz já conhecia aquele olhar libidinoso, pleno de maldade e de malícia, e não dava oportunidade nem para conversa, deixando assim explícito o seu desacordo com o flerte. Antevendo o que poderia acontecer, afiava sua faca todas as noites, deixando-a pronta para qualquer eventualidade, e procurava também ficar vigilante, atento a qualquer aproximação sorrateira do bandido. Entretanto, sem perceber, caiu em uma armadilha: um dia, ao entrar no xadrez vazio, ouviu o ruído do ferrolho da porta sendo trancado por dentro. Ao vê-lo tomado de pavor, o seu oponente julgou-o já dominado, sob controle. Com arrogância, afirmou que Luiz teria que matá-lo ou ir para a cama com ele.

> Dizia-se apaixonado por mim e que eu teria que ficar com ele de qualquer jeito. Nem percebi, mas de repente já tinha um plano. Fingi mais medo do que realmente tinha. Dei confiança de domínio a ele. E, assim, afastou-se da faca, na conversa, nas ameaças, foi ficando mais longe da mesa que eu. [...] Pulei na faca já empunhando-a, quando ele avançou num passo de capoeira, já a recebeu na boca do estômago. [...] Toninho tentou se agarrar em mim e novamente recebeu toda a lâmina no peito. Caiu, subi por cima e procurei só furar o coração. Só parei quando o vi virando os olhos, estava morrendo (Luiz Alberto Mendes, *Memórias de um sobrevivente*, p. 417).

Com essa atitude, mais um crime pesava em seu prontuário; recebeu mais alguns anos de prisão e, involuntariamente, ganhou mais moral no meio da malandragem.

Visitas íntimas

Para atenuar fatos como os apontados, há suspeitas de que, até final da década de 1960, adicionava-se salitre à alimentação para "inibir" os desejos sexuais dos presos em grande parte das prisões masculinas brasileiras. Dessa forma, acreditava-se que também se reduzia o ímpeto dos prisioneiros para a violência. Na penitenciária de São Paulo, mais conhecida como Carandiru, para distanciar o preso da imagem feminina não entravam revistas, jornais e nem televisão; somente livros. Em suas memórias como detento, Luiz Alberto Mendes afirmou:

> Fui preso em 1972. O regime de cumprimento da pena era rígido, desumano em excesso. As visitas semanais duravam apenas quarenta minutos. Não era permitido sequer pegar na mão. Uma merda. Era necessário realizar verdadeira manobra para se roubar um beijo. Se os guardas flagrassem, seriam trinta dias de regime de castigo. Cela forte, sofrimento e suspensão das visitas (Luiz Alberto Mendes, *Tesão e prazer*, p. 83).

Diante de tal repressão, só restava ao detento a masturbação. Reconhecida como um dos mais graves problemas que afetam o cotidiano das penitenciárias, a abstinência sexual imposta pelo confinamento pode gerar danos ao indivíduo, contribuindo para seu desequilíbrio, fomentando a violência e a agressividade e, assim, favorecendo o aumento de tensão no estabelecimento prisional. Separado de seu ambiente familiar e social, o detento, imerso num mundo promíscuo e submetido a regras impostas pelo segmento carcerário, pode tentar conter seus impulsos sexuais ou envolver-se em práticas homossexuais voluntárias ou não.

Nesse contexto é que se prescreve a adoção da visita íntima, que, além de beneficiar o detento, serve também como forma de selar os laços matrimoniais e afetivos, contribuindo para manter sob controle as tensões presentes no sistema penitenciário. O direito da população carcerária a visitas íntimas foi estabelecido em lei de 1984 e logo se estendeu para muitas penitenciárias do Brasil. Mesmo antes disso, algumas de nossas prisões já permitiam visitas conjugais. Lemos Britto, famoso advogado em direito penal, foi o pioneiro na defesa da adoção dessas visitas como forma de atenuar o "vício solitário", como era chamada a masturbação, bem como as frequentes relações homossexuais que comumente ocorriam entre os presos desde a época dos detentos da Colônia Penal de Fernando de Noronha, no século XVIII. Em 1936, a mesma ocorrência foi mencionada brevemente por Graciliano Ramos, em *Memórias do Cárcere*, referindo-se ao presídio de Ilha Grande, no Rio de Janeiro, e também amplamente retratado nas memórias do mais famoso marginal carioca, Madame Satã.

A visita íntima é permitida em diversos países, com diferentes limitações, a exemplo da Argentina, Chile, México, Venezuela e Espanha; em outros, como nos Estados Unidos, é proibida, pelo menos na maioria dos estados.

Em São Paulo, em cartas enviadas aos jornais na década de 1970, os presos políticos da Casa de Detenção foram os primeiros a reivindicar o benefício da visita íntima; no entanto, o secretário de justiça, na época, negou o pedido. Ao contrário de São Paulo, que concedeu esse benefício nas prisões apenas em meados dos anos 1980, no Rio de Janeiro tal regalia já era costume uma década antes:

> O sistema penitenciário fluminense foi o primeiro a implantar um programa organizado para permitir encontros sexuais dos presos e suas mulheres, em 1976. Até então, só umas poucas unidades tinham um ou dois quartos para este fim – o chamado parlatório. Era uma rotina de motel de alta rotatividade: cada usuário dispunha de uma

> hora para o chamego. Ao fim do tempo, soava uma campainha, e os dois amantes tinham de dar lugar ao outro casal, que aguardava impaciente, a mulher com o lençol limpo, trazido de casa, debaixo do braço (Julita Lemgruber, *A dona das chaves*, p. 92).

Programa inovador, as "celas do amor" provocaram, no início, grande curiosidade na imprensa. Foi no clima dos anos do "desbunde" e da contracultura que o Brasil estava vivendo que permitiu-se aos detentos o direito ao prazer e à intimidade.

Em fins de 1980, a visita semanal no Carandiru, em São Paulo, passava por profundas modificações; os detentos já podiam ficar mais à vontade, sem os controles rígidos que se impunham a eles. Abnegadas mulheres madrugavam na fila na ânsia de rever o homem amado. Mas os contatos íntimos, ainda não regulamentados por lei, eram furtivos, com os casais ficando de olho nos guardas que passavam. Ainda na década de 1970, para facilitar a aproximação física, a mulher mais ousada portava blusa e saia: "Vinha sem nada por baixo, nem calcinha", relatou Luiz Mendes. Pelos cantos e aos fundos do pátio ficavam os casais abraçados encobrindo uns aos outros, impondo barreira aos olhares de senhoras, crianças e demais parentes que ficavam mais à frente, próximos ao guarda.

No Carandiru, que chegou a abrigar mais de oito mil detentos, segundo o médico Dráuzio Varela, não se sabe precisamente a data de início das visitas íntimas. Conta-se que começaram no início da década de 1980, de forma lenta e gradual, com alguns presos improvisando barracas nos pátios dos pavilhões em dias de visita. Na falta de um local apropriado, outros emparelhavam dois bancos compridos, envolviam-nos com cobertores e alugavam o "cafofo" para a intimidade dos casais.

À época, as autoridades fizeram vista grossa ao fato, na crença de que aqueles momentos de privacidade atenuavam a violência cotidiana, mas, por causa dos encontros furtivos, logo surgiram as primeiras queixas de menores engravidadas, evidenciando que a situação sairia do controle. Impossibilitadas de acabar com o privilégio adquirido, as autoridades decidiram, então, regularizar as visitas íntimas. Esse direito à população carcerária foi estabelecido oficialmente em 11 de julho de 1984. As maiores de idade podiam entrar na cela do companheiro, desde que previamente cadastradas com identificação e foto. Dessa forma, o sexo foi oficializado na Casa de Detenção paulista e o sistema espalhou-se pelo país. A visita íntima passou a ser considerada não como uma concessão ao presidiário, mas como um direito.

Cada detento podia inscrever uma única mulher (esposa, namorada ou amante), sem exigência de laços legais. Mais de duas mil mulheres faziam parte do programa. Para a visita, havia um ritual rotineiro: após a revista, as mulheres se dirigiam ao pavilhão, onde os companheiros esperavam de roupa passada, cabelo penteado e perfumados. No térreo, os casais faziam fila diante de uma mesinha com a caixa de fichas. A mulher entregava a carteira de identidade ao funcionário, que conferia o documento com foto, anexava-o à ficha e o retinha até a saída. Da porta para dentro, os presos administravam a própria visita. Num xadrez, se houvesse vários detentos, o horário era dividido em partes iguais, o que era cumprido com rigor.

> Nas celas maiores, com vinte, trinta homens, em que não existe outra possibilidade senão a do uso concomitante, eles improvisam espaços privativos com cobertores pendurados. Para acobertar as manifestações mais exaltadas do arroubo feminino, ligam os rádios bem alto (Dráuzio Varela, *Estação Carandiru*, p. 61).

Muitos homens arranjam namoradas no período em que cumprem pena. A atração que o preso exerce sobre algumas mulheres é pouco compreensível. "Muitas moças vêm visitar um parente e acabam apresentadas ao amigo dele. Outras respondem a correios amorosos de revistas femininas e são convidadas a conhecer o missivista", afirmou Dráuzio. Embora mulheres de todas as idades participem do programa, as jovens são a maioria. Na saída, salta à vista o número de mocinhas já de banho tomado com bebês no colo.

Como o pátio interno dos pavilhões mais populosos ficava lotado de gente, os presos sem visita evitavam descer. "Quando um casal passa, todos abaixam a cabeça. Não basta desviar o olhar, é preciso curvar o pescoço", afirmou Dráuzio. O indivíduo preso tem pavor de perder a mulher amada. A regra é rígida: é preciso saber se comportar; jamais cobiçar a mulher do próximo. Qualquer deslize é gravíssimo, como, por exemplo, namorar mulher de um detento fora da prisão, o que desperta ódio coletivo na cadeia. Diversos assassinatos foram motivados por essas traições amorosas.

Embora o convívio estreito entre os presos e suas parceiras fosse benéfico, certas ocorrências eram obviamente inadequadas. Segundo Julita Lemgruber, que foi diretora-geral do Desipe – Departamento do Sistema Penitenciário – no Rio de Janeiro, uma rede de 25 unidades habitadas por 9.200 detentos, "alguns presos obrigavam suas mulheres a ter relações sexuais com outros detentos, para pagar dívidas, retribuir algum favor ou simplesmente cair nas boas graças dos 'xerifes' da cadeia". O mesmo ocorria na Casa de Detenção em São Paulo. Segundo o ex-presidiário Jocenir, em *Diário de um detento*, jovens apegados à droga iam se envolvendo com o vício e, endividados, vendiam suas próprias roupas, cometiam furtos e não tendo mais nenhum recurso à ameaça de morte, "em alguns casos chegam a oferecer a esposa, a mãe e as irmãs para fazer sexo com outros presos com a finalidade de obter dinheiro para pagar o traficante".

Quanto à saúde, em 1990 os resultados mostraram que 17,3% dos presos da Casa de Detenção estavam infectados pelo vírus da aids. Dois fatores de risco eram relevantes: o número elevado de parceiros sexuais e o uso de cocaína injetável. Em um grupo de 82 travestis presos, constatou-se que 78% eram portadores do vírus. A doença foi devastadora para os travestis da prisão. Entre os que residiam no presídio há mais de seis anos, todos apresentavam resultado positivo. Um travesti conhecido como Sheila confessou ter mantido relações sexuais na detenção com mais de mil parceiros no decorrer de um ano. Dizia-se que nos velhos tempos dos presídios havia menos travestis e mais bichas. Segundo o médico Dráuzio Varela, que realizou trabalho voluntário na cadeia, "antes das visitas íntimas, a homossexualidade era prolífica".

O parceiro passivo não era tido como homem e a ele era atribuído o termo "mulher de cadeia". Travestis solteiros movimentavam-se à vontade no meio dos presos, desde que se comportassem como o "sexo frágil" feminino. Em caso de desentendimento com algum malandro, podiam se defender verbalmente, porém jamais se atracar em luta como os homens. Se alguém caminhava na galeria e vinha uma bicha em sentido contrário, era melhor passar de cabeça baixa. Já ocorreram mortes porque contaram que o sujeito olhou para a bicha do outro. Os "maridos" eram possessivos, contou Dráuzio. Sendo "casada", a bicha jamais circulava pela galeria; só podia frequentar o pátio acompanhada.

Os travestis, há tempos longe da família e sem ajuda no presídio, ou casavam ou continuavam na prostituição, como ocorria na rua. A moeda de troca numa relação não passava de uma lata de óleo, um pedaço de frango ou uma pedrinha de crack. Veronique, extrovertido travesti, agia como vedete: brincava, cantava na galeria e confortava os aflitos; todos se divertiam com seu jeito escandaloso. Ele contou a Dráuzio: "O ladrão precisa da gente neste lugar, doutor, é muito homem fechado, sem aquela coisa feminina para dar apoio. Eu escuto, dou conselho, faço carinho, depois eles me agradam: um maço, um docinho, uma joia". Uma das armas desse travesti para ganhar um "presentinho" era a ameaça de provocar um escândalo ao prometer revelar "as sem-vergonhices que eles pedem para ela fazer neles".

Instituições femininas

Como foi documentado, assim nas prisões como nas demais instituições fechadas - internatos, conventos, etc. -, a homossexualidade corria solta, quer nos pavilhões masculinos, quer nos femininos. Segundo afirmação do advogado e escritor Mário Dias, em *Sexualidade atormentada*, de 1961, "o amor lésbico ou safismo é cultivado abertamente nos presídios femininos", local propício ao surgimento de impetuosas mulheres que desempenham o papel idêntico ao que os homens representam nos presídios masculinos. Referindo-se a presídios de São Paulo, afirmou que "Durante a noite de carícias, mútuas masturbações se sucedem em violentas orgias sexuais. Há casos em que a presidiária normal apaixonou-se perdidamente pelas invertidas".

Em junho de 1961, a revista *Lady* publicou extensa matéria sobre o envolvimento sexual entre mulheres, revelando dados colhidos na extinta Penitenciária do Carandiru em São Paulo. A diretora do pavilhão feminino, Irmã Maria do Divino Salvador, mesmo não fazendo menção ao inominável pecado, sentenciou:

> [...] há coisas inevitáveis na natureza. Este é um problema que não pode ser combatido ostensivamente, contra o qual não podemos mover perseguição drástica. [...] É verdade que a mulher provinda da Casa de Detenção traz em si o germe da decomposição moral. Não creio, porém, que ela seja culpada. O que na realidade ocorre é que muitas moças, completamente alheias às mazelas sexuais, apenas devido a uma curta temporada na Casa de Detenção acabam por descambar para o vício, por culpa exclusiva da promiscuidade ali reinante (Citado por Mário Dias, *Sexualidade atormentada*, p. 57).

Também em 1961, no livro *Homossexualismo (masculino e feminino) e delinquência*, Luiz Ângelo Dourado, com estudos realizados na penitenciária de mulheres do antigo estado da Guanabara, constatou que cerca de 70% das 130 detentas daquele local eram prostitutas. No confinamento, muitas passavam a praticar o "lesbianismo" que, segundo o autor, estava latente. Há protetoras (as mais antigas) e protegidas (geralmente as mais novas). Uma vez estabelecido o relacionamento, elas "passam a trabalhar juntas e são vistas no pátio ora de mãos dadas, ora em longas conversas".

Driblando a vigilância, "vez por outra, um beijo furtivo, ávido, é trocado às costas da guarda". Se fosse flagrado o beijo, a punição poderia ser "suspensão das diversões, televisão e visitas, até a prisão em cubículo totalmente isolado".

Da pesquisa de Dourado, que se pretendia psicológica, psicotécnica e criminológica, depreende-se uma análise carregada de preconceito e juízos de valor moral, em que a "neurose" apontada seria considerada "enfermidade passível de tratamento e cura", embora o autor não dissesse como.

Como já vimos, em fins da década de 1970, em São Paulo, a ex-interna da antiga Febem, Sandra Herzer, que mais tarde trocou seu nome para Anderson Herzer, contava que começou a ser conhecida lá dentro como um garoto. As meninas passaram a tratá-la bem, a ouvi-la e, muitas vezes, até a respeitar suas decisões. Lá havia diversas menores como Herzer, mas ela chamou a atenção das demais por manter posições firmes em sua conduta interna. As menores gostavam dela, e muitas logo mandavam longas cartas pedindo que fosse conversar com elas e propondo até se entregar a Herzer, quando esta o desejasse. E, assim, essa interna se viu rodeada de meninas e percebeu que teria quem quisesse; bastaria escolher. Em geral, menores como Herzer eram chamadas de "machão":

> Na Febem, os "machões" tinham sua mulher, isto é, outra menor da mesma unidade e, dependendo do casal, uniam-se a eles outras meninas que se colocavam no papel de filhas ou filhos. Assim sendo, havia inúmeras famílias lá dentro, algumas pequenas, outras imensas (Anderson Herzer, *A queda para o alto*, p. 96).

Outro exemplo, este ocorrido em prisão de mulheres adultas em Curitiba, foi citado nas memórias da ex-prostituta Sally Gogu, quando foi presa aos dezenove anos por tráfico de drogas. Em 1977, ela foi parar em uma cela individual que era trancada somente à noite. Dizia ser completamente ingênua sobre o que poderia ocorrer no interior de um presídio e ficou sabendo que "era proibido roçar – transar mulher com mulher; se pegassem, as gurias eram mandadas para o manicômio". Sally constatou que dentro do presídio cada mulher tinha sua namorada e revelava sua ingenuidade ao achar que "roçar tinha alguma coisa diferente, um pênis, um grelão". Só se deu conta do equívoco quando uma presidiária, em tom de assédio, "abriu as pernas" mostrando não haver anormalidade alguma em seu corpo. Para evitar o insistente assédio, Sally estabeleceu, em comum acordo com uma amiga, um namoro fingido: quando iam para a cela, simulavam a relação sexual. Tudo ocorria durante o dia, e a tática empregada para burlar a vigilância da guarda era:

> A gente ficava todo mundo bordando tapeçaria. Enquanto duas iam roçar, as outras ficavam vigiando. Todo dia tinha uma senha diferente para avisar se as guardas viessem, sempre uma palavra relacionada com a tapeçaria (Sally Gogu de Melo, *Memórias de uma mulher da vida*, p. 34).

Em meados da década de 1970, a socióloga Julita Lemgruber, ao visitar o presídio feminino Talavera Bruce, no Rio de Janeiro, constatou caso semelhante: eram chamadas de "coberturas" as internas que ficavam atentas à aproximação de algum agente penitenciário enquanto as colegas namoravam. O diretor do presídio empenhava-se em reprimir os encontros íntimos entre as detentas, praticando uma aguerrida perseguição; chegava mesmo a se esgueirar, pé ante pé, para surpreendê-las pelos cantos, atrás das portas, em banheiros, debaixo das escadas, etc. Segundo Julita: "Quem era apanhada podia contar com uma temporada na surda – a cela de castigo. Lugar escuro, cheio de ratos, onde o isolamento só era interrompido pela chegada das refeições, a surda era o terror das presas".

A socióloga constatou ainda que algumas mulheres pareciam homens: "cabelos curtos, quase sem seios, braços fortes, andavam de mãos no bolso, cara fechada. Muitas tinham cicatrizes nos braços cortados à gilete, em ritos de automutilação". Algumas fanchonas eram protetoras de suas namoradas e preocupavam-se em prover suas necessidades. Outras agiam como verdadeiros "maridos" malandros, obrigando a mulher, sem nenhum constrangimento, a fazer de tudo: cozinhar, lavar roupa e dar dinheiro na mão quando era preciso.

Ao contrário da tolerância à homossexualidade nos presídios masculinos, a repressão ao amor lésbico era mais um dispositivo moralista que ainda dominava a cadeia. Segundo Julita, a mulher transgressora parecia ser mais culpada que o homem; era cobrada a manter-se no conformismo, ter mais respeito às normas e maior preocupação com os seus deveres.

No caso das prisões femininas, ainda são tímidas as medidas de permissão à visita; tais encontros íntimos só foram permitidos a partir de 1997. Um dos motivos é que os companheiros das detentas, na maioria das vezes, abandonam-nas ou também estão presos; outra razão é o preconceito por parte da sociedade, que vê promiscuidade nesse ato, bem como o risco da gravidez.

18

Liberação sexual e o sexo pago

Se, de acordo com o jornalista Zuenir Ventura, a vida sexual no final dos agitados anos 1960 era mais falada do que praticada, a prostituição continuava sendo uma saída para a carência sexual. Não é demais lembrar, também, que a tão decantada "liberação sexual" não poderia ser generalizada para todos, pois os estratos sociais absorvem e vivenciam os acontecimentos de formas distintas.

Segundo a historiadora Mary Del Priore, em uma sociedade patriarcal como a brasileira, exigia-se da mulher que fosse mantida no recato, enquanto o homem era desde cedo forçado a se mostrar conhecedor das artimanhas sexuais. Até hoje, ainda existem jovens cujos pais foram criados com o modelo do relacionamento sexual duplo, dentro e fora do casamento, separando "moça para casar" e "moça leviana". Assim, ainda conservando muito do preconceito, os homens também sofrem com o esquema patriarcal, porque tiveram de se iniciar sexualmente de forma muito precoce e, em alguns casos, de maneira traumática. Foi o que comentou a prostituta Gabriela Leite, uma das fundadoras das ONGs Davida e Daspu, com base em suas experiências:

> Tem também as histórias de garotão que brocha na primeira vez que vai transar. Nisso influi a tranquilidade do garoto e também a psicologia da mulher. Imagina um garoto assustado que vai com uma daquelas mulheres nervosas, que dizem para ele: "Como é, garoto, esse pau não levanta?". [...] Eu já tinha ouvido falar das histórias dos pais que levavam os filhos para terem a iniciação na zona, como coisa comum e normalíssima, mas ainda não tinha estado de frente com uma situação dessas. Quando ele disse: "Trouxe meu filho para você", eu olhei para o menino

> e, mesmo ele sendo bem desenvolvido, assustei. O menino estava pálido, tremendo de medo do ambiente desconhecido (Gabriela Silva Leite, *Eu, mulher da vida*, p. 72).

A maioria das mulheres em nosso país manteve a expectativa de que o homem fosse um conhecedor da atividade sexual, que deveria exibir sua experiência como garanhão. Há, pois, uma opressão que recai sobre os dois sexos, envolvendo não apenas as mulheres (o recato), mas também os homens (contar vantagens), que, por qualquer razão íntima, pessoal, queiram proceder de maneira diferente.

A socióloga Amara Lucia, para desenvolver seu estudo sobre o tema, resolveu prostituir-se por seis meses em Recife, Salvador e Rio de Janeiro. Uma das questões que chamou sua atenção foi justamente a primeira vez de um homem:

> Uma coisa que mais me doía na prostituição, quando eu estava ali, naquele reduto, era quando chegavam adolescentes. Eu fazia questão de ficar com aqueles garotos. Porque elas ridicularizavam os adolescentes. Na expressão vulgar, empírica mesmo, os chamam de "quejudos": "Chegaram os quejudos." Esses "quejudos" é que são levados por pais, por amigos, parentes; então esses rapazes vão para ter a primeira relação sexual, uma coisa importantíssima. Eu acho muito mais importante para o homem a primeira relação sexual do que para a mulher. Porque nós mulheres temos mil e uma condições de nos recuperar, se houve um trauma na primeira relação. Mas o homem não, a primeira relação, aquilo o marca profundamente. E as prostitutas começam a rir deles desde que eles começam a adulá-las, aumentando o michê, e no quarto imagine lá a desgraça que é. Claro que não são todas. Mas a maioria... Isso me doía muito, porque se os pais em casa fossem conscientizados realmente para uma educação sexual tranquila, sadia, não precisava esses garotos irem até o baixo meretrício (Amara Lucia, *A difícil vida fácil*, p. 12).

Apesar dos avanços na liberdade sexual entre os jovens, a prostituição, ao contrário do que se pensa, não está com "seus dias contados", mas adapta-se às novas exigências do mercado, à dinâmica social, à segregação e à dominação impostas pelo estilo de vida ocidental. Os tradicionais prostíbulos entram em declínio e, no entanto, a prostituição aumenta. As cidades se transformam.

Quanto ao interesse da prostituta pelo cliente, é uma questão mais complexa do que pode parecer à primeira vista, segundo a socióloga Ilnar de Sousa em *O cliente, o outro lado da prostituição*. As mulheres que se estabelecem em um espaço delimitado para a prostituição, obviamente ali estão para fazer "programa", mas o sinal de que o acordo foi feito varia de mulher para mulher. Muitas aceitam um homem por terem simpatizado com ele; outras, porque conhecem sua fama de bom pagador; outras ainda, porque ele é "rapidinho", por usar camisinha, por ser cheiroso, interessante, charmoso. Há também clientes que a prostituta procura evitar: o indivíduo sujo, o problemático, o de cheiro ruim, o adolescente, o estudante que regateia o preço, o feio, o perigoso, o portador de moléstia ou deformidade. Segundo Ilnar, há outras situações em que as prostitutas, no limite da necessidade financeira, aceitam tudo o que "vier pela frente".

Um exemplo de superação de repulsa ao sexo foi dado por Gabriela quando viu aproximar-se um cliente com graves defeitos físicos. "Ele tinha os braços contorcidos, paralisados. Andava arrastando os pés bem devagar e falava com dificuldade." Para desencorajá-lo ao programa, Gabriela estabeleceu um preço bem alto, mas em vão.

> Ele aceitou. Entramos no quarto e eu estava com ódio, não queria fazer aquele programa. Sentia nojo e pensava em como sair dali quando me dei conta de que ele não conseguia tirar a roupa. Tentava de todas as formas e não conseguia. Fiquei parada olhando aquilo, até que, muito humildemente, ele me pediu ajuda, e nesse momento me deu um nó no peito. As lágrimas rolaram. Me toquei do meu enorme preconceito (Gabriela Leite, *Filha, mãe, avó e puta*, p. 70).

Superada essa rejeição, percebida pelo cliente, Gabriela pediu desculpas e ele tornou-se um dos seus assíduos fregueses, assim como outros que apareceram ao longo de sua profissão.

"Como veio parar aqui?" é a pergunta clássica, feita, não raro, mais de uma vez por dia, segundo o escritor e delegado de polícia Armando Pereira. Para quebrar o gelo, muitos homens invariavelmente também perguntam: "O que uma moça tão bonita como você está fazendo num lugar deste?". As mais experientes geralmente respondem: "Estou esperando você!".

Diversas causas levam uma mulher à prostituição: a pobreza, a falta de profissão, o salário baixo em precárias atividades; mas há também as garotas que resolvem, de espontânea vontade, dedicar-se ao meretrício por não estarem satisfeitas com o padrão de vida que levariam com uma profissão mal remunerada, bem como aquelas que, por fatores psíquicos, estão em busca do prazer, diversão e história pessoal. Umas alegam que o fato de cobrar pelo sexo valoriza-as, ao contrário das "vagabundas que dão de graça pra qualquer um". As que são casadas costumam dizer que só há traição se houver gozo com o cliente. Há, ainda, as que simplificam grosseiramente: "Lavô, tá novo".

Segundo Ilnar de Sousa, a prostituição é, talvez, até mais rica de história do que se pode imaginar. Exemplo disso são as experiências de *La belle de jour*, filme de Luis Buñuel, de 1967, em que uma burguesa, a quem aparentemente nada faltava, liberava seus fantasmas prostituindo-se todas as tardes.

Caso emblemático nesse mesmo sentido foi o da gaúcha Sally Gogu, oriunda de um lar desfeito: mãe adúltera, pai alcoólatra e violento. Na separação, mãe para um lado, pai para o outro, ficando este responsável pelos cinco filhos. Sally, menor de idade, levou uma vida desregrada: festas, namoros e, por fim, em meados da década de 1970, a gravidez, regada a consumo de drogas:

> Naquele tempo eu ainda saía com o Alceu, por isso acho que o filho é dele, mas tem gente que diz que é de um japonês com que eu andei depois. Quando percebi que ia ter bebê fiquei com vergonha do meu pai. Não tinha mais como ficar na casa dele. Minha irmã Áurea também estava grávida. Fugimos. Fomos atrás da mãe. A mãe recebeu a gente muito bem mas ela mesmo estava numa pior, batalhando numa boate. A saída que encontramos foi ir batalhar também, na mesma boate. Foi assim que eu comecei na noite, com dezesseis anos, grávida e na mesma boate que minha mãe (Sally Gogu de Melo, *A história de Sally Gogu*, p 17).

Sally permaneceu na prostituição por dezoito anos; antes de parar, com aids, muitas vezes a contragosto, fazia programa sem camisinha. Ao mesmo tempo que dizia trabalhar na noite por falta de formação profissional, ao ser perguntada por que estava naquela vida, respondeu: "Sou puta sem-vergonha. Tô porque gosto, porque ganho dinheiro".

Práticas diversificadas

Há forte hierarquia no mundo da prostituição. No topo da pirâmide do requinte, ficam as "atendentes" de sofisticadas casas noturnas, as que alugam flats ou as que se passam por "acompanhantes"; na base dessa pirâmide está a prostituta de rua. Quanto à realização do programa, existem acordos prévios sobre três itens: as *práticas* ou o conteúdo do serviço que será prestado; o *preço* desse serviço; o *tempo* disponível da prostituta. Os clientes de classe alta são mais "exigentes" em suas demandas.

O contato estabelecido na boate dá margem à criação de vínculos afetivos que prosseguem no motel. Se na casa noturna a prostituta concede ao cliente práticas como beijo, carinho, etc., não há motivo para recusá-las no motel. Então o poder aquisitivo fala mais alto. Enquanto um executivo pode contratar uma "garota de programa" para passar até mesmo um fim de semana com ele, um trabalhador comum dispõe de apenas cinco a dez minutos com uma mulher da zona.

Segundo estudos do sociólogo Renan Springer de Freitas em *Bordel, bordéis*, os rendez-vous, assim chamados em outras épocas, ou as atuais "clínicas de massagens", são estabelecimentos pequenos e discretos, ao contrário da ampla e ruidosa zona. Há uma casa com uma sala central e em seu entorno são dispostos alguns quartos. Os clientes olham as garotas, que se apresentam uma a uma, e de lá se dirigem para um dos quartos com a escolhida. As garotas têm de cumprir horários, com duração geralmente prefixada para o programa, e são proibidas de apressar o cliente. A rotatividade de homens atendidos por dia nesse tipo de bordel é bem menor do que na zona.

Podemos afirmar que quanto maior o padrão de requinte de um bordel, maior será a versatilidade de suas prostitutas. Os convites para programas mais ousados não são, como na rua, recebidos com indignação; sua aceitação ou recusa depende da liberalidade da prostituta. A versatilidade não é, desta perspectiva, um atributo imoral, mas sim uma questão de gosto pessoal. Há prostitutas que se especializam em determinadas práticas sexuais, como, por exemplo, o sexo anal e o oral, em geral mais caros. "Os fregueses acham que a gente tá aqui é para sacanagem. Afinal é um rendez-vous...", disse uma garota ao pesquisador Renan de Freitas.

Coito, sexo anal e sexo oral são práticas que podem ser combinadas sem maiores constrangimentos. O mesmo, todavia, não ocorre em relação a práticas que se referem a deleites afetivos, como beijos, carícias (ou outras demandas como surubas, por exemplo), que, se não combinados em acordos prévios, são focos permanentes de tensão entre prostituta e cliente.

Um foco de disputa a ser considerado diz respeito à quebra do acordo entre as partes. A prostituta de boate, por exemplo, de posse de informações sobre o cliente, pode, através de ameaça de escândalo ("armar um barraco"), obrigá-lo a pagar o que foi combinado, caso ele se tenha recusado a isso sob alegação de não ter tido satisfeita sua expectativa. Nos bordéis ou rendez-vous, as cafetinas procuram resolver os conflitos diplomaticamente, sem escândalo: "Tem puta que antes de ir pro quarto trata o cliente muito bem e depois que entra no quarto muda o comportamento", disse uma delas.

Ao contrário dos rendez-vous, os rendimentos na zona são maiores e a rotatividade de clientes que uma mulher atende é altíssima: "Dificilmente menos de vinte para cada prostituta em um dia", relatou o pesquisador Renan de Freitas. Gabriela Leite contou que, num determinado dia de novembro de 1982, em Belo Horizonte, excepcionalmente, "tinha atingido a marca de 78 homens", saindo no final da noite com as "pernas doendo como um atleta".

O que normalmente se verifica no interior de uma zona é a infinidade de homens transitando, observando as mulheres postadas nos corredores ou na porta de cada quarto, geralmente em trajes íntimos. Referindo-se à zona central de Belo Horizonte, o pesquisador afirmou que os clientes, quando se interessam por alguma prostituta, entram no quarto para negociar o "programa" (preço e práticas). Se chegam a algum acordo, a prostituta fecha a porta, e a "multidão" que geralmente se aboleta em cada porta dissolve-se, indo em busca de outras portas abertas.

No estudo de Renan de Freitas, também realizado em Belo Horizonte, no período 1980/1982, as prostitutas da zona esperavam pelos clientes nos próprios quartos, geralmente deitadas, lendo revistas ou assistindo à televisão. Elas não interrompiam essas atividades para atender alguém: fingiam não notar a entrada do cliente no quarto e não desviavam os olhos do que estavam fazendo para responder às perguntas habituais. Se chegavam a algum acordo, a prostituta se levantava para trancar a porta e só então encarava o cliente. Diferentemente, em um grande prostíbulo de São Paulo, as mulheres ficavam nas escadas e nos corredores de um prédio de oito andares, numa espécie de corredor polonês. Um mar de braços e mãos – a chamada "pegação" – tentava aliciar clientes. Mas tanto em Belo Horizonte, Rio, São Paulo, como em outras cidades, a abordagem, em geral, era feita da seguinte forma:

> Cliente: "Quanto é?".
> Prostituta: "X".
> Cliente: "O que é que tem na cama?".
> Prostituta: "Nada" [coito normal] ou "completo" [sexo anal ou oral].
> Cliente: "Está bem".

Segundo Renan de Freitas, esse ritual traz implícita uma série de procedimentos: a porta será fechada, ambas as partes deverão se despir, o pênis do cliente será submetido a um exame como precaução contra as doenças venéreas, o homem não terá mais que dez minutos, etc. Um conjunto de indicadores (as eventuais filas nas portas dos quartos, por exemplo) dão a entender que o ato sexual deve ocorrer no menor intervalo de tempo possível, norma reforçada no andamento do ato pela própria prostituta: "Aqui a gente tem que fazer jogo rápido, não perder tempo, despachar o cara logo", disse uma delas.

Nessas circunstâncias, o programa dificilmente se estende por mais de dez minutos; a média é de cinco minutos. Costuma-se omitir o tempo de duração do programa, maneira eficaz de deixar claro que a zona é lugar de "jogo rápido". Segundo palavras de uma prostituta: "Os caras já conhecem os macetes da zona. Eles sabem que não podem demorar... alguns chegam a pedir desculpas por ter demorado demais". Isso não impede, porém, o surgimento de conflitos: há clientes que reagem energicamente ao serem apressados.

> Tem homem que fica beijando, abraçando, carinhando, gosta que a gente fica bajulando e a gente não está aqui para isto, né? Aí eu falo pra ele: "você vem na zona caçar carinho? Vai ser difícil você encontrar" (Citado por Renan Springer de Freitas, *Bordel, bordéis*, p. 41).

O que muitos clientes não suportam é a total passividade e/ou falta de interesse demonstrado pela prostituta no ato sexual. Diante disso, há diversas reações. Uma delas ficou registrada no depoimento: "... de repente eu olhei pra cara dela e ela estava assistindo televisão! Aí eu me levantei, vesti a roupa depressa e dei no pé. Ela quis me cobrar, então eu mandei ela cobrar do Tarcísio Meira". O mesmo comportamento irado ocorre quando o cliente vai para conversar ou contar suas mágoas da vida conjugal. Uma prostituta disse que logo corta a conversa dizendo: "Ah, meu filho, eu não sou reconciliadora matrimonial não". Não se pode afirmar, no entanto, que a atitude de recusa constitua um comportamento padrão das prostitutas. Algumas desligam a televisão, beijam, ouvem pacientemente as lamúrias do cliente.

Gabriela Leite, frequentadora de prostíbulos em São Paulo, Belo Horizonte e Rio, nos anos 1980, prostituta convicta, guardou boas lembranças do Mangue. Segundo ela, "me divertia, tinha namorado, tinha amigos".

> Quando o homem a procura com problemas afetivos, a prostituta que é profissional dá uma assessoria, dá uma assistência, aconselha, sem dar muita importância ao tempo. Claro que muitas não dão nem papo ao cliente. No fluxo intenso da zona, é muito fácil identificar aqueles homens que vão lá e transam com as mulheres rapidinho, coisa de

> cinco minutos para entrar no quarto, tirar a roupa, transar e sair. Então saem, pegam outra mulher e é outra rapidinha. Fazem isso com quatro ou cinco mulheres. Como é que pode um negócio desses? Não pode, o sujeito deve estar só pensando em depois contar vantagem em botequim. Alguns homens adoram essa babaquice. No começo da minha vida na zona eu ficava puta da vida com as colegas que falavam pros homens: "Tá demorando, anda logo com isso". E através da parede eu ouvia os homens respondendo: "Tá bom, eu vou gozar rapidinho". Eu não me conformava com isso até entender melhor a natureza babaca dos homens, que no fundo, querem é isso mesmo: apenas uma transada rápida, sem saber direito o que seu corpo tá querendo (Gabriela Silva Leite, *Eu, mulher da vida*, p. 71).

A rua é um domínio menos sujeito a horários e rotina. Os estratos sociais mais pobres ocupam as vias mais deterioradas do centro da cidade, e nesses locais as prostitutas recrutam seus clientes - dificilmente mais do que quatro em um dia; ao serem contratadas para um "programa", elas os conduzem a verdadeiros pardieiros conhecidos como "hotéis".

A rua supõe uma clientela de baixíssimo poder aquisitivo e cujo padrão de exigência é bastante simples. Como o programa é muito barato, constatou Renan de Freitas, as prostitutas de rua, em geral, prestam apenas o serviço básico e nem têm preço para práticas mais sofisticadas. Propostas para programas mais "ousados" são recebidas com ironia e/ou indignação. Ao ser perguntada sobre "uma coisinha diferente aí", uma prostituta não só recusa como também encara a proposta como um insulto, respondendo: "Isto é falta de categoria".

No início dos anos 1980, a prisão era um evento rotineiro na vida das prostitutas de rua. Embora a polícia tendesse a considerar a prostituição como uma forma de sobrevivência, tendia também a penalizar as mulheres de rua por causa de roubos e encrencas. Além de serem levadas nos arrastões ou "batidas policiais", eram detidas não por prostituição, mas por vadiagem, brigas, furtos, lesões corporais, atentado ao pudor. Todavia, qualquer uma dessas ocorrências dificilmente resultava em detenção por mais de 48 horas; ao longo de um ano, a mesma mulher podia chegar a ser detida de dez a trinta vezes. Cabe ressaltar que na rua as mulheres também estão menos protegidas da violência masculina.

Um grande vilão das prostituas é o perigo das doenças venéreas. Antes do surgimento da aids, grande parte dos clientes não tinha como hábito o uso de preservativos. Tal fato pode ser evidenciado no relato de uma prostituta sobre suas preferências: "Eu não gosto de ser 'chupada' porque eu estou cheia de esperma de outros homens".

Surge a aids

Desde tempos remotos, as doenças venéreas foram estigmatizadas como castigo vergonhoso e sobre as quais era difícil falar abertamente, principalmente por estarem ligadas a um tabu ainda maior, o sexo. Para confessar ter contraído uma dessas infecções, o indivíduo precisava admitir que se envolveu em alguma forma de atividade sexual.

Era comum associar essas doenças ao castigo divino. Em diversas épocas e civilizações, variadas conotações simbólicas foram atribuídas às mais diferentes doenças, desde a lepra, a tuberculose, a peste negra, a gripe espanhola, a sífilis e o câncer, até a aids. Associada à vida desregrada, a aids foi considerada por alguns como maldição divina para castigar as pessoas promíscuas. Em 1985, religiosos católicos e protestantes atribuíram a propagação da doença à natureza que, violentada, estaria vingando-se; criticavam também a infidelidade conjugal e a homossexualidade.

Em agosto de 1981, ocorreu a primeira referência à aids de que se tem notícia na mídia brasileira. A matéria publicada no *Jornal do Brasil*, do Rio de Janeiro, tratava de um misterioso câncer encontrado em homossexuais, objeto de pesquisas nos Estados Unidos. Identificada pela primeira vez entre os norte-americanos naquele mesmo ano, as autoridades sanitárias acreditavam que o vírus tenha infectado primeiramente o homem africano no final dos anos 1940 e início dos anos 1950, ou até mesmo antes.

Embora os primeiros casos de aids tenham sido notificados apenas mais tarde, sugeriu-se que o HIV já existisse em populações africanas isoladas, nas quais, no entanto, não causava a doença. Por razões ainda desconhecidas, o vírus oriundo do animal teria atingido populações mais frágeis, nas quais se tornou patogênico. Sobre esse aspecto, a aids nos lembra as longas viagens marítimas dos colonizadores e dos mercadores, que há séculos contribuíram para disseminar a sífilis, o cólera, a febre amarela e outras doenças infecciosas.

Considerando-se o período de incubação, é possível supor que o vírus da aids tenha chegado ao Brasil em finais dos anos 1970. Em julho de 1982, no estado de São Paulo, ocorreram os primeiros casos de aids oficialmente registrados no país. Mais tarde, um estudo retrospectivo indicou um caso confirmado em São Paulo ainda em 1980, em um rapaz bissexual. Até 1983, nos primeiros anos da epidemia, a criação errônea da denominação "grupos de risco" deveu-se ao fato de que quase todos os casos diagnosticados ocorreram com homens homossexuais e bissexuais. Nessa época, um indivíduo que se contaminou pelo uso de seringa coletiva no consumo de drogas foi a exceção.

Embora a década de 1980 pareça próxima no calendário, a época já está distante, no sentido de que era perturbador anunciar pela imprensa a necessidade do uso de "camisinha" como meio de prevenção de doenças venéreas. Afinal, em meados de 1980, mal havíamos saído da era da censura. Disse um jornalista:

> Eu trabalhava prioritariamente com aids. O pessoal dos jornais e revistas foi percebendo que dava leitura. Daí eles te colocavam no centro para ver se você ficava toda semana inventando matéria; toda semana no caso da revista, não é? E dava ibope. [...] tinha tanto assunto que eu e mais dois colegas cobríamos a área de saúde e aids, um não dava conta nessa época (Citado por Maria Cristina C. Marques, *A história de uma epidemia moderna*, p. 107).

Tema polêmico para a imprensa, a doença associava-se a assuntos como sexualidade, camisinha, epidemia e grupos minoritários, que não eram comuns na pauta diária e causavam reações indignadas na população. Destacamos algumas manchetes ou trechos de jornais, dentre inúmeros, para mostrar o quanto o tema causou impacto e interesse no dia a dia das pessoas:

> - Câncer raro visto em 41 homossexuais. *Jornal do Brasil*, 03/08/1981.
> - Doença misteriosa alastra-se nos USA. *O Globo*, 09/02/1983.
> - AIDS já existe em 127 países. *Correio Braziliense*, 24/04/1983.
> - AIDS, a peste do século XX, doença chega ao Brasil e alarma comunidade gay. *Correio Braziliense*, 17/06/1983.
> - Em Nova York, uma doença incurável se alastra de forma assustadora, está gerando a quase histeria. *O Globo*, 21/06/1983.
> - Síndrome gay deixa Europa amedrontada. *Correio Braziliense*, 06/07/1983.
> - A "peste rosa" chegou à Argentina onde dois homossexuais morreram. *A Tarde*, 01/09/1983.
> - Vírus da AIDS é encontrado entre os índios. *Folha de S. Paulo*, 20/11/1985.
> - Morre Darcy Penteado, 61 anos, vítima da AIDS. *Folha de S. Paulo*, 04/12/1987.
> - Rock Hudson morre com AIDS aos 59 anos. *Folha de S. Paulo*, 03/10/1988.
> - AIDS para o tempo de Cazuza. *Correio Braziliense*, 08/08/1990.
> - Freddy Mercury morre de AIDS em Londres. *A Tarde*, 25/11/1991.
> - AIDS pode devastar Terceiro Mundo. *Folha de S. Paulo*, 27/12/1991.

> - Sandra Bréa anuncia que está com AIDS. *Folha de S. Paulo*, 19/08/1993.
> - Xuxa diz que aceita fazer teste de HIV. *Folha de S. Paulo*, 06/05/1994
> - Presa aidética condenada por omitir doença. *Folha de S. Paulo*, 14/04/1995.
> - AIDS mata Renato Russo. *Jornal do Brasil*, 12/10/1996.

De acordo com alguns médicos infectologistas, a única medida eficiente implicava mudar radicalmente o comportamento sexual, habituar-se a um único parceiro e vincular sexo a afetividade. Outros propunham medidas enérgicas para evitar que prostitutas e travestis exercessem a profissão e disseminassem a doença.

Alguns órgãos da mídia foram processados por lançar boatos ou especular sobre a saúde de determinadas celebridades; pessoas públicas estiveram envolvidas em boatos rumorosos. Falsos curandeiros prometiam a erradicação da doença, como fez um candidato a vereador em Lagoa Vermelha, no Rio Grande do Sul, ao prometer aos eleitores revelar a cura da aids. Segundo *O Globo* de 14 de fevereiro de 1987, "se diz ameaçado por multinacionais que não querem a divulgação e garante que a cura é possível, através da alimentação à base de cereais". Sob o domínio do medo, escolas recusavam crianças soropositivas.

Diante das primeiras notícias na imprensa brasileira, foi interessante o depoimento de um ativista e membro fundador da ONG/Aids sobre a reação de indiferença e distanciamento do problema por parte da comunidade gay.

> [...] foi gozado, porque dentro da comunidade homossexual brasileira a primeira ideia, que acho que todo mundo teve na sociedade em geral, era que a aids não era nossa. Que a aids era um negócio de gay americano (Citado por Maria Cristina C. Marques, *A história de uma epidemia moderna*, p. 67).

Ao dar destaque aos conceitos de "peste rosa", "peste gay", "câncer gay", "grupos de risco" ou "síndrome gay", a imprensa contribuiu para difundir o preconceito, o medo e a indiferença das pessoas que não pertenciam a esses grupos, frente a uma infecção que rapidamente se mostraria não estar circunscrita a grupos periféricos e marginalizados da sociedade. Seguindo exemplo do exterior, um jornalista disse ter colocado como título na sua primeira matéria os dizeres "praga gay"; logo, porém, a imprensa mudou de postura, com exceção dos jornais populares, que demoraram mais para mudar. A aids desencadeou uma onda de pânico entre os homossexuais de todo o mundo.

Em 1985, o GAPA - Grupo de Apoio à Prevenção à Aids - lançou a primeira campanha educativa sobre o tema, com um cartaz de prevenção denominado "Transe numa boa", interessante trabalho criado por artistas integrantes do grupo, com layout do pintor Darcy Penteado. O cartaz apresentava o texto:

> Transe numa boa. Sexo é bom. Não deixe a aids acabar com isso. Evite contato com o esperma. Use camisinha. Reduza o número de parceiros. Masturbação a dois é gostoso e oferece menos risco.

Com tiragem inicial de cinco mil exemplares, os cartazes seriam distribuídos em lugares públicos, principalmente clubes noturnos, boates e saunas. Mas houve reações exaltadas de vários setores da sociedade, entre eles a Igreja, e foi necessária a intervenção de membros do Gapa para impedir a apreensão do material.

O cartaz causou tanto escândalo que parecia um atestado escrito de incentivo à promiscuidade; seus autores foram considerados um bando de pessoas inconsequentes. A tentativa de proibi-lo, com as reações daí advindas, acabou trazendo publicidade ao tema. Um ativista contou que o impresso foi reprovado pela Igreja, pois "tinha embaixo, no cartaz, em caixa baixa, as formas de sexo seguro, que eram namorar, beijar, sussurrar, e tal".

Inaceitável hoje em dia, essa interdição era esperada em 1985, num país recém-saído do autoritarismo e da censura, onde assuntos relacionados a sexo ainda causavam constrangimentos. A aids, paradoxalmente, contribuiu para mudar a visão preconceituosa que persistia no Brasil e em outros países do mundo.

Quando finalmente o cartaz pôde ser editado para distribuição nacional, o secretário da CNBB, d. Luciano Mendes de Almeida, declarou à *Folha de S. Paulo* de 16 de janeiro de 1987 "que a campanha de prevenção à aids deve respeitar o nível ético e não descer à afirmação do cartaz espúrio". Já o então presidente do Gapa, Paulo César Bonfim, declarou: "Quando lançamos o cartaz, setores da esquerda diziam que era reacionário porque determinava normas de comportamento, e a direita dizia que era pornográfico".

Algo precisava ser feito, pois nosso país consolidava-se como o terceiro no ranking mundial em números absolutos de casos da doença. Outra campanha, cujo slogan era "Aids: você precisa saber evitar", era composta de cinco filmes que, afirmando sempre que essa era uma doença fatal e que não tinha cura, insistiam na importância do uso da camisinha, bem como da redução de parceiros. Informavam sobre as formas de contágio, sobre os casos de contaminação em homens, mulheres e crianças, e sobre a importância do uso de seringas e agulhas descartáveis. Denunciavam o preconceito que levava os doentes à mais terrível solidão.

Ao mesmo tempo em que o ano de 1987 caracterizou-se por conquistas e consolidação de programas de combate à aids, verificou-se um aumento nas reações de preconceito expressas por diversos setores da sociedade, o que revelava a intolerância com os portadores da doença. Nesse ano, a primeira campanha nacional de informação sobre a aids foi veiculada na televisão com a participação de artistas e de profissionais da saúde, dando início a um trabalho radical para o combate à epidemia: tratava-se de prevenir informando. Mas as campanhas também contribuíram para aumentar o pânico. O jornal *A Tarde* de 22 de março de 1987, da Bahia, noticiou um fato real ocorrido no Ceará: "Pressionada pela vizinhança que teme conviver com uma pessoa que contraiu a aids, Maria C. de Oliveira, que sofre da doença há mais de seis meses, deve abandonar Milagres". *O Globo* informou que um ladrão, flagrado roubando uma casa em Manaus, foi amarrado a um poste para ser linchado; porém, quando a multidão ia surrá-lo, ele gritou: "Não me toquem, eu estou com aids. Se me matarem, vão contrair o vírus". Foi o suficiente para que a multidão recuasse, escreveu o jornal carioca em 11 de junho de 1987.

No período em análise, a política nacional contra a aids cometeu um grande equívoco ao direcionar a campanha de esclarecimento à população com o objetivo de sensibilizar, pelo medo, os indivíduos não afetados. Para estimular atitudes e práticas seguras entre os não infectados, a campanha servia-se de uma ameaça: "A aids mata". Desse modo, ela retirava toda a esperança das pessoas infectadas. "Quem vê cara não vê aids": os dizeres nos cartazes da campanha preventiva do Ministério da Saúde geraram protestos, principalmente por estampar um rosto de mulher. De acordo com o jornal *O Globo* de 1.º de março de 1988, "o recado do anúncio parece ser: *cuidado com as mulheres,* porque elas são transmissoras do vírus". As consequências disso podem ser ilustradas com o ocorrido em uma pequena cidade do Nordeste.

> Cerca de 100 habitantes da pacata Casimiro de Abreu serão processados por Selma Brandão que foi expulsa da cidade sob suspeita de ser portadora do vírus da aids. Selma retornou a Casimiro com um

> salvo-conduto: o resultado negativo do teste antiaids, feito no hospital da UFRJ. Selma afirma que vai entrar na justiça por calúnia, injúria e difamação (*O Globo*, 6/09/1988).

Os esquetes apresentados na televisão tinham por mote veicular que a aids era incurável, e o medo seria a forma de proteção e prevenção da população não infectada. O texto a seguir reproduz o roteiro da campanha informativa de 1991:

> Texto do Programa 1: Uma mulher: *Eu tive tuberculose. Eu tive cura.* Um homem: *Eu tive sífilis. Eu tive cura.* Uma mulher sorrindo: *Eu tive câncer. Eu tive cura.* Um homem jovem, olhos baixos, olhando dos lados, nervoso: *Eu tenho aids. Eu não tenho cura.* Texto: Nos próximos dias, nos próximos meses, no próximo ano, milhares de pessoas vão pegar aids e vão morrer. Se você não se cuidar, a aids vai te pegar.

A veiculação da mensagem pela TV provocou medo até em crianças e adolescentes. O temor era tamanho que o jornal *O Globo* de 21 de setembro de 1995 registrou: "A morte da dona de casa R.M. provocou pânico, fofocas e até uma tentativa de suicídio. Rita, que morreu de aids, deixou uma lista com os nomes de 14 homens com quem teria mantido relações sexuais nos últimos meses. Rita e o marido viveram dez anos em São Paulo, onde teria contraído o vírus".

Desde 1983, a imprensa noticiava que o mal atingia hemofílicos e os que se submetiam a transfusões de sangue, os que tomavam injeções endovenosas e os viciados em drogas injetáveis. A demora do governo federal em controlar a qualidade do sangue em transfusões teve enormes e trágicas consequências para os hemofílicos e outros que necessitavam desse tipo de assistência. Bancos privados de coleta de sangue operavam sem padrão aceitável de técnicas e, mais grave, sem fiscalização. A exploração de doadores voluntários, quase sempre carentes e sem assistência médica, tornava o sangue um veículo de transmissão de doenças. Nesse sentido, foi muito importante a veemente denúncia do pessoal do Gapa em relação ao problema de tratamento dos doentes e depois à questão do sangue. O Programa Nacional de Saúde Pública do governo José Sarney (1985-1990) não tinha poder nem orçamento; não tinha praticamente nada. O ministro da saúde afirmou "estar sendo pressionado para que cumpra os prazos, mas afirma ser um assunto delicado e que se deve agir com cautela".

Só em maio de 1987 tornou-se obrigatório o teste sorológico para a detecção do vírus HIV no sangue e hemoderivados adquiridos com recursos previdenciários. O interesse privado que explorava bancos de sangue organizou-se fortemente contra isso, mas foi derrotado no processo da Constituinte, que garantiu integralmente em lei o interesse estatal.

Herbert de Souza, o Betinho (1935-1997), que empunhou a luta pelo teste sorológico, acabou sendo vítima do descaso e demora do governo federal. A aprovação da portaria sobre o controle do sangue, em janeiro de 1988, coincidiu com a morte do cartunista Henfil (1944-1988), irmão de Betinho, vítima de aids adquirida em transfusão sanguínea. Com o decorrer do tempo, o vírus passou a ser controlado com novos medicamentos e houve maior conscientização da população sobre os procedimentos de prevenção.

Exploração infantojuvenil

Além da precária vida das mulheres de rua dos anos 1980, entramos na década de 1990 com a reportagem do jornalista Gilberto Dimenstein sobre o tema da prostituição infantil. O assunto foi investigado durante sete meses em algumas das oitocentas zonas de garimpo, com centenas de milhares de homens, nas regiões Norte, Nordeste e Centro-Oeste. O repórter da *Folha de S. Paulo* tentou desvendar os códigos e segredos da indústria de aliciamento de meninas para o tráfico e seu envio para os prostíbulos que se disseminavam pelo interior do país. Geralmente eram moças de famílias desestruturadas, sem contato com o pai, e que sofreram tentativas de abuso sexual em casa, sendo muitas vezes o padrasto o principal responsável. Muitas não se sujeitavam a serviços maçantes e mal remunerados em casas de família.

> Elas são atraídas por promessas de emprego, mandadas para boates em locais distantes e de difícil comunicação. Vivem presas como se estivessem em cativeiro. Até garotas mais experientes, com passado na prostituição, são ludibriadas. Ao contrário das ingênuas, sabem que vão vender o corpo, mas não suspeitam do regime de escravidão que as espera. As tentativas de fuga são punidas com rigor exemplar. O dono da boate informa que elas têm uma dívida com passagem, roupas, perfumes, remédios, etc. Só poderão ir embora quando saldarem o débito (Gilberto Dimenstein, *Meninas da noite*, p. 20).

No jogo do aliciamento, valia até namorar a vítima para depois vendê-la, ou ainda comprar a menina da família. Na rota do tráfico, a virgem valia mais e era disputada até mesmo em leilões. Quando chegava uma menina "selada", como se diz na região, havia informes na cidade. A maioria das prostitutas dessa rota eram meninas, pois, aos dezoito anos, a mulher nessa atividade já está desgastada e corroída por doenças resultantes do ambiente degradante, composto por noites maldormidas, brigas, drogas e bebidas alcoólicas.

Informações davam conta de que, no centro de Belém, uma menina de nove anos foi encontrada num bordel; em outro local havia uma menina prostituída, grávida aos treze anos, que trabalhava no bordel da própria mãe adotiva. Apenas em cerca de 5% das relações usava-se camisinha. A mulher geralmente só saía do prostíbulo se algum namorado comprasse seu "passe" ou quando conseguia fugir. Quando os clientes estavam fartos das mesmas caras, elas eram transferidas para outros prostíbulos.

Em 1991, constatou-se que índias de uma tribo Ianomâmi, que até 1986 sequer tinham visto um homem branco, já ofereciam seus corpos a forasteiros em troca de favores. A invasão na tribo se deu através de contatos com soldados e garimpeiros, que aproveitavam o fato de o sexo ser considerado natural entre a comunidade indígena para transformá-lo em produto com valor de troca. Assim, introduziu-se a prostituição na tribo, paga com cachaça, remédios, roupas, comida, etc. Comerciantes que viajavam de barco vendendo produtos abusavam sexualmente das meninas e mulheres índias em troca de mercadorias. Na tribo Jamandi, em Boca do Acre, houve quem negociasse com o chefe da tribo: "Ele embebedou o cacique. E depois disse que daria mais uma garrafa se pudesse dormir com duas meninas da tribo. O cacique concordou".

O índio tucano Gabriel Gentil testemunhou uma "geral", ou seja, uma curra dada por onze recrutas brancos do Exército em uma índia chamada Larita, de dezoito anos de idade. Segundo o comandante daquele regimento, "são as índias que tentam estuprar meus soldados quando estão no cio. Eu tenho que segurar meus soldados, porque eles não podem se aproveitar dessa deficiência".

Quando foi publicada a matéria de Dimenstein, as autoridades locais se sentiram ofendidas. No final das contas, a reação à reportagem foi de ironia: "O jornalista não precisava viajar tanto para encontrar prostitutas. Isso também tem na avenida Paulista", escreveu um jornal local.

Outro caso recorrente de prostituição infantil é o aliciamento ao longo das rodovias brasileiras, principalmente em postos de combustíveis próximos aos perímetros urbanos. A atividade, de difícil mensuração, ocorre na maioria das vezes na clandestinidade. Ora se subestima o número em razão do interesse político de alguns estados, ora se superestima para chamar a atenção das autoridades e dos meios de comunicação. Trata-se de um flagelo denunciado por inúmeras campanhas que tentam conscientizar os adultos sobre o delito praticado.

Para muitas meninas, a prostituição torna-se um meio de suprir a precária renda familiar e de ter acesso aos bens de consumo que jamais poderiam adquirir convivendo com os pais. Vítimas de violência de adultos, aprendem a utilizar seu corpo como mercadoria de troca enquanto esperam mudar a trajetória de uma vida que já parece definida quando abandonam precocemente o sonho e as brincadeiras infantis para dar lugar à luta pela sobrevivência.

A pesquisadora Marlene Vaiz, ao entrar em contato com familiares de meninas para se informar sobre o que vinha ocorrendo, contou já ter sido recebida com impropérios e ameaças. Um dos pais esbravejou: "Olha aqui, minha filha não é puta. Quem é puta já nasce puta, tem o sangue quente. Quem troca o corpo por um prato de comida não é puta". Segundo ela, as meninas sentem-se impotentes quanto à possibilidade de mudança de vida, resignando-se ao papel que o destino lhes reservou. A baixa condição de vida das crianças e adolescentes restringe-lhes as ofertas de trabalho de melhor remuneração, só lhes restando empregos em casas de família, seja como lavadeiras, passadeiras ou domésticas.

Nas denúncias e nos depoimentos aos parlamentares da CPI – Comissão Parlamentar de Inquérito – sobre a prostituição infantil, em 1993, constatou-se no Brasil uma rede de exploração sexual de meninas e adolescentes a partir dos doze aos dezesseis anos. A exploração sexual pode iniciar-se com o caminhoneiro que "prepara" a menina pelo caminho, passando pelos taxistas, donos de bares, donos de cabarés, cafetinas, chegando até os pacotes turísticos vendidos no exterior. É permanente a complacência e omissão dos órgãos de segurança locais com a exploração sexual de menores, incluindo-se aí os órgãos públicos.

Nos prostíbulos, as meninas ficam permanentemente endividadas por receberem antecipadamente roupas, cosméticos, remédios, etc. Quando o lugar é razoavelmente organizado, recebem preservativos. Em regiões mais pobres do país, 90% delas não usam preservativos. Pesquisas concluem que essas meninas não estão viciadas "nessa vidinha"; elas desejam sair da prática da prostituição, têm sonhos. Como bem expressou uma delas, "isto não é vida". Se se pensar nas prostitutas adultas, pode-se dizer que estas teriam oportunidade de fazer outras escolhas de vida, o que não ocorre quando se trata de crianças ou adolescentes, pois falta-lhes maturidade para opções. Dessa forma, a adolescência é empurrada para um mundo perverso, o que leva as entidades de defesa do menor a insistir na alteração do qualificativo: não se trata de *meninas prostitutas*, mas, de *meninas prostituídas*.

Abuso no lar

A criança de origem humilde nem sempre teve a devida atenção por parte da sociedade brasileira. O lugar destinado a ela nos dias atuais pode ser compreendido à luz do nosso passado histórico. O abuso sexual infantil, ora desconsiderado, ora tratado como tabu, recebeu o silêncio como saída para tentar encobrir a existência do problema no país.

Em relação aos abusos incestuosos contra o menor, verificou-se que a grande maioria dos agressores encontra-se no seio familiar: 70% eram pais biológicos e 11% padrastos. Débora Menezes, da Delegacia de Atendimento à Mulher, em Brasília, contou um triste episódio por ela constatado: a história de um pai que estuprou quatro filhas menores. Ao tentar estuprar a quinta filha, quando esta já tinha treze anos, ela conseguiu fazer com que seu caso chegasse às autoridades públicas. Quando da ocasião da prisão, a delegada perguntou ao pai: "O senhor não tem vergonha de estuprar suas quatro filhas e já ia pegar essa outra, a mais nova?". Este senhor de sessenta anos, segundo descrição, de semblante envelhecido, cheio de rugas, portando um grande chapéu e sem aparentar reação de espanto, respondeu:

> É doutora, eu não tenho vergonha. Acho que quem não tem é a senhora. A senhora acha que eu vou criar franguinhas para os outros comerem? A senhora acha que eu vou trabalhar para sustentar essas meninas, para depois os homens comerem na rua, é? De jeito nenhum. Primeiro, eu vou ficar com elas, depois, se quiserem ir para ajudar a mãe e os irmãos pequenos, tudo bem. Mas agora, não (Citado por Débora Menezes, "Redes de exploração sexual e sexo-turismo", p. 70).

Deve-se ressaltar que, muito embora o abuso sexual de crianças seja praticado por pessoas de todas as classes sociais – fato que se justifica culturalmente pela discriminação, dominação patriarcal e impunidade –, as precárias condições econômicas que fragilizam o estrato social mais baixo submetem as vítimas mais facilmente à dominação e ao abuso. A persistência do abuso praticado dentro de casa fica mais clara no estudo realizado pela advogada Maíra Barreto; a reportagem de *Veja* acrescentou:

> Em determinadas comunidades ribeirinhas da Amazônia, o costume de um pai iniciar sexualmente suas filhas menores é aceitável. Essa combinação de incesto e pedofilia pode explicar, inclusive, a origem de uma lenda regional: a do boto que, em noites de lua cheia, se transforma em homem e engravida as virgens incautas. Muitos dos pesquisadores acreditam que o mito do boto serviria para encobrir os responsáveis por muitas das gestações infantis que ocorrem na região [...]. Também é sobretudo nessa parte do Brasil, em localidades como a Ilha de Caparajó, no Pará, que a prática do incesto com meninas é vista como uma "tradição". "Costuma-se dizer que 'quem planta a bananeira tem direito a comer o primeiro fruto'" (*Veja*, "Violadas e feridas. Dentro de casa", 25/03/2009).

As entidades de defesa do menor têm recomendado que se aprofunde a discussão contra a "conspiração de silêncio", que envolve a criança e o adulto em famílias de diferentes classes sociais e encobre a exploração sexual. Sugerem também a realização de campanhas de conscientização e a abertura de canais de denúncia nos meios de comunicação.

Turismo sexual

O turismo sexual internacional não constitui precisamente uma novidade no país, mas só em fins do século XX se tornou um fenômeno de maior relevância na imprensa nacional. Segundo estudos realizados pela antropóloga Adriana Piscitelli, o Rio de Janeiro atua como polo de atração desse tipo de turismo há várias décadas. O Nordeste do Brasil, que entrou no circuito mais tarde, foi objeto de denúncia, na década de 1980, por parte de diversas ONGs e organizações de mulheres. Em fins dessa década, constatou-se o aumento de bordéis na região, associado aos novos voos internacionais. Só nos anos 1990 é que o fenômeno, crescente e preocupante, passou a ser tema de diversas matérias divulgadas em jornais, revistas e televisão.

As relações entre estrangeiros e nativas envolvem prostituição, pobreza, romantismo, exotismo e mobilidade social. A maior parte das garotas, formada por pernambucanas, cearenses, baianas e outras, tem vinte anos, baixíssima escolaridade e já vivenciou a violência familiar. Os homens chegam de diversas partes - da Itália, dos Estados Unidos, da Alemanha, da Holanda, da Suíça e da Suécia - e são bem mais velhos que as garotas. Esses turistas são considerados "pessoas de baixo nível, que gastam pouco e provocam problemas". Vêm ao Brasil à procura de mulheres e têm claras preferências por garotas muito jovens, mulatas ou negras. Parte dos "turistas" estrangeiros quer apenas "sexo fácil e barato" e engana as meninas insinuando ou prometendo-lhes casamento; posteriormente, quando as levam para fora do país, maltratam-nas.

São homens solitários que chegam ao Brasil atraídos pela imagem do país tropical cheio de mulheres seminuas. De acordo com Adriana Piscitelli, as agências que trazem esse tipo de estrangeiro para o país colocam o Nordeste na rota do turismo sexual internacional, dominada por países orientais de baixa renda e alta oferta de mulheres, como Filipinas e Tailândia. O turismo internacional no Nordeste se destaca por envolver-se numa auréola de ingenuidade ou de "romantismo" de feição local, diferenciando-se do turismo sexual mais profissional que se desenvolve no Rio de Janeiro e que é voltado, em grande parte, para homossexuais e travestis.

No Nordeste, o turismo sexual é considerado como um meio-termo entre a "prostituição" e o "namoro de verão", pois envolve encontros cuja duração pode estender-se por "toda a temporada" e, às vezes, ter continuidade no verão do ano seguinte. O que torna as garotas "namoradinhas de verão" seria um relacionamento revestido de afeto e romantismo, com carinho, passeios, praias, boates e também sexo. Os argumentos de um italiano ilustram bem a particularidade desses relacionamentos: "Essas meninas não são prostitutas", embora "cobrem porque precisam comer". Segundo o turista, "elas nos tratam com um carinho que jamais encontrei na Europa".

Na ótica de um turista alemão, segundo Adriana Piscitelli, a mulher brasileira, além de muito bonita, é liberal, aberta e fácil de se relacionar. Muitas vezes com experiências sexuais na Jamaica, em Bali, na Tailândia e na África, os estrangeiros declaram que as brasileiras são "insuperáveis", "novas", "carinhosas", "quentes" e "submissas". Embora esses turistas sejam das classes baixas de seus países, a comparação de seus rendimentos com o dos brasileiros os coloca em posição vantajosa no relacionamento com as nativas.

O país é visto como um local onde os turistas procuram exotismo, e tal exotismo é associado às "fantasias eróticas inconfessáveis" que, entre outras coisas, envolvem menores de idade. Uma parcela das garotas que procura os turistas, segundo um estudo, tem entre treze e dezesseis anos. Os turistas estão em busca de sexo, mas temperado pela docilidade e até pelo afeto que não encontram entre as emancipadas prostitutas de seus países de origem. Embora a "feminilidade" nativa seja enfatizada, o que de fato conta é a cor da pele.

São homens brancos com dinheiro, que as meninas veem como eventual promessa de uma vida melhor no exterior. Para Piscitelli, as garotas materializam uma versão exótica deste "paraíso" para os turistas; mas para a maioria delas, o "paraíso" é o exterior, imaginado como um lugar seguro, sem violência nem miséria, e com a possibilidade de vida no contexto de uma família. Num meio social pobre em que o acesso ao exterior é restrito, esses "gringos" aparecem como possibilidade de abrir as portas para a Europa e os Estados Unidos. Nesse sentido, "fazer amores" e a oferta de casamento podem significar um poderoso recurso para facilitar a vida da garota durante o deslocamento internacional.

Para um determinado turista, as mulheres daqui "sabem tratar bem um homem; não competem com ele". As mulheres estrangeiras, que "fizeram grandes avanços em negócios e em muitas outras áreas", são independentes, o que "faz com que muitas delas não valorizem mais os homens". Nas opiniões expressas por esses estrangeiros, transparece uma visão idealizada do Rio de Janeiro e de outras regiões do Brasil, bem como das relações sexuais e afetivas dos habitantes das cidades brasileiras, situando-as como um "campo de diversões sexuais". Aqui, as mulheres seriam por natureza "bonitas, exóticas e ativas"; os estrangeiros, em contrapartida, são vistos como bastante atraentes por serem oriundos do Primeiro Mundo e disporem de dinheiro.

Embora considerem as mulheres cariocas como sexualmente ativas e disponíveis, eles acham difícil um estrangeiro, apenas de passagem, estabelecer relacionamento sexual com uma "mulher normal" se não souber falar o português. Nas palavras de um dos entrevistados:

> Sem falar bem o português ou viver na cidade, pode esquecer namorar uma garota normal. O máximo que vai conseguir é uma garota de programa, a menos que tenha amigos brasileiros que possam apresentá-lo às mulheres normais (Citado por Ana Paula da Silva e Thaddeus Blanchette, "Nossa Senhora da Help", p. 259).

Geralmente, o turista sexual eventual justifica o fato de estar no Rio de Janeiro em busca de garotas de programa pela circunstância de estar em uma cidade onde o sexo livre e abundante é tido como "normal", e de não ter conseguido o que esperava encontrar entre as mulheres "normais" (não prostitutas). A opinião é reforçada nos depoimentos de vários estrangeiros, itinerantes e residentes. Nas palavras de um dos informantes estrangeiros em passagem pela cidade: "Nunca fiquei com uma prostituta lá em casa, mas aqui... Poxa, estou no Rio de Janeiro! Como posso deixar a oportunidade passar?". Outro informante, inglês, em viagem de turismo pelo Rio, foi mais explícito:

> Um colega meu veio ao Rio no ano passado. Ficou falando de como conseguiu comer cada gata por aqui... Falava que era só estalar seus dedos e oh! Mulher vinha correndo. [...] Só que descobri uma coisa: o safado não dizia que essas mulheres eram todas putas! Fiquei desiludido, cara, e acabei viajando para Paraty e Cabo Frio por três semanas. Não consegui nada lá... Então, como tenho que voltar à Inglaterra amanhã, estou aqui [na Help], né? Afinal, como é que eu posso voltar para o escritório e dizer que fui ao Brasil e não comi ninguém? (Citado por Ana P. da Silva e T. Blanchette, "Nossa Senhora da Help", p. 263).

Contra esse comércio, os órgãos oficiais nem sempre agem de maneira coerente. Na visão pragmática de um certo secretário de turismo, é irrelevante saber se o turista gasta seu dinheiro com prostitutas, nos hotéis de luxo ou nas compras. "O que interessa é que eles deixem seus dólares aqui"; em seguida arrematou: "Afinal, existem prostitutas em qualquer lugar do mundo".

Garotas no exterior

No imaginário europeu, a mulher brasileira é considerada livre, bonita, sensual, calorosa. Entre essas imagens e a da prostituta há só um passo, afirmam os estudiosos. Muitas brasileiras que vão ao exterior para trabalhar ou estudar podem ser alvo de suspeita por parte das autoridades do país onde ingressam; receia-se que estejam ali para práticas pouco lícitas. Na verdade, o estigma mulher-objeto foi criado e alimentado no interior do próprio Brasil. Sempre que os profissionais de marketing querem divulgar os produtos nacionais em feiras estrangeiras de negócios, contratam mulatas de biquíni que rebolam e distribuem brindes; nos estandes fazem alusão às praias paradisíacas com mulheres em minúsculos trajes de banho deleitando-se no calor tropical.

Em outubro de 2003, a revista *Time* europeia publicou "When the meninas came to town", que tratava da prostituição. Seu mote inicial era a referência a um abaixo-assinado entregue ao chefe de polícia do distrito de Bragança (Portugal) por um grupo de esposas. Elas acusavam a chegada das "meninas brasileiras" à cidade, que enfeitiçavam os maridos e mudavam a vida noturna do tradicional lugarejo. O caso, cujo manifesto foi intitulado "As Mães de Bragança", repercutiu na mídia portuguesa.

Na Europa, o tráfico e o destino das mulheres seguem a rota de países como Espanha, Portugal, Itália, Suíça, Holanda, Alemanha, etc. Portugal é a porta de entrada para quem muitas vezes chega ao continente com documentos falsos. A brasileira Paula Lee contou em livro as dificuldades por que passa uma garota inexperiente ao iniciar-se na prostituição em uma cidade portuguesa. Lá chegando, descobriu que as maravilhas que os aliciadores contavam sobre essa atividade não correspondiam à realidade. Foi obrigada a consumir bebidas alcoólicas para garantir o lucro da casa, fazer programas indigestos e ficar de olho na polícia:

> Aconteceu muito rápido. O gerente abre a porta dos fundos e todas as meninas começam a correr. "Polícia! É polícia", ouço uma voz feminina gritar, mas não reconheço a quem pertence essa voz, estou atônita, as vozes parecem distorcidas e às vezes parecem ecos, e não entendo o que se passa. Junto-me a elas. Se todas fogem, quer dizer que devo fugir também. Ora me puxam, ora me empurram. [...] Corremos desesperadas e sinto frio por andar com um vestido curto na rua. Não seria difícil nos reconhecer à distância, com aqueles trajes indecorosamente minúsculos ou espalhafatosos, aquelas botas que por vezes chegavam aos joelhos, a maquiagem exagerada. Andamos por aquele caminho esburacado, tropeçando vez ou outra devido aos saltos das botas. Ninguém quer parar, ninguém pensa nisso. Só pensamos em nos safar (Paula Lee, *Alugo o meu corpo*, p. 218).

No rentável comércio europeu de sul-americanas, estão envolvidos grupos mafiosos, gangues e aliciadores que se ocupam do local onde as moças vão ficar e do pagamento da passagem. Uma vez lá, elas podem ser mantidas em cárcere privado ou enfrentam outros tipos de violência por causa de dívidas pelo traslado, moradia, roupas e alimentação.

Ao tentarem fugir da precariedade do mercado de trabalho no Brasil, a intenção das garotas é juntar dinheiro no exterior e voltar o mais rápido possível, ideal decorrente de uma cultura globalizada que vem diluindo as fronteiras entre países. As moças entram, primeiramente, como turistas, e posteriormente, se não retornam, permanecem como clandestinas. Quando detidas pelas autoridades policiais são expulsas do país. Apesar da perseguição, criam uma espécie de rede social que leva outras para lá, como mostra a notícia:

> Em ruas de prostituição de Genebra, na Suíça, português é língua corrente. Nos classificados de jornais europeus, apresentar-se como "brasileira" costuma render mais clientes e programas mais caros. Não por acaso estrangeiras fingem ser do país para competir pela atenção dos homens (*O Estado de S. Paulo*, 18/05/2008).

Estimativas apresentadas por agência de imigração ligada à ONU apontam cerca de 75 mil prostitutas brasileiras trabalhando atualmente na Europa. Esse número continua crescendo. Algumas chegam a montar casas de prostituição; outras exercem papel de dirigentes em associações locais. Em determinado bairro de Zurique, por exemplo, um edifício de três andares é ocupado por quarenta brasileiras.

São fatores como esses que contribuem para a difusão de uma imagem distorcida do Brasil e para o exagero do imaginário de luxúria e devassidão que se pensa haver nos trópicos.

Da "casa da luz vermelha" à homepage

Ao longo das pequenas cidades pelo país afora, era comum encontrar uma casa afastada da cidade com uma luz vermelha, indicando haver ali um lupanar ou randevu, como se dizia. Na década de 1960, o cineasta baiano Glauber Rocha (1939-1981), em suas errâncias pelo interior do seu estado, narrou:

> No Bendengó, onde uma vez caiu um meteorito, saltei de um *jeep* para beber água num bordel de beira de estrada. Casebre de barro batido, teto de telhas queimadas, corredor pequeno abrindo numa sala abafada, d. Dalva, gorda e suja, disse que não tinha nada para servir a não ser um ralo café. Nos fundos, entre porcos e galinhas, ouvia-se a voz das lavadeiras na boca de uma piscina (Glauber Rocha, "Um bom destino, entre outras misérias", p. 93).

Glauber falava do triste fim de meninas vendidas pelos pais impossibilitados de aplacar a fome devida ao constante flagelo das secas. Menina pobre engravidada pelo filho do patrão ou moça de família que perdeu a virgindade são atiradas na rua e "caem na vida" nos braços de uma cafetina hábil em farejar mulheres desprotegidas. Demonstrando conhecer o meio, Glauber descreveu o interior das "boites" com seu cheiro de incenso, quadros de santos e retratos de artistas famosos nas paredes; e na vitrola, melodramas de Nélson Gonçalves ou Orlando Silva. O cineasta fez elogios à habilidade das cafetinas baianas no gerenciamento de suas casas:

> No seu castelo é rainha, tem seu homem escolhido, com ela ninguém toma intimidades, com algumas é vedado o palavrão. Em relação às meninas é conselheira afetiva, trata de abortos com precisão e as

> conduz à missa e confissões com a regularidade necessária à absolvição dos pecados. E se algum gigolô é estúpido e cruel, a Dona ou Tia sabe interferir com autoridade, defendendo suas presas (p. 90).

Mais recentemente, no livro *Conversas de cafetinas*, escrito pelo jornalista Sérgio Maggio, constatou-se que essas profissionais são muito folclorizadas; suas vidas são de fato mais complexas do que aquelas retratadas nos romances de Jorge Amado e notabilizadas como personagens de telenovelas. A zona que elas comandam também é chamada pela sociedade de "casa de tolerância". Para fazer jus ao nome, é preciso que no interior dessas casas haja regras morais que garantam o bom andamento do trabalho daquelas mulheres marginalizadas. Algumas regras devem ser cumpridas rigorosamente: por questão de segurança, não permitir à garota sair com clientes para programa fora dos bordéis, não aceitar menor de idade e, por fim, embora de difícil controle, proibir o consumo de drogas.

Em 1997, Maggio entrevistou oito cafetinas de Salvador e do interior baiano. Constatou que elas não gostam de ser chamadas de cafetinas, preferindo a figura de "donas de casa". Não aceitam esse título justamente por prevenção moral, pois consideram o termo melhor empregado ao homem, o cafetão que explora as meninas. Muitas delas preenchem a figura maternal para as meninas e não aceitam a imagem de exploração. Algumas apenas alugam os quartos em que as mulheres trabalham; outras têm seus lucros no serviço de bar no qual as moças fazem o programa.

Ao se dirigir para a alcova, o frequentador desse tipo de recinto vai deixando para trás o som emitido por uma vitrola, o tilintar dos copos e a algazarra reinante no salão; é puxado pela mão por uma mulher com exígua roupa e carregada maquiagem. Uma fraca luz (algumas vezes avermelhada) ilumina o "excitante" quarto de parede descascada, que contém, quando muito, uma antiga penteadeira com o espelho voltado para os corpos nus. Todo esse inesquecível ambiente foi descrito por um voluptuoso comedor de rendez-vous, colecionador dos variados tipos das tradicionais doenças venéreas. Ali, esse garanhão encontraria

> um discreto litro de álcool para a assepsia anterior e posterior ao coito, amparado num rolo de papel higiênico – em geral de textura insuportável e dos mais baratos à disposição no mercado – à cabeceira do ninho do amor. Um colchão basicamente côncavo no centro e duro em todas as partes, com aquele indefectível cheiro de muitos orgasmos anteriores. Estes eram os componentes básicos dos antigos rendez-vous de beira de estrada. Num clima desses o que deveria fatalmente ocorrer era sem dúvida uma total e desconcertante repulsa do homem

> em fazer sexo ali. Ledo engano. Era ali que o sexo tinha o maldito sabor de pecado e levado ao ápice (Citado por Regina Navarro Lins, *A cama na rede*, p. 375).

Em muitas cidades do Brasil, esses prostíbulos estão situados em velhos casarões de regiões deterioradas que, aos poucos, vão sendo demolidos para dar lugar a um processo de revitalização imobiliária. Maggio deixou claro que os tempos áureos desse modelo de prostituição pertencem ao passado, pois essa modalidade de bordel está em declínio com o desmantelamento das zonas do meretrício, como as de Salvador. Se uma casa fecha, outra não é aberta em seu lugar: "As prostitutas mais velhas estão indo todas para a rua", afirmou ele.

Fim melancólico teve Eny Cezarino (1917-1987), tida como a mais famosa cafetina do Brasil. Nos anos 1950/60, Eny, filha de imigrantes italianos nascida em São Paulo, onde iniciou sua carreira como prostituta, trabalhou também no Rio de Janeiro, Porto Alegre, Paranaguá e, finalmente, estabeleceu-se em Bauru, distante 500 km de São Paulo. Ali passou a ser dona de um grande bordel, nos arredores da cidade, em terreno com área de 15 mil metros quadrados. A chamada Casa da Eny, que perdurou de 1963 a 1983, era dotada de quarenta quartos, sauna, bar, salão de festas e restaurante; recebia fazendeiros, políticos, homens de negócios e celebridades. Conhecido por todo o país, o bordel era ponto de parada, servindo de "hospedaria" para os viajantes. Em seu período áureo, chegou a ter setenta mulheres trabalhando. Eny foi figura influente na cidade e chegou a receber, em 1982, a visita do ex-presidente da República, Jânio Quadros, em busca de votos. Com a mudança nos costumes, as profissionais do sexo, segundo ela, estavam perdendo terreno para as mocinhas amadoras que "davam" de graça para os namorados. Morreu aos 69 anos, pobre, tendo perdido todas as mais de vinte propriedades em decorrência de um golpe aplicado pelo seu próprio contador.

Um lento processo de transformação tem marcado o mundo da prostituição. As mudanças de costumes desencadeadas pelo movimento de contracultura da década de 1960 repercutiram no Brasil, propiciando nova consciência por parte das prostitutas brasileiras, embora tal acontecimento só se tenha manifestado com clareza anos mais tarde. À semelhança do movimento das prostitutas que ocorreu na Europa no início da década de 1970, as profissionais do sexo em nosso país ganharam visibilidade social; contestaram não apenas o enfoque da prostituição enquanto delinquência, mas também a perspectiva de que a prostituta, como vítima da perdição e do sistema, deveria ser recuperada.

Diante das investidas repressivas da polícia paulista chefiada pelo delegado Richetti, as prostitutas, aliadas a grupos feministas, iniciaram a formação de uma entidade em sua defesa e, em 1979, "saem em passeata pelas ruas do centro de São Paulo denunciando a violência policial e exigindo o reconhecimento social da profissão". Embora ainda não tivessem o nível de consciência das profissionais europeias, poder-se-ia dizer que elas também

> negaram a validade da moral tradicional, que as colocava em posição de inferioridade social e não queriam que ninguém as "salvasse". Queriam apenas ser integralmente reconhecidas pelo que realmente eram: trabalhadoras. Exigiam que lhes fosse permitido trabalhar, sem serem constantemente molestadas pelas autoridades, e os direitos mínimos dos trabalhadores comuns, inclusive o acesso à previdência social (Maria Carneiro da Cunha, *A revolução sexual que ficou pelo caminho*, p. 58).

Para frisar seu direito de optar pelo aluguel do corpo, a então prostituta Gabriela Leite afirmou à revista *Isto É* de 5 de outubro de 1983: "Sempre perguntam como me perdi, nunca como me achei". A perspectiva moralista que predominava também nos estudos sobre a prostituição vem perdendo terreno.

As modernas tecnologias de informação estão acabando com os tradicionais prostíbulos. Com a nova modalidade de aluguel do sexo, em vez de uma casa, as novas garotas de programa têm uma página na internet com fotos sensuais e indicação do número do celular para marcar os encontros em seu flat, hotel ou motel. Exemplo raro de êxito nessa nova empreitada foi o de Bruna Surfistinha, uma ex-garota de programa que começou sua carreira de escritora em um blog, no qual relatava suas experiências com os diversos clientes. Após a publicação de *O doce veneno do escorpião*, em 2005, tornou-se, por algum tempo, a grande atração das bienais de livros. Em seguida, lançou sua obra na América Latina, Europa e Estados Unidos. O êxito editorial de Raquel Pacheco, seu verdadeiro nome, levou-a ao topo dos livros mais vendidos – 300 mil exemplares. Além das traduções da obra, a autora deu entrevistas na TV árabe *Al Jazeera*, foi noticiada no *The New York Times* e, agora, o livro se transformou em filme. Em seu blog e livro, ela escancarou de vez suas relações com homens, mulheres e casais, matando a curiosidade dos leitores no que se refere ao antigo bordão "Tudo o que você queria saber... e tinha vergonha de perguntar".

19

"Paraíso sexual" ou um mito fabricado?

A crença no erotismo brasileiro seria um mito fabricado ao longo do tempo ou haveria nesse imaginário um fundo de verdade? Há uma concepção geral, tanto dentro como fora do país, de que a população brasileira é expansiva, calorosa e muito aberta sexualmente. A manifestação de uma identidade nacional erotizada é muito difundida e densamente construída na história. Para os brasileiros trata-se de uma referência positiva; contudo, entre imaginário e práticas sexuais concretas há uma enorme distância.

> Quando duas pessoas se olham, por exemplo, há diferenças notáveis conforme a nacionalidade: os brasileiros podem olhar alguém de seu próprio sexo ou do outro sexo de forma muito direta, com contato direto entre os olhos. No entanto, em países europeus não se deve olhar frontalmente nos olhos do outro, pois isso pode significar uma tentativa de sedução. Os brasileiros se comunicam com outras pessoas por diversas formas de contato corporal muito direto: pelo olhar, com abraços e beijos, tocando no corpo alheio para chamar a atenção – o que, por exemplo, na França, seria considerado inadequado e possivelmente interpretado como um avanço indesejado e talvez agressivo (Maria Luiza Heilborn, "Entre as tramas da sexualidade brasileira", p. 46).

A ideia de que brasileiros fazem de tudo na cama não corresponde à verdade. As práticas sexuais aceitáveis se diferenciam no interior de cada estrato social, variando de acordo com os referenciais dos diversos segmentos sociais. O conceito de que o Brasil é um paraíso sexual, livre, é um mito construído historicamente. Trata-se de uma imagem que remonta ao tempo em que, ao chegarem, os colonizadores depararam com indígenas que viviam sem roupa, numa terra "sem rei e sem lei" e cujas tribos costumavam oferecer suas mulheres a forasteiros como prova de amizade recíproca. Também a miscigenação racial entre europeus, indígenas e africanos fez acreditar numa democracia racial, diferentemente do que ocorreu nos Estados Unidos ou na África do Sul, por exemplo.

O passado revisitado

A imagem do Brasil como um país de moralidade sexual flexível diante dos supostamente rígidos padrões europeus também resulta de teorias e concepções, como a miscigenação e as crenças populares. O mito da sexualidade brasileira e de sua sexualidade desinibida se deve à mistura de raças, reforçada ao longo da história. Entre todos aqueles que, até meados do século XX, escreveram as principais obras do que se chamou "interpretação do Brasil", é unanimidade a concepção do forte componente de luxúria na formação do país. Mesmo no pessimismo do historiador Paulo Prado (1869-1943) em *Retrato do Brasil,* publicado em 1928, havia influência de teorias racistas do século XIX e a preocupação com os rumos do Brasil da época, que precisava corrigir-se em seus excessos. Segundo a historiadora Margareth Rago, todas as "verdades" médicas do início do século XX sobre a nossa sexualidade foram reproduzidas por Paulo Prado. Sobre essas bases teóricas, ele elaborou sua leitura da identidade nacional, generalizando para todos os brasileiros uma forte dose de sensualidade, uma sexualidade latente, transbordante, que se irradiava para todas as outras dimensões físicas e psíquicas.

As teses de Paulo Prado foram apropriadas e reproduzidas por muitos outros historiadores, que passaram a aceitar acriticamente o discurso médico sobre o corpo e a sexualidade como verdade científica. Essas teses serviram de fundamento para a construção de uma "psique nacional" em que dominariam a perversão e o predomínio do instinto sobre a razão.

> Uma linha de continuidade nos une, assim, às índias nuas, prontas para se renderem ao homem branco, como quer Prado, às negras africanas sensuais e, posteriormente, às imigrantes estrangeiras, sobretudo francesas e polacas, cantadas em prosa e verso. No Paraíso tropical, reino da natureza exuberante, só mesmo a sexualidade desvairada poderia ter espaço (Margareth Rago, "Sexualidade e identidade na historiografia brasileira", p. 186).

Gilberto Freyre notou como a vida sexual no Brasil era positiva e até responsável pela "democracia racial", apesar da propagação de doenças venéreas, principalmente a sífilis. Sendo assim, não teria havido maiores obstáculos para promover a miscigenação das três raças, pois a atração sexual teria sido mais forte do que as exigências legais e raciais de união entre os diferentes. Diferentemente do pessimismo de Paulo Prado, na acepção de Freyre, "a miscigenação que largamente se praticou aqui corrigiu a distância social que doutro modo se teria conservado enorme entre a casa-grande e a mata tropical; entre casa-grande e senzala". O excesso de energia sexual, a abertura para o outro, a facilidade de contato físico, em princípio, não precisariam ser percebidos como fatores negativos na constituição de um povo – como considerava Paulo Prado. Freyre e Prado deixaram-se fascinar pelas confissões das visitações do Santo Ofício, nas quais a cada relato ressoavam práticas condenadas pela Igreja como pecaminosas, heréticas e desviantes.

Mais tarde, o mito da cordialidade sexual e racial se fez presente no Carnaval, que promoveu no exterior a imagem da mulata: uma mulher sexualmente liberada, "quente" e "fogosa", cujas fotos nas revistas reafirmam as formas sinuosas e as bundas arrebitadas. Muitas dançarinas se dizem privilegiadas "graças ao rebolado mundialmente famoso", o que mostra também como algumas mulheres criam e manipulam símbolos a seu favor. A publicidade voltada para o turismo difunde a ilusão de um país onde as pessoas andam quase nuas nas praias, de modo que a nudez do Carnaval se associa à imagem do paraíso sexual. Mais recentemente, o país passou a ser vendido também como um paraíso gay, onde há muita tolerância e liberdade para a homossexualidade tanto masculina quanto feminina. Na realidade, não é bem assim.

Um olhar de fora vem de um professor de direito, o americano Joseph Page, autor do livro *The Brazilians*, publicado em 1995. Baseando-se em dezesseis viagens feitas ao Brasil ao longo de trinta anos, entrevistando brasileiros ilustres e lendo inúmeros livros sobre o país, o autor afirmou que a nossa aparente cordialidade e espontaneidade esconde uma sociedade extremamente violenta e desigual e que, também no tocante ao sexo, nada tem de liberal:

> Quem vai ao Rio ou Salvador durante o Carnaval sai com uma imagem completamente errada de como os brasileiros lidam com a sexualidade. Parece que tudo é permitido, que não há culpa. Só que não é bem assim. Na verdade, o Brasil é tão repressor quanto qualquer país católico (*Folha de S. Paulo*, 13/08/1995).

À espreita da intimidade

Os fatos estão longe de se aproximar da imagem de país com um povo de desinibida sexualidade, e é importante refletir sobre o intricado nexo entre o imaginário de paraíso sexual e a realidade do exercício cotidiano da sexualidade no Brasil. O antropólogo Luiz Mott analisou uma pesquisa publicada na *Folha de S. Paulo* de 18 de janeiro de 1998 sobre aspectos da sexualidade brasileira e concluiu que, ao contrário do que afirma o mito, somos bastante conservadores em termos de sexo. Tratava-se de pesquisa significativa sobre os padrões brasileiros, pois abrangia um universo de mais de dois mil informantes e cobria 94 cidades de norte a sul do país. Alguns resultados permitiram desenhar o seguinte perfil da sexualidade do brasileiro em fins do século XX:

> 78% têm parceiro fixo
> 65% nunca fizeram sexo com prostituta
> 63% acham que masturbação é saudável
> 62% têm medo de pegar aids
> 53% praticam sexo oral
> 49% nunca usam camisinha
> 47% fazem sexo ao menos uma vez por semana
> 43% têm muito interesse por sexo
> 43% acham que mulher deve se casar virgem
> 33% se masturbam ao menos uma vez por mês
> 30% praticam sexo anal
> 25% sempre usam camisinha
> 18% acham que homem deve se casar virgem
> 14% dos homens são homossexuais
> 5 % das mulheres são homossexuais

Segundo a interpretação de Mott, os brasileiros em geral e os negros em particular alardeiam uma autoimagem exageradamente favorável a respeito do ardor de suas performances eróticas e de suas potencialidades sexuais. Para Mott, contudo, o depoimento de brasileiros e brasileiras que mantiveram relações sexuais com estrangeiros comprova o contrário: os gringos em geral são muito mais fogosos, soltos sexualmente e ostentam membros maiores.

A projeção da autoimagem sexual favorável vem dos tempos da conquista, quando os europeus, diante de tantas índias nuas e, depois, de tantos negros seminus, com seus corpos tentadores à mostra, verdadeiros diabos eróticos ao alcance da mão dos reprimidos conquistadores brancos, logo passaram a divulgar a ideia de que aqui não havia pecado, concluiu Mott.

Segundo o pesquisador Alberto Carlos Almeida em *A cabeça do brasileiro*, publicado em 2007, em termos de mentalidade o Brasil comporta dois países: o dos que têm uma visão mais liberal sobre o sexo, e o outro, o dos conservadores. Ao grupo mais liberal pertencem os supostos formadores de opinião que, em algumas situações, definem o conteúdo da mídia. Os conservadores são as pessoas de escolaridade mais baixa e que estão longe dos postos de decisão. Para os que se surpreendem com o fato de o brasileiro ser conservador em matéria de sexo, cabe lembrar que para se chegar a essa conclusão foi preciso ouvir os habitantes de cada um dos dois Brasis.

Pode ser que o liberalismo sexual esteja presente em um universo restrito de pessoas mais escolarizadas, que residem nos grandes centros urbanos ou capitais e trabalham fora. No expressivo contingente de baixa escolaridade, porém, somente o sexo tradicional é bem aceito. A pesquisa demonstrou que trabalhar fora faz a diferença. Os mais velhos são os mais conservadores por terem sido socializados num país diferente.

Realizado em 2007, o estudo constatou que a maioria dos brasileiros é conservadora, mas inevitavelmente se tornará mais liberal, a longo prazo, à medida que as gerações forem substituídas e a escolaridade aumentar, pois a tendência é de que aumente bastante a aprovação a variações sexuais mais liberais. Atualmente, porém, o saldo numérico das opiniões explicita um país conservador em relação às práticas sexuais:

> 81% são totalmente contra homossexualismo masculino
> 78% são totalmente contra homossexualismo feminino
> 60% são totalmente contra sexo anal entre homem e mulher
> 50% são totalmente contra homem fazer sexo oral na companheira
> 49% são totalmente contra uso de revistas pornográficas para a excitação sexual
> 49% são totalmente contra mulher fazer sexo oral no companheiro
> 44% são totalmente contra masturbação feminina
> 40% são totalmente contra masturbação masculina

O grupo dos que têm curso superior completo apresenta os maiores percentuais de respostas "a favor" para todas as perguntas feitas e se mostra como o de maior abertura. Desse modo, as diferenças entre mentalidades no país são imensas.

Como a maior parte da população brasileira tem escolaridade baixa, a mentalidade correspondente a essa grande faixa resistirá ao liberalismo sexual. Segundo a pesquisa, é bem provável que alguém com curso superior completo seja a favor de práticas sexuais variadas, ou de sexo entre pessoas do mesmo gênero; na população de baixa escolaridade, porém, é maior a possibilidade de opiniões contrárias a quaisquer variações do ato sexual, limitando-se a vivência sexual ao sexo genital entre um homem e uma mulher.

Com frequência, jornais e revistas voltados para o público de classe alta apresentam reportagens sobre práticas sexuais liberais – troca de casais, casamento aberto e variações semelhantes. Muitas páginas na internet abrem a possibilidade de encontros sexuais livres e para todo tipo de gosto. As novelas de televisão exibem cenas picantes para o horário nobre e tratam cada vez mais do tema da homossexualidade. Parece que o brasileiro só pensa "naquilo", disse Alberto Carlos de Almeida. Além disso, anualmente, o Carnaval proporciona a brasileiros e estrangeiros um espetáculo dos mais diversos graus de nudez.

Indiscutivelmente, no Brasil, nas três últimas décadas, fez-se muito mais sexo do que anteriormente. Desde que foi lançada a pílula anticoncepcional, houve uma revolução de costumes que propiciou a escalada erótica. É óbvio que os jovens praticam a sexualidade com menos restrições que a geração de seus avós. No entanto, o psicanalista carioca Eduardo Mascarenhas complementou em entrevista à *Playboy* de dezembro de 1980: "Não sei se o fazem bem, do ponto de vista do gozo, porque a sexualidade é mais do que um ato físico – ela movimenta todo um processo psíquico de sensações, sentimentos e emoções que nem sempre os jovens são capazes de dominar". Então, por exemplo, na faixa jovem, é bastante comum que haja maior incidência de "frigidez nas moças e de ejaculação precoce nos rapazes". A qualidade erótica fica comprometida com a inexperiência, a vergonha, a ansiedade, aflições, angústias, culpas e temores que gravitam em torno do sexo. Isso levou o psicanalista a supor que a sexualidade seja algo que tem de ser praticada durante certa amplitude de tempo para se ultrapassarem as barreiras morais, religiosas e psíquicas.

Conforme vimos, em geral usufrui-se melhor do sexo quando se tem maior esclarecimento, ócio, saúde, disposição, conforto e ausência de preconceitos. É sabido que já nascemos hábeis para o sexo procriativo, sem necessitar de nenhum ensinamento, mas, para o melhor proveito na obtenção do prazer e erotização, exige-se longo preparo e aprendizado adquiridos pelo tempo.

Já na década de 1980, Eduardo Mascarenhas, tido como o psicanalista da fina flor carioca, afirmava que quem estava vencendo a batalha sexual no Brasil era a classe média e a burguesia, representadas por certa elite cultural que nunca teve restrições ao que eram arraigados tabus. São os estratos que têm mais condições sociais e econômicas para a realização do gozo. Sua liberdade de costumes é ampla.

É claro que as "elites eróticas brasileiras" também têm suas crises emocionais que as levam ao psicanalista. No entanto, são pessoas menos reprimidas que a maioria das demais camadas sociais. Em Ipanema, por exemplo, está contida uma parte representativa dessa minoria que procura tirar proveito da condição privilegiada em que se encontra: são pessoas ativas, com beleza e inteligência. Respondendo ao repórter da *Playboy*, Mascarenhas apontou quem são elas:

> Se você se refere a uma casta que detém o domínio erótico sobre a grande parte da população, qualquer pessoa atenta e participante da vida cultural, social e festiva do Rio pode responder. Os grandes astros da televisão e do cinema brasileiro seguramente fazem parte das elites eróticas; os grandes intelectuais, particularmente se legados a alguma atividade artística; os líderes da música popular; e uma área nada tradicional nem conservadora da burguesia, que é o chamado *beautiful people* – são estas as elites. São pessoas que detêm efetivamente a mais-valia erótica e que têm um acesso físico quase irrestrito a toda a população do Rio de Janeiro. Este é o primeiro escalão. Naturalmente, existem também os guetos, como o do teatro, o da sociologia, o da psicologia e outros, cada qual com seus líderes próprios, os seus mandarins (Eduardo Mascarenhas, Entrevista à *Playboy*, dezembro de 1980).

Luxúria e pudor

A ideia de revolução sexual faz crer que houve total reviravolta dos princípios que ordenavam o exercício da sexualidade. Há certo consenso entre os estudiosos da área de sexualidade de que, a partir da segunda metade da década de 1960, ocorreu enorme alteração dos costumes e padrões comportamentais; no Brasil, só a partir do final da década de 1970 é que aumentou o contingente da juventude que viveu momentos de sexo, surfe, praia, drogas e rock and roll. A quebra do vínculo entre namoro e casamento foi praticada de forma descompromissada pelas novas tribos juvenis, inicialmente na forma de "amizade colorida" dos anos 1980, até culminar no chamado "ficar" ou "ficar com" da atualidade.

Como sempre, uma parcela ínfima da juventude frequentadora de espaços underground teve seu momento de maior descontração sexual. Essa experiência ocorreu, por exemplo, numa casa noturna de São Paulo chamada Madame Satã, em meados dos anos 1980, onde tocavam bandas de rock, apresentavam-se grupos de teatro e de leituras poéticas. O comportamento do pessoal "descolado" da casa ficou registrado por alguns de seus fiéis frequentadores em livro escrito pelo jornalista Marcelo Leite de Moraes.

O escritor e teatrólogo Antônio Bivar afirmou: "As garotas e os rapazes não queriam romances, não existia uma coisa ideológica, mas, sim, uma necessidade fisiológica de comer e de ser comida". O clima de festa se dava no interior do recinto, como afirmou o jornalista e performático Alison Gothz: "O banheiro do Satã foi o primeiro banheiro de casa noturna a liberar tudo". A atriz Grace Gianoukas confessou: "Eu transei bastante naquele banheiro. O problema é que tentavam arrombar muito aquela porta, eram muitos coturnos na porta".

Outra frequentadora assídua da casa, a jornalista Barbara Gancia, contou como foi o clima da época: "Todo mundo dava mais do que chuchu na serra. Era impressionante, transava-se com uma facilidade, de você nem se lembrar do nome do sujeito no dia seguinte". Também a roqueira e atriz Marisa Orth detalhou os fugazes namoros no Satã: "Naquela época, você estar beijando um cara já significava que você ia dar para ele. Se não fosse dar, ele ia ficar muito bravo. Era um caminho natural". Esse clima orgiástico foi refreado por uma insidiosa moléstia que se avizinhava, como contou o fotógrafo Rui Mendes: "Eu acho que o mais interessante no Madame Satã é que era uma época de sexo livre, total e absoluto", mesmo porque, acrescentou, "a aids ainda não existia. Eu usava camisinha porque tive uma educação para usar, mas ninguém usava. Todo mundo trepava com todo mundo, desde heterossexual a homossexual, era tudo junto ali".

Essa mudança nos costumes foi iniciada lentamente por descobertas importantes, como a pílula anticoncepcional e métodos contraceptivos sofisticados, e culminou com o desenvolvimento de remédios contra a disfunção erétil do homem. Houve também maior visibilidade das práticas homossexuais femininas e masculinas, trocas de casais, permissão de visitas íntimas nas prisões, aumento da pornografia em virtude da facilidade (até para adolescentes) de acesso propiciada pelas novas tecnologias, do videocassete e DVD à internet. As mulheres tornaram-se mais ousadas e já frequentam sex shops, têm à disposição inúmeros modelos de "brinquedos" eróticos e programas de TV instruindo formas de prazer. A prostituição não desapareceu; pelo contrário, tem crescido e emprega novos canais de exposição.

O que se enquadrava como comportamento sexual devasso, proibido e "anormal" perdeu bastante a sua validade. Segundo o sociólogo inglês Anthony Giddens, vivemos hoje a "despervertização do sexo", com as pessoas tratando do assunto com mais naturalidade.

Comportamentos sexuais antes considerados "desviantes", tidos como patológicos, começam a ser aceitos com mais naturalidade. No entanto, algumas práticas sexuais envolvendo sadomasoquismo podem fugir dos padrões considerados "saudáveis". Com isso, tais comportamentos transformam-se no epicentro dos debates sobre o limite em que a sexualidade pode ter status de normalidade e até que ponto a realização desses desejos é ou não sadia. Como não há demarcações claras do que faz parte exclusiva do que é sadio ou não, isso contribui para que se questione a crença em uma sexualidade "certa" e outra "errada".

> [...] algumas "perversões", antes consideradas graves problemas e criminosas tendências tornam-se fantasias inofensivas sempre que forem balizadas dentro de "limites sadios" e quando apresentadas em versões "leves". Um exemplo curioso é o sadomasoquismo, considerado ainda hoje uma perversão - ou parafilia - pelas ciências da psique (psicologia, psicanálise e psiquiatria). O Manual Diagnóstico e Estatístico de Transtornos Mentais (DSM-IV 1995) da Associação Psiquiátrica Americana entende o sadismo ou o masoquismo como "transtorno mental" apenas quando envolve atos reais (não simulados) e que causam sofrimento clinicamente significativo ou prejuízo no funcionamento social ou ocupacional ou em outras áreas importantes da vida do indivíduo (Jorge Leite Jr., *Das maravilhas e prodígios sexuais*, p. 27).

Contrapondo ao amor romântico como expressão única e legítima do ato sexual, a lógica do chamado sadomasoquismo (S&M) é tentar ganhar cada vez mais simpatia a outros meios na busca do prazer, sem questionar a instituição do matrimônio. Visando conquistar aceitação e legitimidade de suas práticas, muitas das antigas "perversões" passam a ser vistas sob uma nova perspectiva.

No caso do sadomasoquismo, a questão centra-se na consensualidade que, para uns, certas práticas são vistas como sintoma de uma doença e que, para os adeptos do chamado S&M, é preciso se apegar ao lema do "são, seguro e consensual". A utilização desse discurso não visa destruir os conceitos de "doença" ou "perversão", mas serve para melhor integrar-se dentro da noção de "sadio". Segundo o antropólogo Jorge Leite Jr., a chamada "cultura S&M" pode ser considerada como "um exemplo desta sexualidade plástica, que ainda hoje busca legitimidade social de seus prazeres eróticos".

Fazendo coro a essa inversão de valores, o humorista carioca Millôr Fernandes, em tom de pilhéria, afirmou: "De todas as taras sexuais, não existe nenhuma mais estranha que a abstinência".

Segundo Margareth Rago, isso não quer dizer que nossa época realizou a utopia da liberação sexual, nem que foram abolidos todos os preconceitos e estigmas sexuais. O filósofo francês Gilles Lipovetsky disse que nos tempos hipermodernos, vivemos a era dos superlativos e convivemos com os extremos: excesso para alguns; moderação para outros. Entre os polos, o da luxúria e o do pudor, a grande maioria da população é bem comportada. Quanto mais aumentam as condutas consideradas irresponsáveis e devassidão para uns, aumentam a responsabilidade e o recato de outros.

No conjunto, o que se pode notar são as muitas mudanças em curso, em especial a quebra das rígidas barreiras morais que tentam situar com clareza uma linha demarcatória das normas de comportamento consideradas "sadias". A conquista definitiva dos tempos modernos é a grande liberdade para todos os tipos de carícias e afetividades possíveis na busca dos prazeres eróticos e sexuais. Aquilo que era visto como perversão até há poucas décadas, praticado apenas por pessoas consideradas transgressoras ou devassas, hoje está sendo vivido como conduta usual entre alguns casais.

A diferença é que enquanto um comportamento voltado para os setores populares pode ser considerado como viciosa "perversão" ou "promiscuidade", para os setores mais esclarecidos é entendido como virtuosa "revolução nos costumes" ou "sofisticação do prazer", fazendo com que os preconceitos e distinções de classe se evidenciem. Mesmo ocorrendo essa dicotomia distintiva para certas camadas sociais privilegiadas, o país mudou bastante, mas ainda está longe de ser considerado um utópico "paraíso sexual".

Bibliografia

ABBEVILLE, Claude d'. *História da missão dos padres capuchinhos na Ilha do Maranhão e terras circunvizinhas.* Belo Horizonte: Itatiaia; São Paulo: Edusp, 1975.

AGOSTINHO, Cristina; PAULA, Branca de; BRANDÃO, Maria do Carmo. *Luz del fuego: a bailarina do povo.* São Paulo: BestSeller/Círculo do Livro, 1994.

ALBUQUERQUE, Fernanda Farias de. *A princesa: a história do travesti brasileiro na Europa escrita por um dos líderes da Brigada Vermelha.* Rio de Janeiro: Nova Fronteira, 1995.

ALGRANTI, Leila Mezan. *Honradas e devotas: mulheres da Colônia.* Rio de Janeiro: José Olympio/Edunb, 1993.

ALMEIDA, Alberto Carlos. *A cabeça do brasileiro.* Rio de Janeiro: Record, 2007.

ALMEIDA, Suely Creusa Cordeiro de. *O sexo devoto: normatização e resistência feminina no Império Português XVI-XVIII.* Recife: Ed. Universitária da UFPE, 2005.

AMADO, Jorge. *Navegação de cabotagem: apontamentos para um livro de memórias que jamais escreverei.* Rio de Janeiro: Record, 1992.

AMERICANO, Jorge. *São Paulo naquele tempo (1895-1915).* São Paulo: Saraiva, 1957.

ANDRADE, Carlos Drummond de. *Nova reunião.* Rio de Janeiro: José Olympio, 1983.

ANDRADE, Oswald de. *Um homem sem profissão: memórias e confissões.* Rio de Janeiro: Civilização Brasileira, 1976.

______. *O perfeito cozinheiro das almas deste mundo.* São Paulo: Globo, 1992.

ANTONIL, André João. *Cultura e opulência do Brasil*. São Paulo: Companhia Editora Nacional, 1967.

ANTÔNIO, João. *Leão-de-chácara*. São Paulo: Círculo do Livro, 1976.

ARARIPE, Max. *Linguagem sobre sexo no Brasil*. Rio de Janeiro: Lucerna, 1999.

ARAÚJO, Emanuel. *O teatro dos vícios: transgressão e transigência na sociedade urbana colonial*. Rio de Janeiro: José Olympio, 1993.

ARAÚJO, Rosa Maria Barboza de. *A vocação do prazer: a cidade e a família no Rio de Janeiro republicano*. Rio de Janeiro: Rocco, 1993.

ARIÈS, Philippe. *História social da criança e da família*. Rio de Janeiro: Zahar, 1981.

ASSUMPÇÃO, Thomas Lino d'. *Narrativas do Brasil (1876-1880)*. Rio de Janeiro: Livraria Contemporânea de Faro & Lino, 1881.

AUGUSTO, Alexandre. *Moreira da Silva: o último dos malandros*. Rio de Janeiro: Record, 1996.

AZEVEDO, Thales de. *As regras do namoro à antiga*. São Paulo: Ática, 1986.

AZZI, Riolando. "Família, mulher e sexualidade na Igreja do Brasil". In: MARCILIO, Maria L. (Org.). *Família, mulher, sexualidade e Igreja na história do Brasil*. São Paulo: Loyola, 1993.

BARLÉU, Gaspar. *História dos feitos recentemente praticados durante oito anos no Brasil*. Belo Horizonte: Itatiaia; São Paulo: Edusp, 1974.

BASSANEZI, Carla. *Virando as páginas, revendo as mulheres. Revistas femininas e relações homem-mulher (1945-1964)*. Rio de Janeiro: Civilização Brasileira, 1996.

BASTIDE, Roger; FERNANDES, Florestan. *Brancos e negros em São Paulo*. São Paulo: Companhia Editora Nacional, 1971.

BATINGA, Fernando. *A outra banda da mulher: encontros sobre a sexualidade feminina*. Rio de Janeiro: Codecri, 1981.

BEATTIE, Peter M. "'Cada homem traz dentro de si sua tragédia sexual': visitas conjugais, gênero e a questão sexual nas prisões (1934), de Lemos Britto." In: MAIA, Clarissa Nunes (Org.). *História das prisões no Brasil*. Rio de Janeiro: Rocco, 2009, v. 2.

BELLINI, Ligia. *A coisa obscura: mulher, sodomia e Inquisição no Brasil colonial*. São Paulo: Brasiliense, 1989.

BENATTI, Antonio Paulo. *O centro e as margens: prostituição e vida boêmia em Londrina 1930-1960*. Curitiba: Aos Quatro Ventos, 1999.

BEOZZO, José Oscar. "A família escrava e imigrante na transição do trabalho escravo para o livre". In: MARCILIO, Maria L. (Org.). *Família, mulher, sexualidade e Igreja na história do Brasil.* São Paulo: Loyola, 1993.

BIGG-WITHER, Thomas P. *Novo caminho no Brasil meridional: província do Paraná (1872-1875).* Rio de Janeiro: José Olympio, 1974.

BLANCHETTE, Thaddeus; SILVA, Ana Paula da. "Nossa senhora da Help: sexo, turismo e deslocamento transnacional em Copacabana". In: *Cadernos Pagu*, n. 25, jul/dez, 2005.

BONFIM, Manuel. *A América Latina: males de origem.* Rio de Janeiro: Topbooks, 1993.

BRASIL, Mariana. *O manuscrito de Sônia: prostituição, erotismo e amor.* São Paulo: Itália Nova, 2005.

BRETAS, Marcos Luiz. *Ordem na cidade: o exercício cotidiano da autoridade policial no Rio de Janeiro: 1907-1930.* Rio de Janeiro: Rocco, 1997.

BROWN, Judith C. *Atos impuros: a vida de uma freira lésbica na Itália da Renascença.* São Paulo: Brasiliense, 1987.

BRÜGGER, Silvia Maria Jardim. *Minas patriarcal: família e sociedade (São João del Rei - séculos XVIII e XIX).* São Paulo: Annablume, 2007.

BURMEISTER, Hermann. *Viagem ao Brasil através das províncias do Rio de Janeiro e Minas Gerais.* Belo Horizonte: Itatiaia; São Paulo: Edusp, 1980.

CAMINHA, Adolfo. *Bom-Crioulo.* São Paulo: Ática, 1999.

CAMPOS, Alzira Lobo de Arruda. *Casamento e família em São Paulo colonial.* São Paulo: Paz e Terra, 2007.

CAMPOS, Humberto de. *Diário secreto.* Rio de Janeiro: Ed. O Cruzeiro, 1954, v. 1.

CAMPOS, Roberto de Oliveira. *Lanterna na popa.* Rio de Janeiro: Topbooks, 1994.

CANÇADO, Maura Lopes. *Hospício é Deus.* Rio de Janeiro: Record, 1979.

CANDIDO, Antonio. *Os parceiros do Rio Bonito.* São Paulo: Duas Cidades, 1979.

______. "The Brazilian family". In: SMITH, T. Lynn; MARCHANT, Alexander. *Brazil: portraid of half continent.* New York: The Dryden Press, 1950.

CARELLA, Tulio. *Orgia: os diários de Tulio Carella, Recife, 1960.* São Paulo: Opera Prima, 2011.

CARRARA, Sérgio. *Tributo a Vênus: a luta contra a sífilis no Brasil, da passagem do século aos anos 40*. Rio de Janeiro: Fiocruz, 1996.

CARVALHO, José Murilo de. *Dom Pedro II*. São Paulo: Companhia das Letras, 2007.

CASTRO, Ruy. *Ela é carioca: uma enciclopédia de Ipanema*. São Paulo: Companhia das Letras, 1999.

CASTRO, Viveiros de. *Os delitos contra a honra da mulher*. Rio de Janeiro: Freitas Bastos, 1942.

______. *Atentados ao pudor: estudos sobre as aberrações do instinto sexual*. Rio de Janeiro: Freitas Bastos, 1943.

CAULFIELD, Sueann. *Em defesa da honra: moralidade, modernidade e nação no Rio de Janeiro (1918-1940)*. São Paulo: Ed. Unicamp, 2000.

______. "O nascimento do Mangue: raça, nação e o controle da prostituição no Rio de Janeiro, 1850-1942". In: *Tempo*, n. 9, v. 5, 2000.

CAVALCANTI, Nireu Oliveira. *Crônicas históricas do Rio colonial*. Rio de Janeiro: Civilização Brasileira, 2004.

CONFISSÕES DA BAHIA. *Santo Ofício da Inquisição de Lisboa*. Ronaldo Vainfas (Org.). São Paulo: Companhia das Letras, 1997.

COSTA, Marcos Paulo Pedrosa. "Fernando e o mundo: o presídio de Fernando de Noronha no século XIX". In: MAIA, Clarissa Nunes (Org.). *História das prisões no Brasil*. Rio de Janeiro: Rocco, 2009, v.1.

COUTY, Louis. *A escravidão no Brasil*. Rio do Janeiro: Fundação Casa de Rui Barbosa, 1988.

CUNHA, Maria Carneiro da. *A revolução que ficou no caminho*. São Paulo: Nobel, 1988.

DEBRET, Jean Baptiste. *Viagem pitoresca e histórica ao Brasil*. São Paulo: Livraria Martins Editora, 1954.

DI CAVALCANTI, Emiliano. *Viagem de minha vida*. Rio de Janeiro: Civilização Brasileira, 1955, v. 1.

DIAS, Clotilde do Carmo. *Aluna no telhado*. São Paulo: Livraria Everest Editora, 1977.

DIAS, Lucy. *Anos 70: enquanto corria a barca*. São Paulo: Senac, 2003.

DIAS, Maria Odila L. S. *Quotidiano e poder em São Paulo no século XIX*. São Paulo: Brasiliense, 1995.

DIAS, Mário. *Sexualidade atormentada: o problema sexual nas prisões*. São Paulo: M. Dias, 1992.

DIMENSTEIN, Gilberto. *Meninas da noite: a prostituição de meninas-escravas no Brasil*. São Paulo: Ática, 1992.

DOURADO, Luiz Ângelo. *Homossexualismo (masculino e feminino) e delinquência*. Rio de Janeiro: Zahar, 1967.

DUARTE, Paulo. *Memórias*. São Paulo: Hucitec, 1975, v. 2.

ENGEL, Magali. *Meretrizes e doutores: saber médico e prostituição no Rio de Janeiro (1840-1890)*. São Paulo: Brasiliense, 1989.

ESCOBAR, Ruth. *Maria Ruth: uma autobiografia*. São Paulo: ARX, 2003.

ESTEVES, Martha de Abreu. *Meninas perdidas: os populares e o cotidiano do amor no Rio de Janeiro da Belle Époque*. Rio de Janeiro: Paz e Terra, 1989.

EVREUX, Yves d'. *Viagem ao norte do Brasil: feita nos anos de 1613 a 1614*. São Paulo: Siciliano, 2002.

EXPILLY, Charles. *Mulheres e costumes do Brasil*. São Paulo: Companhia Editora Nacional, 1977.

FAOUR, Rodrigo. *História sexual da MPB: a evolução do amor e do sexo na canção brasileira*. Rio de Janeiro: Record, 2008.

FARIA, Sheila de Castro. *A Colônia em movimento: fortuna e família no cotidiano colonial*. Rio de Janeiro: Nova Fronteira, 1998.

FARIAS, Serafim Leite de. *Cartas dos primeiros jesuítas do Brasil (1553-1558)*. São Paulo: Comissão do IV Centenário da cidade de S. Paulo, 1956.

FAUSTO, Boris. *Crime e cotidiano: a criminalidade em São Paulo (1880-1924)*. São Paulo: Brasiliense, 1984.

FEITLER, Bruno. *Nas malhas da consciência: Igreja e Inquisição no Brasil: Nordeste 1640-1750*. São Paulo: Alameda/Phoebus, 2007.

FELDMAN, Sarah. *Segregações espaciais urbanas: a territorialização da prostituição feminina em São Paulo*. Dissertação (Mestrado) - Universidade de São Paulo, São Paulo, 1988.

FELICI, Isabelle. "Imigração e anarquismo: a verdadeira história da Colônia Cecília". In: *Cadernos AEL*, v. 8/9, 1998, Unicamp.

FERNANDES, Florestan. *A organização social dos Tupinambá*. São Paulo: Hucitec, 1989.

FIGARI, Carlos. *As outras cariocas: interpelações, experiências e identidades homoeróticas no Rio de Janeiro: séculos XVII ao XX*. Belo Horizonte: UFMG; Rio de Janeiro: Iuperj, 2007.

FIGUEIREDO, Luciano. *O avesso da memória: cotidiano e trabalho da mulher em Minas Gerais no século XVIII*. Rio de Janeiro: José Olympio; Brasília: Edunb, 1993.

______. *Barrocas famílias: vida familiar em Minas Gerais no século XVIII*. São Paulo: Hucitec, 1997.

FIORENTIN, Maryana C. F. "Vila Palmira - prostituição em Florianópolis e São José: 1960-1980". In: FÁVERI, Marlene (Org.). *Prostituição em áreas urbanas: histórias do tempo presente*. Florianópolis: Udesc, 2010.

FLORENCE, Hercules. *Viagem fluvial do Tietê ao Amazonas de 1825 a 1829*. São Paulo: Cultrix/Edusp, 1977.

FONSECA, Guido. *História da prostituição em São Paulo*. São Paulo: Resenha Universitária, 1982.

FOUCAULT, Michel. *História da sexualidade: a vontade de saber*. Rio de Janeiro: Graal, 1984.

______. *História da loucura na Idade Clássica*. São Paulo: Perspectiva, 1978.

FRANÇA, Jean Marcel Carvalho. *Andanças pelo Brasil colonial. Catálogo comentado (1503-1808)*. São Paulo: Editora Unesp, 2009.

______. *Visões do Rio de Janeiro colonial. Antologia de textos (1531-1800)*. Rio de Janeiro: Eduerj/José Olympio, 1999.

FRANÇA, Ronaldo. "Noites tropicais: documentação histórica conta detalhes do casamento no Brasil colônia". In: *Veja*, 16 out. 2002.

FRANCIS, Paulo. *O afeto que se encerra: memórias*. Rio de Janeiro: Civilização Brasileira, 1980.

______. *Trinta anos esta noite: o que vi e vivi*. São Paulo: Companhia das Letras, 1994.

FREIREYSS, Georg Wilhelm. *Viagem ao interior do Brasil*. Belo Horizonte: Itatiaia; São Paulo: Edusp, 1982.

FREITAS, Renan Springer de. *Bordel, bordéis: negociando identidades*. Petrópolis (RJ): Vozes, 1985.

FREYCINET, Rose. "O diário de Rose Freycinet". In: FRANÇA, Jean M. C. *Mulheres viajantes no Brasil (1764-1820)*. Rio de Janeiro: José Olympio, 2008.

FREYRE, Gilberto. *Casa-grande e senzala*. Rio de Janeiro: José Olympio, 1982.

______. *Sobrados e mucambos*. Rio de Janeiro: José Olympio, 1977.

______. *Ordem e progresso*. São Paulo: Global, 2004.

______. *Tempo morto e outros tempos: trechos de um diário de adolescência e primeira mocidade (1915-1930)*. Rio de Janeiro: José Olympio, 1975.

______. *Vida social no Brasil nos meados do século XIX*. Recife: Instituto Joaquim Nabuco de Pesquisas Sociais, 1964.

______. *Livro do Nordeste*. Recife: Arquivo Público Estadual, 1979.

______. *O escravo nos anúncios de jornais brasileiros do século XIX*. São Paulo: Companhia Editora Nacional, 1979.

______. *De menino a homem*. São Paulo: Global, 2010.

FRY, Peter; MACRAE, Edward. *O que é homossexualidade*. São Paulo: Brasiliense, 1983. (Coleção Primeiros Passos)

GANDAVO. *História da província Santa Cruz*. São Paulo: Hedra, 2008.

GARDNER, George. *Viagem ao interior do Brasil (1836-1841)*. Belo Horizonte: Itatiaia; São Paulo: Edusp, 1975.

GASPAR, Maria Dulce. *Garotas de programa: prostituição em Copacabana e identidade social*. Rio de Janeiro: Zahar, 1985.

GIACOMINI, Sonia Maria. *Mulher e escrava: uma introdução histórica ao estudo da mulher negra no Brasil*. Petrópolis (RJ): Vozes, 1988.

GIDDENS, Anthony. *A transformação da intimidade*. São Paulo: Unesp, 1993.

GOLDSCHIMIDT, Eliana Maria Rea. *Convivendo com o pecado na sociedade colonial paulista (1719-1822)*. São Paulo: Annablume, 1998.

GOMES, Laurentino. *1808*. São Paulo: Planeta, 2007.

GOULART, José Alípio. *Da palmatória ao patíbulo*. Rio de Janeiro: Conquista/INL, 1971.

GRAHAM, Sandra Lauderdale. *Caetana diz não: histórias de mulheres da sociedade escravista brasileira*. São Paulo: Companhia das Letras, 2005.

GREEN, James Naylor. *Além do Carnaval: a homossexualidade masculina no Brasil do século XX*. São Paulo: Editora Unesp, 2000.

______; POLITO, Ronald. *Frescos trópicos: fontes sobre a homossexualidade masculina no Brasil (1870-1980)*. Rio de Janeiro: José Olympio, 2006.

GRINBERG, Keila. *Liberata: a lei da ambiguidade. As ações de liberdade na Corte de Apelação do Rio de Janeiro, século XIX*. Rio de Janeiro: Relume Dumará, 1994.

GRUPO CERES. *Espelho de Vênus: identidade social e sexual da mulher*. São Paulo: Brasiliense, 1981.

HEILBORN, Maria Luiza. "Entre as tramas da sexualidade brasileira". In: *Estudos Feministas*, Florianópolis, 14(1), jan./abr., 2006.

HERZER, Anderson. *A queda para o alto*. São Paulo: Círculo do Livro, 1982.

HOORNAERT, Eduardo. "A questão do corpo nos documentos da primeira evangelização". In: MARCILIO, Maria L. (Org.). *Família, mulher, sexualidade e Igreja na história do Brasil*. São Paulo: Loyola, 1993.

ICASSATTI, Miguel. *Um sábado no paraíso do swing e outras reportagens sobre sexo*. São Paulo: Panda Books, 2006.

IRAJÁ, Hernani de. *Psicoses do amor: estudos sobre as alterações do instinto sexual*. Rio de Janeiro: Irmãos Pongetti, 1966.

JESUS, Alysson Luiz F. de. *No sertão das minas: escravidão, violência e liberdade (1830-1888)*. São Paulo: Annablume, 2007.

JOCENIR. *Diário de um detento*. São Paulo: Labortexto Editorial, 2001.

JUNQUEIRA, Carmen. *Sexo e desigualdade entre os Kamaiurá e os Cinta Larga*. São Paulo: Olho d'Água, 2002.

KARASCH, Mary C. *A vida dos escravos no Rio de Janeiro (1808-1850)*. São Paulo: Companhia das Letras, 2000.

______. "Concubinato e casamento na capitania de Goiás". In: SILVA, Maria Beatriz Nizza da (Org.). *Sexualidade, família e religião na colonização do Brasil*. Lisboa: Livros Horizonte, 2001.

KOSERITZ, Carl. *Imagens do Brasil*. Belo Horizonte: Itatiaia; São Paulo: Edusp, 1980.

KOSTER, Henry. *Viagens ao Nordeste do Brasil*. Fortaleza: ABC Editora, 2003, v. 2.

KULICK, Don. *Travesti: prostituição, sexo, gênero e cultura no Brasil*. Rio de Janeiro: Fiocruz, 2008.

KUSHNIR, Beatriz. *Baile de máscara: mulheres judias e prostituição. As polacas e suas associações de ajuda mútua*. Rio de Janeiro: Imago, 1996.

LAGENEST, H. D. Barruel de. *Lenocínio e prostituição no Brasil*. Rio de Janeiro: Agir, 1960.

LAGO, Mário. *Na rolança do tempo*. Rio de Janeiro: Civilização Brasileira, 1979.

LE GOFF, Jacques. *Para um novo conceito de Idade Média: tempo, trabalho e cultura no Ocidente*. Lisboa: Estampa, 1988.

LEE, Paula. *Alugo meu corpo*. São Paulo: Planeta, 2008.

LEITE, Gabriela Silva. *Eu, mulher da vida*. Rio de Janeiro: Rosa dos Tempos, 1992.

______. *Filha, mãe, avó e puta: a história de uma mulher que decidiu ser prostituta*. Rio de Janeiro: Objetiva, 2009.

LEITE, Juçara Luzia. *República do Mangue: controle policial e prostituição no Rio de Janeiro (1954-1974)*. São Caetano do Sul (SP): Yendis, 2005.

LEITE JÚNIOR, Jorge. *Das maravilhas e prodígios sexuais: a pornografia "bizarra" como entretenimento*. São Paulo: Annablume, 2006.

LEITE, Míriam Moreira. *A condição feminina no Rio de Janeiro, século XIX: antologia de textos de viajantes estrangeiros*. São Paulo: Hucitec, 1984.

______. "A dupla documentação sobre mulheres no livro das viajantes (1800-1850)". In: BRUSCHINI, Maria; ROSEMBERG, Fúlvia (Orgs.). *Vivência: história, sexualidade e imagens femininas*. São Paulo: Brasiliense, 1980.

LEITHOLD, Theodor von; RANGO, L. von. *O Rio de Janeiro visto por dois prussianos em 1819*. São Paulo: Companhia Editora Nacional, 1966.

LEME, Edson Holtz. *Noites ilícitas: histórias e memórias da prostituição*. Londrina (PR): Eduel, 2005.

LEMGRUBER, Julita. *A dona das chaves: uma mulher no comando das prisões do Rio de Janeiro*. Rio de Janeiro: Record, 2010.

LÉVI-STRAUSS, Claude. *Tristes trópicos*. São Paulo: Companhia das Letras, 1996.

LEVITT, Steven D. *Superfreakonomics: o lado oculto do dia a dia*. Rio de Janeiro: Elsevier, 2010.

LIMA, Delcio Monteiro de. *Homoeróticos: os gays e lésbicas na sociedade brasileira*. Rio de Janeiro: Francisco Alves, 1983.

LIMA, Lana Lage da Gama (Org.). *Mulheres, adúlteros e padres: história moral da sociedade brasileira*. Rio de Janeiro: Dois Pontos, 1987.

______. "O Recolhimento das Macaúbas". In: CARNEIRO e GORENSTEIN (Orgs.). *Ensaios sobre a intolerância: Inquisição, marranismo e antissemitismo*. São Paulo: Humanitas, 2003.

______. "O padre e a moça: o crime de solicitação no Brasil no século XVIII". In: *Anais do Museu Paulista*. XXXV, 1986/87.

LINS, Juliana; SVARTMAN, Rosane. *Quando éramos virgens: histórias da primeira vez*. Rio de Janeiro: Casa da Palavra, 2006.

LINS, Regina Navarro. *A cama na varanda: arejando nossas ideias a respeito de amor e sexo*. Rio de Janeiro: BestSeller, 2007.

______. *A cama na rede: o que os brasileiros pensam sobre amor e sexo*. Rio de Janeiro: BestSeller, 2010.

LIPOVETSKY, Gilles. *Os tempos hipermodernos*. São Paulo: Barcarolla, 2004.

LOPES, Eliane Cristina. *O revelar do pecado. Os filhos ilegítimos na São Paulo do século XVIII*. São Paulo: Annablume, s/d.

LUCIA, Amara. *A difícil vida fácil*. Petrópolis (RJ): Vozes, 1986.

LUSTOSA, Isabel. *D. Pedro I: um herói sem nenhum caráter*. São Paulo: Companhia das Letras, 2006.

MACHADO, Alcântara. *Vida e morte do bandeirante*. São Paulo: Martins Fontes, sd.

MACRAE, Edward. "Em defesa do gueto". In: *Novos Estudos CEBRAP*. São Paulo: v. 2, n. 1, abr.,1983.

MAGGIO, Sérgio. *Conversas de cafetinas*. Porto Alegre: Arquipélago Editorial, 2009.

MARCILIO, Maria Luiza. *Família, mulher, sexualidade e Igreja na história do Brasil*. São Paulo: Loyola, 1993.

MARIA, Antônio. *O diário de Antônio Maria*. Rio de Janeiro: Civilização Brasileira, 2002.

MARQUES, Maria Cristina da Costa. *A história de uma epidemia moderna. A emergência política da AIDS/HIV no Brasil*. Maringá (PR): Eduen, 2003.

MATTA, Roberto da. *Carnavais, malandros e heróis: para uma sociologia do dilema brasileiro*. Rio de Janeiro: Rocco, 1997.

MATTOS, Hebe Maria. *O significado da liberdade no sudeste escravista: Brasil, século XIX*. Rio de Janeiro: Nova Fronteira, 1998.

MÁXIMO, João; DIDIER, Carlos. *Noel Rosa: uma biografia*. Brasília: Ed. UNB, 1990.

MAWE, John. *Viagens ao interior do Brasil*. Belo Horizonte: Itatiaia; São Paulo: Edusp, 1978.

MAZZIEIRO, João Batista. "Sexualidade criminalizada: prostituição, lenocínio e outros delitos – São Paulo 1870/1920". In: *Revista Brasileira de História*. v. 18, n. 35, 1998.

MELLO, Lucius de. *Eni e o grande bordel brasileiro*. Rio de Janeiro: Objetiva, 2002.

MELLO e SOUZA, Laura de. *Inferno atlântico. Demonologia e colonização: séculos XVI-XVIII*. São Paulo: Companhia das Letras, 1993.

______. *O diabo e a terra de Santa Cruz: feitiçaria e religiosidade popular no Brasil colonial*. São Paulo: Companhia das Letras, 1986.

______. *Desclassificados do ouro: a pobreza mineira no século XVIII*. Rio de Janeiro: Graal, 2004.

______. "O padre e as feiticeiras: notas sobre a sexualidade no Brasil colonial". In: VAINFAS, R. (Org.). *História e sexualidade no Brasil*. Rio de Janeiro: Graal, 1986.

MELO, Sally Gogu de. *A história de Sally Gogu: memórias de uma mulher da vida*. Lages (SC): Pastoral da Mulher Marginalizada, 1994.

MENDES, Luiz Alberto. *Memórias de um sobrevivente*. São Paulo: Companhia das Letras, 2001.

______. *Tesão e prazer: memórias eróticas de um prisioneiro*. São Paulo: Geração Editorial, 2004.

MENEZES, Débora. "Redes de exploração sexual e sexo-turismo". In: *Exploração sexual de meninas e adolescentes no Brasil*. Unesco, 1996.

MENEZES, Lená Medeiros de. *Os estrangeiros e o comércio do prazer nas ruas do Rio (1890-1930)*. Rio de Janeiro: Arquivo Nacional, 1992.

______. "Dancings e cabarés: trabalho e disciplina na noite carioca (1937-1950)". In: BRUSCHINI, Cristina (Org.). *Horizontes plurais: novos estudos de gênero no Brasil*. São Paulo: ICC/Ed. 34, 1998.

______. "Facetas marginais do sonho de civilização: imigração francesa e prostituição". In: VIDAL, Laurent; LUCA, Tânia Regina de (Orgs.). *Franceses no Brasil: séculos XIX-XX*. São Paulo: Editora Unesp, 2009.

MILLIET, Sérgio. "A prostituição na Colônia". In: *Revista do Departamento de Investigações*. São Paulo: ano II, n. 13, jan., 1950.

MONTOYA, Antônio Ruiz de. *Conquista espiritual feita pelos religiosos da Companhia de Jesus nas províncias do Paraguai, Paraná, Uruguai e Tape*. Porto Alegre: Martins Livreiros Editor, 1997.

MORAES, Aparecida Fonseca. *Mulheres da vila: prostituição, identidade social e movimento associativo*. Petrópolis (RJ): Vozes, 1995.

MORAES, Marcelo Leite de. *Madame Satã: o templo do underground dos anos 80*. São Paulo: Lira, 2006.

MORANDO, Luiz. *Paraíso das Maravilhas: uma história do crime do parque*. Belo Horizonte: Argvmentvm, 2008.

MOREAU, Filipe Eduardo. *Os índios nas cartas de Nóbrega e Anchieta*. São Paulo: Annablume, 2003.

MOTT, Luiz. *Escravidão, homossexualidade e demonologia*. São Paulo: Ícone, 1988.

______. "Escravidão e homossexualidade". In: VAINFAS, Ronaldo (Org.). *História e sexualidade no Brasil*. Rio de Janeiro: Graal, 1986.

______."Pedofilia e pederastia no Brasil antigo". In: PRIORY, Mary Del (Org.). *História da criança no Brasil*. São Paulo: Contexto, 1991.

______. *O lesbianismo no Brasil*. Porto Alegre: Mercado Aberto, 1987.

______. *A Inquisição em Sergipe: do século XVI ao XIX*. Aracaju: Fundesc, 1989.

______. *Crônicas de um gay assumido*. Rio de Janeiro: Record, 2003.

______. *O sexo proibido: virgens, gays e escravos nas garras da Inquisição*. Campinas (SP): Papiros, 1988.

______. *Homossexuais da Bahia. Dicionário biográfico: séculos XVI-XIX*. Salvador: Ed. Grupo Gay da Bahia, 1999.

MOURA, Roberto M. *Praça onze*. Rio de Janeiro: Relume Dumará, 1999.

MURARO, Rose Marie. *Sexualidade da mulher brasileira: corpo e classe social no Brasil*. Petrópolis (RJ): Vozes, 1983.

NAVA, Pedro. *Balão cativo: memórias*. Rio de Janeiro: José Olympio, 1974, v. 2.

______. *Chão de ferro: memórias*. Rio de Janeiro: José Olympio, 1976, v. 3.

______. *Galo das trevas: memórias*. Rio de Janeiro: José Olympio, 1981, v. 5.

NAZZARI, Muriel. *O desaparecimento do dote: mulheres, famílias e mudança social em São Paulo 1600-1900*. São Paulo: Companhia das Letras, 2001.

NETO, Antônio Fausto. *Comunicação e mídia impressa: estudo sobre a AIDS*. São Paulo: Hacker Editores, 1999.

NEVES, Luiz Felipe Baeta. *O combate dos soldados de Cristo na terra dos papagaios. Colonialismo e repressão cultural*. Rio de Janeiro: Forense Universitária, 1978.

NEVES, Maria de Fátima R. "O sacrilégio permitido: filhos de padres em São Paulo colonial". In: MARCILIO, Maria L. (Org.). *Família, mulher, sexualidade e Igreja na história do Brasil*. São Paulo: Loyola, 1993.

NÓBREGA, Manuel da. *Cartas do Brasil*. Belo Horizonte: Itatiaia; São Paulo: Edusp, 1988.

NOSSO SÉCULO. *Memória fotográfica do Brasil no século XX*. São Paulo: Abril Cultural, v. 5, 1980.

NOVAIS, Fernando; MELLO e SOUZA, Laura de (Orgs.). *História da vida privada no Brasil*. São Paulo: Companhia das Letras, 1997, v. 1.

NOVINSKY, Anita Waingort. *Inquisição: prisioneiros do Brasil, séculos XVI a XIX*. São Paulo: Perspectiva, 2009.

ORBIGNY, Alcide d'. *Viagem pitoresca através do Brasil*. Belo Horizonte: Itatiaia; São Paulo: Edusp, 1976.

PACHECO E SILVA, Antônio C. *Psiquiatria clínica e forense*. São Paulo: Companhia Editora Nacional, 1940.

PAEZZO, Sylvan. *Memórias de Madame Satã*. Rio de Janeiro: Lidador, 1972.

______. "As ruas do amor livre". In: LOUZEIRO, José (Org.). *Assim marcha a família*. Rio de Janeiro: Civilização Brasileira, 1965.

PARKER, Richard G. *Corpos, prazeres e paixões: a cultura sexual no Brasil contemporâneo*. Rio de Janeiro: Best$eller, 1993.

PEDRO, Joana M. "Mulheres do Sul". In: PRIORE, Mary Del (Org.). *História das mulheres no Brasil*. São Paulo: Contexto, 2000.

PEIXOTO, Afrânio. *Sexologia forense*. Rio de Janeiro: Ed. Guanabara, 1934.

PENTEADO, Jacob. *Memórias de um postalista*. São Paulo: Martins, 1963.

PEREIRA, Armando. *Sexo e prostituição*. Rio de Janeiro: Record, 1967.

PEREIRA, Ivonete. *As decaídas: prostituição em Florianópolis (1900-1940)*. Florianópolis: Ed. da UFSC, 2004.

PERLONGHER, Néstor. *O negócio do michê: a prostituição viril em São Paulo*. São Paulo: Brasiliense, 1987.

PIERONI, Geraldo. *Os excluídos do reino*. Brasília: UNB; São Paulo: Imprensa Oficial, 2000.

PINCHIARO, Gustavo (Org.). *Glamour e boca do lixo: histórias da prostituição no centro de São Paulo*. Rio de Janeiro: Multifoco, 2010.

PINHEIROS, Maria Luiza Ugarte. "O espelho francês na 'Paris das Selvas'". In: VIDAL, Laurent; LUCA, Tânia Regina de (Orgs.). *Franceses no Brasil: séculos XIX-XX*. São Paulo: Unesp, 2009.

PINTO, Ricardo. *Tráfico das brancas: observações em torno dos caftens franceses que vivem no Rio de Janeiro*. Rio de Janeiro: Ed. do autor, 1930.

PISCITELLI, Adriana. "Sexo tropical: comentários sobre gênero e 'raça' em alguns textos da mídia brasileira". In: *Cadernos Pagu*, v. 6-7, 1996.

PIZANI, Marcelo. *Formas de prazer*. Rio de Janeiro: Record, 1994.

POHL, Johann Emanuel. *Viagem no interior do Brasil*. Belo Horizonte: Itatiaia; São Paulo: Edusp, 1976.

PRADO, Paulo. *Retrato do Brasil: ensaio sobre a tristeza brasileira*. Rio de Janeiro: José Olympio, 1962.

PRETI, Dino. *A linguagem proibida*. São Paulo: LPB, 2010.

PRIORE, Mary Del. *Ao sul do corpo: condição feminina, maternidades e mentalidades no Brasil Colônia*. Rio de Janeiro: José Olympio/Edunb, 1993.

______. *História do amor no Brasil*. São Paulo: Contexto, 2005.

______. "Mulheres de trato ilícito: a prostituição na São Paulo do século XVIII". In: *Anais do museu paulista*. Tomo XXXV, v. 35, 1986-1987.

______. *Histórias íntimas: sexualidade e erotismo na história do Brasil*. São Paulo: Planeta, 2011.

QUINTAS, Fátima. *Sexo e marginalidade: um estudo sobre a sexualidade feminina em camadas de baixa renda*. Petrópolis (RJ): Vozes, 1986.

______. *Sexo à moda patriarcal: o feminino e o masculino na obra de Gilberto Freyre*. São Paulo: Global, 2008.

RAGO, Margareth. *Os prazeres da noite: prostituição e códigos da sexualidade feminina em São Paulo (1890-1930)*. Rio de Janeiro: Paz e Terra, 1991.

______. "Nos bastidores da imigração: o tráfico das escravas brancas". In: *Revista Brasileira de História*, v. 9. n. 18, ago./set., 1989.

______. "Prostituição e mundo boêmio em São Paulo (1890-1940)". In: PARKER, Richard; BARBOSA, Regina M. (Orgs.). *Sexualidades brasileiras*. Rio de Janeiro: Relume Dumará, 1996.

______. "Sexualidade e identidade na historiografia brasileira". In: LOYOLA, Maria Andréa (Org.). *Sexualidade nas ciências humanas*. Rio de Janeiro: Ed. Uerj, 1998.

RAMINELLI, Ronaldo. "Eva tupinambá". In: PRIORI, Mary Del (Org.). *História das mulheres no Brasil*. São Paulo: Contexto, 2000.

RIBEYROLLES, Charles. *Brasil pitoresco*. Belo Horizonte: Itatiaia; São Paulo: Edusp, 1980

RITO, Lucia. *Muito prazer, Roberta Close*. Rio de Janeiro: Rosa dos Tempos/ Record, 1998.

ROCHA, Glauber. "Um bom destino, entre outras misérias". In: PEREIRA, Armando (Org.). *A prostituição é necessária?* Rio de Janeiro: Civilização Brasileira, 1966.

ROMERO, Abelardo. *Origem da imoralidade no Brasil*. Rio de Janeiro: Conquista, 1967.

ROSA, Francisco Ferreira da. *O lupanar: estudo sobre o caftismo e a prostituição no Rio de Janeiro*. Rio de Janeiro, n.p., 1896.

ROSSI, Giovanni. *Um episódio de amor livre na Colônia Cecília*. Rio de Janeiro: Achiamé, sd.

SAINT-HILAIRE, Auguste de. *Viagem à província de São Paulo*. Belo Horizonte: Itatiaia; São Paulo: Edusp, 1976.

______. *Viagem pelas províncias de Rio de Janeiro e Minas Gerais*. Belo Horizonte: Itatiaia; São Paulo: Edusp, 1975.

______. *Viagem ao Rio Grande do Sul*. Belo Horizonte: Itatiaia, 1974.

______. *Viagem à Província de Goiás*. Belo Horizonte: Itatiaia, 1975.

SAMARA, Eni Mesquita. *As mulheres, o poder e a família: São Paulo, século XIX*. São Paulo: Marco Zero, 1989.

______. *A família brasileira*. São Paulo: Brasiliense, 1986 (Coleção Tudo é História)

SANSONOWICZ, Onice. "Dona Josefa mudou-se. Aqui mora família". In: FÁVERI, Marlene de (Org.). *Prostituição em áreas urbanas: histórias do tempo presente*. Florianópolis: Udesc, 2010.

SANTA INEZ, Antônio Leal de (Org.). *Hábitos e atitudes sexuais dos brasileiros*. São Paulo: Cultrix, 1983.

SANTOS, Joaquim Ferreira. *Leila Diniz*. São Paulo: Companhia das Letras, 2008.

SCHETTINI, Cristina. *Que tenhas teu corpo: uma história social da prostituição no Rio de Janeiro das primeiras décadas republicanas.* Rio de Janeiro: Arquivo Nacional, 2006.

SCHLICHTHORST, Carl. *O Rio de Janeiro como é (1824-1826).* Rio de Janeiro: Ed. Getúlio Costa, sd.

SCHWARTZ, Stuart B. *Segredos internos: engenhos e escravos na sociedade colonial.* São Paulo: Companhia das Letras, 1988.

SEIDLER, Carl. *Dez anos no Brasil.* Belo Horizonte: Itatiaia; São Paulo: Edusp, 1980.

SERBIN, Kenneth P. *Padres, celibato e conflito social: uma história da Igreja Católica no Brasil.* São Paulo: Companhia das Letras, 2008.

SILVA, Hélio R. S. *Travestis: entre o espelho e a rua.* Rio de Janeiro: Rocco, 2007.

SILVA, José F. Barbosa. *Homossexualismo em São Paulo.* São Paulo: Unesp, 2005.

SILVA, Maria Beatriz Nizza da. *História da família no Brasil colonial.* Rio de Janeiro: Nova Fronteira, 1998.

______. *Sistema de casamento no Brasil colonial.* São Paulo: T. A. Queiroz/ Edusp, 1984.

______. "A imagem da concubina no Brasil colonial". In: BRUSCHINI, Cristina (Org.). *Rebeldia e submissão.* São Paulo: Vértice/Fundação Carlos Chagas, 1989.

SIMÕES, Soraya Silveira. *Vila Mimosa: etnografia da cidade cenográfica da prostituição carioca.* Niterói (RJ): Eduff, 2010.

SLENES, Robert W. *Na senzala, uma flor.* Rio de Janeiro: Nova Fronteira, 1999.

______. "Lares negros, olhares brancos: histórias da família escrava no século XIX". In: *Revista Brasileira de História.* v. 8, nr. 16, mar./ago., 1988.

SOARES, Luiz C. *Rameiras, ilhoas, polacas: a prostituição no Rio de Janeiro do século XIX.* São Paulo: Ática, 1992.

SODRÉ, Nelson Werneck. *Memórias de um soldado.* Rio de Janeiro: Civilização Brasileira, 1967.

SOIHET, Rachel. "É proibido não ser mãe". In: VAINFAS, Ronaldo (Org.). *História e sexualidade no Brasil.* Rio de Janeiro: Graal, 1986.

______. *A subversão pelo riso: estudos sobre o Carnaval carioca, da Belle Époque ao tempo de Vargas.* Uberlândia (MG): Edufu, 2008.

SOUSA, Gabriel Soares de. *Tratado descritivo do Brasil em 1587*. São Paulo: Companhia Editora Nacional/Edusp, 1971.

SOUSA, Ilnar de. *O cliente: o outro lado da prostituição*. São Paulo: Annablume, 1998.

STEIN, Stanley J. *Grandeza e decadência do café no Vale do Paraíba, com referência especial ao município de Vassouras*. São Paulo: Brasiliense, 1961.

______. *Vassouras: um município brasileiro do café (1850-1900)*. Rio de Janeiro: Nova Fronteira, 1990.

SUPLICY, Marta. *Conversando sobre sexo*. Petrópolis (RJ): Vozes, 1983.

______. *De Mariazinha a Maria*. Petrópolis (RJ): Vozes, 1986.

SUZANNET, conde de. *O Brasil em 1845*. Rio de Janeiro: Casa do Estudante do Brasil, 1954.

TEIXEIRA, Paulo Eduardo. *O outro lado da família brasileira*. Campinas (SP): Unicamp, 2004.

TOLEDO, J. *Flávio de Carvalho: o comedor de emoções*. São Paulo: Brasiliense; Campinas (SP): Unicamp, 1994.

TOLEDO, Roberto Pompeu de. "A nudez que solapa e desorganiza". In: *Veja*, 29 ago. 2007.

TORRES-LODOÑO, Fernando. *A outra família: concubinato, Igreja e escândalo na Colônia*. São Paulo: Loyola, 1999.

TOUSSAINT-SAMSON, Adèle. *Uma parisiense no Brasil*. São Paulo: Capivara, 2003.

TREVISAN, João Silvério. *Devassos no paraíso: a homossexualidade no Brasil, da Colônia à atualidade*. Rio de Janeiro: Record, 2000.

TRINDADE, Karlla da; NÓBREGA, Elisa. "Novas visibilidades do feminino: lesbianismo, história e cantadas na MPB". In: www.anpuhpb.or/anais-xiii-eeph/textos, 2007.

TSCHUDI, Johann Jakob. *Viagem às províncias do Rio de Janeiro e São Paulo*. Belo Horizonte: Itatiaia; São Paulo: Edusp, 1980.

VAINFAS, Ronaldo. *Trópicos do pecado: moral, sexualidade e Inquisição no Brasil*. Rio de Janeiro: Nova Fronteira, 1997.

______ (Org.). *História e sexualidade no Brasil*. Rio de Janeiro: Graal, 1986.

______. "Sodomia, mulheres e Inquisição: notas sobre sexualidade e homossexualismo feminino no Brasil colonial". In: *Anais do Museu Paulista*. Tomo XXXV, v. 35, 1986-1987.

VAIZ, Marlene. "Segundo painel". In: *Exploração sexual de meninas e adolescentes no Brasil*. Unesco, 1996.

VARELA, Dráuzio. *Estação Carandiru*. São Paulo: Companhia das Letras, 1999.

VARNHAGEN, Francisco Adolfo de. *História geral do Brasil*. São Paulo: Melhoramentos, 1975, v. 1.

VENTURA, Zuenir. *1968: o ano que não terminou. A aventura de uma geração*. Rio de Janeiro: Nova Fronteira, 1988.

______. *1968: o que fizemos de nós*. São Paulo: Planeta, 2008.

VERISSIMO, Erico. *Solo de clarineta: memórias*. São Paulo: Companhia das Letras, 2005, v. 1.

VILHENA, Luís dos Santos. *A Bahia no século XVIII*. Salvador: Itapuã, 1969, v. 1.

VINCENT, Isabel. *Bertha, Sophia e Rachel: a Sociedade da Verdade e o tráfico das polacas nas Américas*. Rio de Janeiro: Relume Dumará, 2006.

WAGLEY, Charles. *Uma comunidade amazônica*. São Paulo: Companhia Editora Nacional, 1977.

WALSH, Robert. *Notícias do Brasil (1828-1829)*. Belo Horizonte: Itatiaia, 1985, v. 1.

WILCKEN, Patrick. *Império à deriva: a corte portuguesa no Rio de Janeiro (1808-1821)*. Rio de Janeiro: Objetiva, 2005.

WINCKLER, Carlos Roberto. *Pornografia e sexualidade no Brasil*. Porto Alegre: Mercado Aberto, 1983.

ZWEIG, Stefan. *Amok e Xadrez*. Rio de Janeiro: Record, 1997.

Índice Alfabético Remissivo

NASCI EM 4 DE NOVEMBRO DE 2011,
DAS MÁQUINAS DA PROL GRÁFICA, EM SÃO PAULO.
FUI COMPOSTO PELA OFICINA DAS LETRAS PARA A
EDITORA OCTAVO COM AS SEGUINTES CARACTERÍSTICAS:
FORMATO: 23 CM. X 14 CM.
PESO: 520 GRAMAS
NÚMERO DE PÁGINAS: 448
FONTE: MINION
CORPO: 11/12,5
PAPEL: PÓLEN DE 80 GRAMAS